普通高等教育"十五"国家级规划教材
教育部高职高专规划教材

中国旅游地理

（第3版）

钟惠文　罗兹柏　主编

中国财政经济出版社

图书在版编目（CIP）数据

中国旅游地理/钟惠文，罗兹柏主编. —3版. —北京：中国财政经济出版社，2010.5

ISBN 978-7-5005-8255-7

Ⅰ.中… Ⅱ.①钟…②罗… Ⅲ.旅游地理学-中国-高等学校：技术学校-教材 Ⅳ.F592.99

中国版本图书馆CIP数据核字（2010）第040091号

责任编辑：康 苗 王启明　　责任校对：张 凡
封面设计：胡亚琴　　版式设计：董生萍

中国财政经济出版社出版

URL：http：//www.cfeph.cn

E-mail：jiaoyu@cfeph.cn

社址：北京市海淀区阜成路甲28号 邮政编码：100142

发行电话：88190616 88190655（传真）

慧美印刷厂印刷 各地新华书店经销

787×960毫米 16开 21.25印张 350 000字

2010年6月第3版 第1次印刷

定价：26.00元

ISBN 978-7-5005-8255-7/F·7217

（图书出现印装问题，本社负责调换）

本社质量投诉电话：010-88190744

前言

旅游作为一项必须身临其“境”，以获得审美享受与愉悦体验的地域空间活动，决定了熟悉和掌握有关旅游地理的知识，是每个旅游从业人员都应具备的基本素养。本教材主要适用于我国高等职业技术教育旅游专业学生，特别是以旅游管理专业为主的相关旅游专业学生。通过对本教材的学习，可以为学生今后从事中国的旅行社经营与导游工作、旅游地建设与区域旅游开发工作，打下必备的中国旅游地理知识基础。

本教材是在原有第 2 版教材的基础上进行的修订，共包括绪论和 12 章的内容。绪论主要阐明中国旅游地理的研究内容、学习方法和学习意义。第一、二章为中国旅游地理的总论。其中第一章主要介绍中国旅游资源形成的地理背景、基本特征和分类概貌；在此基础上，第二章主要说明我国的旅游地类型划分与主要旅游地及其客流与交通地理概况，以及由此进行的中国旅游地理区划。第三至十二章则为中国分区旅游地理，按 10 个旅游大区及其 33 个省级行政区进行阐述，每个旅游大区均从其总体旅游地理环境与旅游资源入手，再分省区介绍主要旅游区点的分布、特点，以及主要的旅游节庆活动与地方风味特产等内容。

本教材在我国现行高校有关中国旅游地理教材基础上，根据我国高等职业技术教育旅游专业培养目标的需要，立足于旅游地理学学科特点与中国旅游地理基本知识领域，力图在内容与结构上体现如下特点：(1) 突出地理环境与旅游发展相互关系的主线，贯穿中国区域旅游地理环境及其对旅游发展的影响分析，培养学生对中国区域旅游发展的地理分析能力；(2) 从地理性与实用性出发，将中国区域地理与旅游业发展的关系，主要具体落实到区域旅游开发最基本的对象旅游资源、旅游地与旅游区点的分析介绍上，尤其是对它们的分布规律与地域特征的认识上；(3) 以总论为主导，在中国旅游资源地理概貌的系统分析基础上，注意以旅游地、旅游客流与旅游交通地理的结合，特别是旅游地与旅游客流地理的相关分析，形成中国区域旅游发展格局与中国旅游地理区划的整体概念；(4) 以分区为主体，从地理环境的整体性出发，通过对各旅游大区旅游地理环境的分析，各省区地理特征与主要旅游点，以及旅游节庆活动和地方风味特产的介绍，充分体现中国区域旅游发展与旅游产品开发的地方特色。上述特点希望本教材的使用者在教学过程中能予以重视。

由于本教材成书时间较短，加上编者水平所限，必然会存在问题和不足，因此，恳请有关专家和师生使用或审阅本教材后多提宝贵意见。

本教材由钟惠文和罗兹柏担任主编。本书编写大纲由钟惠文提出后与罗兹柏共同设计完成，具体编写分工为：钟惠文负责编写绪论和第九、十章，罗兹柏负责编写第一、二、四、五章，张丙军编写第六章，杨国胜编写第三、七、八章，王文捷编写第十一、十二章。全书最后由钟惠文、罗兹柏统稿，罗兹柏总纂。此外，张颖、齐晓波、韩百娟、罗琼、廖世超以及王文捷等参加了本书部分章节的资料整理、初稿与思考题编写，以及全书的文字校订工作，在此一并表示感谢。

钟惠文　罗兹柏

2010年4月

目录

绪 论

一、旅游地理学的产生及其研究内容

（一）旅游地理学的产生

地理学是研究地球表面各种自然现象（如地形气候、河湖水体、动植物等）和人文现象（如居民聚落、社会文化与生产活动等）的分布规律和空间结构关系的科学。人类活动与地理环境的关系是其研究的基础。根据研究对象的侧重，地理学有自然地理学和人文地理学两大分支学科。前者主要研究由地貌、大气、水体、生物、土壤等自然要素所构成的自然地理环境及其对人类活动的影响；后者侧重研究由人口、聚落以及各种政治、经济、文化等社会现象所构成的人文地理环境，特别是“人”与“地”之间的种种关系，当然也包括人类旅游活动与地理环境的关系。

无论是古代还是现代的旅游活动，都是在一定空间范围内展开的，其目的、距离、规模和效果无不受到空间条件即地理条件的制约，具有明显的区域差异。旅游资源，也就是地理环境中那些具有旅游价值的自然因素和人文因素，是开展旅游活动的必要条件，而开发、利用这些资源是发展旅游业的首要任务之一。于是，一门新兴的地理学分支——旅游地理学便应运而生。

旅游地理学研究的主要对象是旅游地理环境，即地理环境中与旅游活动有关的部分。它研究的课题是人类旅游活动与地理环境的关系，旅游客体（旅游环境）、主体（旅游者）及介体（旅游交通运输及整个旅游业）构成的空间地域系统。因此它属于人文地理学的范畴，与经济地理、历史地理、政治地理等并列为人文地理学的分支学科。

（二）旅游地理学的研究对象与基本内容

旅游地理学的研究对象，概括而言即旅游与地理环境及社会经济发展间的关系。一般认为旅游地理学研究的主要内容应包括：

1. 旅游客源研究

这种研究包括旅游者概念、旅游产生的条件及其背景、旅游者行为规律、旅游流及旅游需求预测等。

2. 旅游资源的研究

这种研究包括旅游资源的概念、范畴、分类、各类旅游资源产生的条件、特征和分布规律、旅游资源调查、旅游资源和旅游地评价等。

3. 旅游规划开发研究

这种研究包括旅游规划开发、旅游环境容量、旅游资源保护、旅游交通和旅游路线设计等。

4. 旅游区域影响研究

这种研究包括旅游业的社会、环境和经济影响等。

5. 旅游区划研究

这种研究包括旅游区划的理论依据和区划方案等。

6. 旅游信息与旅游地图

这种研究包括旅游信息的收集和传播、旅游地图的特点、种类、功能和旅游地图的编绘等。

（三）旅游地理学的发展

旅游地理学是随着现代旅游业的发展而兴起的一门新学科。旅游行为的产生乃至旅游经济活动的萌发，则可以追溯到人类文明产生的初期。

在中国，早在《易经·系辞》中就出现了“地理”一词；《山海经》记载了各地的山川形势；汉代的《史记》反映了司马迁在两次游历和政治活动中，对自长江中下游、黄河中下游以至川滇等地的山川形势、历史古迹、风情物产的考察所得；唐玄藏根据他前往西域和印度的经历而写的《大唐西域记》，为我们提供了大量有关地区的资料；北魏郦道元的《水经注》记载了中国重要江河及其沿岸地形和风物；明末徐弘祖的《徐霞客游记》不仅对许多著名山川进行了具体生动的描写，尤其对岩溶地貌的考察和研究被公认为世界在这方面研究的鼻祖。在地图编绘方面，中国也有悠久的历史。马王堆出土的西汉前期的地图具有较高的水平；唐代已经出现了长安风景名胜导游图；宋代京城导游图已经相当普遍；清代更出现了城市导游图册。古人也早已注意到旅游的经济效益，范仲淹任杭州太守时，曾利用兴办游乐事业以解决江浙一带的饥荒问题。

现代旅游地理学专著出现于20世纪20年代。30年代中国有学者发表了关于风景区的文章。1976年第23届国际地理大会上成立了旅游地理专业组。旅游地理在中国的发展以1980年中国科学院成立旅游地理组为明显标志，起步虽晚，但发展迅速。现实的需要使许多有关学科的专家学者纷纷致力于此，甚至可以说，旅游地理学成为一个时期以来最热门的学科之一。目前我国已出版了许多有关旅游地理学的专著和译著，几乎所有的旅游院校都开设了旅游地理课程，还培养出了旅游地理学方面的硕士和博士。

二、旅游地理学与中国旅游地理的区别及学习方法

（一）旅游地理学与中国旅游地理的区别

旅游地理学与中国旅游地理都是将有关理论与方法运用于旅游研究的结果，在学科性质及研究内容的大框架方面没有根本的区别，但二者的研究对象及其各自研究要达到的直接目标的侧重点是不同的。

旅游地理学将整个人类旅游活动作为研究对象，主要研究人类旅游与地理环境及社会经济发展之间关系的一般规律，强调共性，旨在建立旅游地理学的理论体系与方法论，以指导区域旅游地理的研究工作。

中国旅游地理则以中国及其不同等级旅游区域的旅游活动作为研究对象，属区域旅游地理范畴。重点研究各特定地域内旅游及各组成要素的特征及其形成环境，强调地方特色和知识性，旨在指导各地域充分发挥当地旅游优势，形成地方旅游特色，直接推动各地旅游业及社会经济的发展。

因此，旅游地理学的学习侧重旅游地理一般理论和方法的掌握及其运用。而中国旅游地理的学习则是在了解旅游地理一般理论与方法的基础上，侧重掌握中国及不同等级旅游区旅游业各组成要素的基本特征及主要特色，对其重要景区及旅游线路有所了解，并将其作为旅游从业人员必备的基础知识。

另外，中国旅游地理注意分析各地旅游特色，介绍各地特色旅游资源、主要景区、各地旅游节庆活动与地方风味特产，对旅游者可以起到选择目的地的参谋和导游作用。

（二）学好中国旅游地理的方法

1. 地图辅助学习法

由于中国旅游地理的内容都与中国一定的地域紧密地联系在一起，各地域的地理位置、旅游地理环境对各地旅游特色的形成影响至深，以中国地图及各地地图作为辅助学习工具，把课本的有关内容落实到图上，就会更为清楚明了，容易掌握。

2. 综合分析与主导原则法

旅游涉及面广，影响旅游业及区域旅游特色的因素极多，因此在进行区域旅游分析时，一定要全面考虑各方面的因素，对其进行综合分析，找到作用最大的主导因素，并以此为依据总结区域旅游特征与特色。

3. 对比分析法

有比较才有鉴别。地区旅游业发展的优势条件及旅游特色，一定是本地有、他地无，或本地强、他地弱的条件和特点，而这些条件和特点的发现必须通过对比分析来获得。对于学习者来说，对比分析也不失为一个增强理解和记忆的方法。

4. 实地考察法

实地考察、调查研究是地理学传统的、行之有效的学习和研究方法。书本的许多知识就来自于实地考察。学习者若能够对书本上介绍的内容进行实地考察，不仅能增强理解，加深印象，而且可能会有自己的新发现，产生新的体验。

5. 溯源阅读拓展知识领域法

中国旅游地理所涉及的知识面相当广，但各门相关知识又不可能在书本中系统介绍，对于其中的一些内容必须采用溯源阅读拓展知识领域的方法，才能领会得更深更透，以解除死记硬背、一知半解的烦恼。如学到园林旅游资源，可阅读《中国园林史话》、《中国园林美学》之类的参考书；学到建筑旅游资源，可阅读《中国建筑史》之类的参考书；学各旅游区介绍的地域特色文化，可阅读《中国文化史纲》、《中华文化史》一类的书籍……这样做不仅能将课本知识理解得更透彻，更重要的是可使学习者在知识素养方面获得一个较大的提高。

三、学好中国旅游地理，创建中国特色旅游

我国地大物博，历史悠久，民族众多，旅游资源极其丰富。改革开放以来，综合国力大大增强，为旅游业的发展提供了良好的经济与社会环境。走中国式旅游业发展道路，就是从我国的自然、社会、政治和经济状况出发，扬长避短，因地制宜地发展旅游事业，走出一条符合我国国情的发展旅游事业的道路。

（一）适应中国国情，发展健康文明的旅游

我国的旅游既是经济事业，又是外事工作的一部分；既要为经济建设积累资金、赚取外汇，又要扩大我国的政治影响，增进同各国人民之间的相互了解和友谊，实现政治和经济双丰收。我们的工作，要尽可能满足旅游者精神和物质上的享受，同时，在接待工作中要体现我国社会主义的精神文明和物质文明，要多开展一些有益于旅游者身心健康的文娱活动，绝不能搞低级庸俗不健康的东西，使旅游者真正地了解现实的中国。这是我国旅游与其他国家旅游的根本区别。

（二）充分发挥资源优势，建设具有中国特色旅游区点

我国旅游资源类型多样，数量惊人，品位甚高，这是世界许多旅游业发达的国家不可比拟的。我国地形地貌复杂多变、江河湖泉众多、气候类型多样，形成了极其丰富多样的自然旅游资源。如雄伟壮丽的泰山，奔腾咆哮的黄河长江，一望无际的呼伦贝尔大草原，山清水秀的桂林，神奇迷人的九寨沟，飞流直泻的黄果树瀑布，神秘纯净的“世界屋脊”青藏高原……还有不可胜数的名山大川等。我国的人文旅游资源更是博大精深、精彩绝伦。例如年代久远的安阳殷墟和西安半坡村仰韶文化遗址、气势恢弘的秦始皇陵兵马俑、令人叹为观止的敦煌莫高窟、饱经沧桑的万里长城、规模宏大、华丽典雅的紫禁城建筑群、巧夺天工的苏州园林，等等。正如一位欧洲人士对旅游资源评价时说的那样：“印度肯定是比较色彩丰富的，泰国是比较惹人喜爱的，日本也许是比较激动人心的，但中国是无与伦比的。”这些具有浓厚中国特色的旅游资源遍布中华大地，吸引着全世界各国旅游者前来游览。

因此，在发展旅游业时，要充分发挥资源优势，突出旅游资源的特色，建设富于中国特色旅游区、点。在开辟旅游区、点时，尽量使建筑风格与自然旅游资源相和谐，新增建筑与古建筑相和谐。

（三）旅游设施要体现出中国的民族特点

我国是一个拥有56个民族的国家，领土辽阔，各地风土人情差异很大，因此旅游设施的建设，应当因地制宜，突出各地区的地方特色和民族风格，不搞千篇一律。例如内蒙古草原的蒙古包、西北的窑洞、北京的四合院、西双版纳的竹楼、侗族的风雨桥等都各具特色。还可以根据旅游地、旅游区点的具体情况，建造与之风格相适应的古典宫殿式饭店或园林式宾馆等，充分体现中国特色，让世界各国的旅游者领略真正的中国各地各民族的风俗民情。

（四）旅游项目的设置要体现地方特色和民族特色

我国丰富多彩的旅游资源为旅游项目的设置提供了优越的物质基础。在旅游项目的设置上，除了游览各具特色的自然风光和名胜古迹外，还应安排更多让旅游者了解体验各地各民族的风土人情的旅游项目。如通过参观各类大型现代化工业企业、现代化农场和牧场、著名的高等学府等，使旅游者直接接触、真正了解新中国的新面貌；可以组织旅游者骑马、骑骆驼，参观哈尔滨的冰灯，参与西南少数民族的泼水节、三月三歌节等活动，让旅游者感受各地各民族的风俗民情；还可以为旅游者安排学唱京剧、越剧、黄梅戏等中国传统戏剧，学习太极拳、少林武术等，使旅游者在这些活动中亲身体验原汁原味的中国文化。

（五）让旅游者充分感受中华饮食文化的魅力

中国是一个餐饮文化大国，中华美食举世闻名，中国烹饪历史悠久、技艺精湛，是中华民族文化的一个重要组成部分。中国菜肴品类繁多，色、香、味、形俱全。长期以来在某一地区由于地理环境、气候物产、文化传统以及民族习俗等因素的影响，形成了有一定承袭关系、菜点风味相近的地方风味菜系，除著名的北京菜、上海菜外，还有“四大风味”和“八大菜系”之说。四大风味是：鲁、川、粤、淮扬。八大菜系，一般是指：山东菜、四川菜、湖南菜、江苏菜、浙江菜、安徽菜、广东菜和福建菜。据不完全统计，全国各式风味名菜不下5 000余种。中国酿酒具有4 000多年的历史，形成了茅台酒、五粮液、绍兴酒、西凤酒、杜康酒等风味独特的传统名酒。在旅游过程中，让旅游者品尝各地美味佳肴，充分感受中华饮食文化的魅力，也是体验中国特色旅游的一个重要途径。

（六）大力提倡生产销售具有民族地方特色的旅游商品

我国有很多受海内外旅游者欢迎的旅游商品。例如各类文物古董、金石字画、文房四宝，织锦刺绣，以及各种精致灵巧、富有地方特色和民族特色的旅游纪念品，还有各种名贵中草药材、稀有的土特产品等。创建中国特色旅游，应该大力提倡生产销售具有民族地方特色的旅游商品，满足旅游者购买中国旅游商品的需求。

总之，要使旅游者观赏中国独特的自然风貌、名胜古迹，体验原汁原味的各地各民族风土民情，品尝地地道道的中国饮食，买到具有地方特色和民族特色的旅游商品，真正地全方位地认识和感受中国的文化。这样，才是具有中国特色的旅游。

第一章

中国旅游资源地理概述

第一节
中国旅游资源的地理特征

一、旅游资源的概念与分类

（一）旅游资源的概念

旅游资源作为旅游活动的对象，是一国一地区发展旅游业最基本的前提。而对于究竟什么是旅游资源，目前较普遍的认识是：凡是能够直接使旅游者产生旅游动机、实施旅游行为，并能为旅游业所利用，产生一定经济及社会与环境效益的任何旅游地吸引性因素，都是旅游资源。从这一概念出发，旅游资源不仅可以是自然山水景观、历史文物古迹等有形的、物质的吸引因素，也可以是民族风情、社会新貌、节庆活动、神话传说等无形的、精神的吸引因素。

旅游资源作为一类特殊的资源，具有双向功能。一是其必须是能给旅游者带来审美与愉悦体验，直接吸引旅游者身临其“境”去旅游的因素，这也是旅游资源的本质特性和核心所在。事实上我国使用的旅游资源这一概念，在很大程度上就等同于西方旅游学界普遍使用的“旅游吸引物”（Tourism Attraction）或称“旅游吸引因素”这一概念。二是其必须能为旅游业所“利用”，能为旅游业发展带来相应的经济及社会与环境效益。那些不可能由旅游业组织实施旅游行为，或缺乏一定旅游吸引规模，以及危害社会（如色情活动）、环境等方面的吸引因素就不能、不宜作为旅游资源。

现实条件下就能利用的旅游吸引因素是现实的旅游资源；在可预见的将来能利用的旅游吸引因素，则是潜在的旅游资源。

（二）旅游资源的分类

旅游资源的范畴极其广泛，根据旅游研究及旅游开发的实际需要，可将其作不同的分类。

1. 按旅游资源本体的成因性质划分

即将旅游资源分为自然旅游资源和人文旅游资源，这也是旅游资源最基本的分类方式。

（1）自然旅游资源。优美的山水风光、宜人的气候与生态环境基本上属于大自然的产物。自然旅游资源即是指由地貌、气候、水体和生物等自然环境要素所构成，具有旅游价值的自然地理环境部分。自然环境被称为旅游的第一环境，具有资源与环境双重属性的自然旅游资源是最基本的旅游资源。基于自然地理环境的性质，自然旅游资源具有突出的地域性与地带性、季节性与节律性、组合性与共生性等特征。

（2）人文旅游资源。人文旅游资源是指由古往今来的人类活动所产生，并具有旅游价值的一切事物和现象。人文旅游资源依附于一定的自然环境而存在，其内容复杂、内涵丰富，大致可分为历史遗迹、园林古建、民俗风情、城乡风貌、康乐与购物设施，以及文学艺术与宗教文化等方面的旅游资源。人文旅游资源具有显著的民族性与地方性、文化性与思想性、时代性与创造性。

2. 按旅游资源的形成与存在状况划分

即将旅游资源分为原生性旅游资源与萌变性旅游资源。

（1）原生性旅游资源。指经过漫长的自然与社会历史过程所形成，对于现今而言是先天赋予的旅游资源。包括基本上属天然性质的自然旅游资源和所有作为历史遗产的人文旅游资源。其中相当大部分自然旅游资源和所有历史遗存的物质性人文旅游资源都具有不可再生的特点。由于这类旅游资源存在的长期性与稳定性，以及其属于大自然和人类祖先无偿馈赠的特点，因而其构成了世界旅游业发展最基本的旅游资源，也是传统意义上的旅游资源。

（2）萌变性旅游资源。主要包括通过现代社会发展及其投资因素新营造出来的人为旅游吸引因素。如：现代城乡风貌，当代人造景观与娱乐、文体及科技等方面的吸引因素，名优特新产品及商贸购物场所，以及优越的区位因素、节庆活动等。此外还包括经现代人工改造过的自然景观，如人工湖、人造生态圈等。这类旅游资源具有不断萌生和发展变化的性质，并且大多具有可模仿性和可发展创新的特点。从总体上说，这类旅游资源的发展变化与现代社会经济及科技文化的发展休戚相关。

3. 按旅游资源利用角度划分

（1）观赏型。包括所有景观性自然与人文旅游资源。

（2）康乐型。包括娱乐与大众体育项目，以及休憩与疗养方面的地域性场所和相关条件。

（3）特殊型。包括可作为探险、考察、修学等特殊旅游活动的地域性对象。

4. 按旅游吸引因素的性质划分

（1）场所吸引因素。如自然风景、康乐设施等。

（2）事件吸引因素。如“广交会”、“世博会”及各种节庆活动等。

（3）其他吸引因素。

此外还有从其他不同角度对旅游资源的多种分类方法。

二、我国旅游资源形成的地理背景

地域性是一切旅游资源最根本的特征，任何国家或地区的旅游资源都是其特定地理环境的产物。

（一）广袤的国土与多样的自然地带

我国位于北半球世界最大的大陆——亚欧大陆的东部，世界最大的大洋——太平洋的西岸。陆地面积约960万平方公里，面积仅次于俄罗斯和加拿大。我国还有300多万平方公里的海域面积，长达18 000公里的大陆海岸线，为世界上海陆兼备的大国。

与俄、加两大国相比，我国又主要处于中、低纬度地区，自然地理位置较为优越，而南北跨度较大。我国国土南起南沙群岛的曾母暗沙（3°58′N），北至黑龙江省的漠河（53°31′N），跨纬度近50°，直线距离约5 500公里以上，具有赤道带、热带、亚热带、暖温带、中温带和寒温带6个温度带，并呈现出相应的热带雨林与季雨林、亚热带常绿林、暖温带落叶阔叶林、中温带针叶林与落叶林、寒温带针叶林植被景观。冬季，当我国最北端处于地冻天寒之时，最南端仍是阳光灿烂的夏日景象。

我国东起黑龙江与乌苏里江汇流处（135°05′E），西到新疆乌恰县以西的帕米尔高原（约73°10′E），跨经度约62°，直线距离约5 200公里，东西相差4个时区。当最东端迎来旭日东升之时，最西端还处于夜色深沉的午夜。由于大气环流的控制与距海远近的差异，加上地形的影响，由东南及东北沿海地带向西北内陆依次形成了湿润的森林地带、半湿润的森林草原地带、半干旱的草原地带和干旱的荒漠地带。

辽阔的国土与多样的自然地带是影响我国旅游资源形成与分布最基本的地理背景。

（二）复杂的自然结构与突出的地域差异

自然环境结构的复杂性是我国地理环境最显著的特征。

我国山地、丘陵、高原、平原、盆地5种基本地貌类型齐全，其中又以山地、丘陵和高原合占全国国土面积的68%。我国地势则呈西高东低三级阶梯状分布，第一、第二级阶梯均由高原与盆地组成，第三级阶梯主要由平原与低山丘陵组成。每一级地势阶梯上都有山脉纵横分布。我国不仅是世界上山地最多、分布最广的国家，而且也是地势最高、高差起伏最大的国家。青藏高原南缘的世界最高峰——珠穆朗玛峰海拔高度达8 844.43米，而西北吐鲁番盆地的艾丁湖，却在海平面以下155米。由此形成了我国错综复杂的地貌格局。

我国的地势特征使得来自海洋的湿润气流能够深入内陆腹地，并形成东部季风区充沛的降水。而降水受地形的控制，又形成以“一江春水向东流”为主的众多江河。在地貌格局的作用下，还使我国山区普遍存在着气候及植被的垂直地带性差异，尤以横断山区为典型。我国地形的复杂性也形成了生物种类的多样性、独特性，并间接影响到人文地理环境的差异、民族种类的多样性等。

受海陆对比、地形特征和大气环流的影响，我国形成了大陆性季风气候显著的突出自然地理环境特征；而呈纬度地带性分布的温度带和略呈经度地带性分布的干湿地区相组合，加上各地地形等因素的影响，又形成了我国各地不同特色的自然环境结构类型。

从总体看，沿东北大兴安岭西坡至西南青藏高原东南部边缘一线，大体上是季风区与非季风区的分界线。此线以东以南的地区受海洋来的夏季风影响，降水较多，雨热同季，能够生长森林及草甸草原。东部季风区地势大部分在海拔500米以下，以平原、丘陵和低山为主，河湖水系发育，开发历史悠久，面积仅占国土总面积的47.6%，人口却占全国总人口的95%，是我国各大产业与城镇集中分布的地区。以秦岭－淮河一线为界，南方气候温暖湿润，冬季1月平均气温在0℃以上，多常绿阔叶林，山地丘陵广布，河湖众多，水量充沛，且冬季一般不结冰。北方主要地处温带半湿润地区，冬夏温差大，降水高度集中于夏季，地形以大平原及高原为主，河流水量洪枯变化大，冬季有结冰期。其中东北山地气候湿润，河流水量充沛，有多以针叶林为主的森林分布。

"春风不度玉门关"的非季风区，降水少，光照充足，河流多为内流河，为草原与荒漠的分布地区。以青藏高原北缘为界又分为青藏高寒区与西北干旱区。前者终年气温低，为世界最大的冰峰雪山区，湿度相对较大，植被以高山草甸及草原为主；后者气候干旱，多沙漠戈壁及草原景观。复杂多样的自然环境结构，为我国形成极为丰富多彩的自然旅游资源提供了优越的地理条件。

（三）悠久的历史与灿烂的文化

1985年在重庆市巫山县龙骨坡发现了距今204万年的古人类化石。这是我国迄今为止所发现的史前时期最早的古人类化石。从原始公社氏族社会的三皇五帝传说算起，我国约有五千多年历史，是目前世界上最大的文明古国。古老的文明史创造了博大精深、绚丽多彩的中国文化，留下了世人为之惊叹的众多历史文化古迹。

在旧石器时代早期，我国就形成了华北和华南两大文化体系。到新石器时代，中国已形成旱地农业、稻作农业和狩猎采集三个史前文化区。有史以来，黄河流域成为古代世界人类四大文明发祥地之一，中华民族的政治、经济、文化活动的重心地区。在几千年的历史发展中，这一重心又大体经过了东迁南移的地域扩展过程，形成了以黄河中下游地区、长江中下游地区及东南沿海等省区为主，不同朝代历史文化古迹较集中的地区。

春秋战国时代产生的孔孟儒家文化以及墨、道、法家文化奠定了中国传统思想文化深厚的根基。中国传统的唐诗宋词、国画书法、戏曲杂技等均是在世界上独具魅力的民族艺术形式。此外，中国独特的传统医学、烹饪、武术均为世界所瞩目。中国的丝绸和瓷器也曾在历史上作为对外进行东西方文化交流的重要媒介而享誉世界。中国古代的纸、印刷术、指南针、火药等四大发明，深刻地影响过世界历史发展的进程。中国古代的园林、建筑与石刻等实体艺术，以及以万里长城、京杭大运河为代表的众多杰出古代工程，都是中国古代物质文明的宝贵结晶。

由此形成了我国在规模数量和历史文化价值上，为世界任何国家不可比拟的文物古迹旅游资源。

（四）众多的民族与多彩的民俗风情

我国是世界上人口最多的国家，并拥有56个民族，民族数在世界上仅次于俄罗斯和印度。由此形成一道道多姿多彩的民族民俗风景线。

我国汉族占总人口的90%以上，主要分布于东部季风区。各地汉族生活、生产习俗也不尽相同。如在南、北方的差异上，自古以来即有“南稻北麦”、“南船北马”、“南床北炕”的生产、生活习惯分野。北方粗旷豪放的环境气概，与南方柔和细腻的环境情调，对各自居民的性格、语言与文学艺术风格均有深刻影响。

我国少数民族分布地区占到全国总面积的一半以上，主要以大西南、大西北及东北和部分南方地区所在的内陆边疆和山地高原为主。全国共形成了西藏、新疆、内蒙古、宁夏和广西5个省级少数民族自治区。而云南省则是我国少数民族种类最多的省区。我国各地的民族风貌尤其表现在多姿多彩的民族服饰、民族建筑、民族艺术、民族节庆和民族生活习俗上，从而使民族风情成为我国非常富有活力与魅力的一大人文旅游资源。

（五）近代以来巨大的社会变革与强烈的新旧对比

波澜壮阔的中国近代革命史，留下了相应的历史地理印记，形成了众多近代历史纪念地和名人故居，尤以东南沿海地区、南方地区以及京津附近和陕晋等省区为多。同时，也正是在这一时期，产生了殖民主义色彩浓厚的上海、广州、香港、天津等近代工商业大都市。

中华人民共和国建国以来，尤其是1978年改革开放以后，我国城乡风貌发生了巨大的变化。以首都北京为代表的古城换新貌的建设成就，深圳等经济特区的崛起，上海浦东的开发，重庆作为西部内陆直辖市的兴建，以及诸如南京长江大桥、苏通大桥、葛洲坝水利枢纽、西昌卫星发射中心、上海东方明珠电视塔等一大批现代工程的建设，形成了众多当代萌变性社会旅游资源。改革开放以来，以深圳“锦绣中华”、“世界之窗”等微缩景观园为先导的一批现代人造主题公园也应运而生。

三、我国旅游资源的基本特征

（一）以原生性为主的观光型旅游资源极为丰富多彩，世界地位突出

我国堪称世界上原生性旅游资源最为丰富的国家，其中又以山水风光、文物古迹等观光型旅游资源世界地位最为突出。特别是在地貌与气候景观类型、山岳与岩溶景观、河流与峡谷景观、鸟类与观赏植物和花卉、珍稀保护动物等自然旅游资源方面，以及历史文化遗存数量、皇宫建筑、古墓葬数量、近现代革命斗争史迹、近代史迹、民俗文化、传统特产、烹饪名肴等人文旅游资源方面均可排列世界第一，堪称世界之最的奇绝旅游资源数以千计。自1987年至2009年7月，中国先后被批准列入联合国《世界遗产名录》的世界遗产已达38处（详见附录一）。

（二）旅游资源分布广泛而又相对集中，并具一定的地域分布规律

我国旅游资源分布非常广泛，仅就国家级的旅游资源而言，也遍及全国各个省级行政区；同时又具有呈一定规律性的相对集中表现（参见附录2、附录3）。如我国的名山胜水主要集中在东部季风区；皇家建筑、帝王陵寝以北京、西安为代表的北方为胜；山水园林风光以苏州、杭州为代表的南方为优；现代建设成就和人造吸引物以位置优越、经济发达的京津地区、长江三角洲地区和珠江三角洲地区为集中；较原始的自然风光与民族风情则主要以青藏高原东缘和川、滇两省西部的广义横断山区最为富集。

目前我国旅游资源比较集中连片或成带分布的区域主要有：环渤海地区，黄河中下游沿线地区，长江中下游沿线地区，浙闽沿海地区，珠江三角洲地区，四川中西部地区，云贵高原与横断山区，西北古丝绸之路沿线地区。

（三）地域组合特色突出，各地旅游资源互补性强

我国总体上自然旅游资源组合结构以山水风光为主体，人文旅游资源组合结构以历史古迹及民俗风情为突出。而东北地区的林海雪原与关东风情，华北地区的京都古迹与名山海景，华东地区的名城佳园与秀山丽水，华南地区的岭南风姿与海派文化，华中地区的山水峡谷与文化胜迹，西南地区的岩溶山水与民族风情，青藏地区的雪域藏乡与高原胜景，西北地区的丝路古迹与塞外风光等，体现了我国旅游资源无论是在南北之间还是在东西之间，也无论是在自然方面还是在人文方面，都有很强的对比性和互补性。

（四）人文旅游资源与自然旅游资源交融性强，文化积淀丰厚

中华民族五千年的文明史，不仅创造了众多历史与文化价值很高的人文旅游资源，而且还赋予我国不少自然旅游资源以丰富的文化内涵。我国历史上就形成的名山胜水，几乎都留下了历代的诗文、题刻、碑碣，以及亭台楼阁、寺庙宫观、文化书院等胜迹。由此使我国不少风景名胜都成了历史文化、宗教文化、审美文化的载体，人文旅游资源与自然旅游资源的复合交融体。一方面，正是在山水胜景的基础上，产生了文化积淀深厚的人文胜景，如“三大名楼”、“四大名亭”等；而另一方面，山水胜景也正是借历代帝王与名人的诗文与题刻，以及宗教寺观的长期影响，才成为人们广泛认同的风景名胜。也正因为如此，我国不少名山、名湖、名泉、名瀑都具有深厚的文化积淀和自然与人文的双重审美价值。我国被列入《世界遗产名录》的项目中，24 项属人文旅游资源，5 项属自然旅游资源，还有泰山等 6 项则被列为世界自然与文化双重遗产。

第二节
中国自然旅游资源概貌

优美的自然风景是观光旅游最基本的对象，宜人的气候与生态环境则构成了休养性度假旅游的首要吸引因素，一定的自然环境又为相关的户外康乐与探险旅游活动提供了难以替代的天然条件。根据不同自然旅游资源所属的自然环境要素，可将其分为地质地貌、水文水体、气象气候、植物动物等四类旅游资源。

一、地质地貌旅游资源

由地质作用形成的各种具有旅游开发价值的地质地貌现象，即为地质地貌旅游资源。地质地貌是一切旅游资源形成的基础和前提，地貌更有“风景的骨骼”之称。一定的地质地貌条件是陆上活动型旅游资源最重要的组成部分，优美奇特的地貌形态更直接构成了各种引人入胜的观赏型旅游资源。

（一）我国地貌旅游资源的类型

地球上任何地貌形态与山石景观都是内、外地质营力共同作用的产物。在不同内外力地质作用及不同岩石性质的条件下，形成了我国的构造地貌、流水地貌、岩溶地貌、海岸地貌、冰川地貌、荒漠地貌等多姿多彩的地貌景观类型：

1. 构造地貌旅游资源

这是指主要受地壳运动及岩浆活动等内营力地质作用，由地质构造特点决定的风景地貌类型。我国突出的风景构造地貌，根据其岩石性质和具体成因的差异可分为以下几种类型。

（1）花岗岩与流纹岩地貌景观。亮丽的花岗岩及流纹岩是由地下炽热岩浆冷凝后形成的两种性质相似的酸性岩浆岩。我国众多名山名丘景观中，由花岗岩所构成的景观为数最多，以东部沿海地区最为集中。常可看见大面积危崖峭壁、峰林深壑或孤峰拔起的裸岩风景地貌景观，以及因球状风化而形成的巨大“石蛋”造型，或浑圆多姿的巨石兀立形态。如黄山、华山的峻峭风姿，鼓浪屿日光岩和三亚“天涯海角”的巨石造型，都是其典型代表。而具“变幻造型”特点的流纹岩所构成的丰富奇特的造型地貌景观在我国东南沿海闽浙一带分布很广，尤以浙江雁荡山为杰出代表。

（2）砂岩与丹霞地貌景观。由我国中生代到早第三纪发育的一套富含红色氧化铁、砂砾岩与页岩交互成层的陆相红色岩系所构成的丹霞地貌景观，是经内外力地质作用所形成的以方山、石墙、石柱、奇峰等陡峻峰林地貌为主要造型的绚丽赤壁丹崖丘陵景观。这种地貌广泛分布于南方的广大省区以及北方的部分地区，较早在粤北丹霞山被发现和研究，其构成的地貌风光又以闽西武夷山最为著名。在湖南张家界地区，由石英砂岩夹薄层砂质页岩构成的神韵独具、举世罕见的武陵源“砂岩峰林峡谷地貌”更为奇特壮观。

（3）火山与熔岩地貌景观。我国地处环太平洋构造活动带和地中海——喜马拉雅山构造活动带的交叉部位。以黑龙江五大连池火山群为代表的东北地区，以及云南腾冲火山群、台湾大屯火山群等，均是我国具代表性的火山与熔岩地貌景观所在。我国富有景观魅力的火山都是休眠火山。

2. 岩溶地貌与峡谷地貌旅游资源

这种资源作为重要外营力地质作用因素的水，对地貌形态有着极为深刻的塑形作用，特殊的岩溶地貌和峡谷地貌的形成即与此紧密相关。

（1）岩溶地貌（喀斯特地貌）景观。岩溶地貌是石灰岩等可溶性的沉积岩，在以水的溶蚀为主的内外力的作用下所形成的特殊地貌类型。在岩溶地貌发育的地区，往往山石嶙峋，多奇峰异洞，其形态的多样性和奇异性为其他地貌类型所难以比拟，最易形成独特的旅游胜地。景观以峰丛、峰林、石林、溶洞、以及天生桥、边石堤为主。其中喀斯特溶洞是世界洞穴风光的主体，洞中不仅有钟乳石、石笋、石幔、石瀑布、边石堤等因地下水中过饱和的碳酸钙沉淀结晶而成的化学堆积物，还有地下河、地下湖，甚至地下瀑布等多种景观。这种现象在南欧亚德利亚海岸的喀斯特高原上最为典型，所以常把石灰岩地区的这种地形笼统地称之喀斯特地形。

我国是世界上岩溶地貌分布最广、发育最典型的国家，一半以上省区都有分布，尤以湿热的南方地区为代表。广西、贵州、云南三省岩溶地貌大面积连片分布，形成世界上最大的岩溶地貌典型发育区，“甲天下”的桂林山水即是世界上岩溶地貌景观的典型代表之一。云南路南石林、四川黄龙露天边石堤、湖北腾龙洞、贵州织金洞和重庆芙蓉洞等都是世界罕见的岩溶地貌景观。

（2）峡谷地貌景观。河流峡谷是由河流穿切山地高原而形成的雄奇景观，多分布于河流的上游地带。我国峡谷景观堪称世界一流，尤其是在多河流切割、地形高差较大的中南和西南地区。长江三峡是世界上最壮丽的大江峡谷；金沙江虎跳峡堪称是世界闻名的最深、最险的峡谷；而雅鲁藏布江大峡谷则是世界上目前发现的最大峡谷。

3. 海岸地貌旅游资源

这种资源主要是指海岸地带受波浪、潮汐、海流以及生物等外营力地质作用而形成的地貌旅游资源。我国杭州湾钱塘江口以南及北方的山东半岛、辽东半岛等地多为山地丘陵海岸（基岩海岸），这类海岸为最富旅游价值的海岸。一方面其岩石海岸易形成如青岛的“石老人”和三亚的“南天一柱”之类的海蚀柱，以及海蚀拱、海蚀穴（龛）、海蚀崖等海蚀地貌景观，以福建海坛岛尤为集中；另一方面最适宜开展海滨度假旅游活动的沙砾质海岸，也主要发育于岬角与港湾相间的平阔基岩海岸。我国东部沿海北起大连金石滩，南至海南三亚湾有不少海滨沙滩都是进行海水浴、日光浴、沙滩浴的著名海滨浴场。此外，我国东南沿海还有不少由珊瑚残骸、红树林等形成的富丽多彩的特殊生物海岸地貌。

除上述地貌类型外，在我国西部地区还有分别以风力、冰川及水等外营力地质作用为主所形成的荒漠地貌、冰川地貌及黄土地貌等奇异壮观的特殊地貌旅游资源。

（二）我国的山地旅游资源

1. 我国山地旅游资源的价值

纵横于地球表面的山地及丘陵是最能形成富有多样性、组合性风景的基本地貌类型。我国广义的山地（包括山地、丘陵和崎岖的高原）占到国土面积的2/3左右，不同高度、不同规模、不同类型的各种山地，广泛分布于各个省级行政区域内，由此使得我国成为世界上山地旅游资源最为丰富的国家。我国被列入世界遗产的项目中，有9项属山地旅游资源。

以构造地貌、岩溶地貌及流水地貌为主所形成的奇峰、怪石、异洞、幽谷构成了我国山地风景地貌的主要审美内容。历史上即有“泰山雄、华山险、黄山奇、雁荡秀、青城幽”的传统说法，珠穆朗玛峰更是地球山岳地貌景观雄奇险峻审美极致的代表。我国各处山地又形成了丰富多彩、组合性很强的自然景观与生态环境类型。深厚的历史文化蕴涵也构成了我国山地旅游资源的一大突出特色。我国山地旅游资源为观光、休憩、疗养、登高、攀岩、探险、考察等多种活动提供了优越的场所和条件。

2. 我国山地旅游资源的一般分类

按海拔高度可划分为极高山（>5 000米，如贡嘎山）、高山（3 500～5 000米，如台湾玉山）、中山（1 000～3 500米，如泰山）、低山（500～1 000米，如武夷山）、低低山（<500米，如普陀山；按地质成因可分为褶皱山（如喜马拉雅山）、断块山（如华山）、褶皱－断块山（如天山）、火山（如台湾阳明山）、侵蚀剥蚀山（如雁荡山）。

按旅游功能则可划分为：①观景游览型，以中山及以下高度的风景名山为主。如黄山、武夷山、普陀山等。台湾山脉、云南玉龙雪山等少数高山、极高山也被开发为此类旅游山地；②度假休养型，特别是以低山丘陵为主的消夏避暑山地。如浙江莫干山、江西庐山、河南鸡公山等均是我国著名的避暑山地；③特殊活动型，可开展登山、探险、科考等活动的山地，以一些极高山、高山为代表，如西藏的珠穆朗玛峰、新疆的乔戈里峰（世界第二高峰）等。

3. 我国的名山及分类

我国传统的名山是指在具有自然美的典型山岳景观基础上，渗透人文美的山地空间综合体。我国名山在总量上以南方为盛，但历史悠久的传统名山则以北方为多。根据我国名山的文化价值取向，可将其分为以下几类代表性名山：

(1)“五岳”与“五镇”。源于远古以来人们对“山神”的敬畏和天地信仰而形成的历史名山。五岳是由历代帝王根据封禅祭天、巡幸天下的需要，按地理方位加封的五座山岳，即“东岳泰山，西岳华山，北岳恒山，中岳嵩山，南岳衡山”。“五镇”在历史上与五岳并举，数千年来，历朝历代帝王在五镇立祠建庙，封禅祭祀。所谓“五镇”是指：东镇沂山、南镇会稽山、西镇吴山、北镇医巫闾山、中镇霍山。

（2）宗教名山。远离尘世、风景优美、环境清幽的山林之所，自东汉以来成了佛教修行寺庙的主要选址，由此形成了“天下名山僧占多”的态势。峨眉山、五台山、九华山、普陀山为四大佛教名山。道教更崇尚云雾飘渺的高山胜岳、奇峰异洞，龙虎山、青城山、武当山、齐云山被称为四大道教名山。

（3）传统山水文化名山。具有突出的自然山水美或具有世外桃园般的田园风光美，并且渗透了中国传统山水审美文化的名山。黄山、武夷山、雁荡山及庐山等可谓这类名山的典型代表。

（4）近现代历史名山。因近现代政治、军事、经济、文化等重大历史活动和历史过程，尤其是社会变革过程而成名的风景山岳。如井冈山、韶山、延安宝塔山、庐山等。

（5）当代风景名山。主要指经新发现、新开发而成的当代旅游名山，也包括可部分为旅游利用、具突出自然特色的著名山地自然保护区。如武陵源、梵净山等。

二、水体水景旅游资源

水体作为重要的构景要素之一，有“风景的血脉”之美誉，同时还是最富普遍吸引力和参与性的康乐型自然旅游资源。我国水域面积广大，构成水体旅游资源的河流、湖泊、瀑布、涌泉、冰川、近海等水体类型齐全，内涵丰富，是自然旅游资源开发的重点内容之一。

（一）河流

河流与沿岸景观共同构成立体画廊似的河流风景，加上两岸丰富的人文景观资源，有利于游客作舒缓的走廊式游船观光，一些河段还可开展漂流、游艇、划船等水上康乐旅游活动。我国数万条河流像大大小小的血脉一样广布于大地，总长度可绕地球赤道10圈以上。

1. 我国综合性大型河流旅游资源

我国长度在1 000公里以上的河流有20条，最具代表性的大型河流旅游资源主要有长江、黄河及珠江。

（1）长江。世界第三长河，我国第一大河，全长6 300公里，发源于青藏高原，干流横贯11个省级行政区，最后注入东海。上游江水深切于横断山区，形成奇险的虎跳峡；在四川宜宾以后的中游地段切穿巫山山地，形成举世闻名的长江三峡；出三峡后又在“极目楚天舒”的两湖平原形成世界罕见的“九曲回肠”荆江河段。长江中下游地区，尤其是长江三角洲地区则是一派水乡泽国景象，“扬子江”段江阔水深、水天一色，尤为壮观。

长江流域古人类遗迹和名胜古迹众多，干流上就有10个以上的国家级历史文化名城。也是中国人口与城镇最密集、经济最发达的地区，有上海、南京、武汉、重庆4座我国特大城市。由此长江成为我国最重要的河川旅游线和黄金旅游线之一。

（2）黄河。我国第二长河，全长5 464公里，发源于青海，流经9个省区，经山东注入渤海。黄河上游穿切了龙羊峡、刘家峡、青铜峡等19个峡谷，并在干旱的内蒙古高原上冲积形成了有“塞上江南”之称的银川平原与河套平原；自内蒙古河口镇以后黄河进入黄土高原所在的中游地段，形成含沙量高居世界各大河之冠的浑浊黄水，在此段还形成了著名的龙门和壶口大瀑布；黄河冲出著名的三门峡后，自河南孟津进入下游河段，在华北平原上形成了全球罕见、举世闻名、长达900公里的“地上河”。

黄河流域各地文物古迹极为丰富多彩，并有众多的古人类文化遗址。在封建社会早、中期形成的咸阳、西安、洛阳、开封等都是显赫一时的历史古都。作为中华民族的母亲河，黄河是我国古代历史文化景观最丰富灿烂的河川旅游线。

（3）珠江。我国第三长河，全长2 400公里。按年流量为中国第二大河流，流量仅次于长江，是华南地区最长、最大的河流。上源为云南高原，主要流经4个省区，最后注入南海。珠江大部分流经石灰岩山地丘陵，热带、亚热带植被茂密，不乏峡谷急流与碧波清流，是全国含沙量最低的河流之一，被誉为祖国各大江河中最为秀丽的一条大江。

2. 我国主要风景河溪与漂流河段

我国的风景河段与溪流主要分布于长江以南及东北地区。浙闽、珠江流域、长江中游、西南、东北等山区尤为集中，如漓江、富春江、楠溪江、瑞丽江、鸭绿江等。而漂流河段多集中于南方，比较有代表性的有湖南猛峒河、贵州马岭河、重庆大宁河、广西资江、浙江天目溪等。此外，在黄河的宁夏、内蒙古河段上还开展了独具特色的羊皮筏与牛皮筏漂流活动。

（二）湖泊

湖泊是水域风景中最能体现相对静态的形、影、光、色等审美特征的水体，更是陆上水域康乐度假活动最重要的场所。我国拥有数以万计的湖泊，其中面积在1平方公里以上的就有2 800多个。东部季风区约占我国湖泊总面积45%的淡水湖，为我国旅游开发程度较高的水体旅游资源；咸水湖和盐湖则主要分布在非季风区。全国可分为青藏高原、蒙新地区、东部平原、东北地区及云贵高原五大湖区，而风景湖泊的景观类型大体有以下几种。

1. 平原大湖

平原大湖给人以壮阔浩渺之感，易形成生动、活跃的水乡景观，主要分布于东部平原。长江中下游的鄱阳湖、洞庭湖、太湖、洪泽湖及巢湖被称为我国五大淡水湖。

2. 山地秀湖

山地秀湖镶嵌于山地丘陵之中的湖泊，形态多变，青山、雪峰倒映，风景格外秀丽。我国的千岛湖、天山天池、长白山天池、台湾日月潭以及九寨沟的海子等都是非常著名的山地风景湖泊。

3. 高原旷湖

高原旷湖主要分布于青藏高原、内蒙古高原和云贵高原。远山近草、蓝天白云倒映，兼具山地秀湖与平原大湖的美感。藏北高原是世界上湖面最高、湖泊数量最多的高原湖区，其中纳木错为世界最高的大湖；青海湖是我国最大的湖泊（咸水湖）；洱海、红枫湖等也均是著名的高原风景湖泊。

4. 园林风景湖

园林风景湖在城市内部或周边地区，由历代人工改造、人工建设而成的公园性质的湖泊。以杭州西湖和北京颐和园昆明湖最具代表性。

（三）涌泉

地下水的天然露头称为泉。涌泉主要分布于地表径流丰富的山区，南方多于北方。我国是世界上涌泉最为丰富多样的国家之一，估计总泉数在10万以上，其中名泉不下数百，它们具备清纯美、声色美、味觉美、触感美、康体美、动态美及人文美等审美特征。

1. 沐浴性温泉

我国地处全球环太平洋和地中海——喜马拉雅两大火山与地震活动带，地热资源非常丰富，由此形成了遍布各省区数万处的温泉。其中又主要集中于东南沿海的粤、闽、台三省和西南滇、藏两省，这些省区合占全国温泉的一半以上，且泉温普遍偏高。温泉是涌泉中占主体地位的沐浴性疗养康乐旅游资源，往往易以此为中心形成园林风景旅游度假区。我国的著名风景旅游度假疗养地有：陕西临潼，广东从化，南京汤山，重庆南、北温泉，台湾北投等。

2. 康体性矿泉

矿泉在习惯上是泛指一切含有对人体健康有益的特殊成分，具有医疗或保健价值的涌泉。我国矿泉中的温泉数高居世界首位。我国具有显著医疗价值的代表性矿泉主要有：鞍山市区的汤岗子温泉，黑龙江五大连池的“药泉”，内蒙古的阿尔山温泉，广东从化温泉等。

3. 品茗性淡水泉

我国唐代以来即盛行“好茶须有好水煮”的茶风，由此评出了不少天下名泉。济南趵突泉、镇江金山泉、无锡惠山泉、苏州观音泉、杭州虎跑泉被誉为我国古代的五大名泉。其中无锡惠山泉更以盲人二胡艺术家阿炳的一曲《二泉映月》而名扬海内外。

4. 观赏性奇特泉

涌泉的动势，尤其是由较强的地热活动所形成的温泉动势，具有特殊的动态景观美。如泉城济南的趵突泉，西藏羊八井及云南腾冲的沸泉、气泉，以西藏高原为主的间歇喷泉和水热爆炸泉，安徽寿县的喊泉、四川广元的羞泉、云南大理的蝴蝶泉等都是较奇特的观赏性趣泉。

（四）瀑布

瀑布是由溪、泉、河、湖等水体流经陡坎断崖时，凌空跌落而形成的特殊水景。它最突出地体现了陆上水体形、声、色三者相结合的动态美，成为历史文人吟诵的对象。我国以南方为主降水较多的山地高原地区，瀑布景观较为丰富。其中河湖宏瀑，宽流急泻、匹练悬空、声如雷鸣、气势磅礴，常成为主体旅游吸引物。贵州黄果树瀑布、黄河壶口瀑布、黑龙江吊水楼瀑布即为我国三大河湖名瀑。而我国的山岳名瀑，几乎遍布各地名山，它们飞流直下，如银练高悬、玻帘珠挂、轻纱飘逸、白龙嬉戏，平添了山景的活力与秀色，常成为山地风光的重要兴奋中心。庐山、黄山、雁荡山的瀑布自古享有“天下三奇”之誉。台湾山地也是我国瀑布最多的地方之一。我国在拥有瀑布的数量和山地瀑布与周围景观的组合类型方面，世界地位较为突出。

（五）海洋

20世纪60年代后期以来，在全球范围内出现了前所未有的海洋旅游热。我国虽然在海滨气候及沙滩方面，与欧美、澳大利亚、北非等一些海滨国家相比有所不足，但从海滨旅游资源的整体规模和景观类型的多样性上看，我国仍属世界主要海滨旅游资源大国之一。

海洋作为一种康乐性旅游资源，首先在于其空气、阳光、沙滩和海水相结合的休养功能，同时海洋还为驾舟、帆板、冲浪、滑水、潜水等多种水上活动提供了广阔的空间。由于我国东部沿海夏季高温多雨的气候特征，决定了我国海滨最大的休养性项目是海水浴，而不是西方盛行的海滩日光浴。我国目前由北向南，在大连与三亚之间漫长的沿海地带，开发了数以百计的海滨度假胜地，尤以海南、台湾、广东、广西、福建等热带和南亚热带省区的海滨度假胜地利用季节长，旅游价值高。

海洋与海岸、天气、天象、海船、渔港、灯塔等自然和人文景观的组合形成了优美的海域风光，尤以岬湾海景的层次性、立体感最强。我国呈南北延展的漫长海岸线非常有利于形成丰富多彩、组合各异的海域风光。以杭州湾钱塘涌潮为代表的海洋的潮汐现象，则是一种蔚为壮观的海水运动景观。五光十色的海底奥秘也极具魅力，我国不仅在大连等沿海城市修建了海洋公园供游客观览海洋世界，而且还分别在广东电白放鸡岛、海南三亚湾等地建立了10多处潜水观光旅游点。潜水观光旅游已成为当今世界的热门旅游活动。

三、气象气候旅游资源

云雾雨雪与日月天光等大气现象是自然界最基本、最富于变幻的构景因素。气象气候条件不仅直接影响旅游活动的开展，而且通过对生物、水体乃至地貌及民风民俗的制约，促使各地形成丰富多彩的气候与自然及人文景观。

（一）我国气候景观的丰富性与立体性

我国从最南端南沙群岛长夏无冬的赤道带，到以“北极村”漠河为代表的东北端及西北端严冬凉夏的寒温带，形成了六大温度带的差异；而从以台湾火烧寮为典型，年降水高达几千毫米的东部沿海湿润地区，到终年难降几十毫米雨水的西北内陆干旱地区，又形成了四大干湿地区的差别。六大温度带和四大干湿地区组合成各种不同的气候景观类型区。大体上又可分为东部季风区、西北内陆干旱区和青藏高寒区三大类型区。

在地形的作用下，还形成了更为多样的气候景观。我国广大的山地高原形成了各具特色的垂直地带性气候景观，尤其是西南地区低纬度的高山峡谷，更具有“一山共四季”、“十里不同天”的突出立体气候风光。在同一山脉两侧，也常常形成气候迥异的两个世界。南岭、秦岭、天山等东西向山脉差不多都有“南枝向暖北枝寒”的显著气候差异。平均海拔在4 000米以上的青藏高原，则更是形成了一个在我国太阳辐射最强而年平均气温最低的独特的高原气候区。

由于我国大部分地区位于中纬度温带和亚热带范围，加上大陆性季风气候显著，使得我国以东部季风区为主的地区四季分明，自然季相变化非常显著。而且由于季节变化时序随纬度和海拔高度的推移，又使得我国自然季相变化在时序上多彩纷呈。“人间四月芳菲尽，山寺桃花始盛开，长恨春归无觅处，不知转入此中来”的著名诗句，就是这种情形的形象描述。

上述气候特征，使得我国成为世界上气象气候景观最为丰富多样和立体气候景观最为显著的国家。

（二）我国观光气象气候旅游资源

气象因素是最活跃、最富于变化，以非实体为主的构景因素。在大的气候背景作用下，我国的气象景观丰富多彩。我国的云海、雨凇、日出、夕阳、佛光、蜃景又被合称为“天象六景”。

1. 云、雾、雨景观

在湿润的南方及东部沿海地区由云、雾、雨这类非实体气象因素构成的景观较为普遍。如黄山、峨眉山、齐云山、阿里山的云海享誉中外，庐山瀑布云、苍山玉带云、三清山响云、泰山云海玉盘都是云中奇景。轻纱般飘渺的雾景在山中、水面都常出现。蒙蒙细雨也能组合为一种特殊、诱人的意境，如漓江烟雨、江南春雨、巴山夜雨等。

2. 冰雪、雾凇、雨凇景观

冰雪与雾凇、雨凇奇景以冬季的北方，尤其东北较为普遍。四季分明的亚热带山区也易出现这类美景。“太白积雪”、“西山晴雪”、“玉山积雪”等是著名的冰雪景观。雾凇是雾气在低于0℃的附着物上凝华而成的白色松絮状冰粒，漫挂于树丛、树林，似绽开的繁盛而精致的银花。“吉林树挂”就是我国最著名的雾凇奇景。雨凇是由过冷雨滴或毛毛雨落到0℃以下的地物上，迅速冻结而成的均匀而透明的冰层，冬季常见于湿润的南方山区。

3. 佛光与蜃景

当人背太阳而立，光线投射到相对方向的云层雾墙上时，就可能出现围绕人影的彩色光环，被称为佛光。我国以峨眉山金顶佛光最为著名。蜃景，即海市蜃楼奇景，是太阳光线经远距离折射，将远处景物显现在空中或海面上空的一种幻景，主要出现于海湾、沙漠和山岳顶部。以江苏海州湾出现频率较高。

（三）我国康乐气象气候旅游资源

1. 休养性康乐气候旅游资源

它是指舒适宜人、有益健康的气象气候环境。我国以北戴河、大连、青岛等海滨地区及云贵高原和东部一些名山为代表，形成了不少夏季避暑旅游胜地；而以海南三亚和广西北海等为突出代表的热带和南亚热带地区，则是冬季避寒度假的好去处。海南岛和“春城”昆明所在的云南高原，冬暖夏凉，温和湿润，是常年性宜人气候旅游资源所在。

2. 活动性康乐气候旅游资源

这是指适合进行某些户外康乐活动的特殊气象气候条件。如东北地区的冰雪天地、青藏高原和西北内陆盆地的特殊气候环境，可成为开展冰雪运动、特殊环境体验活动及科考探险活动的旅游资源。滑雪堪称当今世界上规模最大的户外大众性运动项目，我国这方面的旅游资源也比较丰富。

四、植物动物旅游资源

动植物是自然生态环境的主体，是美化、活化、净化人类环境的主角。动植物通过生命过程中表现出的形、态、声、色、香等审美因素，起着不可替代的特殊构景作用，植被也因此有“山水的肌肤”、“风景的容颜”之称。动植物还有突出的康乐休闲与求知探奇旅游功能，其中以绿色植物区的休养性功能最强。一定的动植物环境也是进行采集、狩猎、牧马、探奇、科考等活动的重要旅游吸引因素。

（一）我国的植物旅游资源

我国一向有世界植物王国之称，植物种类数目居世界第三位，仅次于马来西亚和巴西。有200种属特有种类，其中绝大多数为古老孑遗植物。在植被类型上，我国除极地苔原外，几乎所有类型均有，还具独特的高寒草原植被。森林和草地是人类最基本、最宝贵的生物资源及旅游资源，是最大的两类整体性生物景观。

1. 森林

我国森林面积居世界第六位，但森林覆盖率极低，仅12%，居世界后列。东北山区、西南山区和长江中下游山地丘陵地区是我国的三大林区。东北山区的中温带与寒温带森林分布区，以及以亚热带森林为基础的西南横断山区和藏东南地区，是我国两大原始森林分布区。长江中下游山地丘陵主要是亚热带次生林分布区。云南西双版纳是典型的热带雨林季雨林分布区。此外，如太行山的栎树林，河北围场的桦木林，新疆天山的冷杉林，海南岛的椰林等成片纯林，构成富有景观魅力的旅游资源。

以东北山区和西南山区为代表的原始林区，往往地形复杂，交通不便，动植物种类保存较完好，在科学考察、探险寻奇及采集狩猎方面的旅游价值较高。而在交通条件相对有利的广大东部次生林区及部分原始森林边缘地区，则更适合开展大众观光、康乐度假及科普求知性旅游活动。从1982年9月建立湖南张家界国家森林公园起，至2004年，我国林业部已批准建立了503个国家级森林公园。

2. 草原

我国世界级天然大草原的面积仅次于澳大利亚、俄罗斯和美国，居世界第四位，主要分布于西部半干旱地区及高寒地区，包括内蒙古、青海、西藏、天山四大草原。内蒙古草原属典型的温带草原，干湿季荣枯变化大。东部草甸草原深厚的绿草往往形成一派“天苍苍，野茫茫，风吹草低见牛羊”的典型牧区美景，春夏草原上还呈现出一派五彩缤纷的花海景象。青藏地区两大草原均属高寒草原，草类矮小，但地域辽阔，在雪山、湖泊的映衬之下，风光迷人。天山草原分布在天山南北坡森林带上下，上为高寒草原，下为温带草原。

3. 名木古树与奇花异卉

我国被世界公认为“世界树木宝库”。我国特有的珍稀树种水杉、银杏、鹅掌楸，被列为世界植物三大“活化石”。此外，我国特有的裸子植物金钱松、台湾杉、银杉等，被子植物杜仲、珙桐、金钱楠、香果树等古孑遗植物都较著名。这些珍稀植物大多分布于长江流域及西南地区。我国具有特殊观赏价值和历史价值的个体名木古树也繁多。如台湾的“阿里山神木”古红桧树，黄帝陵前的柏树之王“轩辕柏”等都是我国古老的名树，曲阜孔林更是我国最大的名贵古树园。

我国还是著称于世的花卉之邦，赏花、育花的历史达几千年之久，拥有名贵花卉近600种，约占世界上花卉种类的3/4，由此形成了许多著名的赏花旅游地。如洛阳、菏泽每年的“牡丹节”旅游盛会，西南地区由漫山遍野的杜鹃花等所形成的天然高山花园等。在我国著名风景林木中，有“高风亮节”之誉的翠竹，主要分布于南方亚热带的一些低山丘陵，尤以宜宾“蜀南竹海”最为著名。

（二）我国的动物旅游资源

野生动物的形色、动态、声音与周围生态环境的结合，共同构成了我国自然景观中最生动的部分。我国鸟类约占世界鸟类的1/9，超过整个欧洲、北美洲。此外我国还有许多特有珍稀动物。

1. 珍禽异兽及分布

我国拥有不少世界稀有和我国特有的珍禽异兽。其中列为一级保护动物的就有68种。大熊猫、金丝猴、白鳍豚和白唇鹿被称为我国的四大国宝动物。其中世界级濒危动物大熊猫堪称世界最珍贵的动物，其形象已成为世界野生生物基金会标志。此外还有古老爬行动物扬子鳄、世界珍禽丹顶鹤、“东方活宝石”朱鹮等著名珍禽异兽。

我国珍禽异兽比较集中的地区为：以小兴安岭和长白山为主的东北地区，有东北虎、紫貂、梅花鹿、丹顶鹤等珍奇动物；青藏高原东缘以川西为主的山区，有大熊猫、金丝猴、大鲵（娃娃鱼）、亚洲蜂鸟、峨眉琴蛙等珍奇动物；云南西双版纳地区，有长臂猿、亚洲象、绿孔雀等珍奇动物；华南地区，有华南虎、长臂猿、坡鹿等珍奇动物。

2. 著名野生动物栖息地

我国著名的禽鸟类栖息地有：驰名中外的鹤乡——黑龙江扎龙自然保护区、世界最大的白鹤越冬栖息地——江西鄱阳湖候鸟保护区、高原湖泊鸟类王国——青海湖鸟岛等；我国著名的猴类栖息地有：以保护金丝猴为主的四川南坪县白河自然保护区、以保护猕猴为主的海南南湾自然保护区、海南猴岛等；我国最著名的蛇类栖息地有大连蛇岛等。此外，我国南方还有一些美丽的蝴蝶谷，以台湾高雄的美浓黄蝶翠谷和六龟形蝶谷最为著名。

第三节 中国人文旅游资源概述

一、历史遗迹与古代建筑类旅游资源

历史遗迹与文物是民族与国家过去历史的记录，特别是其中的建筑类文物，作为古代物质文明的结晶，往往具有较高的艺术表现形式，因而也是观赏性很强的人文景观资源。它们构成了我国最基本、最耀眼、最为丰富的一

大类人文旅游资源。我国被列入联合国《世界遗产名录》的30项文化遗产大多与此类旅游资源相关。

（一）古遗址、古代工程与历史纪念地

1. 古人类与古文化遗址

（1）古人类遗址。古人类遗址是指从人类发展到有文字记载以前的人类活动遗址。它是人文旅游资源中年代最为久远的景观。我国是世界上保存完整的古人类遗址最多的国家。目前年代最早的是距今204万年以前的重庆巫山人化石发掘地、170万年以前的云南元谋人化石发掘地、50万年前的北京周口店北京人化石的发掘地都是著名古人类遗址。其中北京周口店为我国境内发现最早的古人类住所，也是当今世界上发现古人类遗址化石最齐全、最多的一处，因而被列入《世界遗产名录》。

（2）古文化遗址。古文化遗址是指人类有文字记载以来的，古代人类从事政治、经济、文化等活动的场所遗址，包括古城池、古战场、古道路等。这类遗址往往给人以古代社会发展和各地历史兴衰更丰富的畅想空间。殷商遗址、丰镐遗址、咸阳遗址、楼兰遗址等都是著名的古城遗址；三国赤壁之战遗址、楚汉鸿沟之战遗址、南宋合川钓鱼城之战遗址均是著名的古战场遗址；举世闻名的丝绸之路遗址、剑门蜀道遗址是代表性的古道路遗址。

2. 长城与其他古代工程

古代工程是指历朝历代为了生产、交通、水利、军事、科技等需要而兴建的，与国计民生关系密切的重大建筑工程。

（1）长城。长城兴建自西周算起，历经14个朝代，延续2 700多年，分布于今17个省、自治区、市，总长度超过5万公里。其修筑历史之长，工程量之大，建筑之宏伟，影响之深远，举世罕见。长城是中国古代军事防御体系中最大的工程建筑，是中华民族的骄傲。

现存长城多系明长城遗址。明长城修筑历经200余载，它西起嘉峪关，东至山海关老龙头，并向东延伸到辽宁鸭绿江边的长城，全长6 350多公里，由此号称“万里长城”。长城主要由城墙、墙台和敌台、烽火台、城堡、关隘构成。城墙一般高5～8米，宽6米左右，连接着成千上万个敌台、烽火台、关隘等，构成了完整的防御工程体系。长城主要旅游点有：北京八达岭、居庸关、慕田峪，河北山海关、老龙头，甘肃嘉峪关等处。其中八达岭长城气势雄伟，近在京郊，游客最多，影响最大。内蒙古自治区是中国古长城遗址保存最多、里程最长的省区。

（2）古城池。我国早在殷商时就已出现城市。早期的城市，特别是京都，一般都具有完整的城防体系，包括瓮城、子城、牙城、皇城等不同功能的建筑。我国有3 000多座城池遗址，其中，保存较完整的有江苏南京城、陕西西安城、山西平遥城、云南大理城等。

（3）古代水利工程。京杭大运河、广西灵渠、四川都江堰、新疆吐鲁番的坎儿井等是我国古代著名的水利工程。从春秋时就开始开凿的京杭大运河，是世界上最长、最古老的运河。京杭大运河北起北京通县，南止杭州，全长1 782公里，流经我国东部6个省级行政区，是历史上中国南北水路交通的大通道。四川的都江堰是世界上最古老的多功能大型水利工程，也是一项吸引中外游客的伟大工程，至今仍造福一方。

（4）古代桥梁。我国古代有不少桥梁建筑技术为世界首创，在西安半坡遗址中已有桥梁建筑。古代的各式桥梁不仅具有交通功能，而且本身的造型和工艺也极具观赏价值。我国古代桥梁的类型包括有梁桥、拱桥、索桥、浮桥、廊屋桥、铁桥、竹藤桥、网桥等。其中著名的有河北赵州桥、北京卢沟桥、广西程阳风雨桥等。浙东平原还有绵延百里的著名水乡文物景观古纤道，绍兴古城拥有各代古桥600多座，有“桥都”之称。

3. 近现代历史纪念地

近现代历史纪念地主要是指鸦片战争以来所形成的革命纪念地以及其他重大历史事件的纪念地，包括革命遗址、旧址，重要会议会址，烈士陵园，纪念性建筑物等。如：南昌“八一”起义指挥部遗址、遵义会议会址、重庆“中美合作所”集中营旧址、河北冉庄地道战遗址、广州黄花岗七十二烈士墓、天安门广场的人民英雄纪念碑、北京圆明园遗址等。

（二）古建筑与古园林

古建筑与古园林是我国古代建筑类旅游资源中最富有艺术价值和审美价值的景观资源。

1. 古建筑

古建筑被喻为“凝固的音乐”和“石头的史书”。以木构架“大屋顶”结构为主要形式的中国古建筑与西方哥特式尖顶及罗马式圆顶建筑有鲜明差别。中国古建筑组群布局多主次分明，讲究中轴对称，富有节奏感，同时注重建筑与环境的巧妙结合，堪称世界建筑中的奇葩。目前，全国重点保护的古建筑及历史纪念建筑物有216处，但分布很不均衡。北方地区古建筑遗存较南方为多，辽、金以前的地上建筑物，有70%集中分布在山西各地。我国的古建筑旅游资源主要分为以下几种类型：

（1）宫廷与礼制建筑。包括宫殿、坛庙、祠堂等建筑。宫廷建筑及礼制建筑是历朝历代最高级、最富丽的古建筑，体现了中国古建筑的最高成就，它们作为历朝历代社会政治文化活动的中心，又是最重要的历史载体。帝王宫殿、坛庙不仅外观金碧辉煌，而且往往收藏了大量稀世珍宝和文物，因此其所在地基本上都是我国重要的旅游中心。明清故宫、曲阜孔庙和泰山岱庙是我国规模最大的三处古建筑群，皆属宫廷与礼制建筑。

现存著名的宫廷建筑有：明代北京紫禁城（现故宫）、沈阳故宫和承德避暑山庄内的宫殿（行宫）等，其中北京故宫是世界上保存最完整的规模最大的古代宫殿和古建筑群。著名的坛庙建筑有：天坛、日坛、社稷坛、风神庙、富神庙等，是供中国历代皇帝祭祀天地、祖先等用的，是世界同类建筑中最完备和最富有体系的，其中北京天坛是当今世界规模最大、艺术成就最突出、保存最完好的坛庙。

遍布全国各地的祠和庙，大多是纪念历代名人、礼制代表人物的场所，如孔庙（文庙）、关庙（武庙）、岳飞庙等。在孔子的故乡所建山东曲阜孔庙，是历代祭祀孔子的最大祠庙，号称“天下第一庙”。孔庙及其附近的孔府、孔林，合称“三孔”，是世界级名胜古迹。建于关羽故里的山西解州关帝庙，规模宏大，为全国关庙之冠。

（2）宗教建筑。我国宗教建筑在古建筑旅游资源中亦占有重要地位，尤以佛教建筑及道教建筑最为突出。西藏的布达拉宫是当今世界上海拔最高、规模最大的宫堡式宗教与文物建筑群，也是我国规模最大、最完善的石作喇嘛寺和宫殿。山西恒山悬空寺、南京灵谷寺无梁殿等宗教建筑，代表了中国古代建筑技术的较高水平。佛塔为寺庵的标志性附属建筑，随寺庙修建。我国现存古塔3 000多座，其中有41座被列为全国重点历史文物保护单位。著名的佛塔有：山西佛宫寺释迦塔（应县木塔）、大理崇圣寺三塔、河北定县开元寺塔、河南少林寺塔林等。道教宫观中以武当山道观建筑群规模最为宏伟。

（3）景观建筑。景观建筑主要指园林区内外独立存在，并有实用和装饰等各项功能的游乐性建筑物，包括亭、台、楼、阁、廊、榭、舫等。我国的园林建设，通常是“有园必有亭，有亭即成景”。安徽滁县醉翁亭、北京陶然亭、长沙爱晚亭、杭州西湖湖心亭是我国古代的四大名亭。武汉黄鹤楼、岳阳岳阳楼、南昌滕王阁以诗、文、赋传名，是我国古代的江南三大名楼。

(4) 民居建筑。指除宫殿、官署和寺观以外的居住建筑。我国古代的民居建筑可谓丰富多彩，保存较完好的古代汉族民居建筑街道，具有代表性的主要有：安徽黄山的屯溪老街、北京的琉璃厂、西安北院门老街等，其中屯溪老城老街被誉为“活动的清明上河图”；保存较好的典型古代民居古城有：山西平遥古城和云南丽江大研古城。城堡式闽西客家大土楼，木构塔式侗寨鼓楼，是我国具有突出地方特色的杰出的古老民居建筑代表。

2. 古园林

中国古典园林是由筑山、理水、植物配置、建筑营造和书画墨迹等基本要素构成，本着“师法自然”的造园艺术基本准则建成的造景园地。中国古典园林是“无声的诗，立体的画”，写意自然山水型园林风格与西方园林迥然不同，被公认为世界上风景式园林的渊源，有“园林之母”的美誉。

我国山水园林艺术奠基于魏晋南北朝时期，明、清时期造园规模和水平走向鼎盛，形成了以皇家园林为主体的北方园林和以私家园林为代表的江南园林两个主流体系。我国古代园林发展以江南地区水平最高，数量也最多。江南园林建筑体量较小，多用平瓦粉墙，色彩素静淡雅，园石、绿树、花草和自然水体利用较多，景致玲珑纤巧、秀美精雅、曲折幽深。江南园林以太湖平原一带数量最多、艺术水平最高。北方园林一般面积较大，风格趋于粗犷豪放，园林建筑风格偏厚重而少婉约。自清代起，规模宏大、豪华富丽、集南北造园之精华的皇家园林成为北方园林的主流。苏州园林是江南园林的代表，承德避暑山庄是我国现存最大的皇家园林，颐和园是我国现存古代帝王苑囿建筑中最完整、最华美的代表，它们都被列入了《世界遗产名录》。此外，以广东园林为代表的岭南园林，因地制宜，兼容并蓄，也具有独特的观赏价值。

(三) 古陵墓与名人纪念地

我国古代帝王从商代起即兴厚葬之风，几千年的厚葬习俗，使古墓葬数量高居世界之冠，仅皇陵就有175座。古代帝王陵寝形制雄伟、建筑富丽、文物珍贵而多彩。由于帝王陵寝多选址于“风水宝地”，“皇陵禁地”风景保护良好，所以陵区常常又是园林式的游览之地。

1. 古代帝王陵寝

宏大的帝王陵寝主要由三部分构成：封土、墓室和陵园建筑。帝王陵寝建筑有个发展过程：在封土形式上，中国历史上第一个皇帝陵——秦始皇陵采用覆斗方上形式，著名的乾陵是唐高宗李治和武则天合葬墓是以山为陵，明清帝陵更替为结构复杂而豪华的宝城宝顶；墓室由早期简单的土墓穴，逐渐发展到结构豪华富丽、堪与人间宫阙相媲美的地宫。帝王陵墓前的建筑物主要由祭祀建筑区、神道、护陵监三部分组成。中国历史上最大的皇陵秦始皇陵及其规模宏大的地下兵马俑坑被誉为“世界第八奇迹”；宁夏西夏王陵因独特的历史价值和造型而被外国游客誉为“中国小金字塔”；明十三陵面积广阔，修筑豪华气派，较之生前宫殿毫不逊色。

2. 名人纪念地

名人纪念地由历代名人故居、名人活动遗址以及相关的纪念性文物与建筑所构成。曲阜孔林是著名的名人墓，是孔子及其子孙的墓地，延续时间之久（2 400多年）、墓葬数量之多、保存之完好为世界罕见。孔林与孔府、孔庙形成的“三孔”是典型的由名人纪念地形成的旅游地。

此外，具有数千年历史的贵州、四川、长江三峡、福建武夷山区等地的各种悬棺葬、悬墓葬，高崖“船棺”等特殊墓葬形式，也富有奇特、神秘的观赏价值和旅游吸引功能。

二、文化艺术与民俗风情类旅游资源

文化艺术与民俗风情类旅游资源属于以非物质表现形式为主，参与性较强的传统人文旅游资源。

（一）文化艺术

优秀的文化艺术作品有着生动形式和强烈的感染力，可以激发人们的想象力，人们在欣赏的过程中可以实现情与景、意与境的交融，发掘自然山水和名胜古迹更深层次的内涵和情趣，甚至演绎创造出新的旅游景观与旅游对象，所以文化艺术也是一种特殊的旅游资源。我国文化艺术作为旅游资源的意义主要反映在如下三方面：

1. 直接构成丰富多彩的文化艺术景观资源

我国独特精湛的传统书画艺术、戏曲杂技、武术表演，以及碑碣、壁画、石刻、工艺品等有形文化景观，都可直接构成旅游资源。我国有“戏剧王国”之称，京剧、越剧、秦腔、评剧、黄梅戏、川剧、豫剧等360多个剧种，都是具有特殊魅力的文化景观。广泛流传于民间的少林、武当、峨眉等武术流派，对于海内外旅游者也具有极大的吸引力。

2. 无形包装强化各种自然与人文旅游资源

不少影响面大，艺术感染力强的文学艺术作品，其对象与背景地都可成为旅游资源，甚至旅游热点。如杜甫《望岳》诗的题刻，引导着千百年来游人对泰山的审美取向；张继的《枫桥夜泊》使寒山寺的钟声随着诗情播扬远方；苏东坡的一首词《赤壁怀古》让原本名不见经传的黄州赤壁名扬天下。另外，乐曲《二泉映月》、电影《少林寺》以及一些神话传说，等等，都在无形中对各种自然与人文旅游资源起到了包装或强化作用。

3. 凭借名作演绎创造各种主题人文旅游资源

不少地方凭借历代文学艺术名作来创造出新的旅游资源，吸引旅游者前往游赏。如按照陶渊明的《桃花源记》修建“桃花源”，根据名著《红楼梦》的描写和情节建造“大观园”，根据《三国演义》开发三国旅游线路，仿照南宋张择端的名画《清明上河图》建造“宋城”等，不一而足。

（二）宗教文化

1. 我国宗教文化的旅游价值

我国是多宗教国家。从外部传入的佛教、伊斯兰教，与本土产生的道教一样，都被融入了中国历史文化内涵，各种宗教文化艺术取得了举世瞩目的成就。宗教名山圣地、宗教建筑与艺术、宗教仪式与活动、宗教意识与文化所具有的特殊审美内容和宗教氛围，对广大旅游者具有普遍吸引力。佛教、道教、伊斯兰教三大宗教的有关名山福地、寺观殿堂、塔幢石窟、雕刻壁画等典型宗教文化景观，道教音乐、喇嘛教戏剧等独具特色的宗教艺术形式，都是我国的宗教文化旅游资源。在我国被列入《世界遗产名录》的项目中，与宗教文化紧密相关的就有莫高窟、布达拉宫、武当山道教建筑群、峨眉山——乐山大佛、大足石刻、云岗石窟等。

2. 我国佛教的石窟寺艺术

佛教从汉代传入我国之后，传播广泛，影响深远，留下了大量艺术价值很高的佛教建筑和艺术；伊斯兰教的清真寺，道教的宫观都是珍贵的文化遗产，也是宝贵的旅游资源。从六朝到宋初期间创造的石窟寺佛像雕塑，巧夺天工，绚丽多姿，足可与古埃及、古希腊石雕艺术媲美，是中国宗教艺术的宝库。石窟寺艺术是建筑、雕塑、绘画等多种艺术形式的综合体。我国石窟寺建筑以北魏至隋、唐时代最盛。在我国100多座石窟寺中，敦煌莫高窟、大同云岗石窟、洛阳龙门石窟和天水麦积山石窟号称“四大石窟”。其中敦煌莫高窟是东方艺术的瑰宝，是世界上规模最大、内容最丰富、保存最完整的画廊。享誉世界的重庆大足石刻则是我国晚唐石刻造像艺术的杰出典范。

乐山大佛是世界上最高的摩崖大佛和最大的石刻坐佛。

（三）民俗风情

民俗即民间的风俗。一般把由自然环境的差异而形成的社会习尚叫“风”，把由社会环境不同而形成的习尚称“俗”。我国地域辽阔，民族众多，早在汉代就有“千里不同风，百里不同俗”的说法。民俗风情是我国人文旅游资源中最生动、最多彩的组成部分。我国民俗风情的主要表现形式有：

1. 服饰

服饰反映出一个民族传统的审美观和复杂的社会意识，为一个民族最基本的形象符号特征之一。中国56个民族的服饰和身体修饰千姿百态，各具特色。如苗族妇女喜欢穿“锁噜”绣花衣，傣族姑娘爱穿鲜艳漂亮的短衫筒裙，景颇族男子有佩带长刀的习惯，赫哲族人常穿鲜艳古朴的鱼皮衣，高山族有黥面文身的习俗等。

2. 居住

民居建筑是民俗文化最主要的物质表现形式。我国的民居建筑可谓丰富多彩，大体可分为四类：一类是“窑洞”、“地窨子”等形式，主要运用挖窑的办法来修造，形成拱形洞顶，以防崩塌，陕北、晋北的许多地窑洞就是这种类型；东北的“地窨子”略有不同，大都半在地下，半在地上。一类是移动性住屋，主要有北方游牧民族的帐幕，如蒙古包、哈萨包；有的地方的渔民以船为家，也属于流动性住屋。一类是干栏式民居，多见于我国南方少数民族地区，其中的纯木结构建筑又以西双版纳傣族竹楼最为典型。一类是上栋下宇式，为我国南、北方各民族居民通行的样式，其中应用最为广泛的单层四合院住宅，以北京最典型。我国的民居还有客家人的大土楼等类型。

3. 饮食

我国各民族的饮食习俗因所从事的生产内容和所处的地理环境而异。如以畜牧业和狩猎为主的少数民族肉食比重大，蒙古族以牛羊肉、奶制品为主食，回族喜吃牛羊肉，忌食猪肉；南方的侗族、苗族、瑶族，都有腌制酸鱼、酸肉的习俗等。在饮食口味的地域分布上还有“南甜北咸、东酸西辣”之说。

中华美食享誉世界，选料讲究，刀工精细，配料奇巧，色、香、味、形、器俱佳。由于各地自然经济、社会文化条件和饮食习俗上的差异，经长期经验积累，我国形成了地方菜、宫廷菜、素菜、药膳等各种不同体系和层次的菜系、菜种。

（1）地方菜。我国地方菜最初有粤菜、川菜、淮扬菜和鲁菜四大菜系，后来逐渐发展成八大、十大菜系（粤、川、淮扬、鲁、湘、闽、徽、浙、京、沪）。粤菜取材广博奇珍，口味清鲜、嫩滑、脆爽；淮扬菜选材严谨，加工精细，重视原汁原味；川菜有“一菜一格，百菜百味”之誉，麻辣应用更锦上添花；鲁菜选料精细，讲究丰满实惠，烹制海鲜独到。

（2）宫廷菜。历史上专供帝后们享用的菜肴，具有花色品种繁多、制作工艺精细、用料考究、色香味形兼备、名目寓意吉祥、讲究依次序上菜等特点。现以西安唐菜、北京清菜、曲阜“孔膳”等为代表。

（3）素菜。历史悠久，流传广远，经长期发展已形成寺院素食、宫廷素食和民间素食三大派系。虽风格各异，但具有选用素菜原料、模仿荤菜式样、制作精细、风味独特的共同特点。目前在我国的一些寺庙和城镇出现了不少专供旅游者享用的素食馆。

（4）风味小吃。我国地方风味小吃花样品种繁多，各具特色，深受广大旅游者的青睐。如北京的烤鸭、燕京豆汁，天津的狗不理包子，新疆的烤羊肉串，厦门鱼肉丸汤，云南过桥米线等。

4. 礼仪礼节

经过数千年的文明发展，我国形成了整套具有东方文明色彩的礼仪礼节，享有“文明古国，礼仪之邦”的美誉。尤其在接人待物方面，各民族形成了具有本民族特色的形式和内容。如壮族迎客设鸡宴，敬交臂酒；苗族迎客穿节日盛装，敬“牛角酒”；藏族待客人最高贵的礼节是赠哈达、敬青稞酒和酥油茶；如此种种，不一而足。

5. 婚丧嫁娶

婚丧嫁娶为人生大事，历来为社会所重视，各地各民族的仪式、程序和内容存在较大的差异性和奇特性，这对旅游者也有着很大的吸引力。如在婚恋方面，壮族的歌圩、仫佬族的走坡、苗族的芦笙会等，是青年男女通过对歌寻偶的大型集会，都非常富有民族特色。在丧葬方面，除土葬和火葬外，我国传统的丧葬还有流行于西藏及沿海之地的水葬，流行于西藏、内蒙古等干寒地区的天葬（也称“鸟葬”）等奇异葬礼。在福建、四川、云贵等山区还曾经流行过悬棺葬。

6. 传统节日

我国各种传统时令节日有350多个，其中少数民族节庆达280多个。如各族共有的“年节”（春节），汉族的元宵节、端午节、中秋节，藏族的浴佛节（山转会）、雪顿节（藏戏节），苗族的“赶秋”，傣族的泼水节，维吾尔族的古尔邦节等。这些传统时令节日和民族节庆是重要的人文旅游资源，很多地方把节庆活动与旅游活动结合起来，成为十分受旅游者欢迎的旅游活动项目。

（四）特产

我国幅员辽阔，历史悠久，各民族有着众多的传统名特产品，它们是旅游者品尝、欣赏、购买的重要对象，也是人文旅游资源中又一类颇具吸引力的旅游资源。

1. 名茶

中国是茶叶的故乡（原产地云贵高原），茶在我国被利用已有4 000多年历史，形成了中国特有的茶文化。由产茶地点、制法和风味的不同形成了各具特点的众多名茶。我国茶叶品种繁多，一般分为绿茶、黄茶、黑茶、白茶、青茶、红茶六类，每类茶中都有享誉海内外的珍品。如，著名的绿茶有西湖龙井、太湖碧螺春、黄山毛峰、庐山云雾等；黄茶名品有湖南洞庭湖君山银针等；黑茶中最著名的是云南普洱茶；白茶中的精品是福建的银针白毫；青茶又称乌龙茶，最负盛名的是福建安溪铁观音；著名的红茶有安徽祁红、云南滇红等。此外，还有以绿茶、红茶、乌龙茶茶坯和可食用的鲜花为原料制成的花茶，最著名的有苏州茉莉花茶等。

2. 名酒

中国酿酒历史悠久，品种之多更是世界首屈一指。我国酒的品种繁多，有黄酒、白酒、果酒、配制酒、啤酒，每类酒中都有享誉海内外的名品。黄酒是用糯米、大米等酿制而成的一种低度酒，黄酒是我国独有的世界上最古老的酒种之一，已有3 000多年的历史，浙江绍兴酒是驰名世界的黄酒；白酒是世界五大蒸馏酒之一（其他四种是威士忌、伏特加、白兰地、金酒），是以高粱、小麦、大米等发酵蒸馏而成的高度酒，我国白酒类名酒最多，著名的有茅台酒、五粮液酒、剑南春酒、汾酒、董酒、泸州老窖特曲、桂林三花酒等；果酒以各种果实为原料制成，其中以葡萄酒为主，我国的著名果酒有烟台红葡萄酒、味美思、金奖白兰地等；配制酒是以白酒、黄酒或葡萄酒配以各种中药材制成，著名的有山西汾阳竹叶青等。啤酒以大麦麦芽为原料酿成，我国啤酒生产历史不足百年，著名的有青岛啤酒等。

3. 工艺美术品

工艺美术品是我国古老文化遗产的一个重要组成部分，品类繁多，工艺精湛，既有鲜明的民族风格，又有不同的地方色彩，深受旅游者的喜爱。我国工艺美术品的种类主要有：刺绣、陶瓷、雕塑、金属、漆器、编织等。

织绣工艺是我国优秀的传统工艺。我国早在4 000多年前就发展了养蚕、缫丝和丝绸业，并向海外出口丝绸，中国因此被世人称为“东方丝国”。丝绸柔软、滑润，有珠宝般的光泽，丝绸制成的各种锦缎，图案纷繁巧妙，或富丽华贵，或典雅大方。南京云锦、苏州宋锦、杭州织锦、成都蜀锦、广西壮锦是锦缎中的佳品。中国刺绣精美绝伦，有“东方艺术明珠”之誉。苏绣、湘绣、蜀绣、粤绣为我国的四大名绣。

陶瓷是陶和瓷的总称，是我国古代的伟大发明，有着实用和艺术的双重价值，在我国文化艺术宝库中占有重要地位。唐三彩、紫砂陶自古闻名，洛阳和西安的仿古唐三彩驰名中外，“陶都”江苏宜兴的紫砂陶器、四川隆昌美术陶器、广西钦州泥兴陶器等深受游客青睐。瓷器由陶器发展而来，“世界瓷乡”江西景德镇的青花瓷、青花玲珑瓷、粉彩瓷、和薄胎瓷誉满天下，湖南醴陵釉下彩瓷、河南禹县钧瓷、临汝汝瓷等也享誉海内外。

此外，我国著名的传统工艺美术品还有：北京景泰蓝、福建脱胎漆器、北京牙雕、寿山石雕、无锡泥塑、安顺蜡染、宣纸、端砚、湖笔、徽墨、青海彩石笔筒、宁夏鼻烟壶等。

三、城镇风貌与康乐购物类旅游资源

本类旅游资源以综合性功能较强的城镇旅游资源为主体。

（一）现代都市环境

随着改革开放与现代化建设的进程，我国城市正以空前的速度改变着它的风貌。现代都市的繁华气氛，内容丰富的各种活动，嶙次栉比的各式建筑，功能多样的购物场所和文体设施，吸引着众多的旅游者涌向不同特色的城市。现代都市作为整体性旅游资源具有巨大的吸引力，深圳、上海、香港、大连等城市正是借此取得了旅游业发展的巨大成功。

弹丸之地的香港并没有突出的自然风光和文物古迹，但“购物天堂”和“动感之都”的形象定位，吸引着世界各国的旅游者蜂拥而至。上海南京路商业街以一流的购物环境和条件被誉为“中华商业第一街”，每天吸引着成千上万的观光购物者。

不同性质与功能，以及不同地理背景下的现代都市具有不同的风貌，如首都北京，特区深圳，航天城西昌，石油城大庆，北国冰城哈尔滨，西南山城重庆，海滨城市大连等，都具有不同的吸引力。

（二）现代人造旅游吸引物

现代人造旅游吸引物，广义上可包括各类人造景观、城市公园、游乐场所与休闲性康体健身场所，狭义上则指可主要为旅游业所利用，甚至主要为旅游目的而建设的人造景观、主题公园。

1. 主题公园

主题公园是指充分利用现代科学技术，按某一个或多个主题，将历史的、异域的、现实的、想象的各种可能富有吸引力的自然或人文现象，“移植”融会在一地，以达到娱乐、消遣、增长知识等目的的人造景观。

通常认为人造景观起源于现代西方发达国家。一般将第二次世界大战后荷兰的马杜拉丹“小人国”作为主题公园的开端，将美国的迪斯尼作为成功的典范。我国主题公园的开发起始于1979年模拟《清明上河图》场景建成开放的香港“宋城”。此后，台湾自1983年起建立了亚可公园等一系列主题公园。20世纪80年代后期大陆的主题公园开始起步，自深圳创建“锦绣中华”、“中华民俗村”和“世界之窗”等人造文化景观成功后，全国各地纷纷仿效。其中深圳“锦锈中华”是目前世界上最大规模的微缩景区。此外，比较著名的还有河北正定的“荣宁一条街”，南京的秦淮河，河北涿县的电影城，无锡的“三国城”，杭州的“未来世界”等。

2. 事件吸引物

现代社会不仅将丰富的传统节庆活动加以充分利用来为发展现代旅游与商贸服务，而且还不断设计和利用新的现代节庆与商贸活动及博览会之类事件吸引物来发展旅游业，如举办潍坊风筝节、哈尔滨冰灯节、重庆三峡国际旅游节、昆明世界园艺博览会，以及各类“服装节”、“文化节”等。传统节庆加上现代节庆活动，全国范围内几乎每天都有各具地方特色的节庆活动。这些节庆活动及博览会之类事件吸引物，也构成了对旅游者极富魅力的人造旅游景观。

（三）现代建设工程

作为现代建设成就的宏伟建筑、重点工程，不仅具有景观上的意义，而且还充分展示着人类征服自然、改造自然的能力，因此其也可以成为独立而富有魅力的旅游吸引物。如建国以来北京的十大建筑、南京长江大桥等，尤其是70年代末以来，葛洲坝水利枢纽、宝钢、北京奥运工程建筑、国家大剧院、上海东方明珠电视塔、杨浦大桥、重庆朝天门广场，以及长江三峡大坝等一大批宏伟工程，已成为展示我国改革开放和地区与城市形象的标志性旅游新景观。

第四节 中国旅游资源的评价与保护

一、旅游资源的调查与评价概述

随着我国旅游业的蓬勃发展，大量的旅游资源被开发利用，迫切要求对旅游资源进行全面系统的调查研究，以查明可供利用的旅游资源状况，并对其价值作出正确的评估，为制定旅游开发规划等提供依据，为合理开发利用与保护旅游资源打下基础。

（一）旅游资源调查概述

旅游资源调查是指运用科学的方法和手段，有目的、有系统地收集、记录、整理、分析和总结旅游资源及其相关因素的信息与资料，以确定旅游资源的存量状况，并为旅游经营管理者提供客观决策依据的活动。

中国旅游资源的调查内容着重在调查区的环境条件（相关自然、经济、社会与环保状况）、资源状况（类型、数量、结构、规模、级别及成因等）和客源情况（还包括邻近区域的旅游资源对本区客源产生的消极或积极影响）。在调查前，要做好一系列的准备工作，制定出调查规划和资源分类体系。在调查中，可以运用多种方法和手段，包括收集现有相关资料（如已有的河湖、森林、文物、风味特产等方面的资料），进行野外踏勘以及室内科学推断与预测，同时注重采取现代科学技术手段（如数年前正是通过航测才首次看到北京景山的平面图是一尊大佛图像）。最后将整个调查过程和结果以旅游资源调查报告和旅游资源图的形式体现出来。

（二）旅游资源评价概述

旅游资源评价是在资源调查的基础上，对旅游资源的规模、质量、分级及开发前景和开发条件进行科学分析和可行性研究。具体地说就是按照某些标准来确定某一旅游资源在全部旅游资源或同类旅游资源中的地位，从纵向和横向两方面对之进行比较，确定其重要程度和开发价值。

对中国旅游资源的评价可从不同角度进行，主要包括旅游资源自身评价和旅游资源开发评价。在西方国家有时就把对旅游资源和旅游地的评价称为旅游吸引力评价或旅游潜力评价。我国关于旅游资源的自身状况评价主要包括旅游资源的特色、旅游资源的价值与功能、旅游资源的密度和地域组合、旅游资源的容量等方面的评价。

旅游资源评价是一项复杂的工作。一方面因为旅游资源本身包罗万象；另一方面因为评价者的审美情趣各有不同，使旅游资源的评价难以有一个统一的标准。因此，在评价中应遵循客观性、科学性、系统性、市场性、动态性以及定性与定量分析相结合等原则，对应于各种不同旅游活动的需要，应有不同的旅游资源评估价值标准。如一片轻度起伏的林间草地，可能没有多大的观赏价值，但却可能是建设一个高尔夫球场的理想场所。

二、旅游资源评价的种类与方法

（一）旅游资源评价体系的分类

目前，根据旅游资源评价着眼点的不同，可将旅游资源的评价分为体验性评价、技术性评价、综合性评估三类，都以对自然风景、自然旅游资源的评价为主体。

1. 体验性评价

着眼于人对旅游资源的质量体验的评价，也是对于自然风景资源的一种最基本的评价方法。又可分为旅游者或专家对于旅游地的一般体验性评价和对于旅游资源的美感评价。

专业性质的旅游资源美感质量评价，一般是基于对旅游者或专家体验的深入分析，建立规范化的评价模型，评价的结果多具有可比性的定性尺度或数量值。关于自然风景的视觉质量评估，目前世界上已形成四个较为公认的学派。居主导地位的专家学派对风景的分析基于其线条、形体、色彩和质地四个元素，强调多样性、奇特性、协调统一性等形式美原则在风景质量分级中的主要作用。心理物理学派通过测量公众对风景的审美态度，获得一个反映风景质量的量表，然后将该量表与风景的各组成成分之间建立起确定的数学关系。心理物理学方法应用于风景质量评估中最为成熟的风景类型是森林风景。如在其研究中发现，城市绿地中，树木大而少往往比树木小而多具有更高的风景质量。认知学派侧重研究如何解释人对风景的审美过程。认为人在风景审美过程中，既注重风景中那些易于辨识和理解的特性（易解特性），又对风景中蕴藏的具神秘感的信息感兴趣（神秘特性）。因此，具备这两个特性的风景的质量就高。经验学派则把人对风景的审美评判看作是人的个性和其文化历史背景、志向与情趣的表现。

一般性体验评价是由旅游者根据自己的亲身体验对某一或一系列的旅游资源质量进行比较简单的整体性质量定性评估。如国家旅游局1991年主持的“中国旅游胜地四十佳”评选。

2. 技术性评价

着眼于旅游资源各要素对于旅游者进行特定旅游活动的适宜程度的评价。通常采用一系列的技术性指标作为评价的标准。这些指标是长期以来在实际工作中逐步积累的经验值。技术性评价在各类旅游资源评价中应用最多。这类评价工作一般限定于自然旅游资源评价。对于每一项旅游活动，都会有一个或几个旅游资源因素对活动的质量起决定性的作用。如对于海水浴，海滩和海水是决定性因素；对于一般休养性旅游活动（如避暑），气候又成为其决定因素；而对于滑雪来说，地形和雪的厚度至关重要。

3. 综合性评估

着眼于对旅游地的旅游资源之整体价值评估，或旅游地的开发价值评估。这种评估的立足点，通常是就一系列的旅游地（包括潜在的）或仅就各旅游地的旅游资源进行开发价值的比较。旅游资源的体验性评价和技术性评价通常都要在对于旅游资源或旅游地的综合性评估中运用到。这种评估的结果，大都是一系列的综合指数值。

（二）我国旅游资源评价体系研究

我国大部分学者所着眼的旅游资源评价工作集中在观赏性的旅游资源方面。本书重点介绍北师大卢云亭的“三三六”评价法。卢云亭的“三三六”评价体系指“三大价值”、“三大效益”、“六大条件”的评估。

1. 三大价值评估

三大价值是风景资源的历史文化价值、艺术观赏价值和科学考察价值。历史文化价值属于人文旅游资源的范畴，中国的历史古迹较多，对其评价时要看它的类型、年代、规模、保存状况和地位等。一般来说古、稀与文化寓意高则其历史价值高。我国公布的各级文物保护单位，就是据此来评定的。如河北赵州桥外观虽然很平常，但它是我国现存最古老的石拱桥，也是我国四大名桥之一；艺术观赏价值主要指客体景象特征、地位和意义。若景象中具有奇、绝、古、名中的某一特征或数种特征并存，则旅游资源的景象艺术水平就高；科学考察价值指景物的某种研究功能能否成为研究者的现场研究所。北京、西安许多文物古迹都具有较高的科学研究价值。

2. 三大效益评估

主要指资源开发后所产生的经济效益、社会效益和环境效益。经济效益指风景资源利用后可能带来的经济收入；社会效益指人类智力开发、知识储备、思想教育和文化影响等方面的功能；环境效益指风景资源的开发，是否会对环境、资源导致破坏。

3. 六大条件评估

旅游资源的开发必须建立在一定的可行性条件基础上，主要条件包括：景区的地理位置和交通条件、景物或景类的地域组合条件、景区旅游容量条件、施工难易条件、投资能力条件和客源市场条件。

（1）地理位置及交通条件是确定景区开发规模、选择路线和利用方向的重要因素之一，是评价旅游区首要开发条件之一。如果地理位置太偏远，交通不便，会直接影响旅游客源市场。旅游点的“可进入性”在很大程度上取决于优越的位置和方便的交通。

（2）一个景区如果风景点地域组合分散，景点相距遥远，或位置偏僻，交通不便，可进入性差，就大大降低了它的旅游价值，也影响了它的开发程度。

（3）景区旅游容量条件评价着重从容人量（人/平方米）和容时量（小时/景点）两方面去考虑。

（4）客源市场条件不同，决定着风景区旅游资源的开发价值不同。没有最低限度的游人，风景资源再好也难以开发。

（5）投资条件决定旅游资源开发利用的程度。

（6）施工条件的限制主要在于旅游资源在开发时，需要考虑开发项目的难易度和工程量大小。

三、旅游资源保护与旅游业可持续发展

（一）中国旅游资源的保护与旅游业发展

千百年来，人与自然共同创造了我们的地球，自然和历史为我国留下了优美而奇异的景观，这些旅游资源为游客提供了良好的休养、游览、娱乐场所，同时也带来巨大的经济效益和社会效益，但这些旅游资源在自然破坏

(侵蚀、地震、滑坡等)和人为破坏(建设性破坏、战乱破坏与游客带来的破坏)的作用下,正在出现衰败现象。如举世闻名的云南路南石林正遭受人为的破坏;北京故宫、天坛和颐和园的汉白玉浮雕、铜制品正在受到酸雨的侵蚀;稀世之宝敦煌壁画则频受风化的威胁……

旅游资源的衰退直接威胁到我国旅游业的生存和发展。旅游资源在遭受到不太严重的破坏后,有些可以自然恢复,如植被,但这需要很长的时间;有些可以利用人力、物力加以复原,如建筑物等,但这需要付出很大的代价;而有些旅游资源一旦遭受到破坏,就有可能永远从地球上消失,例如自然旅游资源中的山石、溶洞等,人文旅游资源中的文物古迹等。在旅游资源开发和建设中,我们决不能走先污染后治理,先破坏后保护的路子。旅游资源大多数属于不可更新资源,一旦破坏就难以复原。

旅游业可持续发展的宗旨是既满足当代人的旅游需求,又不损害子孙后代的利益,强调以满足人们的基本需要为主要目标,主张统筹兼顾的方针,既要满足局部利益,又要兼顾整体利益;既要满足当前利益,又要兼顾长远利益。因此,保护好旅游资源就是保护好了我们的生态环境和历史文化,是旅游业持续发展的基础。只有强化旅游业可持续发展的思想,才有利于维持生态平衡,有利于旅游资源的合理开发和利用,促进旅游资源的更新和后续利用。

在处理旅游资源开发与保护的关系上,应充分认识到两者的辩证关系,在管理中也应是经济管理与环境管理一起抓。面对我国旅游资源的现状,应本着求实的态度,修复建设已破坏的资源,杜绝一切新的破坏,走旅游可持续发展的道路。

(二)中国的自然保护区与旅游开发

自然保护区是为了保护各种重要的生态系统及其环境,拯救濒于灭绝的物种,保护自然历史遗产而划定的进行保护和管理的特殊地域。1956 年我国在广东省肇庆市建立了以保护南亚热带季雨林为主的我国第一个自然保护区——鼎湖山自然保护区。20 世纪 70 年代以来,我国自然保护区开始迅速发展,从 1965 年的 19 处发展到现在已遍布全国各省级行政区,国家级自然保护区有 300 多处,被列入联合国“人与生物圈”计划的自然保护区有 26 个,其中首批列入的有长白山、卧龙、鼎湖山、武夷山与梵净山五个国家级自然保护区。

根据自然保护对象及保护目的的不同,我国自然保护区大致可分六种类型:

一是以保护完整的综合自然生态系统为目的的保护区,如长白山自然保护区（以保护温带山地生态系统及自然景观为主），武夷山自然保护区（以保护亚热带生态系统为主），西双版纳自然保护区（保护热带自然生态系统）。

二是以保护某些珍贵动物资源为主的保护区，如黑龙江省的扎龙以保护丹顶鹤为主，四川的卧龙以保护大熊猫为主。

三是以保护珍稀孑遗植物及特有植被类型为目的的保护区，如广西花坪和重庆金佛山自然保护区，以保护化石植物银杉等珍贵树种为主。

四是以保护自然风景为主的保护区，如四川九寨沟，重庆缙云山，辽宁凤凰山，江西庐山等。

五是以保护特有的地质剖面及特殊的地貌类型为主的保护区，如黑龙江的五大连池，山东的山旺万卷化石产地，四川的黄龙寺，云南的腾冲火山温泉等。

六是以保护沿海自然环境及自然资源为目的的自然保护区，如保护海涂上特有的红树林的广东省东寨港和清澜港。

不仅自然保护区保护的以生物资源为主体的各项珍贵自然遗产，基本上都可作为高品味的自然旅游资源，而且其保护的相应自然环境和特定自然生态系统，更可作为原始气息浓厚的自然风景资源和宝贵的生态旅游资源。自然保护区的建立为自然旅游资源的永续利用和旅游业的可持续发展，提供了重要的保障。自然保护区发展旅游，必须充分注意处理好与生态环境保护的关系。按自然保护区的有关规定，在绝对保护区或核心保护区，只特许以科学工作者为主的人员进入从事相关研究和管理；在一般保护区，对游客规模也有限制，且游人只能在规定的路线上进行游览，并不得进行任何有碍保护的活动，只有在专门划定的风景游览区或旅游活动区内，游人才能进行相对宽松的旅游活动，并且仍须特别遵守防火及禁采禁猎等有关规定。

思考与练习

1. 为什么说在我国各类地貌景观类型中，尤以构造地貌及岩溶地貌、海岸地貌最具普遍的旅游开发价值？

2. 试对比分析长江与黄河旅游价值的异同。

3. 根据我国的海岸与气候特点，分析我国海洋旅游资源的开发利用方向。

4. 试对比分析江南园林与北方园林的基本特征与旅游功能。

5. 试分析我国佛教建筑艺术的主要表现形式、代表性景观及旅游价值。

6. 我国被列入“世界文化遗产”的项目，主要集中于哪些类别的人文旅游资源？为什么？

7. 为什么说我国的人文旅游资源与自然旅游资源交融性很强？

8. 如何认识和处理好我国自然保护区保护与旅游利用的关系？

第二章

中国旅游地与旅游地理区划

第一节
中国旅游地概述

旅游点、旅游地和旅游区，都是从旅游业规划建设与经营管理的角度，根据一定的客观依据，对旅游产业活动区域的人为地理划分。它们是不同层次及具有不同内涵的旅游产业活动地域组织形式，而旅游点和旅游地又是旅游区构成的基本成分。

一、旅游点与旅游地的概念

（一）旅游点的含义

旅游点通常是以一定旅游吸引物为主要内容，并具有相应旅游服务功能，供游客直接开展游乐活动的集结性场所。旅游点可分为景观型与康乐型两大类别：前者如安徽黄山、杭州西湖、厦门鼓浪屿、贵州织金洞、武汉黄鹤楼、河北赵州桥等；后者则如由温泉、海滨浴场、漂流河段、高尔夫球场等所构成的旅游点。由于旅游资源性状的差异和旅游活动地域组织管理的需要，旅游点的规模与范围大小不一，其既可以是一山、一水、一园、一城、一镇，也可以是一洞、一泉、一桥、一楼、一塔等。

旅游点并不等同于旅游资源分布地点，它是分布在一定地点上的旅游资源经过开发利用的产物。旅游点不论其范围大小和内涵丰寡，一般都根据其所处的具体条件，围绕一定旅游资源的开发利用，或多或少具有能直接满足游客进入和开展游乐活动需要的相应设施与服务功能。在观光旅游活动中，旅游点与景点的概念常常被相互替代使用。实质上这应是两个不同的概念。景点是指具一定观赏价值的最小观光地域单元，其含义强调的是不宜再分割的地域性审美景观；而旅游点强调的是经过旅游开发建设后，由一定旅游资源和相关旅游设施共同形成，能具体实现一定游乐功能的集中性旅游活动场所。因此，旅游点既可以由一个具有相关旅游设施的独立景点构成，也可以由具有相对统一的旅游设施，地域上相对集中的若干景区景点共同组成。如颐和园作为一个旅游点，即是由昆明湖、万寿山、后湖、东堤等景区以及其中的十七孔桥、佛香阁、长廊、听鹂馆等30多个景点所构成。

旅游点是旅游路线设计和旅游区构成最基本的地域单元，满足旅游者旅游需求最核心、最基本的地域组织形式。旅游点的性质、质量、规模和分布是影响制约旅游客源状况的主导因素。

（二）旅游地的含义

旅游地就是旅游者停留并开展旅游活动的旅游目的地与旅游供给地综合体。它是以一定规模的旅游资源为核心，以综合性的旅游设施为凭借，以可进入性为前提的旅游活动与旅游服务地域的组合。旅游地主要包括三层含义：一是具有一定规模相对集中的地域空间范围；二是已经开发利用的旅游资源旅游吸引功能显著；三是具有内部联系紧密的综合性旅游产业结构与相对完备的游乐和接待服务功能，从而使旅游业在该地域经济结构中占有相当的比重。

旅游地既可以是旅游功能比较单一的风景区和度假地，也可以是具有综合性旅游功能的旅游中心城市。旅游地是以旅游点为基本单位发展壮大而形成的，一般由若干个旅游点构成，如杭州作为一座旅游城市、一个旅游地，即是由西湖、灵隐寺、六和塔、龙井、凤凰山等旅游点组成。但其也可由具备旅游地条件的一处旅游点构成。旅游地具有比旅游点更加完善的综合性旅游服务设施及其他满足旅游需要的条件，如住宿、餐饮、购物、娱乐等方面的设施与条件。旅游地内部还可以分为旅游资源分布的旅游活动区和服务设施集中的旅游接待区。旅游地和旅游点一样，其大小规模和内涵的界定仍然具有相对性。

二、我国旅游地类型的划分

研究和划分旅游地的类型，有助于确定不同旅游地的性质、发展方向、建设重点和经营方式，以便组织客源和安排旅游活动方式；也有助于开展旅游区划和制定区域旅游发展总体规划。如北戴河—昌黎旅游地，属于海滨消夏避暑类型的旅游地，开发方向和旅游活动方式始终围绕海滨消夏避暑这个主题来进行规划、设计和营运。

根据旅游功能可将我国旅游地划分为以下五大基本类型：

（一）观光游览旅游地

主要可分为：自然景观观光旅游地，如黄山、长江三峡等；历史古迹观光旅游地，如北京、西安等；现代建设风貌观光旅游地，如上海、宜昌等。

（二）度假休憩娱乐旅游地

主要可分为：度假型旅游地，包括国家级、省市级旅游度假地，以及各类度假村，如北戴河度假地、云南玉龙雪山省级度假地、深圳西丽湖度假村等；娱乐型旅游地，包括以设有多种娱乐、游乐项目的大型游乐中心、主题公园为主的旅游地，如深圳、澳门等；休疗型旅游地，包括具有疗养、避寒、避暑等功能的各类旅游地，如广东从化、辽宁大连等。

（三）文化与科考旅游地

主要可分为：文化旅游地，包括各类历史文化名城、科技文化名城、文化教育名城；科学考察旅游地，包括各类适宜开展科学考察的地域，如由高山、火山、典型地层、化石产地、原始森林等构成的旅游地；民族风情旅游地，由各少数民族聚居中心构成，如西双版纳、大理等；宗教旅游地，如普陀山、青城山等宗教名山。

（四）生态与探险旅游地

一些国家自然生态保护区、国家森林公园以及目前开发难度很大的地区，不宜于作完整旅游意义上的开发，主要以保护性建设为重点。按其旅游功能主要可分为如下旅游地：生态旅游地，如多数的国家自然保护区、国家森林公园等，以开展徒步旅游为主；探险猎奇旅游地，包括由冰川雪峰、沙漠戈壁、溶洞峡谷等构成的旅游地；体育健身旅游地，主要包括登山、滑雪、水上运动、狩猎等方面的旅游地。

（五）综合旅游地多数旅游地

兼有两种及其以上的多项旅游功能，能够满足不同旅游者的需求，尤其是一些大城市，旅游地的性质和主体功能很难有明确的界定。于是，可将具有多种突出旅游功能的旅游地划为综合旅游地，如北京、广州等。

三、我国的风景名胜区和历史文化名城

（一）我国的风景名胜区

我国的风景名胜区是指以自然景观构景要素为基础，同时渗透人文因素，具较高审美价值，并得到人们普遍认可的观光地域综合体。从1982年到目前为止，国务院先后分六次审批并公布了我国共计187处国家级重点风景名胜区（详见附录二）。它们是我国壮美山河的精华，中华民族的瑰宝；是我国历代人民对千百万甚至上亿年来所形成的宝贵自然遗产加以不断定向开发、保护和完善的结果。它们的分布在数量上又以东部和南部地区为多。

以国家风景名胜区为代表的我国风景名胜区，根据其构景要素的组合结构，尤其是主导、主体构景要素的不同，可大致分为七大类型：

1. 山地型风景名胜区

这类风景名胜区多以山体为构景骨架，以各种山石景观为主要构景内容，并辅以林景、水景及其他景观。如黄山、庐山、丹霞山、雁荡山等风景名胜区。它们具有独特的自然景色，可供旅游者游览、娱乐，使人获得雄、奇、险、幽等审美体验。

2. 水体型风景名胜区

这类风景名胜区多以水景为主要构景内容，并辅以水体周围的其他各种景观。根据构景水体的类别，它还可以细分为湖泊风景型（如青海湖、天山天池、镜泊湖、杭州西湖等），江河风景型（如桂林漓江、浙江富春江、福建九曲溪等），瀑布风景型（如黄果树瀑布、黄河壶口瀑布等），海滨海岛风景型（如三亚热带海滨、大连海滨—旅顺口等）。

3. 喀斯特型风景名胜区

这类风景名胜区主要由各种喀斯特景观构成，如地面的石林、峰林、孤峰地貌及地下的地下河、暗河，还有溶洞中千姿百态的钟乳石等。著名的有广西桂林漓江、云南路南石林、贵州织金洞、龙宫等。

4. 植被型风景名胜区

茂林、修竹、奇花、异草是这类风景名胜区的主导构景要素。各种植被以自身独特的色、型、味、果及生态习性吸引着旅游者，同时这类景区往往能给人带来清幽的环境和神秘的美感。著名的有西双版纳、蜀南竹海等风景名胜区。

5. 山水复合型风景名胜区

在这类风景名胜区中，山水是重要的构景内容。根据水体的类别，它还可以细分为山河复合风景型（如武夷山、长江三峡等），山湖复合风景型（如五大连池、大理苍山洱海等），山海复合风景型（如青岛崂山、鼓浪屿—万石山等）。

6. 人文景观为主的风景名胜区

这类风景名胜区主要由人文景观构成，它是人类活动的产物，在历史、文化、建筑、艺术等方面具有珍贵的价值。根据构景的主导要素，可进一步细分为：

（1）古建筑名胜型：包括由古都城、古工程、古陵墓、古园林等古建筑构成的风景名胜区。如八达岭—十三陵、宁夏西夏王陵、剑门蜀道、四川都江堰、承德避暑山庄和外八庙等。

（2）文化名胜型：这类风景名胜区主要由古人类文化遗存构成，是历史上某一时期某种意识形态的反映。如甘肃麦积山、洛阳龙门石窟等是宗教文化名胜型风景名胜区。

（3）革命历史纪念地型：这类风景名胜区曾是历史上某一重大事件的发生地，在革命进程中占有重要的地位，现存有大量的文物或革命遗址、遗迹、建筑等，是追溯历史，革命史和传统教育的好课堂。如贵州遵义、江西井冈山等。

（4）名人故里名胜型：由于“名人效应”，这类名胜中的名人故居、雕像、纪念建筑以及与名人相关的遗址、遗迹都是重要的旅游资源。著名的名人故里名胜有毛泽东故里韶山、诸葛亮故里湖北隆中等。

7. 自然景观和人文景观复合而成的风景名胜区

这类风景名胜区中，自然景观和人文景观均为主要构景要素，它们相互交融，相互渗透，构成一个复合的风景地域综合体。根据山、水两个最重要的自然构景要素与人文景观的复合形式，可以进一步细分为：

（1）山地—古迹风景名胜型：是由山地风光和历史古迹构成的风景名胜区。包括宗教名山型（如五台山、峨眉山、普陀山、九华山、天台山等佛教名山和武当山、崂山、青城山、龙虎山等道教名山）；五岳名山型（泰山、华山、衡山、恒山、嵩山，其中的古迹多为帝王封禅或祭祀活动留下）；其他名山型（如南京钟山、临潼骊山等）。

（2）水体—古迹风景名胜型：是由各种水体与古迹共同构成的风景名胜区。如：西藏的雅隆河风景名胜区主要由雅隆河风光和沿河的古寺、藏王墓等古迹构成；岳阳楼风景名胜区是由南湖、团胡、芭蕉湖等湖泊风光及湖畔岳阳楼、屈子祠、文庙、杜甫墓等古迹构成；秦皇岛—北戴河风景名胜区有海（渤海）、山（联峰山）、奇石、沙滩等自然风光，也有山海关古长城、姜女庙等古迹。

(3) 山水胜迹民族风情风景名胜型：是由山水风光、历史古迹、民族风情等构景要素复合而成。如赤水、瑞丽江—大盈江等风景名胜区。

（二）我国的历史文化名城

我国历史文化名城是指有悠久的历史或有特殊的历史事件发生，有丰富的历史文化遗存和文化传统内容，并且长期以来一直在使用和发展的城市。历史文化名城不仅强调的是一座城市作为整体性文物的历史价值，而且更强调的是其极具个性特征的整体性历史传统风格，因而其具有很强的旅游吸引功能。到目前为止，经国务院审查公布的109座历史文化名城（详见附录三），根据其主要历史文化价值，大体上可分为以下十类。

1. 全国性古都

全国性古都包括了中国七大古都中的六个：北京、西安、洛阳、开封、南京、安阳。其中以安阳作为古都的历史最早；西安作为古都的时间最长；北京则是距今历史最近的四朝大都。这六大古都除南京外，均在北方，中原河南一省据三。

2. 区域性古都大邑

区域性古都大邑是指历史上仅次于全国性都城的大区域中心城市。主要包括成都、杭州、长沙、拉萨、银川、南昌、济南等历史名城。前五座城市都曾作过我国历史上分裂朝代或民族地方政权的都城，其中杭州是我国七大古都之一。

3. 历史悠久的地方性古都古城

历史悠久的地方性古都古城江陵、曲阜、苏州、绍兴以及商丘、正定、邯郸、临淄、咸阳、隋州、钟祥、扬州等历史名城都曾作过我国西周和春秋战国时期诸侯国家的都城，而大理和重庆等历史名城则作过边远少数民族地方政权的都城。

4. 特色文化名城

特色文化名城指那些以人杰地灵、具不同文化特色著称的历史名城。这类名城为数最多。如以名人荟萃著称的江苏淮安、浙江绍兴、安徽亳州；以多种文化艺术流派的源地著称的安徽歙县；以侨乡著称的广东潮州、福建漳州；以文化景观与山水环境相得益彰著称的广西桂林、湖南岳阳、云南丽江、四川乐山等；其他以特色文化景观著称的甘肃敦煌，山西平遥、祁县，西藏日喀则、江孜，新疆喀什，广东佛山等名城。

5. 近代历史名城

近代历史名城包括自鸦片战争以来具有突出革命历史意义的历史名城，主要包括延安、遵义、上海、南昌、武汉、广州及重庆等历史名城。

6. 历史通商口岸与工商业都会

东南沿海地区的扬州、宁波、福州、泉州都是我国临江近海、历史悠久的通商口岸，天津在元朝以后也逐步发展成为北方最重要的通商口岸。

7. 历史交通与军事重镇

历史交通与军事重镇主要包括江苏徐州和镇江，河北保定，湖北襄樊，四川阆中，陕西榆林等历史名城。

8. 民族交往性历史名城

民族交往性历史名城主要以边疆省区的历史文化名城为主，包括昆明、呼和浩特、银川、镇远（贵州），以及丝绸之路上的甘肃天水、武威、张掖和新疆喀什等古城。

9. 以创造特色物质文明著称的历史名城

这类名城如瓷都景德镇，盐都自贡，著名古代水利工程所在地的都江堰市等。

10. 具历史特殊地位的名城

它们包括清王朝第二个政治活动中心的承德，清王朝初期都城及此后陪都的沈阳，辽、金陪都的大同，东汉“陪京”的南阳，抗战时期作过陪都的重庆，以及属唐代忽汗州辖区的哈尔滨等名城。

第二节 中国旅游客流与交通地理

一、中国旅游客流地理

（一）旅游流的形成及其特征

1. 旅游客源地与目的地的空间相互作用

旅游者群体从旅游客源地向旅游目的地的连续空间位移称之为旅游流。

旅游客源地与目的地的空间相互作用是旅游流形成的根本原因。旅游地与客源地的空间相互作用具有如下特点：

（1）互补性。地理环境的差异是产生旅游流的基本动力。一般而言，两地地理环境的差异性越大，对旅游动机的激发力就越强。两地的差异往往能形成互补，如黑龙江的“冰雪天地”与海南岛的“阳光海滩”就是如此。两地间互补性越强，形成旅游流的动力就越大。互补性是形成旅游流的基本条件。

（2）替代性。替代性即在 A 与 B 两个具有互补性的地区，如存在一个与 A 性质相同或类似的旅游地 C，C 地就可能全部或部分替代 A 地与 B 地的空间相互作用，从而使 AB 之间的旅游流被 CB 所替代或分流。相对 B 地而言，C 地对 A 地的替代作用，可能发生在 C 地比 A 地距离 B 地更近，交通更方便，知名度更高，营销措施更有效等情况下。替代性是具有互补性的两地间旅游流能否实际发生和流量大小的竞争性制约条件。

（3）可达性。可达性是指两地间的交通条件、旅游地接待条件以及客源地、旅游通道和旅游地的其他任何障碍性因素（如自然灾害、社会动乱、有关政策法令等），都可能直接制约着两地间旅游的可达性，由此决定旅游地与客源地相互作用机会的有无和大小。

2. 旅游流的一般特征

（1）旅游流的客源地和目的地均主要为发达国家和地区。社会经济发达则旅游需求旺盛，同时旅游接待能力也强。由此决定了旅游流在发达国家与发达国家、发达地区与发达地区之间强度更大。

（2）短距离旅游流远强于长距离旅游流。由于近距离旅游费用低、时间省、习俗近、阻力小，由此也决定了近距离客源市场一般比远距离客源市场规模大得多。

（3）旅游流在时空分布上具非均衡性。首先是流量的不对称性。如一般而言，从内陆到沿海的旅游流强于从沿海到内陆的旅游流，同质文化区之间的旅游流强于异质文化区之间的旅游流。其次是空间分布的集散性。由于旅游需求具有异地性和广域性，旅游资源分布却相对集中，从而导致了旅游地与旅游流流向的集中性。再次是时间分配的季节性与集中性。由于气候的季节性和景观的季相性，加上客源地闲暇时间的集中性，使得旅游流的时空集中性及波动性更强。

（二）我国海外入境旅游客流

2009 年一年，我国大陆接待外国游客达 2 193 多万人次，位居世界前列。据世界旅游组织1996年年度报告预测，中国到2020年将成为全球最大的旅游目的地。20世纪90年代以后，我国的国际旅游市场逐步趋于成熟，初步形成以亚洲周边国家为中心，以欧美等传统客源市场为两翼的格局，并形成了相对稳定的十五个客源国。其中日本历来是我国特别突出的最大客源国，韩国、俄罗斯、美国三个国家则处于我国客源国的第二集团。海外旅游者对我国大陆旅游资源的兴趣主要集中在山水风光、文物古迹和民俗风情三个方面。其次是饮食烹调、旅游购物和文化艺术。

1. 入境方向

我国海外入境旅游客流主要来自三大方向：①东南方向的港、澳、台同胞和东南亚及澳大利亚游客；②正东及东北方向的近程日本、韩国及俄国游客和远程美国、加拿大游客；③西北方的俄、英、德、法等欧洲游客及中亚国家游客。

2. 入境后主要流向

海外游客在我国大陆地区的流向主要为东部沿海地区，特别是东南沿海及北京等旅游城市、中心城市及侨乡。沿海地区除广州、北京、上海三大中心城市外，特别以流入东南沿海的广东、福建、江苏、浙江以及北方山东等省区的中心城市、口岸城市、侨乡为多。内地则以西安、昆明、桂林、黄山，以及武汉、长沙、成都、重庆、郑州等旅游城市、中心城市流入量为大。云南、内蒙古、黑龙江及新疆、吉林等内陆边疆省区的口岸城市流入量也很大。海外旅游客流量集中的有四类地区：

（1）沿海地带的北京、上海、广州三大全国代表性政治、经济、文化中心城市为海外客流最集中的地区，尤其是广州邻近我国大陆最大的海外客源地港澳台地区，绝大多数年份均为我国第一大海外游客客流地。

（2）我国东南沿海邻近港澳台地区的深圳、珠海等经济特区和泉州、中山等传统侨乡，这些城市海外客流量近年多居我国海外入境客流量的前11位。尤其是直接毗邻香港的新兴现代化城市深圳，海外客流量由20世纪80年代初期列我国10位之后，到1987年以来一直跻身前3位之内。

（3）以自然风光和文化胜迹为主的我国最著名的一批传统的及新推出的旅游胜地，是吸引海外客流量的主体。如杭州、桂林、苏州、无锡、黄山等山水与古典园林风光旅游地；北京、西安等世界著名古都及承德避暑山庄等旅游地；“春城”昆明及长江三峡、张家界、九寨沟等以奇特自然风光为主的旅游地等。

（4）我国各大区域的一些中心城市也是海外客流量比较集中的地方。

华东的南京，华北的天津，华中的武汉、长沙和郑州，西南的重庆和成都，东北的沈阳以及西北的西安等城市。

3. 入境客流分类特征

从客流的结构看，外国人、港澳同胞、台湾同胞及海外华侨的流向、流量分布又有明显差异。在入境客流量比较集中的城市，除北京、上海、广州、杭州、厦门、南京6个城市对各类海外游客均有较强的吸引力外，其余城市则由于距离周边海外客源地的远近，与客源地互补性强弱等原因，而有明显差异。

外国人客流量在我国的空间分布较为集中，总体上偏重于地位突出的中心城市和旅游城市。北京、上海一直是外国游客最大的两个旅游客流地，居第2位的上海，外国游客流量几乎是居第3位的广州的3倍。除此以外，西安、昆明、桂林、杭州、苏州、厦门等6个知名度高、最具代表性的中国旅游城市，均居外国游客流量的前10位。相对于其他海外游客流量而言，外国游客对西安、昆明、桂林、苏州及天津、南京、重庆、成都等城市表现出更强的选择性。

港澳台同胞及华侨的稳定客流量均以广东、福建两省区最集中，其次为北京、江苏、上海、浙江和山东几个以南方为主的沿海省区，此外，海南、云南、四川等省区流量也较大。这些客流的集中地多与港澳台同胞及华侨的原籍有关。我国大陆周边国家和地区，如蒙古、韩国、日本及我国台湾和东南亚国家的入境客流量，分别在其邻近省区或城市相对集中的现象突出。

（三）我国国内旅游客流

近20年以来，我国国内旅游人次猛增，到2007年已达到16.1亿人次。中国国内旅游客源市场已成为世界上最大的国内旅游客源市场。

1. 国内旅游的主要客源地与客流地

我国国内旅游的客源地主要集中于沿海经济发达的省区，以及人口稠密的经济较发达的大省。主要包括广东、上海、江苏、浙江、北京、山东、辽宁，以及四川、河南、湖北、湖南等省区，尤其是这些省区的大中城市。珠江三角洲、长江三角洲以及京津地区等我国大中城市分布最为集中的沿海发达地区，长距离出游人数较多，是我国旅游客源输出较稳定成熟的地区。

国内旅游的客流地则主要集中于以沿海发达地区为主的中心城市和旅游城市，以及内地有大中城市依托、交通方便的突出风景名胜与文化胜迹所在地。具体可分为四类客流地：①中心城市与口岸城市，如北京、上海、广州、深圳等；②突出的风景名胜地区，如杭州、苏州、桂林、青岛、厦门、昆明、长江三峡、黄山以及新兴旅游热点张家界、海南岛、武夷山、九寨沟、云南丽江等；③突出的文化胜迹所在地，如北京、西安、承德、敦煌、洛阳等；④大中城市周围的一些休闲度假区。

2. 国内旅游的客流方向与流程

目前国内旅游客流的主体方向有三：①由大中城市中心地区向环城市周边地带流动的周末休闲度假客流，近年在只旅游一个城市的旅游者中50%~60%是环城市旅游带的周末旅游者；②由中小城市及农村向大都市流动的都市观光购物客流。据2007年抽样调查，以中小城市居民为主，赴北京、上海、重庆、天津、西安、广州、青岛、昆明、厦门和杭州等十大城市旅游的游客占国内旅游人数的50%；③中长距离客流主要以南北向为优势，1992年以前主要是由北向南流向旅游热点地区，1992年以后即有由南向北、由东向西，由“热线”向“温冷线”发展的趋势，并日益多向发展、交互向发展。

二、中国旅游交通地理

（一）旅游交通概述

旅游交通是指旅游者从出发地到目的地，在整个旅游活动过程中往返所利用的各种交通运输方式的总和。它包括各种交通设施以及与之配套的一切旅途服务。旅游交通作为旅游通道的物质主体，对旅游客源地与目的地空间相互作用的产生，旅游客流的实现与促进，起着非常关键的作用。其长期以来为我国旅游业发展中的“瓶颈”，尤其是对开发我国中西部地区极为丰富的旅游资源而言。在某种意义上说，旅游交通堪称是旅游业发展的“生命线”。

旅游交通具有公共性、特殊性和层次性三方面突出特性。从宏观上看，它与通用交通之间很难划定明确的界限。在全球性旅游客流中，旅游者使用最广泛、最频繁、最常见的运输形式还是公共交通。旅游交通与整个公共交通运输系统紧密联系在一起。但由于旅游交通不仅有使旅游者实现空间位移的功能，还能不同程度地满足旅游者游览、娱乐、享受乃至炫耀身份、地位的精神需求，从而导致专门的旅游交通运输方式的发展。一些特殊的交通运输方式事实上已成为颇具魅力的旅游吸引物。旅游交通从其涉及的空间尺度和旅行过程又可分为外部交通（从客源地到目的地所依托的中心城市之间的交通），中心城市到风景区的交通，风景区内部交通三个层次。越趋向内部交通越应体现旅游交通的特殊性。

（二）中国旅游交通方式

旅游交通按其路线和运输工具的不同，可以分为铁路、公路、航空、水运以及其他传统和特殊运输方式。各种运输方式各有其特点和优势，在具体运作过程中有机结合，优势互补，协调发展，形成交通网络。

1. 铁路旅游交通

与其他交通方式相比，铁路旅游交通具有客运量大，票价低，受天气变化影响小，时间保证性较强等优点，符合旅游交通经济、舒适、安全的要求和环境对交通的要求。目前我国绝大多数国内游客和行程不足上千公里的入境客人都是乘火车旅行。故有无铁路交通，是能否大规模开发国内旅游的关键因素，其建设水平直接关系到我国旅游业的发展规模。

2. 公路旅游交通

公路旅游交通是最重要，最普遍的短途运输方式。它不仅可以独立完成运送游客的服务，更是其他交通方式不可缺少的联运伙伴。其突出优点是：灵活性大，能深入到旅游区内部，实现“门对门”的运送，对自然条件适应性强等。

3. 水路旅游交通

水路旅游交通是在固定水域内或固定的航线上，使用船舶运载游客，或在船上沿途观光，或在一个或几个观光地停泊上岸观光游览的交通方式。它具有经济（不包括豪华游轮）、舒适等特点，而且还可边航行边游览两岸优美的自然风光。这种融“旅”与“游”于一体的突出特点是其他交通方式无法比拟的。但其在准时性、连续性、灵活性和速度方面，又无法与铁路、公路相比。

4. 航空旅游交通

航空旅游交通的出现，不仅缩短了空间距离，更缩短了旅途耗费的时间。有无航空条件是能否大规模开展国际旅游业的前提，其发达程度是衡量各国旅游业发展水平的重要标志。航空交通的突出优点就是快捷、舒适。旅途越长，这种优势表现得越突出。

5. 特种旅游交通

旅游业的特种运输方式很多，可将其归纳为两类：一类是传统型的特种旅游交通，具有很强的地域性，如马、骆驼、轿子、竹筏、木帆船等；另一类是现代型的特种旅游交通，如缆车、索道、气垫船等。

（三）中国旅游线网分布

1. 铁路线网分布

自2006年7月1日青藏铁路建成通车，我国铁路线网分布全国各省自治区市，基本形成了一个以北京为中心，由多条纵贯南北和横贯东西的干线，以及无数支线，专线组成的铁路运输网。主要干线有：哈大线、京哈—京广线、京沪线、京九线、集二—同蒲—焦柳线、宝成—成昆—南昆线、京沈—京包—包兰—兰青线、陇海—兰新线、沪杭—浙赣—湘黔—贵昆线等。其中京哈—京广线是我国南北交通的枢纽；京沈—京包—包兰—兰青线联系东北、华北、西北三大地区，是我国东西向交通干线；京九线从北京至香港九龙，途经9个省市，对沿线地区经济和旅游事业的发展起到重要作用；陇海—兰新线所经历史文化名城众多，是开发“丝绸之路”旅游的重要交通线；青藏铁路是世界上海拔最高、线路最长的高原铁路，青藏铁路的开通大大降低了进出藏客运的成本，将进一步加快西藏、青海两省区的经济发展，大大推动西藏旅游业的发展。其余干线都大多通过主要大城市和历史文化名城，连接众多区域。

2. 公路线网分布

我国的公路网主要由国道、省道和一般公路组成。国道主干线是全国公路网的主骨架，它贯通了首都北京和全国各主要城市。我国现有国道70条，以国道为骨架，辅以地方干线公路（省道）和普通公路，形成了全国公路网。这70条国道根据其地理走向分为3类。第一类是以首都北京为中心，做扇面辐射的公路，共12条（序号为101—112）；第二类是中国版图之内南北走向的公路，共28条（序号为201—228）；第三类是东西走向的公路，共30条（序号为301—330等）。近年来，由于旅游业的迅速发展，各地区建设了一批旅游公路干线，它们主要分布在近距离的城市之间，以及大中城市与周围地区旅游点之间。

3. 水路线网分布

我国东临太平洋，近海海域辽阔，具有发展沿海和远洋航道的优越条件。沿海航线以大连、天津、上海、广州等为中心。远洋海运线30余条，与世界上150多个国家和地区的400多个港口相连。上海、天津、青岛、大连、湛江、广州都是重要海港，上海已跨入世界大港行列。我国内河航运里程达11万多公里，重要内河航运干线有：长江航运线，珠江航运线，黑龙江、松花江航运线和京杭大运河航运线。这些航线沿途风光秀丽，景色迷人。

4. 航空线网分布

我国地域辽阔，长距离旅游占的比重很大，因此发展空运旅游势在必行。目前基本形成了以北京、上海、广州为中心的航空网。就连一些边远地区，新开发的旅游地，如喀什、伊宁、西双版纳、黄山、九寨沟等地，都相继开辟了航线。为适应新航线的开辟，各地对一些机场进行了改扩建，也新建了一批机场。

第三节
中国旅游地理区划

一、旅游区与旅游地理区划

（一）旅游区的概念与特性

相对旅游地与旅游点而言，旅游区是一个较为泛化的概念，其常常与风景区、游览区和旅游地的概念相混同。而在旅游区划中，旅游区是专门指根据区域发展的各方面条件，为了有利于开发区域旅游资源，规划建设旅游点与旅游地，统筹交通运输与接待服务设施，组织协调与管理旅游活动，促进区域旅游业发展而划分的旅游地理区域。旅游区也是以旅游资源特征为基础，具有组织旅游活动的相应机构、设施和旅游点、旅游地的相对完整的地域体系。一般将旅游资源相对集中、类似，与邻区有显著地域差异，而区内政治、经济、文化联系较为密切的地区，划为一个旅游区。从旅游区的概念出发，一般而言，旅游区具有如下特性：

1. 系统性

旅游区无论在职能上还是在空间格局上都应是相对完整的地域单位。为了实现其全面的旅游功能，并协调其与区域社会发展的关系，它还全面具有配套的社会功能。从这层意义上说，旅游区实质上就是一个表现出社会—经济、文化—历史和自然—地理条件相统一的大旅游地域系统。作为旅游地域系统，旅游区必须具有相应的旅游经济中心，以及在旅游资源、旅游活动、旅游产业等方面，以点线面相结合的形式，构成的旅游经济地域网络系统。

2. 地域性

旅游区的地域性首先表现为旅游资源特征的突出地域差异性。不同旅游区因受自然环境地域分异和人文历史发展差异的影响，在旅游资源的形成、开发和利用方面，都表现出鲜明的区域特色。如：北国风光、中原雄风、江南秀色等，皆因地域不同而风格迥异。虽然每个旅游区都是功能相对完备的旅游地域系统，但不同旅游区因地理环境差异而呈现不同地域系统的结构性差异，从而形成各个旅游区不同特色的旅游吸引功能，以及相应的区域旅游产业结构特征。

3. 优化性

由于旅游区具有组织区域旅游活动的机构、设施和功能，加入了人为干预作用，是一个有预定目的、可控的自然—人工复合系统，从而有利于从整体上达到最优设计、最优控制、最优管理和使用，最大限度地发挥旅游区的功能，实现综合最优化效果。

（二）旅游区划的目的和任务

1. 旅游区划的目的意义

旅游区划的目的在于充分认识旅游资源的区域特色与优势，以及旅游开发与区域社会经济发展和地理环境的相互关系，以便因地制宜地合理开发利用各地的旅游资源，配置相应的旅游产业，建设风格不同、各具特色的旅游区，形成扬长避短的合理旅游地域分工体系，以取得良好的旅游经济、社会与生态效益，促进各地乃至全国旅游业的可持续发展。

旅游区划，有利于制定区域旅游发展战略与规划，合理开发、利用和保护旅游资源；有利于统一安排区域旅游设施和旅游服务系统，以及旅游点与旅游地的系统建设，全面系统组织涉及吃、住、行、游、购、娱的全方位区域旅游活动；有利于形成和强化各地的旅游活动特色，统一或协调开展区域旅游营销活动，增加对游客的吸引力及区域旅游产业的竞争力；有利于旅游业与区域内其他经济部门的协调发展和相互促进，以及协调旅游产业活动与区域社会、经济、文化和自然环境的关系。

2. 旅游区划的主要任务

旅游区划是将区域内部相似性最大、差异性最小，与邻近区域差异性最大、相似性最小的旅游地理现象从地域上加以划分，以形成各具特色而又相对完整的旅游地理区域体系。旅游区划的任务可概括为以下几方面：①旅游区划的直接任务就是要确定各个旅游区比较合理的范围和界线，以及区内各级旅游经济中心。②掌握不同区域的旅游地理环境状况，摸清不同区域旅游资源的赋存状况和主要资源特色，明确各旅游区的性质、特征、功能、地位和优势，提出区域旅游发展方向和规划建设重点，这也是旅游区划最基本的任务。③阐明不同区域的主要旅游路线，明确各区域的主要和代表性旅游点及其主要功能特征，以便发挥旅游“热点”的优势，促进旅游“冷点”的开发，提高旅游区的整体功能效益。

二、中国旅游地理区划方案

（一）中国旅游区划的原则

旅游区划是对客观存在的旅游区域进行的主观划分。由此决定了其是一项理论性、科学性、实践性很强的工作。因此，在进行旅游区划时，必须遵循一定的原则。

1. 差异性与相似性原则

地域差异性是旅游区划的基础和依据。要想准确地进行旅游区划工作，必须真正地、科学地、完整地认识旅游资源的地域差异性。相似性原则包括旅游资源成因的共同性、特征的类似性、功能的通用性和发展方向的一致性等多重含义。在各旅游区内部，旅游资源相似性最大而差异性最小；而在旅游区之间，则差异性最大而相似性最小。

2. 综合性与层次性原则

旅游区划应综合分析自然和人文各要素间的相互关系和组合结构，据此合理划分旅游区。旅游区的区内相似性和区际差异性也是其旅游资源综合结构特征的反映。一般而言，区划单位的等级由高到低，相似性逐渐增大，差异性逐渐减小。因此，只有按照一定的层次等级划分旅游区，才能真实地反映出不同等级层次旅游区的区内相似性和区际差异性程度的大小，以及区际的客观从属关系。一般而言，旅游区划可分为三个层次：一级旅游区、二级旅游区和三级旅游区。

3. 主导性与多样性原则

各旅游区内分布着多种类型的旅游资源，各类型的旅游资源在旅游区内所起的作用是不同的，经常是其中某种类型的旅游资源起着长期或主导的作用，表现出旅游区强烈的个性和独有的特色。因此，在区划时，可以突出某种类型的旅游资源作为划分旅游区的主要依据。一方面我们必须利用旅游资源的不同结构和层次，满足人们旅游行为多层次、多类型的需要；另一方面，我们必须建立功能各异、一主多辅的旅游区，满足旅游者各种层次和类型的需要。这就要求我们在进行旅游区划时，特别是二、三级旅游区划时，必须遵循旅游活动的主导性和多样性原则，合理划分旅游区。

4. 地域完整性与行政区划相协调原则

旅游区划应保证每一等级的旅游区在地域和职能上的完整性。旅游区有无旅游中心地是衡量其完整性的首要条件，每个完善的旅游区都必须至少有一个旅游中心地作为区域旅游活动的核心。作为旅游中心地，其资源的数量丰富、类型齐全，并能代表整个旅游区的旅游资源特色。旅游区还必须以中心城市为依托，中心城市是区内政治、经济、文化中心，拥有较好的食宿、交通、通信、购物等必备的旅游设施，并具有行政、交通和旅游综合服务的优势。旅游区范围的划分，应尽可能考虑到相应中心城市旅游综合服务功能的基本辐射范围。为了对旅游区进行有效的管理，在旅游区划时，还需要尽可能照顾行政区域的完整性，不要轻易打破行政区界限。同时，进行旅游区划时，还要适当照顾旅游区内交通线网的完整性。

（二）中国旅游区划方案简介

20世纪80年代以来，我国一些学者根据教学或科研工作的需要，先后提出了一些不同的中国旅游区划方案，反映了中国旅游区划研究的现状。

1. 区划指标设计

我国已有的旅游区划方案，主要是以旅游资源的相似性和发展方向的共同性为基础，根据旅游地域系统的结构和与行政区划的关系得出。由于旅游活动的特殊性，目前国内外学者还未能建立一套完整的旅游区划指标体系，主要采用的是一些定性指标。如宋德明等人（1994）的区划中，主要依据地理位置、资源特色，并照顾区域的旅游协作关系，划分出一级旅游区；以旅游中心城市或占突出地位的旅游资源客体及其吸引范围划分出二级旅游区；三级旅游区则主要根据旅游资源的联系性、旅游交通的便捷性、旅游活动的完整性、旅游管理的方便性来划分。濮静娟等（1987）用舒适度指数和风效指数为指标，进行了中国大陆地区旅游季节气候区划；阎守邕等（1989）则通过定性和定量相结合的分析方法，进行了中国旅游资源区划。从旅游资源的类型、密度、数量、等级特征的相关程度，旅游交通网络的协调程度等方面考虑建立旅游区划定量指标体系，应是旅游区划的研究重点和发展方向。

2. 区划方案举例

据不完全统计，有关中国旅游区划的方案目前至少已有10多种。如周进步（1985）将全国分为9个旅游大区，以及若干旅游副区、旅游小区；濮静娟等（1987）将中国大陆地区划分为3个旅游气候大区，18个旅游气候区和22个旅游气候小区；刘振礼等（1988）将中国划分为11个旅游区；孙文昌等（1989）将全国划分成9个旅游地区；孙大文、吴必虎（1990）则提出10个旅游区的中国旅游区景观——经济区划。旅游区的具体划分方案举例如下：

郭来喜1985年提出的中国旅游区划方案将全国划分为9个旅游带，29个旅游省，149个基本旅游区。其9个旅游带具体为：①京华古今风貌旅游带，包括北京、天津、河北等3个省级旅游区；②白山黑水北国风光旅游带，包括辽宁、吉林、黑龙江3个省级旅游区；③丝路寻踪民族风情旅游带，包括新疆、内蒙古、甘肃、宁夏4个省级旅游区；④华夏文明访古旅游带，包括陕西、山西、河南、山东4个省级旅游区；⑤西南奇山秀水民族风情旅游带，包括四川（重庆在内）、云南、贵州、广西4个省级旅游区，此外考虑到三峡工程问题，还把湖北宜昌、神农架划入了本旅游带；⑥荆楚文化湖山景观旅游带，包括湖北、湖南、江西3个省级旅游区；⑦吴越文化江南水乡风光旅游带，包括江苏、安徽、上海、浙江4个省级旅游区；⑧岭南文化南亚热带—热带风光旅游带，包括福建、广东、海南3个省级旅游区；⑨世界屋脊猎奇探险旅游带，包括西藏、青海两个省级旅游区。

陈传康1991年考虑文化的传统与现代结合，将观光游览与科学文化导游相结合，把全国划分为7个一级旅游文化区。具体包括：①华北区，相对于中国自然区划的暖温带华北区，长城以南、秦淮线以北，东起沈阳以南的辽南和辽东半岛，西延至甘肃东部；②长江中下游流域区，秦淮线以南、南岭以北所包括的长江中下游范围，也包括钱塘江等独流入海流域；③华南区，包括两广、闽、台、海南等；④西南区，包括川（不包括川西横断山）、渝、陕南、滇、黔等；⑤东北区，包括东三省（不包括辽南和辽东）、内蒙古东部三盟一市；⑥内蒙古西北区，包括内蒙古中西部、宁夏、河西走廊、西宁河谷带、青海湖、柴达木盆地、新疆等干旱、半干旱区；⑦青藏高原区，包括青海南部和甘肃南部的高原、西藏全部、川西横断山地等。陈传康的中国旅游文化区划方案还指出了7个旅游文化区的传统文化资源、现代文化资源、自然风光、开发重点和客源市场。

（三）本书的中国旅游区划方案

本书的中国旅游地理区划主要是从教学的角度，在郭来喜区划方案的基础上加以适当调整而形成。本书共划分出10个一级旅游大区和33个二级旅游省级区（包括省、自治区、直辖市和特别行政区）。旅游大区跨越二至多个省级行政区域，地理上集中连片，自然条件相近，社会经济环境和历史文化相似，旅游资源具有共性特征，区内各省区可加强横向联系，协调发展区域旅游。全国旅游大区具体划分为：京华胜地古今风貌旅游区（包括北京、天津、河北3个省级旅游区）、白山黑水关东文化旅游区（包括辽宁、吉林、黑龙江3个省级旅游区）、丝绸之路塞北风情旅游区（包括新疆、内蒙古、甘肃、宁夏4个省级旅游区）、华夏文明中原访古旅游区（包括陕西、山西、河南、山东4个省级旅游区）、吴越文化江南水乡风光旅游区（包括江苏、安徽、上海、浙江、江西5个省级旅游区）、巴蜀荆楚山水峡谷旅游区（包括四川、重庆、湖北、湖南4个省级旅游区）、奇山秀水西南民俗旅游区（包括云南、贵州、广西3个省级旅游区）、世界屋脊神秘高原旅游区（包括西藏、青海两个省级旅游区）、岭南文化山海风光旅游区（包括福建、广东两个省级旅游区）、港澳台旅游区。二级旅游省级区，以完整的省级行政区为其地域范围，便于各省区能充分发挥其综合管理职能，有针对性地进行区域旅游业发展的统一规划和有效管理。

思考与练习

1. 景点、旅游点与旅游地的概念有何不同？

2. 试分析我国北方与南方各以哪些类别的历史名城为主，为什么？

3. 你认为本地的旅游资源能够吸引国内外哪些地方和哪些类别的游客，为什么？

4. 为什么要进行中国旅游地理区划？

5. 你所在的省区属于本书区划方案中的哪一个旅游大区？有哪些主要旅游地，各应属什么类型？

第三章

京华胜地古今风貌旅游区

本区包括京、津、冀一省二市，面积约21.5万平方公里，人口约9 554万，民族以汉族为主。本区东临渤海，处于我国东偏北部较为居中的位置，是全国的政治、经济、文化、交通和国际交往中心，是我国旅游活动兴起和发展最早的地区之一。它以优越的区位和丰富的旅游资源为基础而成为我国最发达的旅游区。本旅游区以北京为中心，是中华民族的发祥地之一，历史悠久，燕赵文化独特，人文旅游资源雄冠中华，特别是北京地区的人文景观具有国内垄断价值，是全国最大的旅游中心。

第一节 旅游地理环境特征

一、自然地理环境与自然旅游资源

（一）自然地理环境

1. 地貌类型齐全，海陆兼备

本旅游区位于华北平原的中北部，西靠太行山，北凭燕山。拥有山地、平原、丘陵和盆地等多种地形，地貌类型齐全，自然景观多样。地貌上分属于太行山地、冀北山地和华北平原三大地貌单元。太行山地位于本区西部，在晋冀两地的交界线上呈东北—西南向延伸长达500公里，平均海拔1 000~1 500米，最高峰小五台山位于河北省蔚县境内，高达2 870米。奇峰林立，怪石峥嵘，形成了许多旅游胜地。太行山东西向受河流深切形成了许多宽谷，如娘子关、倒马关、紫荆关，它们是东西向交通要冲。近太行山山麓平原区为山地平原交错区，有孤山、低岗、台地、沙丘等多种地形，它们是形成风景名胜的物质基础。太行山延伸入北京部分称西山，其海拔自西北向东南呈陡降之势，西北部山峰都在千米以上，如东灵山高达2 003米，为北京市最高峰，西部山地在风化侵蚀作用下多呈奇特山型，如笔架山、猫耳山。向东南延伸到香山一带海拔急速下降为400～500米，再到八宝山一带仅百十米。经过长期的历史积淀，西山形成了许多自然和人文景观，是北京市著名的风景游览区。

冀北山地位于华北平原北部，总称燕山，由许多山地和山间盆地组合而成，海拔在千米上下，是华北平原和内蒙古高原的过渡地带，著名旅游资源有军都山、恒山、燕山、七老图山、八达岭、居庸关长城、明十三陵、承德盆地中的避暑山庄和外八庙、山海关、清代木兰围场等。河北省境内的雾灵山位于燕山东段，海拔2 116米，为著名旅游胜地，山间的古北口、二道关等山口为南北天然通道，其中山海关是关内外著名交通要冲，为兵家必争之地。古长城就修于燕山之巅，是世界级著名风景名胜区。

华北平原地处冀北山地和太行山东南，由黄河、淮河和海河等河流携带大量泥沙冲击形成，沉积厚度达1 500～5 000米左右。山麓是山区和平原的自然过渡地带，洪积扇平原海拔一般不足百米，冲积平原海拔不足50米，其轴部突起有孤山、残岗、台地、沙丘等微地貌景观，是旅游开发可利用的资源。平原上还有许多湖沼分布，如河北省中部的白洋淀湖泊群。滨海地带有大量的旅游资源分布，如滦河口以北海岸地带为滨海旅游资源富集地。

2. 河流发育，水体众多，库湖散布

本区河流都发源于西部北部山地，以海河水系为主。海河干流长73公里，支流达300多条，主要有北运河、永定河、南运河等，它们呈一扇形水系汇于天津附近，最后注入渤海。该河流河水补给不足，水道较浅，夏秋水势凶猛，冬季大部分河流有一定封冻期，故航运价值低，但局部河段的特殊景观可形成旅游热点。源于山西高原的永定河全长700多公里，是流经北京最大的河流。该河蜿蜒流经西山地区，深切山谷，形成了许多秀丽景观。除永定河以外，流经北京市的河流还有拒马河、潮白河等。位于拒马河上的十渡被誉为北国漓江，是北京市重要的旅游点。源于冀北山地的滦河自成一水系流经河北省北部，最后注入渤海。其支流武烈河西侧有著名的旅游胜地承德避暑山庄。

海河上游修建了大量的人工湖泊和水库，如海河流域有大小水库1 500多座，它们既可调控水量、形成地区小气候，又是重要的旅游资源，许多已经成为重要旅游景点，如密云水库、官厅水库等。中下游地区的河北平原河网密布、洼淀众多，如白洋淀等。本区的秦皇岛、北戴河、南戴河等地的滨海旅游资源已得到成功开发。

3. 暖温带大陆性季风气候典型

本区位于大陆东部，中纬度地带，西北有山体屏障，东临渤海，受东亚季风环流控制，为中纬度暖温带大陆性季风气候。其气候特点为：四季分明，冬夏长而春秋短。冬季蒙古高压控制本区，为寒冷干旱气候，气温下降快，1月最低均温在0℃以下，北京市为-4.6℃；春季气温回升快，降水少(占全年的10%~15%)，多风沙，这种风沙天气影响人们的出游及旅游效果，而且对建筑物等旅游资源造成破坏；夏季东亚季风控制本区，为高温多雨气候，7月均温达24℃，降水丰富，占全年的70%以上；秋季又逐渐为蒙古高压控制，多连续晴朗天气，气温适宜，是旅游的最佳季节。秦皇岛一带的海洋性气候明显，气温变动和缓；承德盆地因地形作用形成冬暖夏凉的小气候，二者都是避暑度假旅游胜地。

本旅游区自然植被为暖温带落叶阔叶林，但以次生植被和人工植被为主，一些山地次生植被较好，如北京市的百花山、松山和上房山等，其中百花山为自然保护区。

（二）自然旅游资源

1. 滨海旅游资源富集

本旅游区滨海水域旅游资源丰富，东部的渤海、黄海之滨是我国著名的滨海旅游胜地，特别是滦河口以北的海岸地段，海岸线漫长曲折，滩面平缓宽阔，沙滩柔和洁净，海水碧蓝清澈，冬无严寒，夏无酷暑，气候宜人，是消夏避暑和海水沐浴的良好场所。如北戴河阳光海滩、南戴河阳光海滩、滦河口以北海岸、昌黎黄金海岸等，气候温和、海滩平缓，是我国著名的避暑度假旅游胜地。

2. 名山旅游资源丰富

本区名山奇特，可进入性大，大多为我国旅游热点。在太行深处和太行山麓，分布着景色各异的山岳风景区，有愚公移山的故事发生地——王屋山，以断崖、飞瀑、幽谷、清泉为主要特色；位于太行山与燕山交接处的野三坡，其雄、险、奇景观为华北地区所罕见，极富原始野趣；太行东麓的苍岩山，丛林苍郁、危崖绝壁，殿阁楼台横跨峭壁；地处太行深处的障石岩，具有“三栈牵九套，四屏藏入锦”的独特景观格局。此外，还有西山、香山、军都山、东灵山、云峰山、碣石山、玉泉山、万寿山等。

3. 水景旅游资源突出

本区水景旅游资源以河流、湖泊和瀑布为主。河流主要有永定河、拒马河、潮白河、滦河、十渡等；湖泊主要有白洋淀、密云水库、黑龙潭、桃浴口水库、十三陵水库、斋堂水库等；瀑布主要有京都第一瀑、天仙瀑等。其中，白洋淀是华北平原上的一处大型淡水湖泊，由100来个淀泊组成，素有中国“北方天然水乡”之美称，已开发为湖泊风景旅游区。此外，还有许多以水体为基础而建成的园林景观，如北海公园、中南海、颐和园、龙潭公园、玉渊潭公园、稻香湖天然公园、天津水上公园等。其中，北海公园是以北海水泊为基础而建的皇家园林，中南海由以狭窄水道相通的中海和南海组成，龙潭公园、北京游乐园、紫竹院公园、玉渊潭公园、稻香湖天然公园、颐和园、天津水上公园都因湖泊而有游趣。

二、人文地理环境与人文旅游资源

（一）人文地理环境

1. 经济基础雄厚

本旅游区是我国开发历史最悠久的地区之一，早在春秋战国时期这里就建有燕赵等诸侯国，北京、邯郸涿郡都是著名的历史古都。本区资源丰富、交通便利，工农业发达。华北平原是我国小麦、杂粮、棉花的重要生产基地；华北油田及渤海湾油气田是我国重要的油气生产基地；历史悠久的开滦煤矿藏煤丰富，销地遍及国内外。北京市工业体系完整、门类齐全，工业经济较发达；天津轻重工业都较发达，是我国沿海一大工业基地；石家庄是华北地区的棉纺织工业中心；唐山、保定、邯郸都是重要的钢铁纺织工业城市。以上条件都为本区旅游业的发展奠定了良好的经济基础。

2. 交通运输发达

本旅游区交通运输发达，拥有以铁路、公路为主，海运、航空为辅的现代化交通运输网。北京是本旅游区，也是全国运输网的中枢。铁路是本区交通运输的骨干。以北京为中心，有京哈、京通、京包、京广、京沪、京承、京原等干线，还有石德、石太、邯长、京九等干线将区内各大中城市及旅游景区紧密相连，并与区外的东北、内蒙古、西北、西南、华东、华南各区连为一体。本区还有部分铁路进行了复线和电气化改造，开通了部分旅游专列，如北京—承德、北京—八达岭等。2008 年 8 月正式运营的北京南站是亚洲最大的火车站，年发送旅客量远期可达一亿人次以上。2008 年 8 月，从这里开通了京津城际铁路，这是我国第一条具有世界一流水平高速铁路，京津间全程运行时间 30 分钟。本区内铁路干线多与海港、空港联系，构成联运网，许多著名旅游景区和旅游城市都位于运输网中。

本区公路四通八达，形成了以北京和各省会城市为中心的公路网络。发达的公路网将各旅游景点和城镇连为一体，是旅游交通的重要方式。京津塘等高速公路以其高时速在本区旅游中发挥了重要作用。

海运可上联东北，下连华东，秦皇岛港和天津新港是华北地区的重要物资集散地，是具有全国意义的货运海港，它们本身也是旅游胜地，并有连接上海、大连、青岛、烟台等地的沿海旅游线。天津港是河、海兼备的港口，也是我国最大的人工港，并跻身世界港口 20 强，拥有 56 个码头泊位和 30 条国际定期班轮航线，同世界 170 多个国家和地区的 300 多个港口有着贸易往来关系，是连接亚欧大陆桥距离最近的东部起点。

北京是全国航空网络的中心，它与国内省会城市及旅游中心城市之间都有航空线连接，从北京出发直达欧亚及北美各国的国际航线多达几十条，国内航线可直达 28 个省级首府和 80 多个重要城市。区内的其他航空港还有天津、石家庄等，从本区可通达各旅游区和主要旅游城市。

3. 燕赵文化繁荣

本旅游区特定的环境条件孕育出了独特的燕赵文化，武术、地方戏曲、民间艺术、风情民俗，都体现了粗犷、豪放、激越、慷慨的雄风侠骨。

戏剧方面：金、元杂剧首先盛行于此，而后传入江南吴越之地。历史上著名的戏剧家众多，如关汉卿、王实甫、马致远、纪天祥、李好古等均为燕赵人士。近代，独具燕赵风韵的戏剧如京剧、评剧、河北梆子、音乐舞蹈、杂技曲艺、木偶剧等形式，皆为国内外观众所喜爱。

武术方面：燕赵武术是中华武术的摇篮之一，是“南拳北腿”之“北腿”的故乡。自春秋战国以来，这里尚武成风，名将辈出，有战国时的乐毅、廉颇，东汉后期的刘备、张飞、赵云，宋太祖赵匡胤，梁山好汉卢俊义、石秀、柴进、武松等，以及近代的丁发祥、张占魁、王子平、霍元甲等。该地区至今仍有尚武传统，仅河北省就有70余县开展了武术活动。

民间艺术方面：民间艺术形式主要有杂技、马戏、吹歌、舞蹈、美术、皮影、剪纸、石雕、泥人、草编、陶瓷等。杂技以吴桥县最为有名。燕赵舞蹈绚丽多姿，其中狮子舞流传最广，徐水狮子舞最为著名。美术以武强木版画最为著名。此外，还有唐山皮影、蔚县剪纸、曲阳石雕、白沟泥人、沧州草编、彭城陶瓷等，皆为国内外旅游者所赏识。

（二）人文旅游资源

1. 文物古迹荟萃，人文旅游资源博大精深

本区是中华民族的文明发祥地之一，在相当长的历史时期内，该地区是我国政治、经济、文化中心。悠久的历史、灿烂的文化，孕育了本区无数的历史名胜和文物古迹，人文旅游资源极其丰富，拥有众多的历史文化名城，且山水景观与文物古迹相融合，构成了本区旅游资源的独特优势。

本旅游区是华夏祖先最早生存繁衍的地区之一，也是我国古文化的发源地之一。如北京猿人等古人类化石就发掘于本区。北京猿人在这里留下了不同时期的古人类化石、原始工具及其他文化遗物。本区新旧石器时代及各朝代历史文化遗迹甚多，如元明清等朝代的历史遗迹、周口店北京猿人遗址等。以后各时期的遗迹和保留下来的建筑、文字、壁画、塑像等就更多。它们是开展历史文化科考等专项旅游的重要旅游资源。

本区宗教遗址也较丰富，佛教、道教、伊斯兰教、基督教都有古建筑遗存。其中，佛教建筑分布广，也最为壮观。本区历史上曾有佛教寺庙2 000多处，现留下的著名佛教寺庙有卧佛寺、碧云寺、八大寺、广济寺、大钟寺等。佛教石窟有响堂山石窟，佛塔有天宁寺塔、慈寿寺塔等。伊斯兰教的清真寺有50余座，其中北京牛街清真寺、东四清真寺为全国同类中的佼佼者。此外还有金碧辉煌的喇嘛庙雍和宫、少数民族庙宇承德外八庙等。

古代大工程保存较多。战国到明朝的历代长城在本区保存最为完好，特别是燕山长城中的八达岭长城、金山岭长城、慕田峪长城和山海关长城最为壮观。本区的古代大工程还有北京观象台、我国古代桥梁工程典范的赵州桥和卢沟桥；南北大运河（通惠河段、北运河段）及其他水利工程。

古建筑绝世超群。本区皇家建筑规模宏大，气势雄伟，其中以北京故宫最具代表性，它是我国三大古建筑群之一，是我国现存规模最大也是最完整

的古代宫殿建筑群，是世界最大的博物馆之一。本区皇家园林面积大、建筑多，集全国各地造园艺术之长，气魄宏伟，风景优美。我国最大皇家园林北京颐和园和承德避暑山庄也在本区，且保存完好。另外，还有圆明园、畅春园、静宜园、北海、中南海等。北京是我国唯一保留有祭坛的地方，皇家坛庙主要有天坛、地坛、太庙、社稷坛、日坛、月坛、先农坛等，其中天坛规模最大、最有特色。

帝王陵寝是本区重要的人文旅游资源。帝王陵墓有元、明、清等各朝代陵墓。如明十三陵、清东陵、清西陵。另外还有毛主席纪念堂、八宝山革命公墓及各地烈士陵园等。

古都名城世界闻名。北京是我国七大古都之一，建都历史早，持续时间长，城市规模大，它既是历史文化名城，也是重要的旅游城市。北京作为近代元、明、清的都城，古建筑物、名胜古迹保存的完整度和数量，在全国各大城市首屈一指。

2. 革命遗址、名人故居和大都市景观资源突出

本区是近代革命的发源地，名人聚居地，因而革命遗址、遗迹、纪念地众多，如北大红楼，毛泽东、鲁迅、宋庆龄故居等。河北清苑县冉庄、北京顺义县焦庄等地还有地道战遗址。

北京是古都风貌与大都市风貌相交融的城市，北京中心地域古都风貌最浓，越向外围大都市风貌越强烈。如有20世纪50年代十大建筑，21世纪新建的奥运村等；天安门广场雄伟壮丽，摩天大楼云集，立交桥纵横交错，古朴典雅的传统风格与先进的现代文化融为一体，使这座古老的城市展现出崭新的面貌。北京还是全国科教中心，有北大、清华、人大等70多所高等院校，有自然博物馆、历史博物馆、军事博物馆、展览馆80多个，有全国藏书最多的北京图书馆新馆等。天津、石家庄、唐山、保定等区域中心城市也有一定的大都市风貌景观。

3. 旅游商品资源丰富

本区工农业发达，旅游商品丰富。北京是全国最大的商业中心之一，商品齐全，名特产品繁多，有享誉中外的众多名菜佳肴，还有各种传统特种工艺品。天津和河北省的名特产品和各种风味小吃也品种繁多，广受旅游者欢迎。

第二节 北 京 市

一、概述

北京市简称京，位于华北大平原的北端，是我国首都，是全国政治、经济、文化、科技、交通、对外交往中心，是国内旅游的最大中心城市，也是亚太地区重要的国际旅游城市之一。全市总面积1.64万平方公里，辖十六区两县，人口1 581万。全市人口中拥有全国所有56个民族，汉、回、满、蒙古、朝鲜族人口均已过万。

北京地势西北高耸，东南低缓。西部、北部和东北部是连绵不断的群山，东南是一片缓缓向渤海倾斜的平原。北京市东部与天津市毗邻，其余均与河北省交界。北京天然河道自西向东有五大水系：拒马河水系、永定河水系、北运河水系、潮白河水系、蓟运河水系。北京没有天然湖泊，全市有水库85座，其中大型水库有密云水库、官厅水库、怀柔水库、海子水库。

北京地处暖温带半湿润地区，为大陆性季风气候，年降水量644毫米。冬干寒，夏暖湿，四季分明，春秋短促，冬夏较长。通常4月初开春，6月初入夏，9月秋风送爽，10月底秋去冬来。年度降水主要集中于夏季。北京四季皆宜旅游，春暖花开和秋高气爽之季更是旅游的好季节。

北京历史悠久，是我国古文化的发源地之一，是中国历史文化名城。大约在50万年以前，“北京人”就活动在北京西南郊区的周口店地区。北京猿人遗址已列入《世界文化遗产名录》。据史学界、考古界、文物界专家论证，确认公元前1045年，即武王十一年是燕、蓟始封之年，也就是说，公元前1045年为北京建城之年，有3 000多年建城史，800多年建都史，曾为辽、金、元、明、清五朝帝都。北京与西安、洛阳、开封、南京、杭州、安阳和郑州共为中国八大古都。1949年10月1日中华人民共和国成立，北京从此成为新中国的首都。北京又是有光荣革命传统的城市，1919年发起了“五四”爱国运动，1949年10月1日，中华人民共和国开国大典在天安门举行。

今日的北京还是一座现代化的超级都市，既保存了古都原有的风貌，又有新时代的仪容。不仅有20世纪50年代修建的著名的中国历史博物馆、人民大会堂、军事博物馆、民族文化宫、民族饭店、农业展览馆等十大建筑，而且有近年来每年千亿元以上的固定资产投资，给北京带来日新月异的变化，以十里长安街和天安门为代表，市内高楼林立、道路纵横、街市繁华、绿树成荫，特别是国家大剧院、国家体育场（“鸟巢”）、国家游泳中心（“水立方”）等一批举世瞩目的大型现代化建筑，使古老的北京更加焕发出勃勃生机。

北京市是我国著名的旅游城市，也是著名的历史文化名城，市内拥有十分丰富的历史、文化和科学、美学价值都很高的旅游资源。北京有众多的古代宫殿建筑群、皇家园林、坛庙寺观、帝王陵寝、古塔石刻、名人故居，以及宏伟的古代、现代建筑、博物馆、纪念馆等。据统计，北京有价值的古建筑有7 309处，其中，皇家园林以颐和园为代表，帝王宫阙以故宫最为典型，帝王陵寝有明十三陵，宗教建筑也很有特色。北京全市共有长城、故宫、周口店北京猿人遗址、颐和园、天坛、明十三陵6处世界遗产；八达岭（十三陵）、石花洞2处国家重点风景名胜区；还有99处全国重点文物保护单位、326处市级文物保护单位。到2005年末，全市拥有博物馆34个，馆藏文物达115.1万件。另有一批能反映千年帝都和现代化大都市的古今人文景观。

二、主要旅游区点

北京市旅游资源以古迹、古文化、园林、革命胜地和现代都市景观为特色，以故宫、八达岭长城、慕田峪长城、明十三陵、周口店猿人遗址、天坛、颐和园、卢沟桥、天安门广场等为代表性景点。

（一）八达岭长城

八达岭长城是明长城中保存最好的一段，是整个长城知名度最高的一部分，是万里长城的精华和明长城的杰出代表，被评为世界文化遗产、国家重点文物保护单位、国家重点风景名胜区、国家5A级景区、“中国旅游胜地四十佳”之首、全国文明旅游风景示范区。

八达岭长城位于北京市北郊延庆县境内军都山上，海拔逾千米，地势险要，是中国古代伟大的防御工程万里长城的一部分，是明代重要的军事关隘和首都北京的重要屏障。八达岭自古便是重要的军事战略要地，春秋战国时期为防御北方民族的侵扰，在此修筑了长城，至今仍见残墙、墩台遗存，其走向与明长城大体一致。明代为了加强防御，对八达岭长城进行了长达80余年的修建，使之成为城关相联、墩堡相望、重城护卫、烽火报警的严密防御体系。该处长城以巨型花岗岩条石为基，青砖砌城墙，平均高7.8米，墙基平均宽6.5米，可以“五马并骑，十行并进”。关城、敌楼、城墙等是八达岭长城的主要组成部分。登上八达岭长城，极目长天，只见群山逶迤，峰峦叠嶂，万里长城有如一条巨龙腾跃在万古苍茫之中。

（二）故宫

故宫在明清时称紫禁城，是明清两代的皇宫，曾居住过24个皇帝，现辟为故宫博物院。紫禁城建成于明代永乐十八年（1420年），位于北京城的中心，前通天安门，后倚景山，占地面积达72万平方米，建筑面积16.3万平方米，是中国现存最大、最完整的宫殿建筑群，也是中国古代建筑最高水平的杰作，被誉为世界五大宫之一。

紫禁城四面环有高近10米的城墙和宽52米的护城河，城墙四面各设城门一座，贯穿全城南北的中轴线从紫禁城中央通过，宫城北门—玄武门外为人工堆筑的土山（万岁山），标志着北京全城的中心。城内宫殿建筑布局沿中轴线向东西两侧展开，红墙黄瓦，画栋雕梁，金碧辉煌，殿宇楼台，高低错落，壮观雄伟。城内的皇宫建筑分为南部前朝部分和北部后寝部分，在功能上符合封建社会的等级制度，同时达到左右均衡和形体变化的艺术效果。前朝有太和、中和、保和三大殿，是皇帝上朝接受朝贺、接见群臣和举行大型典礼的地方。这三座殿宇是故宫中最高大的建筑物，建筑造型宏伟壮丽，庭院明朗开阔，象征封建政权至高无上。后寝是皇帝和皇后、嫔、妃居住的地方，庭院深邃，建筑紧凑，还有岁寒不凋的苍松翠柏，秀石迭砌的玲珑假山，楼、阁、亭、榭掩映其间，幽美而恬静。

故宫博物院内陈列我国各个朝代的艺术珍品，据统计共达1 052 653件，占全国文物总数的1/6，为国内收藏文物最丰富的博物馆，也是世界著名的古代文化艺术博物馆，其中很多文物是无价国宝。故宫被评为世界文化遗产、国家重点文物保护单位、国家5A级景区、“中国旅游胜地四十佳”之一。

（三）天安门广场

天安门广场是中华人民共和国的象征，位于北京市区中心，南北长880米，东西宽500米，总面积44万平方米，可容纳100万人举行盛大集会，是当今世界最大的城市中心广场。

天安门城楼位于天安门广场北端，面临长安街。1949年10月1日，这里是中华人民共和国开国大典主席台，毛泽东主席在这里宣告中华人民共和国成立，并亲手升起第一面五星红旗，从此天安门城楼成为新中国的象征，它的形象是我国国徽的重要组成部分。天安门城楼是中国古代最壮丽的城楼之一，天安门总高 33.7 米，城门五阙，重楼九楹，下为汉白玉石须弥座，座上为高 14.6 米的红色城台，城台上矗立着金碧辉煌的城楼，城楼下是碧波粼粼的金水河，河上有 5 座雕琢精美的汉白玉金水桥，城楼前有两对雄健的石狮和挺秀的华表，它们与城楼组成一个和谐完美的建筑艺术杰作。

天安门广场中央矗立着人民英雄纪念碑和庄严肃穆的毛主席纪念堂，广场西侧是人民大会堂，东侧面是国家博物馆，南侧是两座建于 14 世纪的古代城楼——正阳门和前门箭楼，天安门两边是劳动人民文化宫和中山公园。整个广场宏伟壮观、整齐对称、浑然一体、气势磅礴。

在天安门广场，曾爆发过“五四”运动、“一二·九”运动、“四五”运动等重大事件，新中国成立 60 年来的历次国庆大阅兵和首都群众庆祝大会均在这里举行。天安门广场庄严、隆重的升旗仪式也是北京的一大景观。

（四）天坛

天坛位于北京崇文区正阳门外，永定门内大街东路。天坛始建于明永乐十八年（1420 年），为明、清两朝皇帝祭天、求雨和祈祷丰年的专用祭坛。天坛建筑群由圜丘坛、皇穹宇和祈年殿组成，占地总面积 273 万平方米，是世界上现存规模最大、形制最完美的古代祭天建筑群。祈年殿、皇穹宇和圜丘坛为祭天群三大建筑，均以“天圆地方”作主导。祈年殿是一座三重檐蓝琉璃瓦的圆形大殿，殿高 38 米，直径 30 余米，全木结构，无大梁长檩，由 28 根巨柱支撑，是整个建筑群中科学价值和美学艺术价值最高的建筑。皇穹宇是存放圜丘祭礼牌位的地方，为一座单檐蓝瓦圆殿，围于一圆墙之内，形成一座三层汉白玉圆形石坛。由于侧墙面平整光洁，声音可沿弧传递，故又称“回音壁”。圜丘坛在天坛南部，为皇帝冬至日祭天的地方，坛呈圆形，依次三层。斋宫是皇帝行祭礼时斋戒处，中心建筑是座单檐庑殿顶五楹大殿，俗称无梁殿，以示心灵至敬至诚。天坛是世界文化遗产、国家 5A 级旅游景区、全国重点文物保护单位。

（五）颐和园

颐和园位于北京城西北部的四环与五环之间，距离市中心约 10 公里。颐和园主要由万寿山和昆明湖两部分组成，面积 290 公顷，水面约占 3/4。全园 3 000 余间宫殿式建筑，大小园林院落 20 余处、建筑景点 100 余座，建筑面积近70 000平方米，是中国现存规模最大、保护最完整的博物馆式皇家园林。1750年始建，原名清漪园，1888年被英法联军烧毁，1888年重建，后改名颐和园。曾是晚清最高统治者在紫禁城之外最重要的政治和外交活动中心，园内文物陈设琳琅满目，4万余件均为清朝帝后曾经使用过的生活用品或是当时的国器。颐和园继承了中国历代皇家园林的传统，又汲取了江南私家园林的造园艺术精华，兼具北方山川雄浑宏阔的气势和江南水乡婉约清丽的风韵，并蓄帝王宫室的富丽堂皇和民间宅居的精巧别致。园中建筑分前山前湖、后山后湖、沿湖及堤岛分布，因地制宜地点缀着各种具有民族特色的殿、堂、楼、阁、廊、榭、亭、桥，俨然一座中国传统建筑的博物馆。其中佛香阁、长廊、石舫、苏州街、十七孔桥、谐趣园、大戏台等都已成为家喻户晓的代表性建筑。园内景点分政治活动、生活居住、御园游览等三个区域，同时也建设了现代化的文昌院博物馆。

颐和园是世界文化遗产、国家5A级景区、全国文明风景旅游区、全国重点文物保护单位。

（六）卢沟桥

卢沟桥位于天安门西南15公里的永定河上，是一座古老的多孔联拱大石桥。始建于金朝大定二十九年（1189年）。全桥11孔，长260多米，宽9.30米，共10个桥墩。桥墩造法颇有特色，墩下面呈船形，迎水面砌作分水尖，外形像一个尖尖的船头，其作用为抗击流水的冲击。桥上的石刻十分精美，桥两边有望柱和栏板，望柱281根，每个望柱上都雕有一大石狮，石狮头上、背上、腹部、爪下都藏有一小石狮，形态各异，栩栩如生，现在共有大小石狮501个。卢沟桥东西两端有华表、石碑和碑亭、大象，雕刻了许多龙云花卉。卢沟桥以高超的建桥技术和精美的石狮雕刻独具风韵，誉满中外。

（七）明十三陵

明十三陵位于北京西北昌平县北10公里的天寿山南麓，距离北京约50公里。这里自1409年始作长陵，到明朝最后一帝崇祯葬入思陵止，其间230多年，先后修建了13座皇帝陵墓、7座妃子墓、1座太监墓。共埋葬了皇帝13人、皇后23人、皇贵妃1人以及数十名殉葬皇妃。除皇帝陵外，陵寝区域内还有明朝皇妃墓7座，太监墓1座，以及行宫、神宫监、祠祭署等若干附属建筑。陵区总面积120多平方公里，群山环抱，四周以山为墙，形成封闭陵区，南面开口处建正门。大红门外建石牌坊，门内至长陵有6 000

多米的神道，作为金陵主干道。神道前段设长陵碑亭，亭北夹道设18对用整石雕成的巨大石像生；神道后段分若干支线，通往其他各陵。长陵为十三陵首陵，其他12陵在长陵两侧，形成以长陵为中心的环抱之势。各陵的神宫监、祠祭署、神马房等附属建筑都分建在各陵附近。定陵墓室已于1956年发掘，并建成定陵博物馆，展出了明帝豪华的墓室和出土的各种文物。

明十三陵规模宏大、典制完备、选址审慎、设计精到、施工精细、用材考究，其布局经营在满足礼制功用的同时，与山川、水流等自然环境因素密切结合，达到了极高的艺术境界。石牌坊、石像生、长陵棱恩门、棱恩殿以及定陵地下宫殿等建筑，造型大方，材质精良，是中国古代建筑中的精美杰作。

明十三陵是世界上保存完整埋葬皇帝最多的墓葬群，具有较高的历史和文物价值。全国重点文物保护单位，全国重点风景名胜保护区，“中国旅游胜地四十佳”之一。

三、旅游节庆活动与地方风味特产

(一) 主要旅游节庆活动

北京市举办的旅游节庆活动有：北京国际旅游文化节、居庸关长城金秋文化节、春节庙会、龙庆峡冰灯展、北京植物园桃花节、北京国际啤酒节、九九重阳登高会、中国烤鸭节、八达岭长城仿古艺术节、慕田峪长城金秋游园会、司马台长城国际滑翔节、平谷金秋采摘节等。

(二) 主要土特名产及风味美食

1. 土特名产

北京传统特种手工艺品种类很多，技艺精湛，景泰蓝、玉雕、中国画、内画壶、宫灯、牙雕、漆雕、地毯、绢花、金石篆刻、丝绸刺绣、珠宝翠钻等在国际市场上享有盛誉。位于和平门的琉璃厂文化街是购买文物的好地方，无论是历代名人字画、文房四宝、古旧书籍，还是古代竹、木、瓷器、牙雕、玉器、钱币，应有尽有。著名的民间手工艺品有面人、泥人、绢人、京剧脸谱、风筝、剪纸等。

北京还有一些闻名全国的土特产，如桂花陈酿、莲花白酒、京白梨、盖柿、密云金丝小枣、良乡板栗、蜜饯、秋梨膏、红虾酥、茯苓夹饼等。

2. 风味美食

北京的风味食品特别多，有皇家宫廷菜点、北京烤鸭、涮羊肉、烤肉、民间小吃等。如今的北京不仅承继了老北京的悠久与辉煌，更汇集了大江南北乃至世界各地的美食佳肴，川菜、粤菜、鲁菜、湘菜、浙菜、苏菜、闽菜、徽菜、印尼菜、越南菜、泰国菜、法国菜、韩国料理、日本料理、意大利风味、俄式西餐、美式快餐……各式各样的珍馐佳肴一应俱全。

北京的风味小吃历史悠久、品种繁多，有300多种，以回民的清真小吃为主，著名的小吃有：艾窝窝、炸酱面、褡裢火烧、驴打滚、豌豆黄、豆汁、炒肝、爆肚、卤煮火烧、灌肠、糖耳朵，还有六必居酱菜、王致和臭豆腐、各式蜜饯果脯等。

第三节 天　津　市

一、概述

天津简称津，意思是“天子渡水的地方”，别名津沽、津门等。地处华北平原东北部，渤海湾的西部顶端，西北与北京接壤，是北京的海上门户，是我国第三大城市，四大直辖市之一，北方最大的工商业港口城市和历史文化名城。天津现辖3县15区，面积1.19万多平方公里，人口1 075万多，除汉族外，还有回、朝鲜、满、蒙古等少数民族。

天津建城始于隋朝大运河的开通。天津原名“直沽”，明初改为天津。1398年明太祖朱元璋病逝，1399年燕王朱棣从北京起兵，由现在的天津渡河南下，经过4年战争打败了建文帝朱允炆，当了皇帝。为了纪念他南下渡河的地方，把那个地方改名为“天津”。

天津的地形绝大部分属海河平原，地势低洼，一般海拔仅2～5米，多湖沼洼地。天津是海河五大支流的汇合处和入海口，流经天津的一级河道有19条。天津海岸线长达153公里，有滩涂、海洋生物、海水、海洋油气等海洋资源，已发现45个含油构造，储量十分可观。天津有著名的大港油田和我国最大的海盐产区——长芦盐场。

天津属大陆性气候，四季分明，春季多风，干旱少雨；夏季炎热，雨水集中；秋季干爽，冷暖适中；冬季寒冷，干燥少雪，年平均气温在11.4～12.9℃。

天津区位条件优越，距首都北京120公里，有高速公路和城际铁路连通。交通便捷发达使天津成为中国接待国际游船和旅客包机游的重要基地和北京旅游最直接的延伸区。

天津旅游资源丰富，旅游活动丰富多彩。天津有以自然风景和名胜古迹为特点的蓟县旅游观光区，有海湾特色的塘沽滨海游乐区，已形成以海河为风景轴线、以津河、卫津河、月牙河、北运河，繁华金街，鼓楼商贸街，异国风貌五大道为辅的市中心旅游区。市中心的水上公园、海河风景线、文化街、食品街、艺术博物馆、周恩来和邓颖超纪念馆、天津科技馆、塘沽的地热温泉、海滨浴场、八仙山国家级自然保护区等，都是极具旅游价值的高品位旅游景点；天津历史博物馆、自然博物馆和艺术博物馆等收藏了许多珍贵文物。民间工艺品杨柳青年画、彩塑、风筝、地毯等在国内外享有盛誉。天津传统的风味食品多种多样。天津每年还要举办具有民族色彩和地方特色的各种赛事及娱乐活动。

二、主要旅游区点

天津市旅游资源以山、水、园林、古迹为特色，以水上公园、独乐寺、盘山三胜、大沽口炮台等为代表性景点。

（一）天津古文化街旅游区（津门故里）

津门故里是国家5A级景区，是天津市政府将宫南大街、宫北大街修成古文化街，同时修复了"天后宫"。修复后的古文化街全长580米，有近百家店铺，建筑风格典雅多变、步移景换。

古文化街的南、北口，各有一座大牌楼。南口的楼匾写有"津门故里"四字，寓示着今日天津市区就是以这一带为原始中心区域而逐渐开发的。在六七百年间这里始终是商业繁华地段，这里的街貌、店铺、商品，都带有浓郁的艺术气息，尤其是古玩、字画、碑帖、文房四宝和天津民间工艺品，琳琅满目，美不胜收。街上的近百家店铺门面，皆为清代风格，一律青砖砌体、磨砖对缝，有坡顶、飞椽廊柱的楼阁，也有冰盘檐、挂落板、朝天栏杆的平顶小轩。古文化街有着各种工艺品、文化用品，五光十色，其中最为著名的是具有浓厚天津地方特色的杨柳青年画、"泥人张"彩塑和"风筝魏"风筝等。

（二）杨柳青古镇

杨柳青古镇位于天津市西青区，是以绘制传统年画而闻名的农村集镇，是北方著名的艺术之乡。杨柳青年画是中国著名的三大民间年画之一。始于明代，已有300多年的历史，清代达到鼎盛时期。在中国版画史上，杨柳青年画与南方著名的苏州桃花坞年画并称“南桃北柳”。当时杨柳青镇及其附近村庄，大都从事年画作坊生产，有“家家都会点染，户户都善丹青”之称。杨柳青年画取材于现实生活、民间风俗和历史故事，是一种喜闻乐见的民间艺术品，已走向世界。现在，人们到杨柳青镇仍然可以看到杨柳青年画作坊。在这里参观，不仅能了解杨柳青年画的发展历史，还能亲自观看年画制作的全过程。

（三）独乐寺

独乐寺位于天津市蓟县城内，始建于唐代，其主体建筑为山门和观音阁。山门内两尊高大的天王塑像守卫两旁，俗称“哼”“哈”二将，是辽代彩塑珍品。山门正脊的鸱尾，是我国现存古建筑中年代最早的鸱尾实物。独乐寺的主体建筑观音阁，高23米，是我国现存双层楼阁建筑最高的一座，也是我国现存最古老的木结构高层楼阁建筑，为全国重点文物保护单位。

（四）盘山风景名胜区

盘山风景名胜区位于天津市蓟县西北15公里处，因雄踞北京之东，故有“京东第一山”之誉，为国家5A级景区。盘山是燕山山脉南缘的一段，东西长20公里，南北宽10公里，雄伟多姿，景色幽古，久负盛名。景区面积106平方公里，有“五峰”、“三盘”、“八石”之胜，还有天成寺、万松寺、云罩寺、舍利塔等古代建筑。“五峰”与山西五台山相呼应，号称“东五台”，主峰挂月峰海拔864米。“三盘”指山上的三层风景，由西路登山，山势呈上、中、下三盘之状：上盘松胜，劲松苍翠，蟠曲遮天；中盘石胜，巨石嵯峨，千姿百态；下盘水胜，飞泉响涧，涓流不息。“八石”指悬空石、摇动石等八处奇石。

（五）黄崖关古长城

黄崖关长城位于天津蓟县城北黄崖关一带，全长42公里，是中国古长城的一部分，始建于北齐公元557年，明戚继光重修增筑。黄崖关是万里长城的第二关，接山跨水，形势险峻，全段长城建在陡峭的山脊上，东以悬崖为屏，西以峭壁为依。战台敌楼、边城掩体、水关烟墩、古寨营盘等形成了完备的古代军事防御体系，有“蓟北雄关”之称。特别是“八卦城”，是明代仿照诸葛亮八卦阵图建造的，结构巧妙，有三关九门。为诱敌深入聚而歼之，城内按八卦图组成街道网络，纵横40多条街道，不是“T”字头，就是平等错位，看上去相通，实为死胡同。关北有“长城博物馆”，藏有戚继光用过的战刀等。黄崖关长城自然景观雄、险、秀、古，人文景观新、奇、幽、雅，配套设施齐全，是世界文化遗产，国家4A级景区。

三、旅游节庆活动与地方风味特产

（一）旅游节庆活动

天津举办的旅游节庆活动有：天津旅游购物节、盘山民俗庙会、金秋山野旅游节、渔阳金秋山野旅游节、鼓楼国际民俗风情节、中华（天津）民间艺术精品博览会、迎新（年）灯会民间花会表演等。

（二）主要土特名产及风味美食

1. 土特名产

天津名特产品丰富，既具有浓厚的民族传统风格，又具有很高的实用价值。沿海渔业发达，盛产黄鱼和大对虾。工艺美术品有“天津四艺”，即天津地毯、泥人张彩塑、杨柳青年画、天津风筝，还有砖雕、剪纸、丝毯、金银首饰等。此外“天津鸭梨”、冬菜、盘山柿子亦为著名特产。

2. 风味美食

天津菜选料精细、烹制考究，多以河、海两鲜为原料，民间素有“吃鱼吃虾，天津为家”的说法。津冬菜、蜂蜜蒜肉、长城玫瑰肠、鹤鹿同春饼、干烧鱼、五加皮酒等是天津最具特色的美味食品。风味小吃有“津门三绝”，即狗不理包子、十八街麻花和耳朵眼炸糕。

第四节 河北省

一、概述

河北省简称冀。位于黄河下游以北，处于京津外围，东临渤海，西倚太行山，北连内蒙古高原，南接豫鲁平原，是中华民族的发祥地之一，历史上一直是中国北方的政治、经济、文化中心。现全省面积19万平方公里，人口6 898万，有汉、回、满、蒙古、朝鲜等族，省会为石家庄市。

全省地势由西北向东南倾斜，地貌类型齐全，自然景观多样。西北部为山区、丘陵和高原，其间分布有盆地和谷地，中部和东南部为广阔的平原，海岸线长487公里。属温带大陆性季风气候，大部分地区四季分明，具有暖温带大陆性季风森林植被景观。河北物产资源丰富，现有耕地1亿亩以上，是重要的粮棉煤铁之乡。

河北省地处京畿要地，交通便捷，古时为九州之一的冀州地，春秋战国时为燕、赵等国地。汉晋时设冀、幽二州，唐为河北道，元明清时分属中书省、京师和直隶省。

悠久的历史，壮丽的山河，使河北成为旅游资源大省。这里名胜古迹众多，燕赵文化积淀深厚。举世闻名的万里长城在河北境内长达1 200公里，其中有200多公里保存完好。靠北京东郊有清东陵，西郊有清西陵；冀东有秦皇岛、山海关和南、北戴河；冀北有承德避暑山庄；冀中南有保定古莲花池、满城汉墓和白洋淀风景区；石家庄附近有毗卢寺、赵州桥、苍岩山；正定隆兴大佛寺、荣国府宁荣街等；最南的邯郸有丛台、响堂山石窟等名胜。人称的河北“四宝”指的是沧州狮子、定州塔、正定菩萨、赵州桥。

二、主要旅游区点

河北省旅游资源主要分布在冀东北和冀西南两大地域。前者是指以秦皇岛—承德为核心的长城东起点山海关内外文化遗迹和滨海地带的疗养区为主要内容的游览、避暑、疗养区域，以名胜古迹、山水、海滨为特色；冀西南地区主要包括石家庄、保定、邯郸等城市中的旅游景点，以古迹景观和革命纪念地为特色。

（一）承德避暑山庄

避暑山庄位于承德市区北部，又称热河行宫、承德离宫，曾是清朝皇帝的夏宫。始建于1703年，历经清朝三代皇帝：康熙、雍正、乾隆，耗时89年建成。建筑面积564万平方米，比颐和园大一倍，是我国现存规模最大的古代皇家园林。这里群山环绕、地势高，气候宜人。由皇帝宫室、皇家园林和宏伟壮观的寺庙群所组成。山庄的建筑布局大体可分为宫殿区和苑景区两大部分，苑景区又可分成湖区、平原区和山区三部分。内有康熙乾隆钦定的72景。拥有殿、堂、楼、馆、亭、榭、阁、轩、斋、寺等建筑100余处。它的最大特色是山中有园，园中有山。与北京紫禁城相比，避暑山庄以朴素淡雅的山村野趣为格调，取自然山水之本色，吸收江南塞北之风光。

避暑山庄及周围寺庙是全国重点文物保护单位、国家5A级旅游景区，全国十大名胜之一，被列入《世界文化遗产名录》。避暑山庄与北京的颐和园、苏州的拙政园和留园并称为中国四大名园。

（二）外八庙

外八庙坐落在承德避暑山庄的东面和北面，武烈河东和狮子沟（旱河）北山麓岗坡上，包括溥仁寺、溥善寺、普乐寺、安远寺、普宁寺、须弥福寿寺、普陀宗乘庙和殊像寺等12座寺庙。这些寺庙是康熙五十二年（1713年）到乾隆四十九年（1784年）的70年间陆续修建的。当年有八座寺庙由清政府理藩院管理，又都在古北口外，故统称“外八庙”（即口外八庙之意）。久而久之，“外八庙”便成为这12座寺庙的代称。

这些规模宏伟的庙宇兼有汉、蒙古、藏等民族的建筑风格。其中殊像寺代表汉族风格；普陀宗乘庙仿拉萨布达拉宫而建，代表藏式风格；普宁寺则呈现汉藏交融的建筑特色；须弥福寿寺仿日喀则扎什伦布寺而建；安远寺仿新疆伊犁河北岸的固尔扎庙修建。这些庙宇在布局上以行宫为中心，形成百川归海、众星捧月之势。外八庙的建筑采用彩色的琉璃瓦，巍峨壮观，金碧辉煌，与古朴典雅的避暑山庄形成鲜明的对比。外八庙的建筑、园林以及大量的碑刻、雕塑、壁画、佛像、祭器等文物是难得的瑰宝。“外八庙”同避暑山庄一起被列入世界文化遗产，是国家级风景名胜区。

（三）山海关

山海关是一座历史文化名城，位于秦皇岛东北15公里。山海关北依燕山，南连渤海，关在山海之间而得名。山海关自明洪武十四年（1381年）建关设卫，至今已有600多年的历史，自古为军事重镇。山海关的城池，城高13米，厚7米，周长约4公里，整个城池与长城相连，以城为关。全城有四座主要城门，并有多种古代的防御建筑，是一座防御体系比较完整的城关，有“天下第一关”之称。山海关旅游景区以长城为主线，形成了“老龙头”、“孟姜女庙”、“角山”、“天下第一关”、“长寿山”、“燕塞湖”六大风景区。其中，老龙头是明万里长城的东起点，位于山海关城南5公里处的渤海之滨。万里长城像一条巨龙，东端在此直插入海，犹如龙头高昂，因此称为老龙头。老龙头长城是明代万里长城唯一的一段海中长城，建于明万历年间，由戚继光修筑。“天下第一关”是万里长城东部起点的第一座关隘，是山海关古城的东城门，又名“镇东楼”，箭楼格式，城高台宽，与靖边楼、临闾楼、牧营楼、威远堂在长城之上一字摆开，形成五虎镇东之势，充分展现了山海关这座古代军事要塞“一夫当关，万夫莫开”的雄伟气势。

山海关景区是5A级景区，“万里长城—山海关”被列入《世界文化遗产名录》。

（四）秦皇岛与北戴河海滨

秦皇岛背倚燕山，面临渤海，是著名的旅游城和避暑胜地。相传秦始皇曾派人从这里渡海出洋，寻求长生不老仙药，因此而得名。秦皇岛港冬季不封冻，水深，风小，泥沙淤积缓慢，是一处理想的深水港。

北戴河海滨位于秦皇岛西南15公里处，现为秦皇岛市北戴河区。这里气候宜人，海滩曲折平坦，沙软潮平，偶有礁石伸出水面，联峰山树木葱郁，环境优美，是一处理想的海水浴场。北戴河海滨与北京、天津、秦皇岛、兴城、葫芦岛构成一条黄金旅游带，北戴河处于旅游带的节点。北戴河海滨避暑区，西起戴河口，东至鹰角亭，东西长约10公里，南北宽约1.5公里。主要游览景点有：鹰角亭、鹰角石（鸽子窝）、老虎口、观音寺、钓鱼台等24景。另有5个海滨公园，共16万平方米的疗养场所。秦皇岛—北戴河海滨已列入国家级风景名胜区，是避暑、健身、观光胜地。

（五）清东陵

清东陵位于遵化县马兰峪，距离北京市125公里。始建于康熙二年（1663年），为我国现存规模宏大、建筑体系完整的皇家陵寝。陵区南北长125公里，东西宽约20公里，总面积2 500平方公里。陵区内建有帝陵5座、皇后陵4座、妃园寝5座。陵区外围还建有王爷、皇太子、公主等园寝。共埋葬帝、后、妃、王、公主等160余人。

整个陵区沿燕山余脉昌瑞山而建，北有昌瑞山做后靠如锦屏翠帐，南有金星山做朝如持笏朝揖，中间有影壁山做书案可凭可依，东有鹰飞倒仰山如青龙盘卧，西有黄花山似白虎雄踞，东西两条大河环绕夹流似两条玉带。群山环抱的堂局辽阔坦荡，雍容不迫。清东陵的建筑恢宏、壮观、精美。在580多座单体建筑组成的庞大古建筑群中，有中国现存面阔最宽的石牌坊；有保存最完整的长6 000多米的孝陵主神路，孝陵的石像生多达18对，造型朴实浑厚；乾隆裕陵规模最大、最为堂皇，地宫精美的佛教石雕令人叹为观止；慈禧陵三座贴金大殿的豪华装修举世罕见。清东陵是全国重点文物保护单位、世界文化遗产、国家4A级旅游景区。其中的裕陵、定东陵、景陵已开放。

（六）清西陵

清西陵是清朝帝王两大陵寝之一，位于易县西永宁山下太平峪，距北京市120多公里。始建于雍正八年（1730年），共建有帝陵4座，后陵3座，王公、公主、妃嫔园寝7座，埋葬着雍正、嘉庆、道光、光绪4个皇帝，9个皇后，56个妃嫔及王公、公主等共80人。整个陵区周界约100公里，面积达800余平方公里。现存陵墓14座，共有宫殿1 000多间，石雕刻和石建筑100多座，构成了一个规模宏大、富丽堂皇的古建筑群。

陵区北依峰峦叠翠的永宁山，南傍蜿蜒流淌的易水河。陵区内松柏葱郁，古木参天，环境幽雅，风景秀丽，有古松1.5万株，青松翠柏20余万株，是华北地区最大的人工古松林。清西陵是全国重点文物保护单位，与清东陵一起被列为世界文化遗产。

（七）赵州石桥

赵州石桥又称安济桥，当地俗称大石桥，位于赵县城南2.5公里处的洨河上，距石家庄市区仅45公里，建于600~610年间，是隋代杰出工匠李春和众多石匠共同建造。桥全长64.40米，宽9.6米，是世界上第一座单孔敞肩式石拱桥，大石拱上两端各建两个小拱，这种设计既减少水流阻力，又减轻桥身自重，桥型空灵美观，构思巧妙。桥两侧栏板、望柱雕刻精美，具有很高的艺术价值。赵州石桥是全国重点文物保护单位，曾被美国土木工程学会选为第12个国际历史土木工程里程碑。

（八）苍岩山

苍岩山位于石家庄市西南50公里处的井陉县境内，为太行山余脉。景区总面积63平方公里，群峰积翠，危崖峭壁，流泉飞瀑，古柏横空，重林苍郁；禅房古刹，碑碣夹道，殿、阁、楼、台掩映于苍松古柏之中，或依山就势，小巧玲珑，或建于断岩，或跨于险壁，斗拱飞檐，构造恢弘，蔚为壮观。千年古刹福庆寺建于1 400年前的隋代初期，是全国重点文物保护单位。苍岩山是历史文化名山、国家重点风景名胜区、国家4A级旅游区。《西游记》、《卧虎藏龙》、《木乃伊3》、《花木兰》等影视片的许多镜头都在苍岩山取景拍摄。

（九）野三坡

野三坡位于涞水县境内太行山峡谷中，距北京约100公里。这个峡谷地带北高南低，分成上、中、下三坡。野三坡风景区的特点是一个“野”字，以自然的山水泉洞、林木花草为主，北部万山环绕，南部为山区谷地平原，拒马河纵穿而过。景区面积达460平方公里，分为6个景区：百里峡景区、拒马河景区、佛洞塔景区、白草畔原始森林景区、龙门峡景区和金华山景区。其中百里峡景区最有特色，由三条幽深的峡谷组成，全长105华里，故称百里峡。峡谷比较窄，最窄的地方不足10米，两侧陡峭的绝壁直插云天，峡中有各种不同的石景和岩溶景观，幽深、神秘。野三坡还有丰富完整的地质遗迹，浓缩了华北30亿年来地质构造的演化史，是一座天然地质博物馆和生动的地质教科书。

野三坡还有巍峨的长城、苍劲的摩崖石刻、古老的栈道、庙宇，保存完好的古人类化石和平西抗日烈士陵园等。为国家级重点风景名胜区、4A级景区、国家地质公园。

（十）嶂石岩

嶂石岩位于赞皇县太行山主脉中段，距石家庄市区约110公里，是国家地质公园，国家级风景名胜区。景区面积约120平方公里，景区的地貌经由国家旅游、地质部门鉴定为“嶂石岩地貌”，它与丹霞地貌、张家界地貌并称为中国三大旅游砂岩地貌。这里奇峰怪石林立，山崖如斧劈刀削，气势磅礴。主峰黄庵垴海拔1 774米，景区内红色石英砂岩在内、外应力作用下，形成了“三栈九套”景观，三栈即三条古道；九套即连接三条古道的九条山谷，其山沟头由红色石英砂岩形成了弧形的巨型“回音壁”，弧长310米，绝壁高120多米，被称为世界上最大的回音壁。嶂石岩自然生态良好，是华北地区保护最好、品种最全的“天然植物园”。此外，嶂石岩还有千年古刹槐泉寺、大王台、义军寨等人文景观。

三、旅游节庆活动与地方风味特产

（一）旅游节庆活动

河北省旅游节庆活动主要有：中国旅游欢乐节、承德避暑山庄旅游节、每两年举办一次的“中国吴桥国际杂技文化节”、中国山海关长城节——老龙头海会、保定敬老健身节、白洋淀荷花节等。

（二）主要土特名产及风味美食

1. 土特名产

河北土特名产有：张北牧区的“口马”、羔皮；秦皇岛盛产的小黄鱼、对虾、毛虾；白洋淀盛产的淡水鱼虾；被誉为“太行三珍”的核桃、柿子和花椒；天津鸭梨、深州水蜜桃、赵州雪花梨、宣化葡萄、京东板栗、沧州金丝小枣、兴隆红果等都很出名。

传统工艺品以唐山的陶瓷、山海关的贝雕画、曲阳石雕、蔚县剪纸、廊坊景泰蓝、衡水内画鼻烟壶、易水古砚、武强年画、丰宁布糊画、白洋淀苇编等名扬中外。

2. 风味美食

唐山蜂蜜麻糖、开平麻花、石家庄全毛狮子鱼、飞翅鲤鱼、承德御土荷叶鸡、野味八仙、石榴黄大螃蟹，以及白洋淀的全鱼席等，无不以独特的风味令中外游客赞不绝口。

思考与练习

1. 京华旅游区的旅游资源有何特征？
2. 京城及京城郊县有哪些著名旅游胜地？其主要特点是什么？
3. 京华旅游区旅游线的突出特色是什么？主要包括哪些游览胜地？
4. 天津市有哪些旅游胜地？各有什么特点？
5. 河北省有哪些旅游胜地？各有什么特点？

第四章

白山黑水关东文化旅游区

本区位于我国东北边陲地区，由于处于山海关以东，故传统上也称关东地区。本区包括黑龙江、吉林、辽宁三省，总面积约80.21万平方公里，人口超过1亿，其中少数民族占10%以上，有满、蒙古、朝鲜、鄂伦春、赫哲、达斡尔、鄂温克等民族，是我国少数民族聚居区之一。本区旅游资源特色鲜明，林海雪原、火山胜景、黑土沃野、河流湖泊散发出淳厚的天然魅力，民族风情、多元文化、城市发展呈现出多彩的人文风貌。加上该区工农业基础雄厚，交通运输网络稠密发达，并与日本、韩国、俄罗斯等经济发达国家有较深的历史与地理联系，旅游业发展的潜力很大。

第一节
旅游地理环境特征

一、自然地理环境与自然旅游资源

（一）自然地理环境

1. 山环水绕、沃野千里的地貌与水体环境

本区位于我国最东北部地区，南部与东部临海或近海，地貌类型多样，主要以平原和低山为主，河湖较多。河流、山脉和平原大体呈三层半环状向南部沿海开口。外围黑龙江、乌苏里江、图们江、鸭绿江等河流环绕大、小兴安岭、长白山地流动，内部则为低陷的松嫩平原和辽河平原。东北部三江

平原是打破环状连续性的一个缺口。西南部有辽西走廊与关内相通。西部与内蒙古高原相接的大兴安岭，海拔在 1 000 米左右，北端由火山岩构成，山体形态浑圆。与大兴安岭呈人字形连接的小兴安岭北段西南侧为第四纪以来的火山活动区，这里有著名的五大连池等火山群。东部长白山地由几条平行的中低山、丘陵和宽广的山间盆地、谷地相间排列组成，也属正在上升中的山地，历史上有大规模的火山熔岩活动，最近 300 多年中就有过三次喷发。其主峰白头山就是经多次火山喷发形成，其中白云峰海拔 2 691 米，为东北地区最高峰。长白山地向南延伸的千山山脉插入渤海、黄海之间，构成辽东半岛之脊柱。

由山地环绕的三大平原组成的东北平原，是我国面积最大、土壤最肥沃的平原区。三江平原多沼泽湿地；松嫩平原许多小湖泊形成盐碱“泡子”；辽河平原地势最低，易内涝积水。

本区长度在 1 000 公里以上的河流有黑龙江及其支流松花江、额尔古纳河、嫩江，以及辽河共 5 条。本区众多河流主要发源于东部山地，白头山就是松花江、图们江、鸭绿江三江的发源地。流经中、俄、蒙三国的世界级大河黑龙江及其支流松花江和乌苏里江，松花江的支流嫩江和牡丹江，以及中朝界河鸭绿江，多流经森林茂密、水草丰茂、芦苇丛生的地区，水量丰沛、水流平缓，鱼类丰富，形成了一些“青山绿水”的风景河段。冬季本区河流结冰期多在 5 个月以上，封冰期冰上可行载重汽车。

本区还是我国重要的湖区。镜泊湖、松花湖、五大连池等均是著名的山地风景湖泊，中俄界湖兴凯湖是著名的大湖。

2. 中温带、寒温带的季风气候与生态环境

由于本区是我国纬度最高的地区，大部分属中温带，北部小部分属寒温带，仅南部属暖温带，冬季被邻近的蒙古高原高压区、东西伯利亚的维尔霍扬斯克—奥伊米亚康“寒极”和鄂霍次克海“冰窖”三个冷中心所包围，因此大部分地区冬季寒冷而漫长，夏季暖湿而短促，春秋二季甚短，春天多大风，秋季天高气爽。冬季盛行西北风，1 月均温在 -12 ~ -30℃之间，是世界上同纬度陆地气温最低的地区。漠河曾记录了 -52.3℃的全国最低值，故有“中国寒极”之称。冬季一般长达半年以上，降雪日多，积雪期长，积雪可厚达50 厘米左右，呈现出一派“千里冰封，万里雪飘”的“雪原”景观。夏季全区气温不高，7 月平均气温只有 20 ~ 24℃，大兴安岭北部更低于 18℃，基本无夏，但大部分地区极端温度也可达 35℃以上。其气温年差

亦居世界同纬度地区之冠。全区年降水量约为350～1 000毫米，由东南向西北递减，60%集中于夏季。

受气候与地形影响，本区成为我国温带森林与野生动植物的主要分布区，且植被具有明显的南北与东西过渡性。本区处于寒温带针叶林的最南端和暖温带落叶阔叶林的最北端，中南部则为中温带针阔叶混交林。本区森林主要分布于海拔不高的广大山地区域。受降水分布制约，本区自然植被也自东向西由森林向森林草原和草原过渡。大面积针阔混交林以及茂密如茵的草甸草原，为多种多样的温带野生动物提供了生长和繁殖的条件，因而本区是我国目前最重要的野生动物产地和狩猎区。冷湿的气候与优越的植被条件，形成了以腐殖质层厚度大而著称的广阔而肥沃的“黑土地”。

（二）自然旅游资源

1. 得天独厚的冰雪旅游资源

严寒而漫长的冬季所形成的银装素裹、玉树琼花的冰雪世界，是本区得天独厚的旅游资源，对于长期生活在温暖地区的广大旅游者更是极富魅力。东北不少地区坡度和缓，雪盖稳定、雪被质量好，为开展滑雪运动提供了广阔的空间。众多河湖冬季冰厚可达2米，冰面光滑，又是开展滑冰的绝好场所。还可以借助高坡或风力开展充满情趣的冰橇与冰帆运动。冬季林区狩猎也是本区一项非常富有刺激性的活动。而本区树挂、冰雕、冰灯等冰雪奇景更独具魅力。树挂（雾凇），也称银枝、冰花，吉林树挂最负盛名。哈尔滨与齐齐哈尔开展的冰雕活动中外著名。总之，本区是我国开展冰雪运动、冰雪观光及冬猎活动的难得天地、最佳场所。

2. 森林与野生动植物旅游资源

有利的自然条件加上有限的开发历史，使本区拥有的原始森林面积和森林总面积在全国各大旅游区中皆居首位，有“林海”之称的茂密森林景观是本区自然景观的突出特色之一，古老而茂密的茫茫林海及其“绿色宝库”，是本区又一大类地位突出的旅游资源。以兴安落叶松为主的著名大兴安岭明亮针叶林区，以挺拔的红松、冷杉为标志的小兴安岭、长白山针叶及针阔混交林区，以及别具北国情调的次生白桦林等，不仅具有很强的观赏性，而且其中蕴藏着丰富而珍贵的野生动植物资源。东北虎、紫貂、熊、麝、梅花鹿、猞猁、狐等珍稀动物即生活其中。人参、貂皮、鹿茸被称为“东北三宝”。此外在三江平原等沼泽湿地还栖息着丹顶鹤、野天鹅等珍贵美丽的禽类，大连还有著名的蛇岛和老铁山候鸟景观等。为了保护本区丰富的森林与野生动植物资源，目前东北已建成著名的长白山、扎龙、蛇岛等10余处自然保护区，这些保护区是生态旅游的极好场所。

3. 火山活动遗迹与温泉旅游资源

本区位于太平洋板块西缘向欧亚大陆板块的俯冲地带，火山地震活动在地质历史时期极为激烈频繁。全区现有火山锥230多座，组成约20个火山群，占全国总数的30%，是我国火山熔岩地貌类型最丰富、数量最多、分布最广的区域，主要集中分布于吉林和黑龙江两省，其中以五大连池最为著名；长白山地一带也有风光绮丽的休眠火山群，这些火山群均为东北著名的火山遗迹游览区。镜泊湖、五大连池、长白山天池等东北著名风景地均与火山活动有关，其中的地下熔岩隧道和古火山口“地下森林”更是罕见的世界奇观。

火山活动区地热资源丰富，温泉相伴而生。五大连池地热洞、长白山温泉、鞍山汤岗子温泉、本溪温泉、兴城温泉等，都是全国著名的温泉。本区的温泉一般水温较高，富含矿化物，可供洗浴、饮用、治疗疾病等；而且东北温泉区一般环境清幽、气候宜人，是疗养和避暑的好去处。

除上述三大类旅游资源以外，本区以大连、哈尔滨、长白山、漠河等为代表的滨海、滨江、山地和高纬度地区众多的夏日避暑胜地，以及温带基岩海岸风光、边境风景河段、“北极村”“白夜”奇景等，均是本区富有特色的旅游资源。

二、人文地理环境与人文旅游资源

（一）人文地理环境

1. 特殊的地域开发历史与多元复合的关东文化

本区早在旧石器时代已有人类活动，但在历史上相当长的一段时期，这里主要是一些少数民族的游猎地区。自公元10世纪开始，契丹、女真、蒙古等民族先后在此建立了辽、金、元等政权。明末女真族演化为满族并在此建立清朝，继而入关迁都北京，本区由此成为清朝的发祥地。

虽然本区在数千年的历史进程中，不断受到中原文化的影响，但及至明清以前始终未能摆脱游猎文化的束缚。直至清代数百万关内人“闯关东”以后，中原文化才逐渐融入当地民族文化而形成具有东北味的传统关东农业文化。近代随着俄、日入侵以及欧美移民的涌入，关东文化又植入了一些殖民色彩的外来成分。建国后对“北大荒”的大规模工农业开发，使关东文化又有了新的时代特征。

由特殊的地域开发历史所决定，本区无论就民族成分还是生产方式、文化景观而言，都是一个典型的多元文化复合区。除以汉族为主体而形成的关东文化外，这里还有由游牧转向农耕的传统满族文化，擅长水稻种植的朝鲜族传统农耕文化，蒙古族的游牧文化，达斡尔、鄂伦春、鄂温克等民族的狩猎文化，赫哲族的渔猎文化等。游牧民族文化和满族文化与中原文化相结合的文化遗址与历史建筑风格，各民族的生活习俗及其分布区的文化标志（如用朝鲜语命名的地名），以及俄、日入侵后留下的建筑风貌与文化标志等，充分展示了本区与其他旅游大区所不同的多元文化特色景观。

2. 雄厚的工农业基础与发达的交通运输网络

东北地区被日本占领时期，被建成了一个为侵华战争服务的畸形的煤、铁资源开采与运输基地。建国后，东北地区利用丰富的煤、铁、石油等资源，迅速建成了我国第一个重工业基地，钢铁、机械、石油、化工等工业产品在全国都占有举足轻重的地位。本区土地资源富饶，耕地面积广大，农林牧畜产品丰富，是我国重要的商品粮、大豆、甜菜和木材生产基地，南部还是我国温带水果产区。此外，本区还盛产珍贵的动物毛皮和药材。在此基础上本区建立了以造纸、粮油、制糖、毛纺、亚麻纺织等为主的轻工业部门，形成了本区比较完整的工农业生产体系。

东北地区的铁路运输在全国发展最早。现全区共有铁路线70余条，总长约1.4万公里，其长度和密度在我国各大区域中均居首位。铁路网以“T”字形的滨洲、滨绥、哈大线为骨干，以沈阳、四平、长春、哈尔滨为枢纽，连结了全区各主要城市、工矿中心和农林牧业基地。其中京沈线和京通线与关内相通，滨洲线和滨绥线都有与俄罗斯接轨的铁路，在丹东、集安又有铁路线与朝鲜连接。在铁路运输的基础上，本区现已形成包括水、陆、空各种主要运输形式，广泛联系国内外的现代化运输网络。沈阳、大连、哈尔滨、长春是本区联系国内外的主要航空枢纽；大连港作为我国北方对外贸易大港，吞吐量名列全国前茅；内河运输以黑龙江和松花江为主要航线，环绕边境及伸入平原内部的河运体系也具有直接沟通境外与区内联系的功能；此外本区的公路运输更是四通八达。本区发达的交通运输网络为旅游业的发展提供了非常有利的基础。

（二）人文旅游资源

1. 农耕与渔猎文化交织的民俗风情

本区农耕与渔猎文化交织而成的民族风情，展开了一幅幅独具关东文化特色的多彩生活画面。最能代表关东农耕文化的民俗风情，当属乡土气息极为浓郁的“二人转”。东北“二人转”是一种自娱自乐性质的民间歌舞艺术形式，直接来源于东北农村民间歌舞“大秧歌”，至今已有200多年历史。这种艺术形式具有机动灵活、活泼风趣的特点，最能充分表现关东农民直率、豪爽的性格与气质特征，深受东北广大群众，尤其是当地农民的欢迎，常常出现台上台下融为一体的火热场面。长期生活在大森林中的鄂伦春族和鄂温克族，吃兽肉、穿兽皮、乘驯鹿拉的雪橇，生活充满了洪荒时代的山野气息，他们判断野兽行踪的能力也令人称奇。长期生活在乌苏里江上的赫哲族人，是我国唯一靠打鱼为生、使用狗拉爬犁的民族，世世代代的水上劳作，使他们的叉鱼技术举世罕见，冬季凿冰网鱼的巧妙方法也颇具奇趣。

冰雕、冰灯等以天然冰雪资源为材料的雕塑艺术，更是一项独具北国风情和充分体现着传统与现代关东文化神韵的人文旅游资源。

2. 多元化的近现代城市建设风貌

由于东北地区大规模的区域开发较晚，城市发展的中心地位则比较突出。尤其是近现代历史上，沙俄和日本以城市为据点对本区进行殖民化统治，新中国又对东三省进行了以城市为中心的现代工业与经济文化建设。在这一过程中形成了中西合璧、古今结合的多元化城市建设风貌，特别是其间所形成的大量欧式、日式或多种文化融合式的建筑，使本区城市建筑风貌呈现出与关内截然不同的风格。最能典型地体现这种城市建设风貌的是哈尔滨、长春和大连。沈阳作为东北最大的近现代工业城市与历史名城，大庆作为新中国在荒原上建立起来的著名石油新城，也都是本区富有吸引力的城市旅游资源。

3. 以清代遗迹居多的名胜古迹

本区不少历史古迹反映了东北少数民族的发展历史及中原文化对本区的影响。在本区，上至春秋，下至清代的历史古迹皆有，而清代遗迹数量众多、保存最完整，历史价值和旅游价值也较高。著名的古迹有沈阳故宫和清朝关外三陵（福陵、昭陵、永陵）。沈阳故宫是清朝入关以前的清室皇宫，独具满族生活色彩与艺术风格，是融合满、汉两族建筑风格的经典之作。关外三陵则是清朝进入山海关以前的祖先和皇帝陵寝，现今保存完好，规模宏大。本区历史上众多的佛道教寺庙，大部分始建于辽、金或更早的年代，但现存的宗教建筑几乎全部为清代建筑，寺庙内清代文物众多。此外，本区还有著名的明代古城——宁远卫城、兴城城墙、辽阳白塔、六顶山古墓群、渤海国上京龙泉府遗址等类型众多的历史古迹。

第二节
黑龙江省

一、概述

黑龙江省位于祖国东北隅，以边境大河黑龙江得名，简称黑。黑龙江省版图轮廓恰似一只天鹅，东、北与俄罗斯有长约3 000公里的边界。全省面积约45.4万平方公里，人口3 823万，有汉、满、朝鲜、蒙古、回、达斡尔、鄂伦春、赫哲、柯尔克孜、鄂温克等49个少数民族，省会哈尔滨市。本省古时为肃慎地，唐时东部为渤海国所在地，辽金时分属东京、上京二道和上京路，元属岭北和辽阳行省，明为女真地，清初为黑龙江将军辖区，清末置黑龙江省。

黑龙江省山环水绕，山地、平原面积约各占一半。气候冬寒夏凉，年降水量400~700毫米，森林、湿地广布。境内松嫩平原、三江低地一带有大片沃土荒原，为著名的“北大荒”，是有名的粮仓和养牛基地。全省人均耕地6亩，居全国之首。本省还有丰富的煤、铁资源，以及闻名全国的大庆石油基地。

黑龙江省境内山河壮美，冬季的冰雪世界是最显著的旅游资源优势，滑雪、观赏冰灯是本省旅游的一大特色。兴安山区林海莽莽，森林旅游区、天然狩猎场和野生动物饲养基地令人神往。扎龙沼泽地则有仙鹤故乡之称。五大连池、镜泊湖、吊水楼瀑布、唐渤海国上京遗址都是著名的旅游胜地。处于本省最北部的“北极村”漠河，每年吸引着成千上万的游人前往一睹夏至“白夜”奇观。此外，鄂伦春、赫哲、鄂温克等少数民族的独特风情等，也是黑龙江省极富特色的旅游资源。

二、主要旅游区点

黑龙江省的旅游区点主要集中于以历史文化名城哈尔滨为中心，以国家重点风景名胜区五大连池和镜泊湖为两翼，统称为黑龙江南部游览区的地带。

（一）哈尔滨

哈尔滨市位于松花江畔，是黑龙江省的政治、经济、科技、文化中心和交通枢纽，是我国著名的历史文化名城，素有“江城”、“冰城”、“天鹅项下的珍珠”之美称。

哈尔滨自然风光旖旎，松花江像一条彩带蜿蜒流经城区，沿岸有许多大型建筑和著名公园。太阳岛、东北虎林园、松花江畔斯大林公园、松峰山、二龙山、玉泉狩猎场和亚布力都是著名的旅游胜地，其中太阳岛公园为国家5A级景区。

哈尔滨历史悠久，在19世纪末以后，沙俄等30多个国家10多万侨民涌入，留下来多达500多座具有异国情调的欧式和日式建筑，它们与中国古典建筑及现代化高楼大厦交相辉映，构成了哈尔滨城市风貌的一大特色。哈尔滨是世界冰雪文化发源地之一，自清代起就有制作冰灯、冰雕及雪塑的传统。1973年起，每年定期展出大型冰雕艺术群。亚布力高山滑雪、兆麟公园冰灯游园会、松花江上冬泳、雪雕、冰雪游乐在国内外享有盛誉。

（二）五大连池

五大连池位于德都县西北，距哈尔滨市413公里，是国家级风景名胜区。五大连池因火山喷发的熔岩流堵塞了白河河道，形成5个串珠般的火山堰塞湖泊而得名。5个湖自南向北，池池相连，湖区风景秀丽，周围分布有14座休眠火山，火山喷火口保存完好，熔岩表面流动痕迹仍清晰可见，形状如海浪、盘龙、爬虫、瀑布等的岩流体和隧道式熔洞，洞壁有形状各异的熔岩钟乳。五大连池拥有世界上保存最完整、分布最集中、品类最齐全、状貌最典型的新老期火山地质地貌，被称为“火山公园”，是世界地质公园。

由于火山喷发，五大连池地区还形成了储量丰富的天然冷矿泉水。这些矿泉水温低，含有十几种对人体有益的元素，统称为重碳酸矿水，可饮可浴，能治疗胃病、皮肤病、高血压等病症，享有“神泉圣水”的美誉，与法国的维希矿泉、俄罗斯外高加索矿泉并称“世界三大冷泉”。

（三）镜泊湖与吊水楼瀑布

镜泊湖位于宁安县西南，距牡丹江市80公里。镜泊湖是5 000年前历经5次火山喷发，熔岩阻塞牡丹江古河道而形成，湖面海拔350米，湖长45公里，水域面积约80平方公里，是世界上最大的火山熔岩堰塞湖。镜泊湖景区是国家级重点风景名胜区，国家4A级旅游区，世界地质公园。景区总体规划面积为1 726平方公里，由百里长湖景区、火山口原始森林景区、渤海国上京龙泉府遗址景区三部分组成。镜泊湖四面环山，山重水复；湖岸树木葱郁，湖中孤岛怪石星罗棋布，湖水清澈如镜，湖光山影，风景极佳。

景区植被覆盖率在90%以上，盛产人参、猴头蘑、木耳、细辛、天麻等名贵山珍。有野生动物40余种，鸟类40余种。在镜泊湖西面的张广才岭南坡分布着一系列火山口，其中最大的直径约500米，深达145米。火山口内生长着树龄达400~500年的森林，形成罕见的"地下原始森林"。

景区内的吊水楼瀑布是国内流量最大的瀑布。瀑布宽40余米，落差20余米，汛期最大幅宽达400多米，每秒流量为4 000立方米，湖水自南西北三个方向以排山倒海之势从熔岩壁顶直灌60米深的黑龙潭，奔腾咆哮、气势磅礴、声如雷鸣，可震10里之外。

（四）齐齐哈尔

齐齐哈尔市是黑龙江省的第二大城市，位于嫩江平原。"齐齐哈尔"为达斡尔语，是"边疆"或"天然牧场"之意。

齐齐哈尔旅游资源丰富，有独特的自然风景、典雅的古建筑、悠久的历史遗迹。驰名中外的国家级风景名胜区——扎龙自然保护区，位于市区东南32公里处，是著名的"鹤乡"，因此，齐齐哈尔又称鹤城。嫩江支流乌裕尔河到此失去河道，浸溢成大片沼泽，苇丛茂密，鱼栖众多，是水禽最理想的栖息地。这里有鸟类260余种，水禽120余种。其中重点保护鸟类35种，最为著名的是鹤类，这里有全世界15种鹤类之中的6种，以丹顶鹤最为珍稀。此外，著名的风景名胜地还有四面环水、天然成趣的明月岛；湖光山色、亭阁别致的龙沙公园；新石器时代的昂昂溪文化遗址、大乘寺、清真寺、关帝庙、石碑山、塔子城等历史文物遗迹；得天独厚的冬季冰雕雪景更是蔚为壮观。

三、旅游节庆活动与地方风味特产

（一）旅游节庆活动

黑龙江省举办的旅游节庆活动主要有：哈尔滨冰雪节，及其间举办的冰灯游园会、乘冰船、冰橇、滑冰和观赏冰上各种体育表演等项目。还有黑龙江国际滑雪节、哈尔滨之夏音乐会、中国哈尔滨经济贸易洽谈会、木兰县滚冰节、同江赫哲族旅游文化节、齐齐哈尔观鹤节等。

（二）土特名产及风味美食

1. 土特名产

黑龙江省是我国重要的粮食生产基地，盛产大豆、水稻、玉米、小麦、马铃薯等粮食作物以及甜菜、亚麻、烤烟等经济作物。黑龙江森林资源丰富，大、小兴安岭盛产灰鼠、香鼠、貂、水獭等珍贵毛皮兽，人参、鹿茸、虎骨、麝香、灵芝等名贵药材，以及兴安岭蘑菇（有猴头蘑，榛蘑等60多种食用蘑菇）、黑木耳、山野菜（蕨菜，松茸，薇菜等）、松子等山林特产。黑龙江、乌苏里江的大马哈鱼、鲟鳇鱼、鳜鱼也为著名特产。还有黑龙江特有的黑龙江森瑞林蛙、田鸡油（蛤士蟆油），大庆、齐齐哈尔的乳制品，哈尔滨太阳岛啤酒，哈尔滨红肠，五大连池矿泉水等。

2. 风味美食

黑龙江省的风味美食有哈尔滨飞龙宴、红烧大马哈鱼、烤狗肉、叉烧野猪肉、冰糖雪蛤、串烧梅花鹿肉、上汤鸡绒猴头蘑、人参高汤水鱼、银耳冰糖雪蛤等。民族风味美食有赫哲族风味杀生鱼，鄂伦春族风味手把肉，烤肉串等。

第三节
吉　林　省

一、概述

吉林省位于东北中部，“吉林”为满语沿江之意，简称吉。东南临朝鲜、俄罗斯。全省面积约18.74万平方公里，人口2 723万。有汉、朝鲜、满、回、蒙古、锡伯等民族，省会长春市。古为肃慎地。汉代的高句丽地方政权和唐代的渤海国前期都城，分别在本省长白山区的集安、敦化、珲春、临江、和龙等地。元属辽阳行省，明为女真地，清末置吉林省。

吉林省地势东南高，西北低。东部长白山区，一般海拔在1 000米以上，素以“林海雪原”著称。中西部为松辽平原，海拔200米以下，素称“粮豆之乡”。这里还盛产东北“三宝”人参、鹿茸和貂皮。本省粮食人均占有量居全国第一位。

吉林省具有丰富、优越和得天独厚的旅游资源，自然景观千姿百态，人文景观独具特色。巍巍长白山、滔滔松花江、浓郁的朝鲜族乡土风情赋予吉林大地以独特魅力。全省旅游资源主要分布于长白山、吉林、长春及西部草原地带和边境地带，主要名胜有长春伪满皇宫、伪满国务院及“八大部”遗址、净月潭风景区、通榆向海自然保护区、吉林松花湖、北山、龙潭山，以及以白头山天池为中心的长白登山旅游胜地，还有集安高句丽都城遗址、将军坟等。吉林市陨石博物馆是中国唯一的陨石博物馆，收藏了目前世界上最大的一块石陨石。中国第一汽车集团公司已开放汽车生产线，将成为国家工业旅游示范点。

二、主要旅游区点

（一）长春市

长春是吉林省省会，是一座风光秀美的城市，是中国首批优秀旅游城市之一，城区绿地覆盖率达39%，素有森林城、汽车城、电影城、雕塑之城和文化城之美誉。长春市风景名胜主要有：

1. 伪满皇宫

伪满皇宫位于长春市内的东北角，是清朝末代皇帝爱新觉罗·溥仪充当伪满州国傀儡皇帝时的宫殿。它占地面积13.7万平方米，作为日本帝国主义侵略我国东北和溥仪及其后妃“皇家悲剧”的历史见证保留下来。宫殿分内外两庭，还有御花园、书画库等附属建筑。伪满皇宫博物院建立在伪满皇宫旧址上，院藏文物近两万件，主要收藏对象是伪满时期的文物、文献、图片资料。它展示了日本侵占我国东北的历史、伪满洲国史、伪满宫廷史，是全国爱国主义教育基地、国家5A级旅游景区。

2. 净月潭风景名胜区

净月潭位于市区东南部，是我国最大的人工林场，人工林有8 000公顷，是国家级风景名胜区和国家级森林公园，4A级景区。景区面积达83平方公里以上，分为潭北山色、潭南林海、月潭水光和潭东村舍四个景区。这里山青水秀、林木繁茂，空气清新。密林中放养梅花鹿，饲养紫貂，种植人参，还建立了度假村和游乐园。位于森林公园西侧的滑雪场，雪道面积55 000平方米，可同时接待2 000人滑雪，是开展冰雪旅游的理想胜地之一。

3. 伊通火山群

伊通火山群位于伊通满族自治县境内，距长春65公里，是一个由16座火山连绵成带构成的火山群落，属国家级自然保护区。火山群由玄武岩柱构成，奇形怪状，雄伟壮观。每座火山锥由成千上万的石柱组成，形态各异，孤峰突兀，却不见火山弹、熔岩流等其他火山喷发物质，世界罕见，被国际地质学界命名为“伊通型火山”，具有旅游观光和科学考察价值。其中有7座火山排列成北斗七星状，构成了一幅奇特的自然景观，有“七星坠地”之说。

（二）吉林市

吉林市原名“吉林乌拉”，满语为沿江之意。吉林市濒临松花江，素有“北国江城”之称。夏季气候凉爽宜人，冬季树挂极富特色。每年1月吉林市举行雾凇冰雪节，是我国北方独具特色的旅游节庆活动。吉林市还是全国冬季体育运动中心。

1. 松花湖风景名胜区

松花湖风景名胜区为国家重点风景名胜区。风景区分为十个景区，面积约700平方公里。湖区内水面辽阔，植被繁茂，林相丰富，气候宜人。冬季沿江十里长堤上的冰雪树挂景观为国内罕见，是吉林市的一大特色旅游资源。这种冰雪树挂景观是由于湖口丰满水电站排出的水温度较高，水汽充足，群山环抱的地形又使水汽不易扩散，冬季多浓雾，由此而形成的晶状雾凇，具有较高的观赏价值。景区的茫茫林海栖息着约140种野生动物和160种野生经济植物，出产“东北三宝”。还有“西团山文化”、原始公社遗址等历史古迹。

2. 北大湖滑雪场

北大湖滑雪场位于永吉县境，地处长白山余脉，群山连绵，其中海拔1 200米以上的山峰有9座。山区雪情好，有效滑雪期可达140天。滑雪场占地17.5万平方米，有3条高山滑雪道，还有10公里越野跑道和不同高度的跳台以及6条世界先进的索道。这里已成功承办了多次全国冬运会的雪上项目及全国滑雪比赛，是我国重要的滑雪运动基地和滑雪旅游中心，其山区雾凇景观为吉林特色雾凇之一。

（三）长白山

长白山位于吉林省东南部，面积19.07万公顷，森林覆盖率87.7%，是我国重点自然保护区之一，也被联合国确定为自然生态环境重点保护区。作为游览区的长白山，是指位于吉林省中朝边界上的主峰白头山、天池一带，是著名的湖泊、瀑布、林海、温泉风景区，是国家5A级景区。山上森林茂密，多野生动植物，盛产“东北三宝”。这里还是满族的发祥地，是朝鲜人民心目中的圣山，民族风情别具一格。

长白山自然保护区位于安图、抚松、长白三县境内，环绕白头山天池东、西、北三面的中国境内长白山原始森林中心地区，素有“长白林海”之称，主要保护温带森林生态系统、自然历史遗迹和珍稀动植物。保护区内从低到高海拔相差1 900多米，分针阔叶混交林、针叶林、岳桦林、高山苔原4个垂直植物带。

长白山天池位于长白山主峰白头山山顶，是一火山口湖，池面海拔2 155米，湖周围环绕着16座山峰，都是海拔在2 500米以上的火山锥体。天池呈椭园形，南北长4.5公里，东西宽约3.5公里，平均水深201米，为我国最深的高山湖泊，也是松花江的源头。天池北侧有一缺口，两侧岸断壁立，谷中巨石兀立，天池水从缺口奔涌轰鸣下跌，形成落差68米的长白瀑布，状如白练悬天、势如银龙飞舞，十分壮观。瀑布附近有著名的长白温泉群，水温最高可达82℃，可治疗多种疾病。

（四）集安高句丽遗迹

高句丽遗迹位于集安市，是公元1～7世纪奴隶制国家高句丽王朝的遗迹。高句丽与中国历代王朝保持着隶属关系，是受中原王朝制约和管辖的地方政权。2004年，高句丽王城、王陵及贵族墓葬被正式列入《世界遗产名录》，共有42处文物景点，其中的24处于已正式向游人开放，重点景区是将军坟、好太王碑和丸都山城。

在集安市周围的平原上，分布了1万多座高句丽时代的古墓，这就是闻名海内外的“洞沟古墓群”。其中太王陵、将军坟和千秋墓等规模宏大。古墓群中许多墓室里至今仍完好地保存着色彩鲜艳、线条流畅、内容丰富及具有传奇神话色彩的墓室壁画。将军坟是高句丽遗址中保存较完整、规模较大的一处遗迹，外观非常宏大，建筑工艺独特，石造工艺精细考究，是高句丽时代石造建筑艺术的杰作。因造型颇似古埃及法老的陵墓，被人们誉为“东方的金字塔”。

好太王碑是高句丽第十九代王好太王的墓碑，誉为东方第一碑，是由一块方柱形巨石修琢而成，四面环刻文字共1 775个，碑文记述了好太王一生的功绩和有关高句丽起源及建立政权的传说，是高句丽保存至今最长的一篇珍贵文字资料。

丸都山城是一座军事守备城，凭借自然山势的走向构筑城垣，以周围的环山为屏障，山腹为驻地，山口为门，首创了与自然环境完美结合的“簸箕形”山城的建筑模式，周长为6 395米。其防御坚固，易守难攻。城内现存有瞭望台、墓葬、蓄水池、宫殿遗址等遗迹。

（五）延吉

延吉位于吉林省境东部，是延边朝鲜自治州首府，我国图们江国际经济协作开发区的中心城市之一。游延吉以体验朝鲜族民俗风情为主，朝鲜族人民能歌善舞，以“长鼓舞”、“扇子舞”、“顶水舞”最为著名；大众化体育运动摔跤、跳板和荡秋千独具风情。延吉四周有古东夏国都城城山子山城、古渤海国都城熬东城、渤海国前期王族墓地、六顶山渤海墓群等古迹。

（六）通榆向海草原湿地旅游区

通榆向海草原湿地旅游区位于科尔沁草原东部边陲的通榆县西部额穆泰河与露林河下游，总面积10.5万公顷，其中水面面积1.2万公顷，沼泽面积2.3万公顷，有各类珍禽253种，是中国面积最大、生物物种最丰富的湿地，被世界野生生物基金会评为具有国际意义的“A”级自然保护区。已被列为国家级森林和野生动物自然保护区。这是一个以观赏具有草原原始特色的水塘、沼泽、湖泊、鸟兽、黄榆、苇荡、浅滩、杏树林和捕鱼等自然景观为主的风景区。

三、旅游节庆活动与地方风味特产

（一）旅游节庆活动

1. 吉林雾凇冰雪节

吉林雾凇冰雪节每年1月在吉林市举行，是我国北方独具特色的旅游节庆活动。主要内容包括观赏雾凇奇观、观看“三灯一火”（冰灯、河灯、彩灯和焰火）、开展冰雪体育活动，极富娱乐性和刺激性。

2. 中国长春电影节

中国长春电影节每两年举行一次，主要活动内容有电影、文化艺术、经贸、科技、旅游等五类。长春电影制片厂建设的具有好莱坞风格、中西方文化紧密结合的集影视生产和旅游观光为一体的长影世纪城已对游人开放。

此外，吉林省还有长白山雪节、吉林市北山民俗庙会、延边朝鲜民俗节、延边老人节、长白山抚松人参节、通化葡萄酒人参节、朝鲜族民俗节、集安仿古旅游节、长春国际雕塑展等旅游节庆活动。

（二）土特名产及风味美食

1. 土特名产

吉林省森林面积广，盛产“关东三宝”人参、鹿茸、貂皮，还有蘑菇、木耳、山葡萄等，以及紫貂、梅花鹿、东北虎、熊等珍贵兽类和其他野生动物。

2. 风味美食

吉林的风味美食有长春的松花熊掌、兰花金猴、汽锅人参鸡、鹿茸羹、什锦蛤什蚂油汤，吉林的清炖鹿肉、茄汁鹿肉、清蒸白鱼、生拌鱼等。

第四节 辽宁省

一、概述

辽宁省位于东北地区的南部，简称辽。辽东半岛伸入渤海、黄海之间，辽宁省是东北三省中唯一的沿海省份，与京津唐经济区相邻，与山东半岛隔渤海海峡相望，东南隔鸭绿江与朝鲜为邻，隔黄海与韩国相望，离日本也不远，区位条件良好，对外联系方便。全省面积约 14.59 万平方公里，人口 4 271万。有汉、满、蒙古、朝鲜、锡伯等民族，省会沈阳。辽宁省战国时属燕国，秦属辽东、辽西等郡，汉属幽州，辽、金属东京等，元置辽阳行省，清初置盛京，清末改奉天省，1929 年改辽宁省。

辽宁省属温带暖温带大陆性季风气候，以温带暖温带落叶阔叶林、草原植被为主要的自然景观，非地带性分异明显，形成了各种旅游环境。辽宁是中国著名的重工业基地，矿产资源丰富，铁、金刚石、菱镁、硼、滑石、玉石矿储量均居全国首位。辽宁还是中国最大的柞蚕产区。本省有发达的城市群和海陆空立体交通网，为旅游业提供了良好的基础条件。

辽宁历史悠久，自然风光秀美，山海景观壮丽，文化古迹别具特色，旅游资源以海滨风光和前清史迹为主。主要名胜古迹有沈阳故宫、北陵和东陵。此外还有大连、旅顺海滨、鸭绿江及兴城、千山、凤凰山、本溪水洞等风景游览区。其中九门口长城、沈阳故宫、昭陵、福陵、永陵和五女山城等 6 处被联合国教科文组织确定为世界文化遗产。

二、主要旅游区点

辽宁省已基本形成了以大连、沈阳、丹东、锦州为中心的辽南、辽中、辽东、辽西四大旅游区域。

(一) 以大连为中心的辽南旅游区

辽南旅游区主要指大连市所辖地域，位于辽东半岛南，东临黄海，西濒渤海。海岸线绵长曲折，山、海、岛、礁、沙滩等海滨旅游资源丰富，有利于滨海旅游业的深度发展。

1. 大连市

大连市位于辽东半岛南端，东濒黄海，西临渤海，依山傍海，气候宜人，是全国著名的旅游避暑疗养胜地。大连还是我国14个沿海开放城市之一，是北方著名的港口、工业、贸易城市，素有“北方香港”的美誉。这里经济发达，文化品位高，依此形成了国际服装节、赏槐节、国际马拉松赛和出口商品交易会四大特种旅游专项产品。

2. 大连市区南部沿海海滨风景区

大连的丘陵地形和蜿蜒曲折的海岸线造就了美丽的滨海路，它像一条花边镶嵌在大连42公里长的海岸线上。滨海路分为西、中、东三段，是一条极佳的海滨游览路线。穿行于绿树碧海之间，岛屿、礁石婷立海面，气象万千，白云山庄莲花状地质构造地貌和由岩溶礁石构成的黑石礁，如同“海上石林”，为世界所罕见。这里有优良的海滨浴场和棒槌岛、星海公园、白云山公园、老虎滩、黑石礁等众多景点，其中老虎滩海洋公园和海洋极地馆为国家5A级景区。

3. 旅顺口区景区

旅顺口区属大连市辖区，地处辽东半岛最南端，三面环海，海岸线总长169公里，一面与大连市区相连，隔海与山东半岛相望。是国家级重点风景名胜区、国家级自然保护区、国家森林公园和历史文化名城。旅顺口群山环抱、地形雄险、风光清幽，气候宜人，三季花开，四季长青，是著名的花园城市。旅顺口历史悠久，有中日甲午战争和日俄战争留下的众多古迹。此外，还有旅顺军港风光、蛇岛、鸟岛、黄渤海分界线等著名景观。

蛇岛位于辽东半岛西侧的渤海之中，岛长约1 500米，宽约800米，总面积约1.2平方公里。岛上植被、昆虫繁多，是候鸟的停歇点。大量的候鸟为蝮蛇提供了美味食物，在林丛、石穴、山梁、阴谷等处，活动着1.3万条左右的蝮蛇，形成了一个毒蛇王国，已被列为国家重点自然保护区。

4. 金石滩

金石滩位于大连市金州区，距市中心50公里，由山、海滩、礁石组成。延绵30多公里的海岸线，有许多种奇特海蚀造型地貌，海蚀崖、溶沟、石牙、溶洞等形成了一个天然的海滨雕塑公园和天然地质博物馆。金石滩还有大型海水浴场、蜡像馆、赏石馆、毛泽东像章展览馆等。金石滩是国家级风景名胜区、国家级旅游度假区、国家4A级旅游景区、国家级地质公园。

（二）以沈阳为中心的辽中旅游区

本旅游区以沈阳为中心，包括沈阳、抚顺、本溪、鞍山、辽阳等辽宁中部地区。本区兼具山地、丘陵、平原，旅游资源以自然山水风光、历史名胜古迹和现代化城市风光为特色。

1. 沈阳市

沈阳市位于辽河平原中部，浑河北岸，因浑河原名沈河而得名沈阳。沈阳是东北的历史古城，是东北地区的政治、经济、文化中心，全国著名的综合性工业城市和交通枢纽。沈阳最重要的景点是故宫，为清太祖努尔哈赤和清太宗皇太极所营建，清入关后改称奉天行宫。沈阳故宫建筑规模宏大，富丽堂皇，且具满文化艺术风采，是我国仅次于北京故宫的第二大皇家宫殿。

盛京三陵是清入关前的三座帝王陵墓。除清皇族祖陵在新宾县永陵镇启运山外，另两座都在沈阳。昭陵位于城北，故又称北陵，为清皇太宗皇太极的陵墓，规模最大，现已辟为北陵公园。福陵位于城东，故称“东陵”，是清太祖努尔哈赤的陵墓。福陵前临浑河，后倚天柱山，大殿凌云，构成独具风格的帝王山陵。

2. 辽阳

辽阳位于辽东半岛城市群的中部，是一座有着2 400年悠久历史的古城，为历代王朝在东北地区的政治、经济、文化中心，是东北地区最早出现的都市。辽阳名胜古迹众多，有辽阳壁画墓群、白塔、东京城等风景名胜。

辽阳汉魏壁画墓群是国家重点文物，是东汉魏晋时期石室壁画墓群，比敦煌壁画还早300年。分布在辽阳市北郊太子河两岸的棒台子、北园、三道壕、小青堆子、东台子、南台子等处。这些墓原来都有高大的封土堆，墓室由淡青色石板构筑，各墓除有殉葬物外，墓室四壁还有彩色壁画。壁画直接绘在墓内石壁上，壁画内容丰富，色彩鲜艳，以表现墓主的经历和生活的题材为主，形象地反映了汉晋时代豪门大族的奢侈生活场景。

3. 本溪水洞风景名胜区

本区位于本溪市东郊，距市中心26公里。本溪水洞是数百万年前形成的大型充水溶洞，洞内分水、旱二洞。水洞全长5 800米，现已开发2 800米，面积3.6万平方米，空间40余万立方米，最开阔处高38米，宽70米，是目前发现的世界第一长的地下充水溶洞。旱洞长300米，洞穴高低错落，洞中有洞，曲折迷离，洞顶和岩壁钟乳石多沿裂隙成群发育，呈现各式物象，宛若龙宫仙境。景区以水洞为中心，包括温泉、庙后山、关门山、汤沟和铁刹山，为国家重点风景名胜区，4A级景区。

（三）以丹东为中心的辽东旅游区

本区指丹东市及其所辖地区，属长白山余脉及其支脉千山山地，与朝鲜以鸭绿江相隔，东部濒临黄海，拥有93公里海岸线，分布着丰富的海滨旅游资源和中日甲午海战战场遗迹。

1. 丹东市

丹东市位于鸭绿江口，为我国最大的边境城市，居民广植杜鹃花，故有“杜鹃花城”美称。鸭绿江畔的虎山为明代万里长城最东端起点，也是中国万里海疆的最北端起点。境内江、河、湖、海、山、泉、林、岛等自然景观齐全且各有特色。市区东北有九连城旧址；西北郊有五龙背温泉；还有江海分界碑、绥河尖古城遗址、抗美援朝纪念馆等名胜。

2. 鸭绿江风景名胜区

该区位于鸭绿江下游浑江口至江海分界处的东港之间。鸭绿江因为水的颜色犹如雄鸭脖颈的莹绿而得名，为中朝两国界河，全长795公里，景区段210公里，面积约400平方公里，包括水丰湖、太平湾、虎山、大桥、东港等5个景区。景区内自然风光秀丽，江水蜿蜒、翠岛棋布、群山叠翠，鹤鸟翱翔；人文景观也很丰富，有丹东人洞穴遗址、汉代西安平县遗址、万里长城遗址及鸭绿江大桥、水丰电站大坝等。为国家级风景名胜区。

（四）以锦州为中心的辽西旅游区

本区位于辽宁省的西南部，包括锦州、朝阳、阜新三市所辖地区。地形多为山地丘陵，丘陵东缘沿渤海海滨，为狭长平原，即沟通关内外的交通要道——辽西走廊。本区旅游资源以锦州、医巫闾山、兴城最集中，最有代表性。

锦州市位于辽西走廊小凌河北岸，是一座有着2 000多年历史的文化名城，是著名的军事交通重镇。锦州旅游资源丰富，名胜古迹众多。笔架山“天桥”潮涨隐、潮落现；城北有辽沈战役烈士陵园；城南有建于辽代的广济寺古塔，以此为中心，北有广济寺、昭中祠、天后宫，南有观音阁，形成一组紧凑的古建筑群；辽沈战役纪念馆是全国爱国主义教育基地。

三、旅游节庆活动与地方风味特产

（一）旅游节庆活动

1. 大连赏槐节

大连是一座被槐花簇拥的城市，素有“东方槐城”的美誉。现有刺槐林68 700亩，占树种面积的35%；在市区的300多条道路上栽植成行。每年5月下旬春夏之交，槐花盛开，苍翠片片，白花点点，香气四溢，整个大连如诗如画。大连赏槐节每年5月下旬举行，举办书法大赛、风筝表演、摄影大赛、旅游商品博览会、少儿陶艺制作大赛等多项活动，是一个集旅游、文化和体育于一体的盛大旅游节庆活动。

2. 大连国际服装节

大连国际服装节于每年9月举行，是一个集经贸、文化、旅游于一体的国际经济文化盛会。节日期间，举办大型广场艺术晚会、服装博览会、时装设计大赛、服装出口洽谈会、国际服装文化理论研讨会等活动项目，不仅弘扬了中国服装文化，也带动了大连旅游业经济的发展。

3. 沈阳清文化国际旅游节

沈阳作为清王朝的发祥地，有着得天独厚的清历史旅游资源和文化旅游资源：“一宫两陵”和清代一条街，吸引着中外游客。沈阳清文化国际旅游节是集经贸、旅游、文化和学术交流为一体的一个国际盛会。

此外，辽宁还有本溪枫叶节、丹东鸭绿江国际旅游节、营口望儿山母亲节、铁岭民间艺术节、沈阳冰雪旅游节、鞍山千山国际旅游节等旅游节庆活动。

（二）土特名产及风味美食

1. 土特名产

辽宁工农业发达，名特产品众多，温带水果也很著名。旅大是全国著名的渔业基地，盛产带鱼、青鱼、黄鱼、虾类和贝类等。著名的传统手工艺品有大连贝雕画、岫岩玉雕、锦州玛墙雕刻、抚顺煤精雕刻和摇拍工艺品等。

2. 风味美食

有沟帮子熏鸡、桓仁县细鳞鱼、锦州虾池小菜、大洼县文蛤、沈阳老边饺子等。

思考与练习

1. 本区地理环境特征为旅游业发展提供了哪些有利条件?

2. 本区在全国最突出的旅游资源有哪些?它们在本区的分布情况如何?

3. 试对比分析东北三省各自旅游资源的突出特色所在。

4. “火山地貌博物馆”、“地下森林”、“鹤乡”、“蛇岛”、“北极村”、“冰城”、“北国江城”、“杜鹃花城”各指什么地方?何以有这些称谓?

第五章

丝绸之路塞北风情旅游区

本区位于我国内陆西北部和北部边疆地区，包括甘肃省、新疆维吾尔自治区、内蒙古自治区和宁夏回族自治区，与蒙古国、俄罗斯和西亚、中亚及南亚数国有着近万公里长的边境线。本区历史上长期是中西方交往的通道，其中新疆、甘肃两省区是连接亚、欧、非大陆的著名“丝绸之路”所经重要地段。本区幅员辽阔，地广人稀，总面积达300多万平方公里，人口约7 657万，几十个民族聚居。大面积的荒漠戈壁与草原、雪峰与绿洲交相辉映，丝路古迹、民族风情与游牧文化充满传奇色彩，富有独特的魅力。

第一节 旅游地理环境特征

一、自然地理环境与自然旅游资源

（一）自然地理环境

1. “二级阶梯”上排列有序的地貌与自然地带结构

本区基本处于北部内陆的我国地势二级阶梯上，拥有多种地貌类型，以广阔坦荡的高原、巨大深陷的盆地和雄伟高峻的山地为主体，兼有平原和丘陵。本区的自然地带由东向西依次呈现出森林草原、草甸草原、干草原、荒漠化草原直至荒漠的景观。根据本区的自然地理特征，大致可分为东西两大地貌区域。

(1) 东部的内蒙古高原(含河套平原)。包括内蒙古大部和宁夏及甘肃东部，主要为地表起伏和缓的内蒙古高原。内蒙古高原海拔大多在1 000～1 300米，大体呈东北—西南向延伸3 000多公里，为我国第二大高原。整个高原面切割轻微，起伏不大，地势开阔、坦荡，很多地方是一望无际的原野，是我国保存最完整的典型高原地貌。

以阴山为界，以北的广大地区为狭义内蒙古高原，包括呼伦贝尔、锡林郭勒、乌兰察布尔三部分高原，以南则为鄂尔多斯高原和河套平原。阴山以北的内蒙古高原表现了典型的高原地貌特征，低缓的岗阜与宽浅的大盆地(当地称“塔拉”)交错展布。高原上宽浅的“塔拉”，为辽阔的大草原和牧区的形成提供了非常有利的条件。

在高原东、西部边缘地带分别有大兴安岭和阴山、贺兰山三组山系。东部边缘的大兴安岭从东北向西南绵延1 400余公里，是内蒙古高原范围最长的山脉。西部阴山山脉东西绵亘也达千余公里，是我国内、外流区域的重要分界线。贺兰山脉呈南北走向，最高峰海拔3 556米，是内蒙古高原的“屋脊”。这些山地多外陡内缓，林木葱郁，不乏优美的山地风景区。

在贺兰山、阴山与鄂尔多斯高原之间，是由黄河出青铜峡后冲积形成的河套平原。河套平原为一断陷地带，由于山脉的屏障作用，使得河套平原的气候及相应的自然与人文风光与高原上其他地区迥异。

高原东部白垩纪以来曾有大规模的岩浆与火山活动，从而使该地区成为我国熔岩与火山地貌分布较集中的地区；高原西部则有规模巨大的戈壁、沙漠分布。

在整个高原上的“塔拉”及风蚀洼地上，有数以千计的大小湖泊及河流。其中分布于东部地区的外流河主要有黄河、额尔古纳河等水系，中西部地区的内流河主要有额济纳河、艾不盖河、塔布河、巴音河、锡林郭勒河等。水面在100平方公里以上的湖泊主要有呼伦湖(即达赉湖)、贝尔湖(中蒙界湖)、达里湖(达里诺尔)、乌梁素海、岱海等。

(2) 西部的高山与盆地。本区西部包括新疆全境及内蒙古和甘肃西部，地貌特征主要表现为山地与盆地及谷地相间分布，并兼有高原及山前平原，尤以雄伟高大的山脉环抱巨大而深陷的内陆盆地为突出。这里既有世界第二高峰——乔戈里峰，也有我国最低的盆地——吐鲁番盆地。横亘于新疆中部的天山，南与昆仑山、阿尔金山及帕米尔高原环绕着塔里木盆地，北与阿尔泰山怀抱着准噶尔盆地；祁连山地与北山山地之间则夹着著名的河西走廊。

西部山地海拔一般都在4 000米以上，两大盆地周围的山地及祁连山都是世界著名的高大山系，有不少高峰海拔超过6 000米。这些高大的山体从上到下，大体上呈现出垂直自然地带结构：永久积雪带——高山草甸——亚高山灌丛草甸——山地森林——山地草原——山地荒漠，但南北坡相同自然地带的高度及具体构成有明显差异。其中天山、祁连山、阿尔金山等是典型的褶皱断块山，山地内部分布着一系列的断陷盆地与谷地。在一些山地的山前或顶部，还形成了一些美丽的湖泊，如著名的天山天池及天鹅湖、博斯腾湖、哈纳斯湖等。天山由北天山、中天山、南天山等平行山脉，以及其间的吐鲁番盆地、哈密盆地、焉耆盆地和伊犁谷地等众多断陷盆地与谷地组成，主峰托木尔峰海拔7 435米。高大的天山把新疆自然地分为南疆和北疆，天山南北在气候和自然景观上都有显著差异。

西部多盆地及谷地。其中塔里木盆地和准噶尔盆地都是巨大而内部相对坦荡的内陆干旱盆地，盆地内风沙地貌典型。盆地边缘分布着山前洪积——冲积平原，其中包括大面积的戈壁滩，盆地内部则为广阔的沙漠及盐沼。“塔里木”在维吾尔语中意为“田地”、“种田”，塔里木盆地面积约53万平方公里，是我国最大的盆地，也是世界上最大的闭塞盆地之一。准噶尔盆地地形不如塔里木盆地封闭，西北面有谷地、山口等构成的地形缺口，由此形成了我国唯一属北冰洋水系的外河流——额尔齐斯河，并有着奇异的“风城”地貌分布。

河西走廊又称甘肃走廊，主要由祁连山北麓的狭长山前洪积——冲积平原构成，全长1 200多公里，南北宽10公里至百余公里不等，堪称世界上最长的走廊式峡谷，为黄河以西通向西方的交通要道，历史上的兵家必争之地。

2. 以温带干旱、半干旱气候为主要背景的多种特色自然环境

由于本区绝大部分地区远离海洋，加上山地与高原的屏障作用，使本区主要属温带干旱、半干旱大陆性气候区。气候特征主要为：云雨少，晴天多，光照强而时间长，气温日变化、年变化大，易刮大风。在这样的气候条件下，使本区成为我国沙漠、戈壁、草原与内流区、无流区最主要的分布区域。同时由于本区东西跨度很大，地貌类型复杂多样，地势高差剧烈，形成了多种特色自然环境。

（1）冬雪夏凉，以温带草原为主的东部。内蒙古高原冬季紧邻寒潮源地，夏季东部、东南部地区能享受海洋湿润气流带来的降水恩惠，因而寒

暑、干湿的季节变化很明显，属典型的中温带大陆性半干旱季风气候区。高原上冬季寒冷而漫长，大部分地区冬季长达半年之久，以大兴安岭山地最为寒冷，一月份极端最低气温可达-50℃，并有较厚的积雪，适宜开展冰雪运动。春、秋季节短促而多风，多数地区仅有一至两个月，气温升降急剧。夏季短暂、温凉、湿润，最热月份平均气温仅在16~27℃之间，较同纬度地区显著偏低。夏季凉爽宜人，正值草原风光、森林景观最为秀美的季节，是高原上的旅游旺季。

由于内蒙古高原海拔较高，光照条件好，雨热同期，有效降水较多，适宜温带禾本科良种牧草和豆科植物生长，所以内蒙古高原成为我国温带草原最主要的分布区域，是欧亚大陆温带草原的重要组成部分。这里有森林草原、草甸草原、荒漠草原等多种草原类型，有近千种牧草。受降水量变化影响，由东向西，草原面貌依次疏矮，草质渐差。高原地区的森林则主要分布于大兴安岭，多为原始森林，在阴山、贺兰山还生长着大量天然次生林。

辽阔的草原、茂密的森林，以及各种河湖水面、沿岸草滩，为内蒙古高原的野生动植物生长和繁衍提供了有利条件。高原地区有兽类上百种，鸟类数百种；野生植物上千种，名贵中药材500多种。

（2）荒漠绿洲，自然环境奇特多样的西部。本区西部深居欧亚大陆腹地，处于高山环绕盆地的封闭地形中，由此形成了典型的温带大陆性干旱气候。这里终年干燥少雨，年降水仅几十毫米甚至几毫米；气温变化剧烈，冬季严寒夏季酷热，气温年较差达35℃以上，气温日较差则可达11~16℃，在沙漠地区更可高达30℃，因此有“早穿棉袄午穿纱，怀抱火炉吃西瓜”的奇妙情形。这里的风天持续时间长，尤其在春季常见飞沙走石，有“一年一场风，从春刮到冬”之说。山谷隘口由于“狭管效应”，风力可达12级以上。如阿拉山口、老风口、达阪城、七角井等地，都是著名的风口。

在严酷的干旱气候条件下，这里的广大地区被沙漠、戈壁及黄土所覆盖，呈现出单调、荒凉的大漠景观，也使我国成为世界上荒漠面积最大的国家之一。西北地区的植被覆盖率一般都低于20%；在戈壁、沙漠，甚至不到1%。但即使在极端荒芜的沙漠上，也还顽强地点缀着罗布麻（泽漆）、梭梭等沙生耐旱植物。在河流沿岸，还生长着一种高度可达10~30米的胡杨树，主要分布于塔里木河沿岸，总面积达几十万公顷，成为塔克拉玛干沙漠地区的“天然绿色走廊”。

由于这里云量特别稀少，光热资源丰富，气温昼夜变化大，有利于瓜果糖分的积累，因而所产的瓜果特别香甜可口，如新疆的吐鲁番葡萄、哈密瓜和甘肃的白兰瓜等都闻名全国。新疆所产的喜光照优质棉花——长绒棉也非常著名。

本区的南北气候有显著差异。天山以北基本上属中温带，天山以南则基本上属暖温带。南疆的吐鲁番盆地是我国夏季最炎热的地方，极端最高气温曾测得49.6℃（1975年），被称为我国的“热极”。北疆的阿尔泰山地则是我国冬季最寒冷的地区之一，在富蕴曾测得－51.5℃（1960年）的极端最低气温，与我国“寒极”漠河所测极端最低气温相差不到1℃。由于准噶尔盆地西北面的地形缺口为北冰洋水汽进入提供了通道，故北疆又相对比南疆湿润。

西部地区耸入云天的高大山脉、山峰，可以更多地拦截空中的水汽成云致雨、降雪，形成了荒漠世界中宝贵的白色“固体水库”和“湿岛”、“绿岛”。在降水相对较多的山地迎风坡上，形成了由带状针叶林构成的特色森林景观；在森林带上下形成的大面积山地草场，是我国发展畜牧业的主要天然牧场之一。

高山上的冰雪融水成为西北地区河流的主要补给源。河流在山区水量较大，出山口后河床很快干涸，形成断头河、季节河。我国最大、世界第二大内流河塔里木河因此被称为“脱缰影子”；伊犁河则是我国水量最大的内流河。本地区的湖泊大部分属咸水湖和盐湖。其中神秘的罗布泊已经干涸为范围广阔的盐壳。

正是由高山冰雪融水所形成的山麓地下水和低地河流，浇灌了荒漠中的大小绿洲，给沙化的土地带来了生机。绿洲通常分布于荒漠地区的山麓地带，以及河流两岸和汇水谷地。西北地区的绿洲主要分布于新疆两大盆地的周缘和山脉内部的盆地与谷地，以及河西走廊。山麓地带的绿洲主要局限于戈壁与沙漠之间的冲积扇中部地下水溢出地带，因而绿洲沿天山南北山麓和河西走廊呈不连续的“串珠状”带状分布，仅天山南北山麓就有大小绿洲100多个。如乌鲁木齐、吐鲁番、喀什、和田、武威、张掖、酒泉、敦煌等，都是西北地区著名的绿洲。

我国最热、最旱和风力最大的地方都在西北地区；同时这里又呈现出冰峰与火洲共存，沙漠与绿洲为邻的奇观。本地区的气候及自然环境不仅造就了特殊的自然旅游资源，而且对人文旅游资源的产生与保存具有重要意义。如著名的古代水利工程坎儿井，历经数千年而不腐的古代人类干尸，经受千年考验保存下来的板筑古长城与土筑古城垣等，均与这里的特殊气候条件与自然环境有关。同时，这里的风沙又吞噬了许多历史上曾经相当繁荣的城镇，还威胁着一些现存的文物古迹。

（二）自然旅游资源

在本区极其特殊的自然地理条件下，形成了以沙漠、草原、雪峰为主体，兼有山林、河湖、田园及火山、温泉等景观类型，奇特神秘、丰富多样、规模巨大的自然旅游资源组合结构。

1. 沙漠戈壁及风成地貌景观

本区沙漠、戈壁广布，其中南疆的塔克拉玛干沙漠面积达32万平方公里，是我国最大的流动沙漠，是世界第二大沙漠，仅次于北非撒哈拉沙漠。“塔克拉玛干”在维吾尔语中即意为“进去了出不来”。而就在2001年1月1日世纪之交，上海车手王龙祥驾驶隆鑫摩托车，成功穿越了号称“死亡之海”的塔克拉玛干沙漠，成为驾驶摩托车穿越该沙漠的第一人。北疆的古尔班通古特沙漠是我国最大的固定半固定沙漠。

在沙漠戈壁地区，风力作用此形成的风积地貌和风蚀地貌，是荒漠中旷异神奇的景观。风积地貌主要是指沙漠中独特而形态各异的沙丘景观，如新月形沙丘、金字塔沙丘、穹状沙丘、蜂窝状沙丘、纵向沙垄、树枝状沙垄和复合型沙丘链等。在塔克拉玛干沙漠和巴丹吉林沙漠中，月牙弧形的新月形流动沙丘广泛分布。复合新月形沙丘最高可达200～500米，沙丘链最长可达30公里，蔚为壮观。高大的沙山，绵延不绝的沙垄，构成了波涛起伏、浩瀚无垠的茫茫沙海；而大风起处，天地咆哮，昏沙笼罩，风后的大沙丘蓦然易地。风蚀地貌是指荒漠地区狂暴的风沙对地表物质的吹蚀、磨蚀等风蚀作用，使原有地形易遭受严重破坏而形成的地貌类型。其中风蚀城堡（即“风城”）最为典型。“风城”是指硬度不同的水平岩层经风蚀和暂时性流水冲蚀后形成的断垣残壁状城堡式山丘，有的似城墙、古堡、街巷，有的似石亭、石塔，有的形成千奇百怪的蜂窝石、蘑菇石、风动石等，观赏价值很高。这种“风城”地貌在西北荒漠地区，尤其是在准噶尔盆地西部风口地带多有分布，其中乌尔禾及将军戈壁滩最为典型、普遍。乌尔禾“风城”怪影幢幢，有的景观还酷似人形和鸟兽，往往经历一阵天昏地暗、怪声嘶啸的狂暴风沙之后，这些景观又似变换了模样，因此，“风城”又被称为“魔鬼城”。在风沙狂暴的古湖盆地和湖积平原地区，还发育了一种由大规模风蚀土墩和风蚀凹地相间平行排列而成的风蚀地貌，以罗布泊洼地的雅丹地区较为典型，被称为“雅丹地形”，也具有旷异神奇的景观价值。

西北沙漠地区中的鸣沙现象世界闻名。一些沙丘，每当风吹流沙或游人沿沙坡下滑时，会发出如飞机掠顶的轰鸣声，称为鸣沙或称响沙。鸣沙是沙漠地区一种有趣的自然现象，也是一种奇特的旅游资源。西北地区除原已发现的甘肃敦煌的鸣沙山、宁夏中卫的沙坡头、内蒙古银肯的响沙湾以及新疆伊吾鸣沙外，近年在古尔班通古特新沙漠又发现多处鸣沙。

西北地区的沙漠奇观、蜃楼幻影、人迹罕至的旷异风貌充满了神秘色彩，无论是对普通旅游者还是科考探险者都有着特殊的吸引力，也为游人们开展沙疗、沙浴和滑沙等活动提供了理想场所。宁夏中卫沙坡头沙漠公园就是我国成功开发沙漠旅游资源的范例。

2. 典型的温带草原景观

内蒙古大草原属典型的温带草原。东部的草甸草原主要分布在呼伦贝尔、锡林郭勒东北部等地，是内蒙古最肥美的大草原。这里河湖分布较广，牧草生长繁茂，草高40～50厘米，甚至可达1米，非常适合养牛。中部的干草原东起锡林郭勒南部，西至鄂尔多斯高原东部，分布区域辽阔，是内蒙古大草原的主要部分，也是良好的天然牧场。西部的荒漠化草原主要分布在鄂尔多斯高原西北部和阴山、狼山北麓以北的地区，适宜放牧羊和骆驼。

坦荡的内蒙古高原天高地阔，碧空如洗。蓝天白云之下，一望无际的大草原绿草如茵，牛羊如絮，空气清新，令人心旷神怡。内蒙古大草原是典型的温带草原，季相变化显著，干湿季荣枯变化较大。春夏之际，是草原最美好的季节，尤其6月，草原上百花盛开，呈现出一派五彩缤纷的花海景象。草原上众多河流如蜿蜒铺展的条条银链，大小湖泊更是星罗棋布。湖光水色与草原风光融为一体，使内蒙古大草原成为观赏价值很高的旅游胜地。内蒙古境内现有呼伦贝尔、锡林郭勒、科尔沁、乌兰察布、鄂尔多斯和乌拉特等6个著名天然草原。目前已开放的草原旅游区有：呼伦贝尔森林草原和草甸草原旅游区、锡林浩特为中心的典型草原风貌旅游区、呼和浩特附近的希拉穆仁旅游点、葛根塔拉旅游点等。

3. 冰川雪峰与山地景观

本区拥有昆仑山、祁连山等多条世界著名高大山系，海拔超过7 000米的山峰就有16座。因此，本区多巍峨险峻、气势磅礴的雪峰，并在内陆盆地周围的高大山岭上发育了成千上万条现代冰川。雪峰、冰川、高山平湖、雪岭云杉、原始森林、山地草场，为西北荒漠大地增添了更为神奇的色彩，对登山探险、科学考察、猎奇观光的旅游者具有多方面的吸引力。

我国是世界上山岳冰川面积最大的国度，本区是我国山岳冰川的主要分布地区之一。这里有全国最大的冰川——乔戈里峰北坡的音苏盖提冰川。而甘肃西部祁连山的“七一”冰川是我国开辟为探险旅游点的第一个冰川，也是亚洲距城市最近的可游览冰川。新疆阿尔泰山的哈纳斯冰川湖、天山的扎木尔峰等也被开发作为以冰川为重要吸引物的旅游区。1980 年以来我国先后开放了 10 多座极高山供国内外客人登山、探险、考察的专门场所，以新疆数量最多，其中包括昆仑山脉的乔戈里峰（海拔 8 611 米）、慕士塔格山（海拔7 546米）、公格尔山（海拔 7 719 米）、公格尔九别峰（海拔 7 595 米）和天山山脉的博格达峰（海拔 5 445 米）。

本区以大兴安岭、天山等为代表的山地都是夏季理想的观光与避暑旅游胜地。东部的山地林木葱郁，以大兴安岭原始森林尤为富有魅力。西部天山、阿尔泰山等高山上的针叶林带、雪岭云杉林带则格外俊秀。尤其是新疆北部山地葱郁的森林、如茵的草场、明媚的湖光山色、众多的自然保护区，充分展现了我国干旱区特有的荒漠“湿岛”、“绿岛”的壮丽景色。全国最大的内陆淡水湖——博斯腾湖与全国著名的高山湖泊——博格达天池等淡水湖，是风光异常明媚的山地风景湖泊。

4. “塞上江南”与绿洲田园风光

西北内陆干旱地区水源相对充足的绿洲、灌溉农业区，也是经过历代开发，由自然与人为因素共同作用形成的一种观赏性较强的特色生态环境。这里田畴成方，河渠纵横，绿树成荫，瓜果累累，与周边荒漠环境形成鲜明对照，与周围的山地和雪峰交相辉映，也是一种具有较高审美价值的旅游资源。

西北地区最著名的灌溉农业区当首推有“塞外江南”之誉的河套平原。夹持于阴山与鄂尔多斯高原之间的河套平原，尤其是银川平原（即西套平原，又称宁夏平原），借北面大青山和西面贺兰山的屏障作用，扼制了北方寒冷气流的南侵与腾格里沙漠的东移，冬季较暖，无霜期较长，风沙侵袭也不严重，同时又独得黄河呈弓形贯穿整个平原地区之利。早在 2 000 多年前的秦汉以来，这里的人们便开沟挖渠，引黄河之水发展灌溉农业，至今仍保留了一些古代的灌溉系统，河套平原由此呈现出一派河渠如织、阡陌纵横、稻麦飘香、油菜花黄的江南水乡景象。河套平原中的前套平原（即土默川平原）和后套平原（即狭义的河套平原），虽然是近二三百年才发展起来的灌溉农业区，也已成为内蒙古的粮食生产基地，素有“塞外米粮川”之称，并盛产中外闻名、色黄味甜的“河套金瓜”（又称蒙古密瓜）。

此外，新疆吐鲁番、哈密等绿洲“瓜果之乡”，具有西域风情的成片葡萄园和果林风光吸引着众多旅游者，也成为一种特殊的旅游资源。

二、人文地理环境与人文旅游资源

（一）人文地理环境

1. 具有北部风格与西域特色的少数民族聚居区

有史以来，本区就是我国北方少数民族生息繁衍的摇篮和最主要的活动舞台，以游牧民族为主。古代匈奴、鲜卑、突厥、乌桓、契丹、女真等游牧民族都曾建立政权于大漠南北，与中原王朝展开激烈的争夺。其中契丹族曾在此建立过与大宋王朝分庭抗礼的辽王朝。成吉思汗及其子孙建立的蒙古帝国与大元王朝，则实现了中国历史上空前的统一局面，写下了威振欧亚大陆的历史篇章。以银川平原为中心，还产生过雄据西北与宋、辽、金鼎立189年的西夏王朝。

如今本区有近50个少数民族居住。人口在百万以上的有维吾尔族、蒙古族、回族和哈萨克族，此外还有藏、柯尔克孜、锡伯、塔吉克、裕固、塔塔尔、俄罗斯、乌孜别克、东乡、土、撒拉、保安、达斡尔等民族。这些少数民族基本上呈“大分散、小集中”的分布特点。

本区不少民族曾长期在草原上过着逐水草而居的游牧生活。他们体魄强壮彪悍，性格热情奔放，精骑善射，能歌善舞。他们的风俗习惯、音乐舞蹈、民间体育活动无不体现着浓郁的游牧文化特色。本区少数民族特别热情好客，也是游牧文化的表现之一。蒙古族以“浅茶满酒”、哈达、歌舞盛情迎接远方来客，烤全羊是宴客的最高礼遇；牧民的传统居所蒙古包、哈萨包等帐包，具有便于搭拆、耐御风寒的特点，蒙古包广泛流行于内蒙古、青海、甘肃、新疆的牧区；哈萨包则流行于新疆、青海、甘肃等哈萨克族牧区。

本区少数民族大多信奉宗教，藏族、蒙古族、土族、裕固族普遍信仰喇嘛教（藏传佛教），锡伯族、柯尔克孜族、达斡尔族也都有部分人信仰此教；回、维吾尔、哈萨克、柯尔克孜、塔吉克、乌孜别克、塔塔尔、东乡、撒拉、保安等10个民族均信仰伊斯兰教，信仰者自称穆斯林。甘肃、宁夏、新疆及青海等西北省区是我国穆斯林最主要的分布区域。伊斯兰民族地区每年有三大宗教节庆：开斋节在新疆地区又称肉孜节，为斋戒月结束后的庆祝活动日；宰牲节又称古尔邦节，是我国伊斯兰民族的最大节日；圣纪节在新疆地区称牟噜德节，为穆罕默德诞生和逝世纪念日。浓厚的宗教文化氛围给本区的旅游增添了神秘色彩。

2. 以“丝绸之路”著称的东西方历史文化交流通道

从秦代开始，我国丝织品即已远销域外，尤其西汉张骞两次出使西域后，我国的丝织品沿着张骞开辟的道路源源不断运往中亚、西亚及欧洲，由此也正式形成了我国与西方各国的陆路交通通道。从西汉始，历经东汉、魏晋南北朝，持续到隋唐的千余年间，在这条被中外史学家称作“丝绸之路”的古代历史通道上，中西方的官吏使臣、商贾贩客往来络绎不绝。直到唐宋以后，随着我国政治和经济中心南移，以及造船和航海事业的发展，这条通路才逐渐衰落。

传统的丝绸之路大体上东起长安（今西安），经渭河流域，穿过河西走廊和塔里木盆地，跨越葱岭（今帕米尔），经中亚和阿富汗、伊朗、伊拉克、叙利亚而达地中海沿岸，全长7 000公里并可延伸至上万公里。具体又可由敦煌及楼兰古城向西分为南、北两道，分别沿昆仑山北麓和天山南麓西行。到了唐代，东西方交往格外兴盛，在天山以北又开辟了一条新路，主要沿天山北麓及伊犁河谷向西，再经波斯、大食、君士坦丁堡到罗马、威尼斯等地。

丝绸之路穿过欧亚大陆的腹地，通过浩瀚无垠的沙漠、戈壁，跨越雪峰连绵的丛山峻岭，渡过不少湍急的江河，形成了一条古代沿线各国进行友好联系和政治、经济与文化交流的纽带。正是通过这条道路，我国的丝绸、陶瓷、漆器等物产与技术传到了沿线各国；而西方的棉花、葡萄、良种马等物产与技术，以及宗教、艺术等传到了我国，促进了东西方在建筑、雕塑、绘画、音乐及医学、数学、天文学等领域的文化交流。印度的佛教通过丝绸之路传入我国各地，对中国文化产生了深远的影响。主要通过此道由西亚传入的伊斯兰教及流入的阿拉伯移民，也对本区乃至我国的民族风貌产生了深刻的影响。

我国境内的丝绸之路主要通过陕西、甘肃和新疆，大部分地段处于本区。历史上丝绸之路在本区主要沿绿洲地带开拓和发展，随之而在沿线形成了较大的城镇和居民点，修建了众多的寺庙、石窟、古道、烽燧，也留下了丰富多彩的人文旅游资源。同时，古丝绸之路上秦代以前就形成的36个城池小国，由于自然条件的变化、交通路线的改变，以及疾病、战争等等原因，其城廓变为废墟，甚至消失于荒漠；一度繁盛的古丝路南道也湮没于流沙之中，由此留下了大漠中许多可供后人发掘、研究、凭吊的神秘古遗址。

3. 以绿洲经济及畜牧业为主要支撑的传统地域经济

辽阔的内蒙古温带草原和以天山南北为主的西北内陆山地草场，是本区发展畜牧业的天然场所；而西北内陆干旱地区荒漠中的绿洲则是各族人民生活栖息的主要场所和生产活动的主要基地。

4 000多年前，本区已有氏族部落在天然绿洲中放牧。到秦汉之前，有些绿洲已形成农业带，在一个个绿洲上形成了许多城池小国。西汉王朝逐出匈奴受领西北以后，实行了移民戍边、进行屯垦的政策，加速了绿洲地区的社会经济发展。如今本区的种植业主要集中于南北疆与河西走廊的绿洲，以及“塞上江南”河套平原上。

绿洲是古代丝绸之路的桥梁和现代西北主要交通线的必经之地，现代西北地区的重要城市也多分布在山前绿洲带。绿洲带也是西北内陆旅游资源（尤其是人文旅游资源）分布最为集中的地域，有利于西北内陆旅游资源的线状开发，也为旅游区的建设提供了相对良好的基础条件。

本区是我国最重要的牧区。内蒙古高原盛产三河牛、三河马、蒙古马、细毛羊和肥羔，以及宁夏滩羊、沙毛山羊等著名牲畜；高原西部产著名的阿拉善骆驼；天山地区的伊犁马、细毛羊及库车羔皮羊，阿尔泰的大尾羊，甘肃的门源马、河曲马等优良畜种也名扬中外。目前，本区畜牧业发展逐渐由传统的游牧方式转为定期放牧，机械化的牧群管理及剪羊毛、挤牛奶等现代生产手段也得到迅速发展。传统与现代化并存的牧区生产活动、丰富多彩的畜产品和加工产品，也构成了本区的特色旅游资源。

4. 开发中的内陆边疆新兴经济与亟待发展的交通运输条件

本区处于地广人稀、自然资源丰富的内陆边疆地区，现代工业的基础薄弱，但经济开发的前景广阔，战略意义重要，在能源工业、重化工业、畜产品加工工业、旅游业与边贸经济等方面有较大的发展潜力。

本区石油、煤炭、水力、铁矿以及铜、镍等有色金属资源均在全国占重要地位。尤其是石油、煤炭等能源蕴藏极为丰富，为我国的能源后备基地。丰富的能源与矿产资源为本区发展重化工业提供了基础，由此形成了一些新兴的重工业城市。同时本区的地域与天气特征，又为航天基地的建设提供了有利条件，如甘肃酒泉已成为我国重要的卫星发射中心。大型工业与城市建设的发展不仅可促进周围地区的旅游开发建设，而且本身即可构成具有一定吸引力的现代人文旅游资源。

本区还具有发展边境贸易与边境旅游得天独厚的条件。本区的内蒙古与新疆位于我国的北部和西北部边陲，与俄罗斯、蒙古、哈萨克斯坦、吉尔吉斯斯坦、塔吉克斯坦、阿富汗、巴基斯坦等多国为邻，国境线占我国陆地边界总长度的近1/2。近年来，本区边境贸易与入境旅游逐渐繁荣，有国际铁路交通之便的满洲里、二连浩特、阿拉山口也随之发展为边贸重镇。新欧亚大陆桥的建立更进一步提高了本区在世界经济地理格局中的地位，已有更多国际旅游者经由本区入境。

就总体格局而言，由于本区深居亚欧大陆内部，远离祖国东部经济发达、人口稠密的地带和主要旅游客源地，加之区内地域辽阔，沙漠、戈壁及山地广布，交通多有不便，在一定程度上对客源有限制作用。虽然建国后本区交通运输面貌改善很大，但现有交通运输系统仍远远不能适应包括旅游业在内的各行业发展的需要，主体交通网络和设施亟待进一步完善，高速交通、沙漠交通和草原交通等亟待进一步发展。

铁路是本区交通运输网的骨干。本区铁路运输以兰州为最主要的枢纽。目前兰新线与陇海线，包兰线与京包线构成了我国北部两条向西合一的东西交通大动脉，是欧亚大陆桥的重要组成部分。本区还有新建的著名南疆铁路，以及连接区外的宝成线、兰青线和由包头经通辽到东北的铁路。由于铁路密度小，公路运输在本区内部联系中更占有突出的地位，现已初步形成较完整的公路运输网。本区的地理特征还使航空运输成为区内交通运输网和对外联系中不可缺少的重要环节，尤其对于新疆和内蒙古，情况更是如此。本区航空运输以兰州、乌鲁木齐、呼和浩特为主要中心。目前沙漠地区还以骆驼为重要交通工具；内蒙古的胶轮大车也还是一支重要的运输力量。

（二）主要人文旅游资源

1. 民族风情

本区各少数民族，热情、勇敢、欢乐、奔放的民族性格，绚丽多彩的民俗风情，是本区最基本的人文旅游资源与旅游环境。旅游者在吃、住、行、游、购、娱各方面，都能深切地感受到本区强烈的地域特色与浓郁的民族风情。

各民族欢乐奔放、丰富多彩的传统文体与节庆活动，是本区民族风情的重要体现。刁羊是中国西北部牧区哈萨克、柯尔克孜、塔吉克、锡伯等少数民族特有的一种传统体育活动，多在节日和喜庆的日子举行。刁羊活动对抗性强，争夺激烈，是一种集勇猛、顽强和机智于一体的马背体育比赛。参加者需有强健的体魄、勇敢的精神和娴熟的马术。“姑娘追”则是哈萨克族和柯尔克孜族青年最喜爱的一种马上体育娱乐活动，多在婚礼、节日等喜庆之时举行。游戏开始时，青年男女成双成对骑马漫步，途中小伙子可以向喜爱的姑娘调情、逗趣，女方不可生气，回返时，则由姑娘策马急追男方，追上可随意鞭打，男方不得抗拒。这种戏谑性的追逐，往往会促成双方的爱情。而今它已成为一项饶有风趣的群众性体育活动了，不少已婚的成年男女也喜欢参加。甘肃、宁夏一带，还广为流传着一种被称为“花儿”的问答式民间口头文学形式，每年还举办对歌赛词、热闹非凡的“花儿会”。蒙古族一年一度的那达慕大会则是内容丰富多彩而规模盛大的传统文体节庆活动。

本区的民族歌舞与音乐中外闻名，享誉世界艺坛。蒙古族舞蹈刚劲雄健、豪放酣畅，民歌曲调高昂而又悠扬，感情非常真挚朴实；维吾尔族的赛乃姆（歌舞）、手鼓舞（鼓舞）也极具特色，维吾尔族无论男女老少，都能随优美的乐曲和清脆的手鼓节奏翩翩起舞，其歌舞内容诙谐乐观，舞姿矫健轻巧、优美自由，极富感染力。蒙古族的马头琴、维吾尔族的冬不拉等，则是优美动听而富有民族特色的乐器。

本区人民的饮食文化极富特色。牛肉、羊肉和奶茶是本区少数民族的传统食品，主要从事畜牧业生产的蒙古、藏、哈萨克、柯尔克孜、塔吉克、裕固等民族，更以肉类和奶制品为主食。信奉伊斯兰教的各民族，特别是新疆、宁夏等地，保留了较多的阿拉伯人饮食特征，肉类原料以牛、羊、鸡、鸭等为主，禁食猪肉、自死物、血液、酒，以及驴、骡、狗和一切凶猛禽兽的肉，还有外形丑恶和不洁之物。他们善于烹饪各种美味的清真大菜，“全羊席”是著名代表。

富有民族特色的民居与建筑更是本区重要的人文景观资源。如维族民居多设有装饰华丽的庭院，室内喜用壁毯、地毯、门帘、窗帘等织物作装饰。各民族的工艺品也富有独特的魅力。

本区许多旅游项目富有参与性，旅游者可以骑马、骑骆驼或乘“勒勒车”漫游于草原，欣赏草原日出和夜景，住草原牧民的蒙古包，感受蒙古族人民的传统礼遇，品尝奶茶、米酒、手抓肉，参加那达慕大会，观赏赛马、马术、射箭、摔跤以及民族歌舞等，尽情地体验丰富多彩的牧区生活，感受具有传奇魅力的游牧文化。

2. 历史古迹

沟通亚、欧、非三大洲的古代丝绸之路，以及我国古代西北少数民族在此写下的历史篇章，形成了本区价值独特、引人入胜的历史文化古迹旅游资源。历史悠久的丝绸之路，恰似一条展示中西交流与我国西域开发历史的灿烂文化长廊。曾经跋涉在这条古道上的张骞、班超、李广、高适、岑参、法显、玄奘、林则徐、左宗棠以及意大利的马可·波罗等中外历史名人，更丰富了这条古道的历史文化内涵，增添了它神奇豪壮的色彩。而我国西北少数民族在这片土地上长期生存繁衍、厮杀征战，曾经建立了不少神秘国度与显赫王朝，留下了大量历史文物古迹。它们的历史可以上溯至新旧石器时代。发祥于此的辽王朝遗迹众多，以辽王朝开国皇都辽上京遗址最为著名。元代留下来的著名古迹主要有前期都城——元上都遗址等。明清时代的喇嘛教召庙是内蒙古保存最完整、数量最多的名胜古迹。还有不少西夏王朝的历史文化的古迹，最有代表性的是银川西夏王陵和武威重修护国寺感应塔碑。

从总体上看，本区的名胜古迹以古遗址、古陵墓、古寺庙、古石窟、古代工程为主要特色，并形成了丝路古城敦煌、张掖、武威、喀什，西夏都城银川，草原古城呼和浩特等6座全国历史文化名城。

历经千年沧桑的古丝路沿线地区，留下了众多以古城镇、古城关为主的古遗址，还有部分尚存的古代军事工程。如甘肃河西走廊的汉代阳关、玉门关、居延塞防遗址，号称天下雄关的明代嘉峪关等；新疆的交河古城遗址、高昌古城遗址、楼兰古城遗址、尼雅遗址、哈密巴里坤烽燧等。丝路沿途还遍布古墓，几乎每年都有惊人的珍贵文物出土。如新疆的阿斯塔那古墓群、哈密王墓、五堡古墓群、楼兰墓葬、乌拉斯泰石人墓等，甘肃的武威雷台汉墓、魏晋壁画墓、李广墓、黑水国汉墓群等。其中雷台东汉墓出土的珍贵文物马超龙雀铜奔马，已成为中国旅游的形象标志。这些古迹中那些曾经悄然消失的西域城池王国遗址，还有那些文物价值极高的古陵墓的发掘，吸引着众多国内外探险家、旅游家、猎奇者和考古学者前往。其中楼兰古城及楼兰王国遗址的发掘，尤其具有特殊的意义和魅力。

楼兰古城作为历史上楼兰王国国都，是最早开通的丝绸之路要冲，曾被称为“塞外水乡”，是古代西域政治、经济、文化中心。楼兰古城在悄然消失了1 600多年之后，其废墟于1900年被瑞典地理学家、探险家斯文·赫定在罗布荒原中发现，这一发现“给中亚的考古史投下意想不到的光辉”，此后在废墟中发掘出的不少珍贵文物震惊了世界。其中在楼兰墓葬群中发掘出一具距今已有3 000年的女性干尸，衣饰完整，面目清秀，被定名为“楼兰美女”。2001年1月，我国科学考察队在罗布泊地区找到了瑞典考古学家贝格曼曾于1934年夏天发现，后又失踪了66年的“有一千口棺材”的古墓葬（即小河遗址5号墓地）。该墓地沙包上密集地直立着如同死胡杨般的木杆，这是世界上唯一至今未能被解释的墓葬形式。该墓地也被世界考古学界认为是楼兰探险史、西域探险史上最神秘难解的古迹。由于楼兰、尼雅（多数专家认为是精绝国故址）等地是还未开放的国家重要文物遗址，未经国家允许禁止到这类地区探险旅游。

在丝绸之路沿线，佛教古石窟寺与伊斯兰教古清真寺等宗教历史文化旅游资源也非常丰富。如，以敦煌莫高窟为突出代表的众多古石窟寺、喀什的艾提尕清真寺、哈密的哈密王墓等。

在内蒙古高原地区，也存有不少古城遗址、古塔及古陵墓。其中最为著名的是矗立于鄂尔多斯高原上的一代天骄成吉思汗的大型纪念性陵园。呼和浩特的昭君墓也是著名的纪念性陵园。

以阴山为代表，在本区多处分布着古代岩画群，是我国古代北方游牧民族在悬崖峭壁、沟壑岩石、山巅巨岩上用铜、铁工具敲凿或磨刻而成，为后人保留了古代游牧民族的社会生活场景。

古长城遗迹几乎贯穿于本区各个省区，宁夏境内更拥有历代长城的遗迹，因而素有“长城博物馆”之称。新疆古代水利工程坎儿井极具地方特色，总长达3 000多公里，有“地下大运河”之誉。

3. 宗教艺术

由于佛教经丝绸之路传入我国，本区各少数民族普遍信仰伊斯兰教和喇嘛教，所以本区有着众多古石窟、古佛塔、清真寺和庙宇等宗教建筑，它们是绚丽多彩、特色突出的宗教艺术旅游资源。风格各异的宗教建筑造型及其雕刻、雕塑、壁画、彩绘等各种装饰艺术，与久远的历史和宗教文化内涵相结合，充满神秘的宗教气息，给人们带来独特的审美体验。

本区是我国石窟艺术最为集中的地区，主要分布于甘肃和新疆。甘肃敦煌石窟、麦积山石窟、炳灵寺石窟，新疆的克孜尔千佛洞，宁夏的须弥山石窟等，都是本区石窟艺术的重要代表。其中属全国重点文物保护单位的石窟更有10处之多。莫高窟是我国规模最大、文化艺术价值最高，在世界上享有盛誉的一处石窟艺术宝库。创建于公元3世纪的克孜尔千佛洞则是新疆洞窟最多、壁画保存最完整的一处千佛洞，也是我国最早的大型千佛洞。这些石窟都有极高的艺术观赏价值和历史文化价值，是西北人文景观资源中最富有吸引力的国之瑰宝。

本区拥有众多的藏传佛教寺庙，主要为明、清时代遗存。内蒙古地区的喇嘛教召庙数量众多，大多建筑雄伟，雕梁画栋，金碧辉煌，多精美的佛教故事壁画，并具汉藏结合的建筑风格。其中最著名的有包头的五当召、美岱召等。呼和浩特市的旧城，历史上召庙密集，素有“召城”之称。甘肃的拉卜楞寺是我国占地面积最大的寺庙，其建筑风格不仅反映了喇嘛教的特色，也是我国藏族传统建筑艺术的结晶。张掖大佛寺则以拥有全国最大的室内卧佛而闻名。

本区还有一些著名的佛塔，如宁夏的海宝塔、呼和浩特的“万部华严经塔”和辽中京城遗址的大明塔等，均为我国著名古塔。宁夏青铜峡108塔则是我国形制独特的大型古塔群。呼和浩特的五塔寺古塔为目前仅存有蒙古文标注的石刻天文图的古塔。

清真寺是伊斯兰民族地区最显著的标志。本区清真寺以新疆维吾尔族地区最为密集和最富有特色，其门楼高大华丽，大门周围或用油彩写满阿拉伯经文，或用砖砌成尖拱壁龛状图案，两侧各建一座往往高达五六层的圆形尖塔（邦克楼），顶尖为一弯新月，阿拉伯风味极浓。寺内建筑物则多采用木雕、砖花、石膏浮雕、彩绘等极富维族特色的装饰艺术。新疆喀什艾提尕清真寺、宁夏同心清真大寺，还有新疆吐鲁番的苏公塔都是杰出的伊斯兰教建筑。

第二节
新疆维吾尔自治区

一、概述

新疆维吾尔自治区，简称新，位于中国西北边疆，全区面积166万平方公里，是中国面积最大的省区；人口2 050万，维吾尔族占一半，其余为汉、哈萨克、回、柯尔克孜、蒙古、俄罗斯、锡伯、塔吉克、乌孜别克、塔塔尔、达斡尔、满等13个民族，首府乌鲁木齐。新疆古称西域，汉属西域都护府，唐属北庭和安西都护府，宋为辽西地，清光绪十年（1884年）时建新疆省。1955年10月1日成立新疆维吾尔自治区，首府乌鲁木齐市。

新疆深居亚洲内陆亚欧大陆的地理中心，远离海洋，四周高山环抱，境内冰峰耸立，沙漠浩瀚，草原辽阔，绿洲点布，地形地貌可以概括为“三山夹两盆”：北面是阿尔泰山，南面是昆仑山，天山横亘中部，把新疆分为南北两部分，习惯上称天山以南为南疆，天山以北为北疆，哈密、吐鲁番一带称东疆。新疆的高山、盆地在极端干旱的大陆性气候影响下形成了独特的地理景观。

新疆的水土光热资源丰富，矿产种类全、储量大。棉花、石油、旅游是新疆的三大经济支柱。

新疆自然景观神奇独特，冰峰与火洲相望，沙漠与绿洲为邻。著名的自然风景有天池、喀纳斯湖、那拉提草原、博斯腾湖、赛里木湖、巴音布鲁克草原等。新疆人文旅游资源丰富，文化积淀厚重，民族风情浓郁，名胜古迹众多。在5 000多公里古丝绸之路的南、北、中三条干线上有着数以百计的古城池、古墓葬、千佛洞、古屯田遗址等人文景观，交河故城、高昌故城、楼兰遗址、克孜尔千佛洞、香妃墓等蜚声中外，吸引着越来越多的中外游客。新疆的主要旅游城市有乌鲁木齐、吐鲁番、哈密、库尔勒、阿克苏、喀什、和田、伊宁、阿勒泰等。

二、主要旅游区点

（一）乌鲁木齐与天山北疆旅游区

本区位于新疆腹地，主要包括乌鲁木齐市、天山天池、博格达峰、南山牧场、喀纳斯湖、博斯腾湖等旅游区点，兼有雪山、绿洲、湖泊与民族风情，是新疆旅游业发展的龙头区域。

1. 乌鲁木齐市

位于天山北麓，准噶尔盆地南端，海拔600～900米，可东望博格达雪峰。乌鲁木齐是世界上离海洋最远的内陆大城市，这里环山带水，沃野广袤，“乌鲁木齐”在蒙古语中意为“优美的牧场”。这里是新疆维吾尔族自治区的首府，政治、经济、文化的中心和交通枢纽，多民族的聚居地。乌鲁木齐历史悠久，是举世闻名的古丝绸之路新北道的必经之路，古迹众多。雄居市区内的红山是本市的标志，山巅有一座清代所建九级宝塔，称“镇龙塔”，登顶远眺，市区全景一览无余。著名游览点还有鉴湖（人民公园）、燕尔窝（俗称“乌拉泊”）、磨坊沟温泉、八路军办事处等。

2. 天山天池

天山天池位于博格达峰西北坡海拔1 980米的山腰处，距乌鲁木齐市约100公里左右。天池是由古冰川泥石流堵塞河道所形成的高山堰塞湖，湖面大体呈半月形，长约3 500米，最宽处约1 500米，水深约百余米。从进山开始，天池自然风景区大体分4个自然景观带：低山带、山地针叶林带、高山亚高山带、冰川积雪带。在山棱分明的广阔湖岸上，有大片绿茵如织的草地，浓郁苍翠的塔松林。清澈碧蓝的高山平湖与白雪皑皑的博格达峰交相辉映，景色迷人。大天池下还有一直径约二三十米的“小天池”，池水碧绿清冽明净，从悬崖峭壁间泄出，成为落差近百米的飞瀑流泉。

夏季的天池风光旖旎，湖水清凉，气候宜人，是避暑胜地；冬季的天池山野银装素裹，湖面结厚冰，形成天然高山滑冰场。还有雪莲、野蔷薇、松蘑、雪鸡、大角绵羊、天山羚羊、天山狍子、马鹿、棕熊、冷水性无鳞鱼等特色动植物景观。为国家级重点风景名胜区。

3. 博斯腾湖

位于巴音郭楞蒙古自治州博湖县境内，距博湖县城14公里，古称“西海”，是我国最大的内陆淡水湖，博斯腾淖尔，蒙古语意为“站立”，因三道湖心山屹立于湖中而得名。总面积约1 228平方公里，湖水最深处17米，上连开都河，下连孔雀河，分大小湖区。大湖区水域辽阔，烟波浩渺，遥望对岸，水天一色，风起波浪滔滔，宛如苍海；小湖区，苇翠荷香，曲径邃深。博斯腾湖与雪山、湖光、绿洲、沙漠、奇禽、异兽同生共荣，互相映衬，组成绚丽多姿的风景画卷。博湖是我国四大芦苇产地之一，苇林总面积60万亩；又是新疆的渔业基地之一，盛产鲫、鲤、青、草、鲢等24种鱼类。

4. 喀纳斯景区

喀纳斯景区位于新疆北部的阿尔泰山中段，地处中国与哈萨克斯坦、俄罗斯、蒙古国接壤的黄金地带，包括喀纳斯国家级自然保护区、喀纳斯国家地质公园、白哈巴国家森林公园、贾登峪国家森林公园、布尔津河谷、禾木河谷、禾木草原及禾木村、白哈巴村、喀纳斯村三个原始图瓦村落等国内外享有胜名的七大自然景观区和三大人文景观区。

喀纳斯湖被誉为“世界上最美丽的湖泊”。湖面海拔1 375米，湖形如弯月，面积6.9万亩，平均水深90米，最深处188.4米。湖周是苍翠的针阔混交林，与辽阔的山间草原连成一片。春天草原上繁花盛开，芳草萋萋。近处云雾似洁白的飘带，缠绕山间。远处皑皑冰峰，层林苍苍，沟壑滴翠。夏日湖面宛如硕大的调色盘，湖水颜色变幻万千，美不胜收。传说湖中有神秘的“湖怪”出没。喀纳斯湖保护区内有植物798种，其中珍稀植物30种，动物39种，鸟类117种，鱼类7种，其中国家一级保护动物5种。湖区的图瓦村和白哈巴图瓦人村落居住着图瓦人，他们保存着自己独特的生活习惯和语言，构成喀纳斯湖旅游区独具魅力的民族风情。

（二）以吐鲁番为重点的古文化遗址旅游区

吐鲁番地区位于天山东部山间盆地，西距乌鲁木齐约180公里，是古丝绸之路北道上的重镇。这里是我国最低、最热、最旱的“火洲”及“风库”，也是我国著名的“瓜果之乡”，盛产葡萄及长绒棉等，同时还是西域的“天然博物馆”，古城遗址、古墓干尸、千佛洞与壁画、民族特色建筑与水利工程等珍奇人文古迹遍布。本旅游区是新疆最主要的旅游热点地区。

1. 火焰山与艾丁湖

火焰山位于吐鲁番盆地的中北部。由吐鲁番向东去鄯善的路段中，有100多公里蜿蜒起伏的红色山峰。呈东西走向，南北宽约10公里，海拔在500米左右。山体主要由红色砂岩构成，山上寸草不生。夏季气候干热，在强烈的阳光照射下，热气流不断上升，红色砂岩熠熠发光，宛如熊熊烈焰，故名火焰山。这里是我国最炎热的区域，夏季气温高达47℃，据说山顶气温可达80℃。

艾丁湖位于盆地南部，湖面海拔－154米，是我国最低点，也是仅次于约旦死海（－392米）的世界第二低地。艾丁湖面积约100多平方公里，现仅西部有很小的积水面积。

2. 葡萄沟与坎儿井

葡萄沟位于吐鲁番县城东北15公里，火焰山西侧的一个峡谷中。葡萄沟南北长约8公里，东西宽约500米。峡谷两岸绿树葱葱，桑、杏、桃、梨、杨、柳、榆、槐错落有致；两岸无数清泉汇集成纵横交错的水区，浇灌着谷中210多公倾葡萄园。葡萄沟现主要种植著名的无核白葡萄、马奶子、黑葡萄、紫葡萄等数十个葡萄品种。一串串各色各形的葡萄挂满枝头棚架，尤如琳琅满目、五光十色的珍珠、玛瑙与翡翠世界。

坎儿井是古代新疆地区为适应干旱地区的自然环境而开挖的一种地下水利工程。新疆坎儿井主要分部在哈密、木垒和吐鲁番等地，尤以吐番盆地最多，达1 100多条，总长约5 000多公里。“坎儿井”是“井穴”的意思，由竖井、地下渠道、地上渠道和涝坝四部分组成。在高山雪水潜流处寻其水源，在一定间隔打深浅不等的竖井，然后再依地势高下在井底修通暗渠，沟通各井，引水下流。地下渠道的出水口与地面渠道相连结，把地下水引至地面灌溉桑田。

3. 交河古城、高昌故城与阿斯塔娜古墓

交河古城位于吐鲁番城西约10公里处的亚尔乡，是世界现存唯一一座生土层挖掘建筑，也是我国保存最完整的古城遗址。古城呈长约1 650米的条带状，崖体高达30多米，四周有深壕水沟，全城像一个层层设防的大堡垒，人行墙外，像处在深沟之中，而在墙内，则可居高临下，控制内外动向，城中布防也极为严密。西汉时，这里曾是西域“车师前国”的都城；唐代西域最高军政机构“安西都护府”曾设在这里；公元14世纪前半叶该城毁于战火，城内的官署、民舍、陶窑、寺院、街道等的基本面貌保存至今。

高昌古城位于吐鲁番县东南40公里的火焰山下，是汉唐以来东西交通的要冲，古代丝绸之路上的重要门户。故城分外城、内城和宫城三部分，城垣保存较完整，呈不规则的正方形，周长约5公里，占地面积200万平方米。城墙为夯筑，墙基厚约12米，高11.5米。高昌古城最早为汉代高昌壁，到公元13世纪下半叶明初毁于战火。现城垣大部分残存，城内建筑遗址遍布，当年街道、市井、寺庙、神龛等的遗址历历在目。这里是全国重点文物保护单位。

阿斯塔娜古墓葬群为西晋至唐朝时期高昌城居民的公共墓地，藏有大量千年古尸和珍贵文物。出土文物内容涉及政治、经济、军事、思想文化等各方面，被称为“地下博物馆”、“历史档案馆”，在国际上引起极大反响，并因此而形成吐鲁番学。

4. 柏孜克里克千佛洞与苏公塔

柏孜克里克千佛洞位于吐鲁番城东北约50公里木头沟的断崖上，现存洞窟83个。其中的回鹘高昌早期壁画，构图严谨，线条遒劲，色彩富丽堂皇，人物造型丰满，是莫高窟唐代画风的延续。这里是回鹘佛教艺术中最为重要、保存最好、最有代表性的艺术宝库。

苏公塔又名额敏塔，正好坐落在吐鲁番市东南2公里处的葡萄乡木纳格村的台地上。它是清朝名将吐鲁番郡王额敏和卓的次子苏曼为纪念其父的功绩而建造成的，建成于公元1778年。塔高44米，是新疆境内现存最大的古塔，塔身外部几何形图案有10多种，是具伊斯兰建筑风格的艺术珍品。

（三）以喀什为重点的民俗风情旅游区

喀什位于新疆西南帕米尔高原东麓，喀什噶尔绿洲的中心，海拔约1 300米左右，是我国最西部一座古老的维吾尔族聚居的城市，是新疆南部第一大城市与经济、文化、交通中心。喀什处于我国古丝绸之路西段要冲，西汉初为西域疏勒国都城，古称疏勒。

喀什地区属暖温带大陆性干旱气候，夏长冬短，气候温和，土地肥沃，物产丰富，山川瑰丽，风情独特，古迹众多。喀什是一座极其典型的维吾尔族城市，城区维族居民占总人口的90%以上。市区内大街小巷中伊斯兰风格的建筑与古老的清真寺鳞次栉比，维族人民的装束与音乐舞蹈，土特产品与手工艺术，还有万头攒动、热闹非凡的传统集市——巴扎，无不洋溢着浓郁的民族氛围与南疆风情。

喀什主要游览点包括：艾提尕尔清真寺、阿巴克和加墓、麻赫穆德·喀什噶里墓、三仙洞、塔合曼温泉、卡拉库力湖等。喀什还是登山活动的集散地与供应地，附近有公格尔山、慕士塔格山等著名登山胜地。

喀什现有清真寺6 000余座，艾提尕清真寺是其中最为雄伟富丽的一座，它以悠久的历史、宏大的规模、精美的设计与鲜明独特的伊斯兰建筑风格名扬中外。该寺位于市中心广场，占地16 800平方米，礼拜堂可容纳六七千穆斯林做礼拜，是全国最大的伊斯兰古寺，新疆伊斯兰教活动中心。该寺是一个结构严谨、布局特殊的建筑群，由门楼、讲经堂、礼拜堂、水池及附属建筑物组成。该寺由喀什噶尔统治者始建于公元15世纪上半叶，后来又经过历代多次扩建和修缮，成为现在的形式和规模。艾提尕清真寺已成为喀什的形象标志。

香妃墓位于喀什市东北约5公里处的浩罕村。这是一座伊斯兰教圣裔的陵墓，始建于公元1640年前后，据说墓内葬有同一家族的五代共72人，其中的阿巴克霍加是伊斯兰教白山派著名的首领，所以后来这座陵墓称为"阿巴霍加墓"。传说清乾隆的香妃死后葬于此墓，因而这座陵墓又俗称"香妃墓"。整个陵园是一组十分精美宏伟的古建筑群，其中包括墓室、讲经堂、礼拜寺等。

本游览区还可延伸至古于阗国所在的和田市，这里是西域最早的佛教中心。

三、旅游节庆活动与地方风味特产

(一) 旅游节庆活动

新疆的主要节日是伊斯兰教的肉孜节和古尔邦节。丝绸之路冰雪风情节和新疆风情万里行旅游节是新疆主打的两大旅游节庆品牌。此外还有南疆国际旅游节、那达慕草原艺术节、吐鲁番葡萄节等节庆活动。

(二) 土特名产及风味美食

1. 土特名产

新疆名特产品首推瓜果，名产有吐鲁番、鄯善的无核葡萄和哈密瓜，库尔勒香梨，叶城大籽石榴，阿克苏薄皮核桃，阿图什无花果，库车白杏等都闻名于全国。此外新疆还盛产马鹿茸、甘草、贝母、党参、红花、雪莲等多种药材。

著名的传统民族工艺品有维吾尔族铜器、铜雕，伊宁皮革，喀什小花帽和民族乐器，和田地毯和玉雕等。

2. 风味美食

烤全羊是维吾尔族招待贵宾的名菜。手抓饭是维族节庆或待客时的甜米饭，用羊油、羊肉、葱头、胡萝卜、葡萄干等做成。清真风味小吃也是名目繁多，最著名的是油香和馓子，还有手抓肉、烤羊肉串、薄皮大包子、烤包子、马奶酒、凉皮等。

第三节
内蒙古自治区

一、概述

内蒙古自治区地处中国北部边疆，简称内蒙古，首府呼和浩特市。全区面积118.3万平方公里，人口2 397万，有蒙古、汉、回、达斡尔、鄂温克、鄂伦春等10多个民族。战国时属赵、燕等国及中国少数民族匈奴、鲜卑之地。秦汉以后设若干郡州府及盟旗，民国分置热河、察哈尔、绥远等省。1947年建立中国最早的民族自治区——内蒙古自治区。全国蒙古族人口70%以上聚居在本区。

内蒙古草场占自治区总土地面积的2/3，是全国最大的草场，超过全国总草场面积的1/5。全区养牛数和畜产品绵羊毛、山羊绒和驼毛产量均居全国第一。全区人均林地居全国第一位；稀土、铌、铍、硫铁矿、冰洲石、硅石、玛瑙等7种矿产储量均居全国第一，其中稀土占全国储量的90%以上；煤藏量仅次于山西，居全国第二位。

内蒙古是个绚丽多姿、极富传奇色彩的地方，草原、古迹、沙漠、湖泊、森林、民俗“六大奇观”构成了独特的旅游胜景，别具北国风采，塞外情韵。主要旅游资源有：呼和浩特的五塔寺、大召、昭君墓、白塔；包头市的五当召、美岱召；伊金霍洛旗的成吉思汗陵；赤峰市的辽上京、辽中京、大明塔；鄂伦春的嘎仙洞，阿尔山温泉、维纳河矿泉，大兴安岭的莽林风光等等。骑马、骑骆驼逛草原，住蒙古包、吃手抓羊肉等都是内蒙古独具特色的旅游项目。

二、主要旅游区点

（一）呼和浩特—包头旅游区

本游览区处于内蒙古的腹地和交通枢纽位置，是内蒙古政治、经济、文化的核心地区，也是自治区旅游业发展的龙头区域。本区旅游资源的集中性、综合性与开发利用程度在全自治区均首屈一指。本区的旅游资源包括：两大塞外古今名城，成吉思汗陵与昭君墓，众多的喇嘛召庙，阴山岩画，“风吹草地见牛羊”的“阴山下，敕勒川”，“塞北江南”河套平原，蛮汗山与岱海自然风景区，响沙湾等。本区是蒙汉古今交往、交流的主要地带，是塞北风情的集中体现区域。

1. 呼和浩特市

呼和浩特市是内蒙古自治区首府，全自治区政治、文化和交通的中心。它北枕大青山，南临大黑河（黄河支流），坐落于土默川平原上。呼市是一座历史悠久的塞外名城，战国时赵武灵王在阴山下筑长城，曾在此设“云中郡”；16世纪达延汗在此建宫殿，以青砖筑城，呼市由此被称为“呼和浩特”，即蒙古语“青色城市”之意。全市有新旧两城，旧城由土默特蒙古部族首领阿拉坦汗与其妻三娘子于1581年所建，新城建于清雍正十三年（1735年）。主要景点有：昭君墓、万部华严经塔、大召等。

2. 包头市

“包头”蒙古语意为“有鹿的地方”，古代这里水草丰美，鹿群出没，是北方少数民族游牧之地。包头于清嘉庆年间建镇，历史上就是塞外重要的“水旱码头”，如今是我国著名的“草原钢城”，是内蒙古最大的工业中心与重要的交通枢纽，有“西北通衢”的美称。

包头市旅游资源丰富，著名的有：五当召、美岱召、转龙藏、昆都仑召、包头召、阴山岩画、赵长城、响沙湾、乌梁素海等。

(1) 五当召。位于包头市东北50多公里的五当沟内，是内蒙古地区现存最宏大、最完整的喇嘛寺庙。五当召始建于清康熙年间，藏名叫巴达嘎尔庙，意为“白莲花”，清乾隆赐汉名为广觉寺。周围三面环山，陡崖峭壁，山上松柏苍翠。召庙依山势布局，坐北朝南，分层建筑，僧舍在山谷中绵延1.5公里，占地20万平方米，共有殿堂僧房2 538间。所有建筑均采用藏式结构：平顶、直墙、小窗、白色。主要建筑由六座大殿、三座活佛府和一座陵堂组成，最主要的殿宇叫苏木沁独宫，为三层楼的大建筑物，殿中的释迦牟尼铜像高达10米。

(2) 美岱召。位于包头市土默特右旗美岱召乡。建于明万历三年(1575年)。据传美岱召系在古丰州滩上创建过巨大功业的阿拉坦汗与夫人三娘子所建。这是一座城池和寺庙相结合的喇嘛庙，庙周围有长达681米的围墙。美岱召既是王公的住宅，又是供奉佛像的庙宇，还是一座典型的封建城垒。美岱召对于研究蒙古族风俗习尚，明代蒙古史和建筑史，都有着重要价值。

3. 成吉思汗陵

成吉思汗陵位于鄂尔多斯高原中部的伊金霍洛旗，是一座具有蒙古族传统建筑风格的大型纪念性陵园，清顺治年间由“八白室”（最初的8座纪念性白色毡帐）扩建而来。该陵规模宏大，占地面积5.5万多平方米，建筑面积1 500多平方米。主体由一座仿元代城楼式的门庭和三个相互连通的蒙古包式的宫殿建筑构成，正殿高26米。蒙古包式的穹庐殿顶，以蓝黄相间的琉璃瓦砌成卷云纹图案，金碧辉煌。陵宫正厅有成吉思汗塑像，两壁上的大型壁画描述了成吉思汗一生经历的重大事件及其孙子忽必烈统一中国的过程。陵宫中还安放了成吉思汗三个夫人、两个胞弟和第四子拖雷及其夫人的灵柩以及各种相关纪念性物品。陵宫外的园地上摆放着两个巨大的木制车轮，相传几百年前运载成吉思汗灵柩时用过。

每年蒙族人民都要在这里举行春祭、夏祭、秋祭、冬祭四次盛大的公祭活动，其中春祭最为隆重，吸引了国内外大批游客、拜谒者前来观瞻祭奠。

近年来还专门建设了规模浩大的“元代村”以接待游客。

4. 希拉穆仁等草原旅游点

大青山北部的乌兰察布大草原，是内蒙古传统的牧区。如今这里形成了一些著名的草原旅游点，如达尔罕茂明安联合旗境内的希拉穆仁，四子王旗的葛根塔拉，察右中旗南部的辉腾锡勒等，这三处草原旅游点距呼和浩特基本上在150公里之内。其中四子王旗就是南北朝《敕勒歌》中所赞颂的草原。希拉穆仁草原方圆1 000平方公里，牧区特色浓郁，是内蒙古最大的草原旅游点，每年接待数以万计的国内外游客。

（二）通辽—锡林郭勒旅游区

本区大体位于内蒙古东南部地区，是蒙古族主要聚居地之一，人口众多，历史文化遗址丰富。这里也是辽王朝的发祥地，元朝开国首都元上都所在，至今保留着众多辽、元、明、清各代的文化古迹。这里有举世闻名的锡林郭勒大草原。在广阔的大草原上，蒙古族人民保持着传统的生产、生活习俗，以畜牧业为主，是内蒙古草原风情最典型的区域。本地区的火山与温泉富有特色，山地与森林景观充满野趣，湖泊与河流广布，野生动植物资源丰富，自然风景类型多样，气候温和湿润，夏季风光最美，是避暑、观光的理想之地。

1. 以辽为主的名胜古迹

（1）辽上京城遗址。辽上京城遗址位于赤峰市巴林左旗林东镇南，是契丹族建国初期建立的都城，为辽代五京之首。上京城是我国古代北方游牧民族在草原上修建的第一座京城，出土文物众多，具有较高的史学价值。上京城周长13.5公里，城墙高10米，分南北两城，气势雄伟，建筑具有汉式和契丹风格相结合的特点。上京城废于元代，今仅存城廓遗址。在城附近有“南塔”和“北塔”两座古砖塔。

（2）红山。“红山”蒙古语叫“乌兰哈达”，坐落在赤峰市东北郊3公里的英金河畔，海拔665米，方圆667公顷，全部由红色花岗岩组成，赤峰也因此而得名。红山上有洞穴、匾额，还有春秋战国时期的燕长城遗址。在红山南麓和后坡，就是著名的新石器时代遗址——“红山文化”的最早发现地，被列入我国古代北方草原文化发展序列之首。

此外，辽中京城遗址及大明塔、元上都遗址、辽祖州城遗址和太祖陵、辽庆州城遗址和庆陵、后召庙石窟寺等，也是本区的著名古迹。

2. 草原风情与火山景观旅游区

本区河湖展布、水草丰美、牛羊成群，是蒙古族风情浓郁的草原旅游区。如锡林郭勒大草原的达布希勒特草原、贡格尔草原和白音希勒牧场、科尔沁大草原、巴胡塔草原、西乌珠穆沁草原等。

（1）达里诺尔风景区。是一个以湖泊为中心，集湖景、草原、火山于一体的自然风景区。“达里诺尔”蒙古语意为“像大海一样的湖泊”。该湖位于大兴安岭南端，面积213平方公里。它镶嵌于辽阔的贡格尔草原之上，在草原、山势衬托下显得格外秀丽，素有“草原西湖”之美誉。湖区的贡格尔草原水草丰美，草原风情浓郁。在湖的西侧是著名的达里火山群，火山熔岩面积达2 000多平方米，有56座保存完好的火山口，屹立于广阔的草原上，景色十分壮观。

（2）大青沟国家级自然保护区。本区位于内蒙古科尔沁草原西部。大青沟宽200多米，深50多米，全长约24公里，宛如天外飞来的绿色巨龙，潜入科尔沁浩瀚沙海里。沟外是连绵百里的半固定和流动的沙丘，植被稀少；沟里却古木参天，植被繁茂。沟外夏季干热少雨，风沙滚滚，沟内却泉水淙淙，溪流潺潺，薄雾缭绕，凉爽宜人。目前已开发的旅游景区有原始森林景区、三岔口漂流探险景区、小青湖水上乐园景区等三大景区20多个景点。已开发的旅游项目有飘流探险、大沙漠漫游探奇和草原赛马、狩猎、蒙古族民俗风情度假村等。大青沟奇特的地貌、茂密的原始森林、清澈的溪流、湖泊和周边地区广袤的沙漠，以及当地蒙古族独特的接待礼仪和饮食习惯，吸引着越来越多的旅游者。

此外，本区还有以保护天然红皮云杉原始森林为主的白音敖包自然保护区，被誉为“塞上黄山”的马鞍山，赤峰三大温泉、响水玉瀑等风景名胜区。

（三）呼伦贝尔旅游区

本区位于内蒙古东北部，是一片原始气息浓厚、自然风光美丽的旅游区。以大兴安岭和呼伦贝尔草原为背景，形成了本区以林海和草原风光为主的自然旅游资源。大兴安岭林区是我国面积最大的原始森林，呼伦贝尔大草原是我国最肥美的草原，呼伦湖（达赉湖）是像“大海一样的湖泊”，位于大兴安岭南部雅鲁河畔的扎兰屯，素有“内蒙古小杭州”之称。此外，本区还有较集中的矿泉和火山遗迹。本区空气清新，夏季日照长而凉爽宜人，很适于观光避暑；冬季冰天雪地，是滑雪、滑冰、狩猎的理想场所。本地区也是蒙古族、达斡尔族、鄂温克族、鄂伦春族等多种少数民族的聚居区，各民族古老而多彩的民俗风情，也构成了本区重要的旅游资源。这里还曾是古代鲜卑族文化发源之地，著名的嘎仙洞即是鲜卑祖先居住的“旧墟石室”，现今已开发为重要的文化旅游点。

1. 呼和诺尔草原

呼和诺尔草原旅游点位于呼伦贝尔盟陈巴尔虎旗境内，距海拉尔市61公里。呼和诺尔草原是呼伦贝尔大草原秀丽风光的缩影。坦荡无垠的草原环抱着波光潋滟的呼和诺尔湖。夏秋季节，绿茵如毯，鲜花烂漫，蒙古包点点，犹如绿海中的白帆，撒满草地的牛、羊、马群为草原增添了生机。在这里，旅游者可以穿着民族服装，乘骑骏马和双峰驼，或坐在原始的勒勒车上领略草原风情，还可以参加蒙古式摔跤，划着小船在湖中垂钓，或背着猎枪到附近的林中草地狩猎等。呼和诺尔草原旅游度假开发区是内蒙古最具草原特色的生态旅游开发区，也是目前我国少有的未受污染的天然草牧场。

2. 阿尔山矿泉风景区

阿尔山矿泉风景区位于兴安盟大兴安岭西南段的崇山峻岭中，矿泉带分布于边陲小镇阿尔山镇附近。“阿尔山”蒙古语为“圣水”之意。在南北仅长500米的地段上，分布着南北两群48个泉眼。南部矿群多为地表潜水形成的冷矿泉，水温最低仅1.5℃。北部矿泉群多为地下深层循环水，属热矿泉，水温高达48.5℃。泉水中富含30多种对人体有益的矿物质和化学元素，对多种疾病有良好疗效。以阿尔山矿泉为中心的地区层峦叠翠，山泉四溢，空气清新，风光秀丽。

三、旅游节庆活动与地方风味特产

（一）旅游节庆活动

内蒙古旅游节庆活动特色明显、参与性强，内容丰富多彩。如：那达慕草原旅游节、中国蒙古族服装服饰艺术节、昭君文化节、成吉思汗旅游文化周、赤峰市国际红山文化节、呼伦贝尔中国开雪节、鄂伦春篝火节、满洲里中俄蒙国际旅游节、大青沟民俗文化旅游节等。而最富于民族地方特色的民俗节庆活动是那达慕大会。

那达慕大会是蒙古族古老的传统娱乐活动，一般在每年夏秋季节七八月间举行，大小规模不等。“那达慕”，蒙古语为“娱乐”或“游戏”之意，是蒙古族传统的群众性集会。那达慕开始以单纯的歌舞娱乐形式为主，后来增添了摔跤、射箭、赛马等比赛项目，如今还包括拔河、歌舞、贸易、表彰英雄模范人物、民族服饰表演、鄂尔多斯婚礼等内容，集中展示蒙古民族歌舞、体育、竞技、服饰、饮食各方面的灿烂文化。大会一般持续数日，场面隆重，气氛热烈。旅游节期间，游人可住在蒙古包品尝奶茶、还可以参与到骑射歌舞等节目中，充分体验草原民族的豪放自然的民族风情。

那达慕大会起源于古代的祭敖包，传说始于汉代。王昭君出塞时，草原人民即以这种盛大的活动迎接过她。“敖包”，蒙古语意为“堆子”，是用石头垒成的一座圆锥体的台子，上面竖着悬挂有经幡的旗杆和树枝。在祭典结束后，还将举行传统的赛马、摔跤等活动。

（二）土特名产及风味美食

1. 土特名产

皮毛产品是本区的特产，如驼毛、山羊绒、羊羔皮以及具有传统特色的仿古地毯等。内蒙古盛产的梁外发菜、口蘑、猴头以及名贵中药材党参、黄芪、麻黄、肉苁蓉、梁外甘草等也很著名。

2. 风味美食

有烤全羊、手抓肉、烤羊腿、铛爆羊肉、盐水牛肉、扒驼峰、汆羊汤等，风味小吃有奶皮子、奶豆腐、奶酪、奶果子等。

第四节
甘　肃　省

一、概述

甘肃省简称甘或陇，位于黄河中上游，省会兰州市。全省面积45.5万多平方公里，人口2 606万，有汉、回、藏、东乡、裕固、保安、蒙古、哈萨克、土、撒拉、满等民族。旧以甘州（今张掖）、肃州（今酒泉）两地首字得甘肃省名。甘肃省春秋时属秦和西戎，秦置陇西郡，元设甘肃行中书省，始有现名，清始设甘肃省。

甘肃省海拔平均在1 000米以上，轮廓狭长，呈西北—东南向的哑铃状。兰州以西的乌鞘岭的东南为黄土高原的一部分，乌鞘岭西北为河西走廊地带，为内陆干旱区，戈壁沙漠中有点点绿洲。河西走廊，起自兰州西北，止于疏勒河玉门关，是一片狭长平坦的高原，海拔1 000~1 500多米，达

1 200多公里。河西走廊是甘肃著名的粮仓，也是昔日铁马金戈的古战场和古丝绸之路的交通要道。甘肃自然风光优美，茫茫的戈壁、淳朴的黄土高原、广袤无垠的草原、洁白莹润的冰川共同构成了一幅雄浑壮丽的画卷。

甘肃历史悠久，是中华文化的发祥地之一，人文始祖伏羲就诞生在渭河上游。甘肃是我国东南部通向西北的交通要道、汉唐丝绸之路的必经之地。甘肃大地上，散布着上千处人文景观，其中有堪称世界石窟壁画艺术宝库的敦煌莫高窟、万里长城的最西端嘉峪关、以泥塑著称于世的天水麦积山石窟等。

甘肃是一个多民族的地区，独具魅力的甘南藏族风情、肃南裕固族民俗，是颇具魅力的人文旅游资源。

二、主要旅游区点

（一）敦煌旅游区

敦煌位于河西走廊西北尽头，“敦煌”之意即为“非常兴盛”，这里曾是草木繁茂的地区。敦煌地处丝绸之路的南北三路的分合点，是历史上著名的边关重镇。敦煌当年曾是一座繁华的都会，贸易兴盛，寺院遍布。举世闻名的敦煌莫高窟就位于古城东南。敦煌石窟包括莫高窟、西千佛洞和榆林窟，其中位于敦煌市东南25公里处的莫高窟，俗称千佛洞，是敦煌石窟的代表。

1. 莫高窟

莫高窟位于鸣沙山东麓的崖壁上，是中国四大石窟之一（四大石窟还有：龙门石窟、云冈石窟和麦积山石窟）。石窟南北长约1 600米，长长的栈道将大大小小的石窟曲折相连，上下五层，高低错落。莫高窟洞窟的四壁尽是与佛教有关的壁画和彩塑。始凿于公元366年，后经十六国至元代十几个朝代的开凿，形成一座内容丰富、规模宏大的石窟群。现存洞窟492个，壁画45 000多平方米，彩塑像3 000余身，飞天4 000余身，唐宋木结构建筑5座，莲花柱石和铺地花砖数千块，是一处由建筑、绘画、雕塑组成的博大精深的综合艺术殿堂，是世界上现存规模最宏大、保存最完好的佛教艺术宝库，被誉为“东方艺术明珠”。

20世纪初又发现了藏经洞（莫高窟第17洞），洞内藏有从5世纪到10世纪的写经、文书和文物五六万件。其中有上千件绢画、版画、刺绣和大量书法作品。敦煌石窟艺术中数量最大、内容最丰富的部分是壁画，西方学者将敦煌壁画称作是“墙壁上的图书馆”。“飞天”是敦煌壁画艺术的佳作。飞天是佛教中称为香音之神的能奏乐、善飞舞，满身异香而美丽的菩萨。唐代飞天更为丰富多彩，气韵生动，中国艺术家用绵长的飘带使她们优美轻捷的女性身躯漫天飞舞。

莫高窟丰富、集中、罕见的文物，是研究我国古代政治、经济、军事、宗教、文化、艺术、民族史以及对外交往的宝贵资料，引起中外学者极大兴趣和高度重视，并衍生出了一门专门研究藏经洞典籍和敦煌艺术的学科——敦煌学。敦煌莫高窟是全国重点文物保护单位，被列入《世界遗产名录》。

2. 鸣沙山和月牙泉

鸣沙山和月牙泉位于敦煌县城东南10公里处。鸣沙山是由积沙堆成的小山脉，沙峰起伏，脊如刀刃。东西长约40公里，南北宽约20公里，高数十米。天气晴朗时，人登沙山顶巅下滑，沙砾随人体坠落发声，似丝竹管弦乐曲；风绕山吹来，沙山轰鸣作响，如鼓点，似雷声。从鸣沙山北坡而下，到了山脚，眼前出现一弯新月，这就是月牙泉。泉水清澈见底，清冽甘美，碧如翡翠，风起沙飞，从不落入泉中，也从未干涸。池旁水草丛生，芦苇摇曳；蓝天黄沙，碧水绿树，清幽雅致，风景秀美。这里是国家级风景名胜区，4A级景区。

此外，本区还有玉门关和阳关遗址，沙州故城遗址，白马塔等著名古迹。玉门关存有城堡遗迹和烽燧。

（二）河西走廊中段游览区

1. 嘉峪关

嘉峪关位于河西走廊中段东口，嘉峪关市西南隅。嘉峪关是明代万里长城的西端起点，也是明代万里长城沿线保存最为完好、规模最为壮观的古代军事城堡，被列入《世界遗产名录》，全国重点文物保护单位。嘉峪关南面是终年积雪的祁连山，北面是连绵起伏的马鬃山，是古丝绸之路的必经关隘。关城依山傍水，扼守南北宽约15公里的峡谷地带，关城东、西、南、北、东北各路共有墩台66座。嘉峪关地势天成，攻防兼备，与附近的长城、城台、城壕、烽燧等设施构成了严密的军事防御体系，有“天下第一雄关”之美誉。嘉峪关始建于明洪武五年（1372年），现存嘉峪关由关城和边墙两部分组成。关城内城城楼高约17米，为木构三层三檐歇山顶建筑，也是嘉峪关的标志性建筑。

2. 武威市与雷台汉墓

武威市位于河西走廊东部，古代称为凉州，自古有“金张掖，银武威”之说。武威市内有始建于明朝的文庙，唐代文物大云寺铜钟，附近还有皇娘娘台、圣容寺塔等著名古迹和沙漠公园等。

雷台汉墓位于武威市北门雷台湖畔，是一座东汉晚期的大型砖石墓葬，因台上建有雷祖观而得名。雷台汉墓出土有文物231件，铜车马仪仗俑99匹。其中以铜奔马艺术价值最高。铜奔马又称“马超龙雀”，呈发绿古铜色，身高34.5厘米，长45厘米，右后足下踏一展翅奋飞回首惊视的龙雀，三足腾空，昂首嘶鸣，向前飞奔。铜奔马造型奇特，别具匠心，既富浪漫主义色彩，又合乎力学平衡原理，蕴涵丰富的天马文化内涵，铸造技巧精湛，堪称青铜艺术之极品。1983年，国家旅游局决定把这件被称为“马超龙雀”、“天马”的铜奔马形象作为中国旅游的标志。目前，雷台公园已建成以天马文化为主体的旅游景区，是4A级旅游景区，国家级重点文物保护单位。

本区还有久负胜名的重要城市张掖、酒泉等。

（三）兰州—天水旅游区

1. 兰州市

兰州市古称“金城”，源于筑城得金的典故，已有2 000多年的历史。兰州地处中国的几何中心，自古以来是中原通往西北地区的交通要冲，黄河上游的重镇。现为甘肃省的省会，西北地区的陆路交通枢纽，航空运输中心之一。这一带瓜果生产历史悠久，故兰州又有“瓜果城”之称。兰州名胜古迹不少，以五泉山最为有名。作为中国旅游标志的青铜奔马现存于兰州城内甘肃省博物馆。

2. 天水市与麦积山石窟

天水市位于渭河南岸，地处甘、陕、川三省交通要道，有“西北咽喉，甘肃门户”之称，为陇上历史名城，古丝绸之路贸易的中转站，因境内有不少甘美之泉而得名。

在天水市东南45公里处，有被誉为“世界文化第八大工程”的麦积山石窟。麦积山为平地崛起的一形如农家麦垛的孤峰，高150余米。其石窟造像始于后秦，历代多在孤峰两侧层层开凿，远看洞窟重重叠叠，密如蜂房。石窟现存194个洞窟，泥塑、石像7 200余身，壁画千余平方米，北朝所造“崖阁”八座。由于这里的砂砾岩石质疏松，使泥塑成为本石窟最有艺术特色的部分，泥塑造型千姿百态，神态毕肖，有数以千计与真人大小相仿的圆塑，俨然一座泥塑佛像之宫，故又被誉为“东方雕塑馆”。麦积山石窟属全国重点文物保护单位。麦积山山势陡峻，周围群山环抱，云雾缭绕，是我国石窟中周围环境最优美的一处。

3. 夏河拉卜楞寺

拉卜楞寺位于甘南藏族自治州夏河县，拉卜楞镇西头，坐落在大夏河北岸，西北山似大象横卧，东南山松林苍翠，寺前开阔平坦，大夏河自西向东北蜿蜒而流，山清水秀，风光宜人。夏河拉卜楞寺1710年创建，现已成为世界最大的藏学学府，甘、青、川地区最大的藏传佛教文化中心，保留有全国最好的藏传佛教教学体系。拉卜楞寺占地1 234亩，拥有经堂6座，佛殿84座，佛宫30院，僧舍10 000余间，为藏传佛教黄教（格鲁派）六大宗主寺之一，寺院汇集了藏 、蒙、汉各族人民的智慧，以精湛的建筑艺术和辉煌的宗教文化而著称。每年农历正月和七月大法会，场面壮观，是藏传佛教佛门盛典。拉卜楞寺的属寺总称108寺，实际不止此数。拉卜楞寺是4A级旅游景区，国家级重点文物保护单位。

此外，本旅游区还有刘家峡水库与炳灵寺石窟、伏羲庙、平凉市附近的道教风景名山崆峒山和被誉为“甘肃的西双版纳”的文县天池等风景名胜区。

三、旅游节庆活动与地方风味特产

（一）旅游节庆活动

1. 花儿会

“花儿”是流传在甘肃、青海、宁夏三省（区）广大地区的民歌。“花儿”又称“少年”。男青年唱的叫“少年”，女青年唱的称“花儿”。据说，“花儿”至少已有400多年的历史了。它内容丰富多彩，形式自由活泼，语言生动形象，曲调高昂优美，具有浓郁的生活气息和乡土特色，深受回、汉、藏、东乡、土、撒拉等民族的喜爱。一般在每年秋收前的农历四至六月间举行，具体会期各地不一，最负盛名的是甘肃临夏自治州康乐县莲花山花儿会，也称“唱山会”，每年六月初二到初六举行。每逢花儿会，方圆百里的临洮、渭源等县成千上万各族歌手和花儿爱好者云集，人们边唱山歌边攀登鲜花盛开的莲花山。花儿会期间，还进行商品交流和戏曲、电影、皮影演出等活动，内容丰富多彩。

2. 夏河拉卜楞寺大法会

拉卜楞寺每年有七次大规模的宗教法会，其中以正月毛兰姆法会和七月说法会最为著名。正月毛兰姆法会译为“祈祷法会”，每年正月初四至十七日举行。主要活动有寺僧考试、辩经、诵经、展佛、法舞、祈祷等。其中初八日为牲畜放生；十三日展佛；十四日举行法舞会；十五日晚展出酥油花会；十六日“转香巴”，游客均可参与。七月说法会在农历六月二十九日至七月十五日举办，正式会期是七月初八。届时，主要举行辩经、“乐拉劝”法会、展佛等活动，有大型话剧、法舞表演。七月大法会当月，正值甘南藏族人民举办浪山节活动，场面热闹壮观。

此外，还有天水伏羲文化节、张掖马蹄寺观光旅游节、平凉崆峒武术文化旅游节、郎木寺正月展佛节、庆阳香包旅游艺术节等颇具民族风情的旅游节庆活动，以及每年九月中旬在兰州举行的中国丝绸之路节，每年七月中旬在嘉峪关举行的嘉峪关国际滑翔节等。

（二）主要土特名产及风味美食

1. 土特名产

甘肃名特产品首推兰州白兰瓜，肉厚汁多，香甜可口。还有百合、冬果梨、西瓜、大接香等也很著名。陇南山区盛产300多种中药材。如驰名国内外的岷县当归，以及党参、黄连、天麻、杜仲等。康县黑木耳、武威发菜、兰州水烟等也都很有名。传统手工艺品以酒泉的夜光杯、玉器，天水雕漆、洮砚、黄河卵石雕，嘉峪关市的石砚等最为有名。此外，临洮仿古地毯，敦煌雕塑、壁画复制品等工艺品也是具有地方特色的名产。

2. 风味美食

名菜有烤小猪、瓤金鱼发菜、百花全鸡、炸羊尾、糖醋鲤鱼、雪山驼掌、清炖全羊、百花沙鸡等。风味小吃有手拉清汤牛肉面、浆水面、高三酱肉、高担酿皮、酿百合、水晶饼、拔丝洋芋等。

第五节
宁夏回族自治区

一、概述

宁夏回族自治区，简称宁，地处我国黄河上游地区，首府银川市。宁夏是中国面积最小的省区之一，总面积为6.64万平方公里。全区人口604万，有回、汉、满等46个民族，其中回族在少数民族中人口最多，占总人口的

35.57%。宁夏古为羌戎、匈奴地；秦设北地郡，并在此屯边，修筑长城，宋时为西夏地，元置宁夏路，明、清置宁夏府。1928 年置宁夏省，1958 年成立宁夏回族自治区。

宁夏地势南高北低，南部为黄土高原、六盘山地，北部为宁夏平原，东部有鄂尔多斯高原，西侧有贺兰山地。宁夏平原占全区的 1/4，海拔1 000～1 200 米，这里有古老的秦汉灌区和新建的青铜峡水利枢纽工程。水网密布，物产富饶，素有“塞上江南”和“天下黄河富宁夏”之美称。宁夏资源丰富，有中国最大的世界级整装油气田——长庆油气田；盛产苁蓉、柴胡、红花、甘草、枸杞、麻黄等药材。

宁夏有着奇异壮丽的自然风光，丰富多彩的名胜古迹：灵武“水洞沟”遗址是中华史前文明的缩影；神秘奇特的西夏王陵是西夏国兴衰的历史见证；风光秀丽的沙湖旅游区是中国 35 个王牌景点之一；治沙典范“沙坡头风景区”受到联合国的表彰……古老的黄河文化、浓郁的回乡风情，吸引着众多的中外游客。

二、主要旅游区点

（一）银川—贺兰山旅游区

本区位于宁夏北部，地处宁夏平原的腹地，大体上为银川市所辖区域，包括富饶的银川平原与秀丽的贺兰山地。本区以西夏文化为突出特色，有西夏王陵和承天寺塔等西夏文化遗迹，自然景观资源和历史文化资源均为宁夏最为集中的地区，是宁夏旅游业发展的核心区和龙头区。

1. 银川城区

银川古为西夏国都城，因土壤多碱，大地呈现银白色而得名。银川是一座历史悠久、风光秀丽的塞上名城，素有“凤凰城”的美誉。著名景点有：海宝塔、承天寺塔、玉皇阁、南关清真寺等。

2. 西夏王陵

西夏王陵是西夏历代帝王陵墓，位于银川城以西 35 公里的贺兰山东麓，占地约 50 多平方公里。共有 9 座帝王陵园（其中一座已毁），以及众多皇亲国戚的陪葬墓，是中国现存规模最大、地面遗址最完整的帝王陵园之一。每座陵园都是一个完整的建筑群体，陵园四角建有角楼，由南往北排列阙台、碑亭、外城、内城、献殿、陵台，其中陵台是陵区内最高大醒目的建筑，为黄土夯筑，呈八角塔形，残高 23 米，被誉为“东方金字塔”。陵区的气候现象、建筑形式、文化内涵、出土文物都蒙着神秘的面纱，给人留下许多难解之谜。西夏王陵为全国重点文物保护单位、国家重点风景名胜区。

3. 镇北堡西部影城

镇北堡西部影城位于西夏王陵以北的贺兰山麓，原址为明清时代的边防城堡，为石夯夹板夯砸起来的“土围子”。20世纪80年代初著名作家张贤亮将它介绍给了影视界，在此地建成了著名的中国“西部影城”。由于这里的黄土地及“土围子”充满了原始的气息，饱含着历史的沧桑，给人一种苍凉、粗犷而深沉的魅力，地貌和影城内部场景代表了旧中国西北地区的乡镇风情，因此，这里已成为享誉海内外的影视外景拍摄基地。迄今为止，这里已拍摄过《牧马人》、《红高粱》、《黄河谣》、《红河谷》、《大话西游》、《新龙门客栈》、《乔家大院》等80多部影视剧。

镇北堡西部影城保留和复制了在此拍摄过的著名电影电视的场景，有影视资料陈列馆、古代家具陈列室、放映厅、陶艺坊等多种设施，这里为4A级旅游景区。

4. 沙湖生态旅游区

沙湖位于银川城以北约50公里处的前进农场境内，东濒黄河，西依贺兰山。沙湖是我国北方荒漠半荒漠地区不可多得的自然生态综合体，景区总面积为80.10平方公里，其中水域面积45平方公里，沙漠面积22.52平方公里，为国家5A级旅游景区。沙湖以自然景观为主体，沙、水、苇、鸟、山五大景源有机结合，构成了独具特色的秀丽景观，是一处融江南秀色与塞外壮景于一体的“塞上明珠”。沙湖是鸟的天堂，这里有鸟类198种，100多万只，占宁夏鸟类总数的36.14%。这里鸟的种类主要有白鹤、黑鹤、天鹅、灰鹳、大鸭、丹顶鹤、中华野鸭等。其中属国家一级保护动物的有黑鹤、中华秋沙鸭、白尾海雕、大鸨4种。沙湖鸟岛是我国最好的观鸟地之一，春夏之交，候鸟南来，鹳鸣鹤舞，天鹅翔集，百鸟争鸣，声闻数里。众鸟飞时，声如轻雷，遮天蔽日；群鸟落处，形似云布，无可数计。

此外，在本区西部贺兰山诸多山口、山沟，岩峻石峭、林木葱茏、泉水潺潺、风景秀丽。史载，西夏时即多为皇家的避暑胜地，曾建有西夏开国皇帝李元昊的避暑行宫，还有不少寺庙。这里还有贺兰山岩画、三关长城等名胜。

（二）青铜峡—沙坡头旅游区

本区是以青铜峡到沙坡头的黄河段为核心的游览区。以雄浑、粗犷的自然风貌，古老的民俗与宗教文化为特色。

1. 青铜峡“百零八塔”

黄河从牛首山和贺兰山之间穿过，形成青铜峡。这里不仅有解放后新建的青铜峡水库及大坝景观，而且在青铜峡沿线还有众多景点。在青铜峡水库西侧的山崖上，坐落着一个始建于西夏时期的喇嘛式实心塔群。塔群的总体布局别具匠心，从上而下按 1、3、5、7……奇数排列 12 行，共 108 座，俗称“百零八塔”。塔群坐西朝东，背山面水，每当风和日丽，群塔倒映在金光闪闪的湖中，景色奇特、幽雅明丽。一百零八塔为全国重点文物保护单位。附近还有禹王庙、元昊遗宫、西夏陵遗址等古迹。

2. 沙坡头

沙坡头位于宁夏西端中卫县城西约 20 公里处，地处腾格里沙漠东南缘。这里集大漠、黄河、高山、绿洲为一体，为国家级自然保护区。“大漠孤烟直，长河落日圆”正是这里的写照；还有举世闻名的立式沙障、麦草方格和绿色长城等治沙奇迹。沙坡头有滑沙、沙浴、骑骆驼穿沙海、乘羊皮筏漂流黄河等旅游项目。为国家 4A 级旅游区。

中卫漂流河段位于沙坡头自然保护区内。中卫段是宁夏漂流黄河的最佳河段，从沙坡头上游的北岸长滩向下，黄河大拐弯留下了许多浅滩暗礁。沿途可以观赏峡谷风光，壮美的沙漠景色，巨大的黄河水车，还有道、儒、佛三合一的明代文庙寺，以及明代烽火台长城遗址等。

此外，本区还有高庙、石空寺石窟、同心清真大寺等名胜古迹。吴忠市已开始接待游客的回民家庭与回民集市，更是宁夏宗教旅游、民俗旅游的突出资源。

（三）固原—径源旅游区

本区位于宁夏南端，主要指以固原须弥山、径源老龙潭与凉殿峡风景区为中心的丝路故道旅游区域。交通不便、经济落后成为该区旅游资源开发的制约因素。

须弥山石窟位于固原县城西北 60 公里的须弥山东麓，六盘山脉的北端。须弥山石窟最早开凿的年代大约于北朝中晚期，是我国开凿最早的石窟之一，距今已有 1 400 多年的历史，为国家重点文物保护单位。须弥山先后开凿石窟 130 多处，这些大大小小的石窟，依山附势，错落有致地分布在 7 座崖面上，绵延近两公里。后来由于自然与人为的破坏，特别是 1920 年的海原大地震，使石窟艺术遭到极大摧残，现存较完整的 20 余窟，主要是北魏、北周和唐代开凿的。其中标码为 51 窟的一个一佛二菩萨造像高达 6 米，装饰华丽，高大雄伟，是北周造像中罕见的雕塑精品；最引人注目的是须弥山入口处高达20.6米的弥勒大坐佛，是全国最大的造像之一，它比云岗石窟中最大的19窟坐佛和龙门石窟的奉先寺卢舍那佛还高。

三、地方风味特产

1. 土特名产

宁夏特产以红黄蓝白黑“五色宝”著名，它们是白色的滩羊皮、红色的枸杞子、黄色的甘草、青紫色的贺兰石、黑色的发菜。宁夏滩羊毛皮和沙毛山羊皮，轻柔色白、花穗美观，是我国裘皮之佳品。枸杞、甘草分别有补肾益气、化痰健脾功效，主产于中宁和灵武、同心、盐池、吴忠等地。发菜似黑发丝，富含蛋白质，主产于同心、金积等地。传统工艺品以贺兰石刻最为著名。

其他特产有银川提花毯、灵武砟子炭和宁夏西瓜、中宁贡枣，以及产于宁夏各地的“五朵金花”：向日葵、红花、黄花菜、玫瑰、啤酒花等。宁夏特产还有黄河鲤鱼、鸽子鱼、暖泉西瓜、芦花台苹果等。

2. 风味美食

地方风味美食有炸羊尾、烧羊羔肉、手抓羊肉、糖醋黄河鲤鱼、清蒸鸽子鱼、白水鸡和西夏红方肉腐乳等。风味小吃有银川清真糕点、馓子、油香、牛羊肉酥以及回族小吃等食品。

思考与练习

1. 列举本区在全国最突出的旅游资源及其最具代表性的景区景点。

2. 试分析本区东西部自然环境的差异对各自自然旅游资源特色形成的影响。

3. 试分析本区主要人文旅游资源的形成与本区人文地理环境的关系。

4. 试分析呼和浩特—包头地区、中卫—沙坡头地区、敦煌地区、吐鲁番地区旅游开发与其地理条件的关系。

第六章

华夏文明中原访古旅游区

本旅游区位于我国中部黄河中下游地区，古称“中原”，范围包括山东、河南、山西、陕西四省。总面积65.7万平方公里，人口25 811余万。黄河流域是中华民族的摇篮，这里是我们的祖先最早生存繁衍的地区之一。在我国5 000多年的文明史中，黄河中下游地区长期是政治、经济和文化的中心，因而历史上留下了无数的遗迹、遗址、古建筑和文物，历史人文景观异常丰富多彩，这是本区发展旅游的突出优势。同时，本区也不乏闻名中外的自然山水名胜，还拥有独特的黄土高原风光。本区不仅旅游资源丰富，而且经济基础雄厚，交通发达，已成为我国重要的旅游大区。

第一节

旅游地理环境特征

一、自然地理环境与自然旅游资源

（一）地貌类型多样，旅游资源众多

本旅游区高原、山地、丘陵、盆地、平原地貌类型齐全。黄土高原主要分布在陕西的凤翔、铜川、韩城以北及山西全省，故又称秦晋黄土高原，海拔高度一般为800~1 200米。黄土高原中间以山西吕梁山为界，西为陕北高原，黄土深厚；东为山西高原，以石质断块山地为主体，黄土嵌在山间盆地、谷地和高原面上，厚度较小。黄土高原的黄土疏松多孔，粉沙质，层理

不明显而垂直节理发育，透水性强，经雨水的长期冲刷和流水切割，形成塬、梁、峁、沟、柱等多种黄土地貌形态。这种黄土地貌自然景观极富原始美感，是一种独特的地貌旅游资源。

孟津以东，由于构造陷落、地势急降，黄河携带的大量泥沙沉积形成了沃野千里的黄河冲积平原。平原区坦荡千里，地下水丰富，物产丰饶，是我国的重要农耕区。由于平原区的自然条件好，人类古今活动频繁，形成了众多的人文景观景点。现在黄河在本地区已成为地上河，河底高出堤外地面最高可达10米以上，夹持黄河的两岸大堤成为本地区独特的人造地貌旅游资源。

本区山地、丘陵广布，黄土高原东侧有太行山、吕梁山，南侧有横亘我国中部的秦岭山脉。秦岭东西长400~500公里，南北宽100~150公里，海拔1 500~2 500米，主峰太白山海拔3 767米，有典型的第四纪冰川地貌，动植物资源丰富，已建为自然保护区。山东境内除西北部、西部是华北平原的一部分外，大部分地区为海拔200~500米的低山丘陵。鲁中南有海拔较高的泰山、蒙山、沂山等断块山地。本区的众多山地，历史上已久负盛名，现在多辟为国家级或省级风景名胜区，如五岳中的泰山、华山、嵩山、恒山，还有列为我国四大佛教名山之一的太白山等。

本区内有黄河、长江、淮河、海河四大水系，其中黄河流域蕴藏着极为丰富的自然旅游资源。黄河沿线在本区内形成众多壮丽景观，如壶口瀑布、三门峡等。三门峡上的小浪底水利工程大坝将黄河拦腰截断，“高峡出平湖”，没有完全被淹没的山头成为湖中小岛。另外本区的许多泉水也享有盛名，如泉城济南的趵突泉、黑虎泉、珍珠泉及陕西骊山的温泉等。

山东省东部突出于渤海和黄海之间，形成山东半岛（也称胶东半岛），海岸线长达3 024公里。海滨岩岸、沙岸、泥岸、河口等各种海岸地貌齐全，多优良港湾和海滨浴场。青岛、威海等海滨城市已成为闻名中外的避暑旅游胜地。

（二）温带季风气候典型，旅游淡旺季明显

本区大部分处于欧亚大陆东部中纬度地带，受海陆差异的影响，表现出典型的温带大陆性季风气候特征。只有南部的南阳、汉中盆地属北亚热带，南部边缘地带是北亚热带和暖温带的过渡带。由于南北地域跨度大，距海远近不同并受地形影响，形成了自西向东半干旱—半湿润—湿润的干湿过渡特征。大部分地区最冷月份的平均气温为0~8℃，最热月份平均气温为22~

28℃，极端最高气温可接近40℃。降水主要集中于夏季，平均年降水量为500～1 000毫米，且年际变化大，易出现旱涝灾害。本区四季分明，春季短促、干旱多风，为旅游淡季；夏季沿海地区温度宜人，为滨海旅游旺季；秋季秋高气爽，风和日丽，为全区旅游的黄金季节；冬季寒冷漫长，落叶飘飘，雪花纷飞，景色迷人，为旅游的次淡季。

二、人文地理环境与人文旅游资源

（一）古代文明发祥地，文物古迹丰富

中原地区自古以来，气候温暖、土地肥沃、灌溉便利，自然条件优越，适于人类的生存和繁衍。黄河中下游地区，是华夏祖先最早生存繁衍的地区之一。传说中认为黄帝部落定居中原，其后代与其他部落共同融合，才形成了中华民族。中国早期的奴隶社会是从这里发展起来的，自秦汉至唐宋早期的封建王朝也多在此建都，在相当长的历史时期内，黄河中下游地区是我国的政治、经济、文化中心。悠久的历史，灿烂的文化给本区留下了无数的各类遗迹、历史名胜和文物古迹，人文旅游资源极其丰富，成为本区最突出的旅游资源优势。

中华民族的祖先在这一地区创造了灿烂的古代文明，发展了原始文化和华夏文化。旧、新石器时代，夏、商、周、秦、汉、唐、宋等朝代的遗址和文化遗迹甚多。如：已发现的蓝田人和丁村人等古人类化石和遗址，半坡文化、仰韶文化、大汶口文化、龙山文化遗址，殷墟遗址、大河村文化遗址等。它们展现了人类进化和发展的线索，提供了丰富的历史资料，具有丰富的科研和考古价值，是开展寻根求源历史文化旅游的集中场所。

中原旅游区文化古城和古都众多。中国七大古都中的西安、洛阳、开封、安阳四个均在此区内，并且都具有建都时间早，延续时间长，产生影响大的特点。国家评定的99座国家级历史文化名城中，本区占了1/4，这些城市都不同程度地保存着历史风貌和文物古迹，是中华民族历史的缩影，大多已成为重要的旅游城市。

众多的陵墓是中原旅游区另一重要的人文旅游资源。如黄帝、尧、舜的纪念性建筑，还有著名的秦始皇陵、汉茂陵、唐关中十八陵及河南的北宋王陵等众多王陵，以及孔墓、孟墓、司马迁、张衡、韩愈等古代名人的陵墓。这些陵墓的选址，地上、地下建筑对游人具有极大的吸引力。

本区宗教建筑遗存极为丰富。佛教传入中国，首先在黄河流域扎下了

根，本区佛教建筑种类多、分布广。著名的寺庙有：中国第一佛寺白马寺，以武术扬名的少林寺，高悬于峭壁之间的悬空寺，开封的大相国寺等，还有名扬天下的龙门、云岗石窟；著名的古塔有：应县木塔、嵩岳寺塔、开封铁塔、济南四门塔、西安的大雁塔、小雁塔等，都是全国重点保护文物。

本区还有建筑技术超群的古建筑和保存完好的古代伟大工程。古建筑有曲阜孔庙、泰山岱庙、嵩山中岳庙等；古代工程有战国至明代的长城，登封周公测景台和观星台，著名的水利工程郑国渠和山东的古运河等。这些古建筑和古代伟大工程，充分体现了中华民族的智慧，具有很高的旅游价值。

（二）文化艺术多姿多彩，地方特色鲜明

中原旅游区由于历史悠久，地理环境特殊，因此文化艺术多姿多彩，地方特色鲜明。山东文化艺术丰富多彩，有30多种地方戏，约占全国的1/3，其中最具影响的有吕剧、山东梆子、山东快书。山东秧歌也在各地流行。山西被誉为中国戏曲艺术的摇篮，元代杂剧最早兴盛于此，后传入大都（北京）。晋剧、蒲剧、皮影、木偶等是山西代表戏剧艺术。山西锣鼓具有粗犷、剽悍、雄奇、自然等特点，表现出黄河儿女淳朴、率直、激昂、豪放的情怀，被誉为“中国第一鼓”。陕西省文化艺术发达，有大型图书馆、博物馆和文化宫。陕西地方戏以秦腔最具代表性。陕西又被称为民歌的世界，有四季歌、五更、揽工调、酒歌、劳动号子、榆林小曲等形式，以小调和信天游为主。陕北的安塞腰鼓以其欢快、奔放显示了古朴醇厚的民风。河南省以豫剧（俗称河南梆子）为主要戏曲，还有曲剧、越调等剧种。

本旅游区特种工艺品和民间工艺品的生产历史悠久、做工精细、风格独特，深受广大旅游者的欢迎，是不可多得的旅游商品。

（三）经济基础好，交通方便

本区的工农业生产发达，为旅游业奠定了一定的经济基础。黄淮平原和黄土高原的盆地、河谷地带及关中平原是我国农业开发最早的地区，农业生产水平高。本区是我国小麦和杂粮的集中产区，经济作物以棉花、油料为主。棉花主要分布于山东、河南及晋南地区，油料生产主要分布于山东、河南省。在此基础上青岛、济南、郑州、西安等城市发展了以棉、麻、毛纺织为主的轻工业。

本区煤、油、气资源丰富，重工业发达。山西是我国的煤碳工业基地，山东胜利油田是我国的第二大油田，两地煤化工和石油化工发达，太原是我国大型钢铁基地之一，洛阳是我国最大的农机生产基地。区内电子工业也较发达，青岛海尔、新乡新飞电器等闻名海内外。胶东半岛、煤海三晋、关中平原以及郑州一带经济实力较强，城市化水平高，城乡居民文化素质高。良好的经济基础为旅游业的发展提供了基础和物质保证。

中原旅游区内的交通以铁路运输为主。横向有胶济、陇海线，纵向有京沪、京九、京广、同蒲、太焦—焦枝、宝成线等，分别与华北、华东、中南、西南、西北等省区相联系，其中宝成铁路是我国第一条电气化铁路。海上运输有烟台、威海、青岛等优良港口，这些港口多为不冻港，为海上运输创造了优良条件。公路以豫、鲁两省密度最大。西安、郑州、济南、烟台、青岛、太原、洛阳为重要的航空港，以国内航线为主。发达的经济，便捷的交通为本区发展旅游业创造了优越的条件。

第二节
陕　西　省

一、概述

陕西省简称“秦”或“陕”，面积19万平方公里，人口3 735万，省会西安市。陕西省位于我国中部，黄河中游，南北狭长，秦岭山脉横亘其东西，关中平原——八百里秦川居其中部。陕南为秦巴山地，陕北为黄土高原。地形上明显分为南、中、北三大地域单元，因气候南北差异明显，形成了三个独具特色的自然环境区域。

陕西是中国古人类和中华民族文化重要的发祥地之一，是中国历史上多个朝代政治、经济、文化的中心，是中华民族历史文明最早走向世界的地方，也是现代中国革命的圣地，为炎黄子孙的生存、繁衍和人类历史文明作出了独特的贡献。大约在80万年前，蓝田猿人就生活在这块土地上，1963年发现的“蓝田猿人”，是全国发现时间最早、最为完整的猿人头盖骨化石。1953年发现的西安半坡村遗址，是六七千年前母系氏族公社的一座定居村落。从奴隶社会到封建社会的盛唐时期，先后有10多个朝代在该省建都。近代陕西省又是革命的摇篮，自1935年红军长征到达陕北吴起镇，中共中央在陕北战斗、生活了13个春秋，延安成为中国革命圣地，中国共产党在这里领导了全国的抗日战争和解放战争，留下了许多历史文物和纪念地。

陕西省丰富的旅游资源以“古”为最大特色。据统计陕西省有国家重点文物保护单位284处，省级1 400余处，已发现的文化遗产中，有古人类遗址55处。古城西安是我国三大热点旅游城市之一。陕西目前已开发旅游资源105处，初步形成了以西安为中心，以人文古迹为特色的向东、西、南、北辐射的四条旅游线路，初步形成了不同内容、不同风格、景观别致的十大旅游区。

陕西是中国西北交通枢纽之一，以铁路为主，公路网密度大，西安又是重要的航空港。发达的交通进一步促进了陕西省旅游业的发展。

二、主要旅游区点

（一）西安古都旅游区

西安位于关中平原中部，古称“长安”、“京兆”、“西京”，现为陕西省省会。西安市北临泾、渭二河，南依终南、翠华二山，“八水绕长安”，再东可望骊山、华山。市区人口近300万，是我国西北地区最大的城市。西安是中国著名的历史文化名城，是我国八大古都之一，是与雅典、开罗、罗马齐名的世界四大古都之一。从公元前11世纪起到公元10世纪初，先后有周、秦、汉、唐等13余个王朝在此建都，是六大古都中最古老、建都时间最长的一个。西安从汉朝起还是我国与世界各国进行交流的重要城市，著名的“丝绸之路”就是以它为起点的。灿烂悠久的历史，给西安留下了极其丰富而珍贵的名胜古迹和历史文物。

西安如同一座上下数千年的历史博物馆，在这里游人可以看到：丰京、镐京、阿房宫、汉长安城、未央宫、唐大明宫等周、秦、汉、唐四大古都遗址；古色古香，与高楼大厦相映成趣的居室庭院；清雅恬静，与宽阔大街并存的僻巷小径；巍峨壮丽，耸入云端的古建高塔；松柏掩映，庄严肃穆的名刹古寺；以及创造仰韶文化的原始母系氏族公社完整村落半坡遗址；从宋代开始建置的中国古代碑石精华荟萃之处碑林；明代用以报时的钟鼓楼；雄伟壮观的明代西安城墙；中国最现代化的国家级大型博物馆陕西历史博物馆；兴庆宫公园、革命公园、曲江池遗址等众多的风景名胜构成了西安古都旅游区以及以文化古迹为主的旅游特色。

1. 西安城墙

现存西安城墙位于西安市中心区，是明代初年在唐长安城皇城的基础上建筑的，为我国中世纪后期著名的城垣建筑之一，是我国唯一至今保存较为完整且规模最大的古代城墙。西安城墙是一个严密的防御工程体系。城墙形制呈长方形，墙高 12 米，顶宽 12 ~ 14 米，底宽 15 ~ 18 米，周长 13.7 公里，东西宽约 2.6 公里，南北长 4.2 公里，城墙四角各有角墙一座，城墙外有城壕（护城河）。共有城门四座，每门城楼三重：闸楼、箭楼、正楼。整个城墙外侧，每隔 120 米有一座马面（也叫墩楼），共有 98 座，垛口 5 984 个，使城墙外侧成锯齿形。西安城墙布局严谨，雄伟坚固，反映了我国古代建筑技术的杰出成就。

现在，雄伟壮观的西安城墙已成为市区最吸引人的观光胜地之一。沿城墙外侧已建成"环城公园"，它是全国唯一的环城公园，是 4A 级景区，为古城增添了无限风光。

2. 大雁塔

大雁塔位于南郊大慈恩寺内，是全国著名的古代建筑，被视为古都西安的象征。相传是唐僧玄奘从印度（古天竺）取经回来后，专门从事译经和藏经之处。因仿印度雁塔样式修建故名雁塔。由于后来又在长安荐福寺内修建了一座较小的雁塔，为了区别，人们就把慈恩寺塔叫大雁塔，荐福寺塔叫小雁塔，一直流传至今。大雁塔平面呈方形，建在一座方约 45 米，高约 5 米的台基上。塔七层，底层边长 25 米，由地面至塔顶高 64 米，由下而上逐层缩小，呈角椎状。全塔均用砖砌成，磨砖对缝、结构坚固，塔内设有阶梯，可盘旋登上顶层。塔的四方门楣、门框上刻有建筑图案和菩萨像，极为精致。塔的底层四面皆有石门，门楣上均有精美的线刻佛像，传为唐代大画家阎立本的手笔。塔南门两侧的砖龛内，塔底南门两侧镶嵌着唐太宗撰写的《大唐三藏圣教序》和唐高宗撰写的《大唐三藏圣教序记》古碑两块，字为唐代书法家褚遂良所书，字体秀丽，为唐代名碑之一。唐末以后，寺院屡遭兵火，殿宇焚毁，只有大雁塔巍然独存。

今日的慈恩寺是明代以来的规模，而寺内的殿堂则是清代末年的建筑。现在大雁塔经过修复，古塔雄伟，寺殿香火缭绕，庭院鲜花争艳，是一处特别吸引国内外游人的游览胜地。

3. 钟鼓楼广场

钟鼓楼广场地处西安市中心。这里的钟楼和鼓楼均为明代所建，两楼相距约 100 米，分别设置有铜钟、大鼓，用以报时，现已成为西安的标志性建筑之一。钟楼总高 36 米，基座高 8.6 米，每边长 35.5 米，面积约 1 377.4

平方米。以它为中心辐射出东、南、西、北四条大街并分别与明城墙东、南、西、北四门相接，它是我国古代遗留下来许多钟楼中形制最大、保存最完整的一座。钟鼓楼之间为宽敞整洁的城市广场，花团锦簇，碧草如茵。造型独特的声光喷泉不时变换，是古城人民休闲、娱乐的好去处。

4. 西安碑林

西安碑林博物馆，原名陕西省博物馆，位于西安市南门内三学街北侧。它是在具有900多年历史的“西安碑林”基础上，利用西安孔庙古建筑群扩建而成的一座以收藏、研究和陈列历代碑石、墓志及石刻造像为主的艺术博物馆。馆区由孔庙、碑林、石刻艺术室三部分组成，占地面积31 900平方米，现有馆藏文物11 000余件，11个展室，陈列面积4 900平方米。

西安碑林始建于北宋元祐二年（公元1087年），最初是漕运使吕大忠等人为保藏因唐末五代战乱而委弃市井的唐《石台孝经》、《开成石经》及颜真卿、柳公权等所书的著名石碑而兴建的，经金、元、明、清、民国历代的维修及增建，规模不断扩大，藏石日益增多，1961年被国务院列为全国第一批重点文物保护单位。西安碑林现收藏有自汉代至今的碑石、墓志近3 000件，展出1 089件，收藏碑石、墓志的数量为全国之最，且藏品时代系列完整，时间跨度达2 000多年。这里碑石如林，篆、隶、楷、行、草各体俱备，名家荟萃，精品林立，令人赞叹不已。正是因为西安碑林博物馆拥有如此浩瀚的藏品，卓越的书法艺术作品，丰富的文化内涵，所以被誉为“东方文化的宝库”、“书法艺术的渊薮”、“汉唐石刻精品的殿堂”、“世界最古的石刻书库”，是国家4A级旅游景点。

5. 陕西历史博物馆

陕西历史博物馆位于西安大雁塔的西北侧，1991年落成开放，是中国第一座大型现代化国家级博物馆。这座馆舍为“中央殿堂、四隅崇楼”的唐风建筑群，展览厅是全馆的主体部分，由基本陈列、专题陈列、临时陈列三部分组成，主次井然有序，高低错落有致，气势雄浑庄重，融民族传统、地方特色和时代精神于一体。馆区占地65 000平方米，建筑面积55 600平方米，文物库区面积8 000平方米，展厅面积11 000平方米。馆藏文物多达37万多件，上起远古人类初始阶段使用的简单石器，下至1840年前社会生活中的各类器物，时间跨度长达100多万年。文物数量多、种类全、品位高，其中的商周青铜器精美绝伦，历代陶俑千姿百态，汉唐金银器独步全国，唐墓壁画举世无双。可谓琳琅满目、精品荟萃。陕西历史博物馆是一座综合性历史类博物馆。从多角度、多侧面向广大观众揭示历史文物的丰富文化内涵，展现华夏民族博大精深的文明成就，是国家4A级旅游景点。

（二）骊山风景名胜旅游区

该区是国家级风景名胜区，位于西安市东30公里的临潼县，由骊山、华清池、秦始皇陵、秦兵马俑博物馆一号坑、二号坑、三号坑、秦陵地宫模拟馆、临潼博物馆、鸿门宴遗址等游览点组成，是国家5A级旅游景区。

1. 骊山与华清池

骊山在临潼县境内，海拔1 250米，远望似一匹苍黛骏马。骊山不仅风景秀丽，更以温泉闻名。自西周以来，骊山风景区与温泉被辟为帝王行宫。

华清池位于西安临潼县骊山北麓。秦、汉、隋各代先后重加修建，到了唐代又数次增建，唐玄宗时大兴土木，治汤井为池，环山列宫殿，此时才称华清宫。因宫在温泉上面，所以也称华清池。唐代华清池是帝王妃嫔游宴的行宫，每年十月到此，年终返回。华清池水温43℃，泉水内含多种矿物质和有机物质，沐浴对理疗皮肤很有帮助。白居易《长恨歌》就写道："春寒赐浴华清池，温泉水滑洗凝脂"。

2. 秦始皇陵与兵马俑博物馆

秦始皇陵位于西安以东37公里临潼县城以东的骊山北麓，是秦始皇嬴政的皇陵。陵区分陵园区和从葬区两部分。整个陵区占地50多平方公里，陵园占地近8平方公里，建外、内城两重。墓冢南北长500余米，东西宽480余米，高约55米，封土呈四方锥形，顶部略平，巍然如山，气势宏大，不仅是中国历史上第一座皇帝陵，也是最大的皇帝陵。据《史记》记载，修建动用人力70万，历时37年，陵中"下铜而致椁，宫观百官奇器珍怪徙藏满之"，"以水银为百川、江河、大海，机相灌输，上具天文，下具地理，以人鱼膏为烛，故不灭者久之"。为防备盗掘，还有机关弩矢。据考古勘察，秦陵分内、外两城，但在历史上遭受破坏极为严重，公元前206年，项羽入关，盗掘过此墓；黄巢也曾下令掘过此墓。目前正在探测、试验、研究，尚未开掘，已建围墙，辟为公园。

兵马俑博物馆位于秦陵东侧1.5公里处。1974年以来共发现秦始皇陵从葬兵马俑坑三处，出土陶俑8 000件、战车百乘以及数万件实物兵器等文物；1980年又在陵园西侧出土青铜铸大型车马2乘。兵马俑形态逼真，排列严整，声势浩大，气壮山河，引起全世界的震惊和关注，被誉为"世界第八大奇迹"。现已在一号坑、二号坑、三号坑建立了秦始皇陵兵马俑博物馆，对外开放。1999年6月，又奇迹般的发现彩色兵马俑，其高超的彩绘艺术和富有力感的造型再次向世人展现了西安古文化的博大精深。先秦雕塑古朴拙稚，高度概括、线条简洁、风格浪漫、注重装饰、讲究神似而失于写实。

秦始皇陵及兵马俑被列入《世界遗产名录》，是国家5A级旅游景点。

（三）华山风景名胜区

华山位于西安东120公里的华阴市南。华山又名太华山，北濒黄河、南依秦岭，分东、西、南、北、中五座山峰，远望形如五瓣莲花盛开，俊秀异常，古时“华”、“花”通用，故名华山。因位于西方，属我国古代西部镇山，故称“西岳”，为国家级重点风景名胜区，国家4A级旅游景点。

华山以“险”著称，奇峰突兀、巍峨壮丽，主峰海拔2 154.9米。东峰名朝阳峰，南峰叫落雁峰，西峰名莲花峰，北峰叫五云峰，中峰名玉女峰，五峰各具特色。“自古华山一条路”，攀登华山仅有由北向南一条约15公里的山道，贯穿五峰。一路行去，奇峰峭壁，天堑绝壑，险径危石，鬼斧神工，必经千尺幢、百尺峡、老君犁沟、上天梯、苍龙岭等绝险要道，长空栈道、鹞子翻身等险景令人惊心动魄，叹为观止。

华山有着悠久的人文历史，有“盘古开天”、“夸父逐日”、“巨灵擘山”、“女娲补天”等上古神话传说；秦始皇、汉武帝、唐高祖、武则天、唐玄宗、宋真宗、明太祖等历代帝王对华山进行过大规模祭祀活动；华山又是道教名山，历代高道、隐逸、贤达曾云游集会于此，修真养性，传道阐教，现存道教宫观20余座。玉泉院、东道院和镇岳宫是全国重点道教宫观。华山的全国重点文物保护单位有：建于春秋时期的西岳庙、战国魏长城遗址、大型仰韶文化遗址等。历代名人留下的摩崖题刻和碑碣遍布全山。

华山生物资源种类繁多，有被称为“活化石”的“青檀树（无忧树）”、“晋柏”、“唐槐”、“将军树”，有国家优质松树种华山松，还有国家一级保护动物金钱豹等珍奇动物。

（四）咸阳帝王陵墓旅游区

1. 咸阳

咸阳是一座古老的历史文化名城。在市北10公里的渭北东西百余公里的高原上，分布着汉高祖长陵、汉武帝茂陵、汉景帝阳陵、唐太宗昭陵、唐高宗李治和女皇武则天合葬墓乾陵等27个帝王的陵墓和256个陪葬墓。举目陵冢累累，一字排列，形成了极其壮观的陵墓群。茂陵、昭陵、乾陵和已发掘的唐永泰公主墓、章怀太子墓、懿德大号墓均已对外开放。另外旅游区内还以医药保健著称于世。被称为神医、神脉、神刀和神针及505神功元气袋为代表的系列保健产品，效果奇特，深受海内外旅游者的欢迎。

2. 乾陵

乾陵位于咸阳市西北乾县城北梁山上，属全国重点文物保护单位，是唐高宗李治与女皇武则天的合葬墓。它依梁山修凿，规模宏大，气势雄伟，为唐陵中具有代表性的一座。乾陵陵园大体按长安路格局建造，周长40公里，南北主轴线4.9公里，有内外两城。地面上现在能看到的是主要集中在陵前司马道两侧对称排列的大型石雕，计有华表一对，翼马、朱雀（驼鸟）各一对，配鞍镫石马与原有牵马人各5对，直阁将军戴冠着袍仗剑石人10对，“述圣记碑”和“无字碑”各一座，均高达6.3米。并有当时参加高宗葬礼的国内少数民族首领和外国特使王宾石人像61尊，朱雀门外石狮一对。乾陵东南还有17座王公大臣的陪葬墓冢。是国家4A级旅游景区。

（五）延安三黄一圣旅游区

该旅游区三黄是指黄河壶口瀑布、黄帝陵、黄土风情，一圣是指延安革命圣地。

1. 黄河壶口瀑布

黄河壶口瀑布位于陕西省宜川县境内，距县城48公里，为国家级重点风景名胜区。黄河像一条腾飞的巨龙，穿行在西北黄土高原的秦晋大峡谷中，当流经壶口时，宽约400米左右的河水突然收束一槽，形成特大马蹄状瀑布群。主瀑布宽40米，落差30多米，瀑布涛声轰鸣，水雾升空，惊天动地，气吞山河，为黄河第一大瀑布，也是我国仅次于贵州黄果树瀑布的第二大瀑布。风景区规划面积175平方公里，主景区面积27平方公里，是以壶口瀑布为主体的峡谷景区，北至小河口，南至仕望河口。夏秋季节，黄土高原暴雨频繁，黄河水势猛涨，瀑布宽达100多米，方圆数里，水汽遮天，气势磅礴，是游览观赏瀑布的最好季节。冬季冰封雪冻，瀑布挂满冰棱，银装素裹，分外妖娆。春季冰雪解冻，冰棱崩落，犹如山崩地裂，声似炮轰雷鸣。看彩虹是游壶口一乐，水滴排空，阳光射人，经折射、反射、衍射，瀑布上空展现出七彩巨虹，与瀑布交相辉映，是奇观中之奇观。

2. 黄帝陵

黄帝陵是中华民族的祖先轩辕黄帝的陵园，位于黄陵县城北1公里的桥山之上，山上古柏参天，环境幽静，庄严肃穆。黄帝陵被国务院公布为全国第一号陵墓，又称天下第一陵，是祭祀华夏民族的祖先——轩辕黄帝的地方。桥山黄帝陵相传创自汉代，唐太宗大历中期在城北桥山西麓，宋太祖开宝五年（公元972年），下令移建于今址。历代皆有重修，均有碑记载或录于县志中。陵山下有黄帝庙，庙内有一株古柏，相传为汉武帝所植。每年清明时，海内外华人都要在这里举行盛大的祭陵活动，黄帝陵也因此成了中华民族的精神圣地，是国家5A级旅游景区。

3. 革命圣地延安

延安位于陕西北部，与西安有铁路、公路、民航可通。延安是一座具有革命传统和光荣历史的古城。1937年到1947年，中国共产党中央委员会及老一辈革命家在这里领导了举世闻名的抗日战争和解放战争，留下了众多的革命旧址，如：中共中央旧址枣园、中央军委旧址王家坪、宝塔山的“解放日报社”，还有延安革命纪念馆，凤凰山、清凉山、杨家岭、南泥湾等。杨家岭和枣园均有毛泽东、朱德等人的旧居，杨家岭有中共七大会址。解放后在延安建立了革命纪念馆，成为革命传统教育的基地和探索中国革命道路的研究地。延安古城地势险要，城南宝塔山、凤凰山东西夹持，城东清凉山高耸入云，延河水绕城而过，为陕北重镇。宝塔山上的九级宝塔，是延安的象征，登塔顶可鸟瞰全城风光。

此外，在延安还可以参观我国西北黄土高原的传统民居建筑——窑洞。

（六）宝鸡法门寺旅游区

该旅游区位于宝鸡市以东，沿西宝公路北线“一”字排列，区内主要景点有：扶风法门寺，反映新石器文化的北首岭遗址，规模宏大的先秦雍城遗址，隋唐帝王避暑行宫——九成宫遗址，西府园林胜景凤翔东湖，以及岐山周公庙、宝鸡县钓鱼台等。

法门寺位于扶风县的法门镇，为历代皇家寺院。法门寺始建于东汉，因珍藏释迦牟尼真身指骨舍利和大量珍贵文物而举世闻名。1987年重建法门寺塔时发现塔下地窖内有4枚佛指舍利和大量的唐代宫廷稀世珍宝。这项重大发现，是我国文化史上一件大事，使唐代深藏后迷失千年之久的释迦牟尼佛指舍利（梵文“身骨”音译）重见天日。这是世界上发现的唯一仅存的佛指舍利，其中一枚为灵骨（指骨），另三枚为影骨，被佛门视为圣骨。地宫内保存的供养器美奂绝伦，已出土121件，价值连城。佛教法器中的迎真身银花十二环锡杖，异常精美。还有大量精美纺织品、珠宝，是研究中国古代纺织、织造、服装艺术的重要实证。

法门寺遗址作为南北朝至清古遗址，被国务院批准列入第六批全国重点文物保护单位名单。

此外在陕西省还有汉茂陵等汉陵30余处，唐陵30多处，为我国古帝王及后妃、勋臣陵墓最集中的地区。这些陵墓一般都有很大的陵区，曾建有富丽堂皇的地上建筑，众多的石像生和碑石，也有地下建筑和丰富的随葬品。

三、旅游节庆活动与地方风味特产

（一）旅游节庆活动

有西安古文化艺术节、各种艺术团体演出、大型城墙游乐活动、中国民俗风情欢乐节、鼓王夺标赛、唐玉华宫冰雪艺术节、苹果节、华山国际登山节、宝鸡市法门寺大法会等。

（二）土特名产及风味美食

1. 土特名产

陕西名特产品颇多，著名的有商洛的核桃、板栗；秦岭山区的中华猕猴桃、桐油、生漆等。还有闻名全国的西凤酒和天麻、杜仲、麝香等中药材。传统手工艺制品有西安仿古陶器唐三彩、复制秦俑、微雕“米粒书画”、羽毛画，陕北剪纸等。

2. 风味美食

名菜有葫芦鸡、鸡米海参、金钱发菜、枸杞银耳、口蘑桃仁氽双脆、奶油锅子里、彩云里脊片、贵妃鸡、莲叶肉以及西安腊牛肉等。风味小吃有羊肉泡馍、臊子面、太后饼、水晶柿子饼、泡油糕、什锦窝窝面等。

第三节
山 西 省

一、概述

山西省位于华北平原以西，黄河中下游地区，因地居太行山之西，故名山西，是一个内陆省份。春秋时为五霸之一的晋国领土，故简称“晋”。现在全省面积为15.6万多平方公里，人口达3 375万，省会太原。

山西属黄土高原的一部分，大致分三个地形区域：东部是以太行山为主的山地；西部是以吕梁山为主的高原，覆盖着深厚的黄土；中间是盆地，桑干河、滹沱河、汾河、漳河贯流其间。

山西是中华民族的最早发祥地之一。在山西境内共有旧石器遗址200多处，新石器遗址500多处。悠久的历史留下众多的文化遗产，加上复杂的地形地貌、河流山川形成的自然景观，旅游资源十分丰富。山西有“中国古代艺术博物馆”之称，古迹遍布全省70%以上的县份。山西现存的古建筑居全国之首，列为国家重点保护的有50多处，省级400多处，在全国现存的5座半唐代木结构建筑中，山西境内有4座。现存古塔280多座，有石窟、摩崖造像50多处。南禅寺、佛光寺、显通寺、恒山悬空寺、晋祠、平遥古城、芮城永乐宫、永济普救寺、解州关帝庙、云岗石窟、应县木塔等是著名的旅游资源。还有因拍摄电影《大红灯笼高高挂》而闻名的祁县乔家大院，加上祁县渠家大院，灵石王家大院，太谷三多堂，共同组成山西晋中的大院民俗文化。山西名山大川遍布，自然风光资源丰富优美。北岳恒山、五台山是著名的旅游胜地；绵山、北武当山、灵空山、管涔山等也各有特点；黄河壶口瀑布是仅次于黄果树瀑布的全国第二大瀑布，国家级风景名胜区。山西还建有庞泉沟、芦芽山、历山、莽河等自然保护区，风景秀丽，景致各异，有古树名木，珍稀动物出没。

山西是老革命根据地，革命活动遗址和革命文物遍布全省。著名的八路军总部旧址，黎城黄崖洞八路军兵工厂，文水刘胡兰纪念馆等。

二、主要旅游区点

（一）太原市主要景区景点

太原市位于山西省中部的同蒲、石太、太焦三大铁路干线的交汇处，东、西、北三面重山环抱，南面开阔平坦，汾河流贯其间，是中国北方的军事重镇和历史名城。太原古称晋阳、并州，现为山西省省会和山西省政治经济、文化中心及交通枢纽，是以生产特种钢而著称的钢铁基地，机械、煤炭、化工等工业相当发达。铁路、公路四通八达，且有民航客机通往京、津、沪、渝、宁、汉、西安、桂林等20多个城市。太原市文化古迹甚多，主要名胜古迹有：晋祠、双塔寺、崇善寺、交城玄中寺等。

晋祠位于太原市西南25公里的悬翁山麓、晋水源头。这里山环水绕，古木参天，是一片古建园林，统名“晋祠”。晋祠文物荟集，现存楼、阁、殿、台100多处，碑迹300幢，千年古树20余株，最老的已达3 000余年树龄。晋祠是全国重点文物保护单位之一，国家4A级旅游区。

晋祠的创建年代，目前难以考定，最早的记载见于北魏郦道元的《水经注》。晋祠初名唐叔虞祠，又称晋王祠，简称晋祠。晋祠景观布局分为北、中、南三部分。中部为晋祠的主体，建筑雄伟壮丽，肃穆严谨，以艺术价值高见长。主要建筑有献殿、鱼沼飞梁、圣母殿等，其中鱼沼飞梁是我国现存唯一的十字形桥梁；圣母殿是晋祠中年代最古、建筑最精、艺术最美、规模最大的建筑物，是我国宋代建筑的代表作品。殿内有宋代彩塑43尊，圣母像居中，其余42尊侍从像分列两侧，大小与真人相仿，服饰鲜艳，表情逼真，栩栩如生，是宋代雕塑艺术的珍品；北部有东岳祠、关帝庙、唐叔虞祠、朝阳洞、吕祖阁等，建筑依自然地形错综排列，以崇楼高阁取胜；南部有三圣祠、难老泉、水母楼等，亭台点缀，泉水环绕，有江南园林之秀雅。晋祠中的圣母殿和鱼沼飞梁被称为国宝建筑，难老泉、周柏和宋塑侍女像被称为“晋祠三绝”。由唐太宗李世民亲手书写的《晋祠之铭并序》碑是我国现存最早的行书碑。

（二）大同市主要景区景点

大同市位于晋北大同盆地，在京包、大秦和北同蒲铁路的交叉点上，地理位置重要，为历代兵家必争之地，现在也是捍卫首都北京的军事重镇。大同是我国最重要的煤炭工业基地之一，是晋北的经济中心城市和交通枢纽。1 500多年前，北魏王朝建都于此，因此大同又是历史文化名城，旅游资源丰富，如云岗石窟、善化寺、华严寺、九龙壁均为全国重点保护文物。

1. 云岗石窟

云岗石窟在大同市西16公里的武周山南麓，始建于北魏兴安二年（公元453年），是我国三大佛教石窟之一，入选《世界遗产名录》，是全国重点文物保护单位，国家5A级旅游区。

云岗石窟依山凿洞，东西绵延1公里，现存大小神龛1 200多个，较大的洞窟53个，石雕造像51 000多尊，是我国最早最大的石窟群之一。云冈石窟雕刻在我国三大石窟中以造像气魄雄伟、内容丰富多彩见称。最小的佛像高2厘米，最大的高达17米，多为神态各异的宗教人物形象。石窟雕像艺术手法上承秦汉，又吸收和融合了犍陀罗佛教艺术，技法以洗练、粗犷为特征，充分体现了北魏的艺术风格，对研究我国石窟艺术发展史有重要意义。在云岗石窟中，以昙曜五窟开凿最早，气势最宏伟。第五窟、第六窟和五华洞，内容丰富多彩，是云岗石窟的精华。第五窟中央端坐的释迦牟尼像，高17米，是云岗石窟中最大的雕像。第二十窟主佛为释迦牟尼露天结跏趺坐坐像，高13.7米，两肩宽厚，面貌丰腴，慈祥而庄重，服饰华丽，是云岗石窟的代表作。

2. 明代九龙壁

明代九龙壁位于大同市东街路南，建于明洪武二十五年（1392年），为明太祖朱元璋第十三子朱桂的王府前照壁。大同九龙壁为坐南朝北的单面五彩琉璃照壁，壁长45.5米，高8米，厚2.09米，是我国现存的三处九龙壁中最大的一处，比北京北海九龙壁要高大将近3倍。此壁的建筑结构，全部使用黄、绿、蓝、紫、黑、白等色琉璃构件拼砌而成。九条巨龙，色彩斑斓，翻腾于波涛汹涌的云海之中，造型生动。壁前建有一长34.9米，宽4.38米，深约0.8米的倒影池，也是九龙壁不可分割的一部分。

此外在大同市内还有五龙壁、三龙壁、一龙壁等照壁多座，都有较高的文化和艺术价值。

3. 应县木塔

应县木塔位于距大同市20公里的应县县城内，全名佛宫寺释迦塔。始建于辽清宁二年（1056年），八角九级，高67.31米，底层直径30米，是我国现存最高最古的一座木构塔式建筑，也是唯一一座木结构楼阁式塔，故称“木塔之祖”，为全国重点文物保护单位。木塔斗拱结构复杂，历经大地震巍然不动，塔内文物以及壁画艺术价值最高。

（三）恒山与五台山

1. 恒山

恒山横亘在晋北浑源县城南，为“五岳”中的“北岳”。主峰天峰岭海拔2 017米，与西峰翠屏峰夹谷对峙，中间为浑河峡谷，地势险要，自古为兵家必争之地，也是古代山西高原与华北平原之间的重要交通要道。恒山是著名的道教圣地和旅游胜地，国家级重点风景名胜之一。景区面积147.51平方公里，含异景纷呈、各具奇观的十五个分区。文物古迹，星罗棋布。从亿万年前的动植物化石，到新石器时代的彩陶文化遗址；从春秋时代的青铜器遗址，到近现代革命文物，种类多样，数量可观。其中全国重点文物保护单位1处。主要景点有：朝殿、会仙府、琴棋台、悬空寺、翠奇台、出云洞、紫芝峪等。

2. 悬空寺

悬空寺建在恒山下金龙口西崖峭壁上，始建于北魏晚期，现存建筑是明、清两代修建后的遗物。悬空寺以惊险奇特著称，地势险峻，面对恒山主峰，背依翠屏峰，上载危岩，下临深谷，势若“悬空”，由此得名。悬空寺在陡崖上凿洞，插悬梁为基，楼阁之间建栈道相通，奇绝险绝亦巧绝，蔚为壮观，令人叹为观止。游人登临，钻天窗、穿石窟、跨长栈、步长廊，如登仙境。全寺有殿宇楼阁 44 间，各种铜铸、铁铸、泥塑、石雕等佛像 80 多尊。更为特殊的是，悬空寺是国内少有的佛、道、儒三教合一的独特寺院，最高层的三教殿内，释迦牟尼、老子、孔子的塑像共居一室，耐人寻味。

3. 五台山

五台山风景名胜区是国家重点风景名胜区，国家 5A 级景区。五台山位于太行山系的北端，跨忻州地区的五台县、繁峙县、代县、原平县、定襄县，周五百余里，中心区位于五台县境内，距离省会太原市 240 公里。五台山有五座山峰，山势雄伟，五峰耸立，峰顶都像平台，所以得名。主峰北台顶海拔 3 061 米，为华北地区最高峰。五台山因山区高寒，盛夏凉爽，故又称清凉山，这里峰峦叠翠，嘉木葱笼，野花烂漫，清泉遍地，是久负盛名的避暑胜地。

五台山是我国四大佛教名山之一，一般的佛教经典记载，它是文殊菩萨的道场。五台山古老的庙宇寺院很多，据历史记载，最多时曾经达到 200 多处，现在台内有 39 座，台外有 38 座。其中，南禅寺是我国现存最古的木构建筑，佛光寺和显通寺集北魏至清代多种建筑为一体，塔院寺的舍利塔非常有名。其他主要寺庙还有延庆寺、广济寺等。五台山的寺庙历史悠久，规模宏大，居于佛教四大名山之首，世人赞说：“五台归来不看庙”。

五台山还是抗日战争时期晋察冀边区政府所在地，白求恩大夫曾在此工作过。毛泽东、朱德、周恩来、任弼时等人都来过此地。

（四）其他重要景点

1. 平遥古城

平遥古城位于山西省中部，距太原 90 公里，与四川阆中、云南丽江、安徽歙县并称为“保存最为完好的四大古城”，是国家历史文化名城，已被联合国科教文组织列入《世界遗产名录》。平遥古城已有 2 000 余年的历史，明洪武初年重建，城墙呈长方形，总周长 6 163 米，墙高约 12 米，把面积约 2.25 平方公里的平遥县城一隔为两个风格迥异的世界。城墙以内街道、铺面、市楼保留明清形制；城墙以外称新城。城墙上面建有敌楼 94 座，城外有 4 米宽的护城河环绕，城墙每隔 50 米筑堞台 1 座，共 72 座，并设垛口 3 000 个，对应孔子 72 贤，3 000弟子之说。

平遥堪称文物宝库，现存文物古迹众多，共有各级文物保护单位99处，其中国家级11处，还有220余处古店铺，3 798处具有保护价值的古民居，古城墙、古店铺、古民居、古街道、古寺庙等原汁原味的古代遗存基本保存完好，风貌依旧，浓重的晋商文化符号俯首可见、比比皆是。平遥古城是依据中国汉民族文化思想和建筑风格建立起来的，它是研究中国政治、经济、文化、艺术和宗教发展的实物标本。

2. 解州关帝庙

解州古称解梁，是三国蜀汉名将关羽的故乡，位于运城市西南15公里的解州镇，镇西有全国现存最大的关帝庙，俗称解州关帝庙，系全国重点文物保护单位。解州关帝庙初建于隋朝开皇九年（公元589年），后经重修，规模宏大，总占地面积约1.8万平方米。庙以东西向街道为界分南北两大部分，南为结义园，北为关帝庙主体建筑部分，有御书楼和春秋楼、崇宁殿等建筑。崇宁殿内悬有清康熙御笔“义炳乾坤”牌匾和关羽塑像。园内遍植松柏桃槐，奇花异草。关帝庙自古就是游览胜地，又是全国最大的祭扫关帝的场所，游人信士络绎不绝，香火旺盛。

此外山西省还有双塔寺、崇善寺、典型的元代道观建筑群芮城永乐宫、《莺莺传》故事发生地永济普救寺、尧都临汾、万荣县古后土祠、侯马晋国遗址、黄河壶口瀑布、避暑胜地绵山等旅游景点。

三、旅游节庆活动与地方风味特产

（一）旅游节庆活动

山西旅游节庆活动主要有：五台山国际旅游月、运城关公文化节、大同云冈恒山旅游节、洪洞古槐寻根祭祖节、晋中晋商社火节等。

（二）主要土特名产及风味美食

1. 土特名产

山西名特产品以汾阳杏花村汾酒、竹叶青酒和清徐老陈醋最为著名。还有沁州黄小米，形如珍珠，是皇家贡品；平遥牛肉色、香、味俱全；清徐葡萄，汾阳核桃，柳林木枣，同川梨等。

药材如上党产的党参、黄芪、连翘等，也是著名特产。

著名工艺产品并州（太原）刀剪、大同艺术陶器、五台山的“台砚”等。

2. 风味美食

太原头脑、葱花脂油饼，特色面食有刀削面、拉面、拨鱼、闻喜煮饼等。

第四节
河　南　省

一、概述

河南省位于我国的中东部，大部分地区在黄河以南，故名河南。古时，中国分为九州，河南属豫州，故简称“豫”。豫州地处九州之中，故又有中州、中原之称。全省面积16.7万平方公里，河南是全国第一人口大省，人口达9 392万多，省会郑州。

河南的地势西高东低，平原面积最大，北部有太行山，西部为豫西山地，南部有桐柏山和大别山。本省处于亚热带和暖温带的过渡地带，因而形成了许多富有特色的自然景观，成为重要的旅游资源。

河南省具有悠久的历史，是中国历史文化的重要发祥地之一，是一个以古都和古文化为主要特色的旅游区。从公元前21世纪中国奴隶社会第一个王朝——夏的建立，到封建社会的北宋王朝共3 000多年里，先后有20多个朝代建都和迁都于此，留下了难以尽数的名胜古迹。中国八大古都河南有四个，即九朝古都洛阳、七朝古都开封、殷商古都安阳、商都郑州，还有国家级历史文化名城南阳、商丘、浚县等。河南地下文物和馆藏文物均居全国首位，有裴李岗文化遗址、仰韶文化遗址、龙山文化遗址；有“人祖”伏羲太昊陵、黄帝故里和轩辕丘；有最古老的天文台周公测景台；有历史上最早的关隘函谷关、最早的禅宗寺院白马寺；有“中国第一名刹”嵩山少林寺和闻名中外的相国寺，等等。全省共有全国重点文物保护单位189处。洛阳龙门石窟和安阳殷墟分别被列入《世界文化遗产名录》。河南还是中国姓氏的重要发源地，当今的300个大姓中根在河南的有171个，近年来，到河南寻根谒祖的海内外游客络绎不绝。

河南山川壮美，风光秀丽，是自然景观荟萃之地。全省有国家级风景名胜区8处。郑州的嵩山，洛阳的龙门山、白云山，信阳的鸡公山，焦作的云台山，济源的王屋山，平顶山的石人山，安阳的太行大峡谷，南阳的宝天曼、老界岭，鹤壁的云梦山，驻马店的嵖岈山等均属山水奇观；黄河自西向东流经河南，出三门峡后经小浪底流入黄淮平原，郑州至开封段河床高出地面，形成地上悬河的独特自然景观。全省红色旅游发展迅速，共有红色旅游景区26家，拥有驻马店确山县竹沟革命纪念馆、信阳市红色旅游系列景区（点）、南阳桐柏英雄纪念馆、郑州二七纪念塔等4家红色旅游经典景区；新开发的工业旅游、农业旅游项目，也令海内外游客流连忘返。

河南旅游交通便捷，纵贯我国南北的京九、京广、焦枝铁路与横贯东西的陇海铁路在商丘、郑州、洛阳相交，郑州是全国最大的交通枢纽。连接安阳—郑州—漯河，开封—郑州—洛阳的高速公路已建成通车，还有郑州、洛阳等重要航空港。

二、主要旅游区点

（一）郑州市主要景区景点

郑州市是河南省政治、经济、文化中心，地处中原腹地，全国重要的交通、通信枢纽，是中原地区最大的城市。

郑州地区是中华民族早期活动中心和建邦立国之地，历史悠久、文化灿烂，是中国八大古都之一，历史文化名城。全市有各类文物古迹1 400多处，其中国家级文物保护单位26处。郑州市人文景观和自然景观十分丰富，主要游览胜地有嵩山、少林寺、中岳庙、嵩阳书院、古宋陵、打虎亭汉墓、黄河风景名胜区和二七广场。在郑州周围，有星罗棋布的古城、古文化、古墓葬、古建筑、古关隘和古战场遗址，如大河村文化遗址、新郑轩辕黄帝故里、登封的测景台、观星台、汉三阙、嵩岳寺塔、中牟古官渡之战遗址，等等。

1. 嵩山

嵩山位于郑州市西南约90公里的登封县境内，为五岳中的中岳，全山东西绵延60多公里，中部以少林河为界，东为太室山，西为少室山，主峰峻极峰海拔1 512米，气势雄浑，风景优美，山间名胜古迹众多，著名的有北魏嵩岳寺塔、汉代嵩山三阙、元代观星台、少林寺、中岳庙、会善寺、法王寺塔、初祖庵、嵩阳书院、刘碑寺题刻等，其中五乳峰下的少林寺最为著名。嵩山风景名胜区是国家重点风景名胜区，“世界地质公园”。嵩山少林景区为国家5A级旅游景区。

2. 少林寺

少林寺位于嵩山西麓少室山五乳峰前，始建于北魏。少林寺素有“天下第一名刹”之誉，公元527年，印度僧人菩提达摩在此首创禅宗，故少林寺被称为禅宗祖庭。寺内主要建筑有山门、天王殿、方丈室、达摩亭、千佛殿、白衣殿、地藏殿等。千佛殿（毗卢阁）内有著名的明代“五百罗汉朝毗卢”壁画300余平方米，白衣殿内有清代少林拳谱、“十三棍僧救唐王”等壁画。寺内保存有自唐以来的碑碣石刻300余品，其中以“唐王告少林寺主教碑”，以及苏轼、米芾、赵孟頫、董其昌、日本僧人邵元撰文书写的碑刻最为珍贵。寺西塔林有自唐以来的砖石墓塔230余座，是我国现存最大的墓葬塔群之一。

现在的少林寺不仅因其古老神秘的佛教文化名扬天下，更因其精湛的少林功夫而驰名中外，“中国功夫冠天下，天下武功出少林”。这里是少林武术的发源地，少林武术也是举世公认的中国武术正宗流派。

少林寺群山环峙，众峰耸立，溪水环流，林木茂盛，景致幽雅，周围还有达摩洞、二祖庵等景点，是我国著名旅游胜地，少林寺景区是国家5A级旅游区。

3. 嵩阳书院

嵩阳书院位于嵩山南麓，太室山脚下，创建于北魏，历史悠久，规模宏大。嵩阳书院是我国古代高等学府，全国重点文物保护单位，它与河南睢州的应天书院、湖南的岳麓书院、江西的白鹿洞书院并称为宋代四大书院。嵩阳书院初名嵩阳寺，为佛教寺院。五代后成为儒学活动中心，北宋鼎盛时期，儒教理学大师程颢、程颐，名儒司马光、范仲淹、韩维、李刚、朱熹、吕海等曾在此讲学，使书院名声大振。

院内古迹众多，建筑风格朴素大方。原有西汉元封元年，汉武帝游嵩山时封的“大将军”、“二将军”、“三将军”柏树三株，现存两株，大将军柏周长8米，二将军柏周长近15米，高约20米，实属罕见，为嵩山胜景之一。

4. 中岳庙

中岳庙位于嵩山南麓太室山黄盖峰下，是历代封建统治者祭祀山神的地方，也是我国最早的道教庙宇之一，全国重点文物保护单位。中岳庙始建于秦，现存庙宇为清代重修后的规模。庙内有各种建筑400余间。庙内还有魏碑、唐碣、四尊宋代铸铁人，还有唐宋以来的古柏300余株。

（二）开封市主要景区景点

开封市古称汴梁，位于河南省东部，在中国版图上处于豫东大平原的中心位置。开封是一座具有悠久历史的文化名城，是中华民族的主要发祥地之一，迄今已有2 700多年的历史，是我国八大古都之一。战国时的魏，五代的后梁、后晋、后汉、后周和北宋及金代后期均建都于此，北宋时最为繁华，北宋张择端的名画《清明上河图》生动地描绘了当时汴京城东门外以虹桥为中心的汴河南岸的闹市风光。全市有文物保护单位238处，其中，北宋东京城遗址、开封城墙、铁塔、延庆观、山陕甘会馆、繁塔、焦裕禄烈士陵园7处文物被列入全国重点文物保护单位，国家4A级旅游点4处。名胜古迹、人文景观以宋代特色为主，元、明、清、民初各代特色齐备。

1. 开封相国寺

开封相国寺位于开封市中心，是中国著名的佛教寺院，始建于北齐，原名建国寺，唐扩建为相国寺，北宋时是京城最大的寺院和全国佛教活动中心。后因战乱水患而损毁。清康熙年间重修，目前保存有天王殿、大雄宝殿、八角琉璃殿、藏经楼、千手千眼佛等殿宇古迹。寺院布局严谨，建筑宏伟，是我国十大古寺之一。国家4A旅游景点。

2. 龙亭公园

龙亭位于开封城北，原为北宋和金皇宫遗址，清代建龙亭大殿，这是建筑在一座高达13米的巨大青砖台基之上的殿堂。龙亭大殿是木结构，重檐歇山式建筑，金壁辉煌，远望如天上宫殿。近年在龙亭五朝门外建宋都一条街，再现宋时风貌，现龙亭已辟为公园，是开封的一个著名游览点，也是开封文物古迹的一个代表。

3. 清明上河园

清明上河园与龙亭风景区毗邻，是以宋张择端的名画《清明上河图》为蓝本，集中再现原图中风物景观的一座大型宋代民俗风情游乐园。占地面积510亩，园区按《清明上河图》的原始布局，集中展现诸如酒楼、茶肆、当铺；汴绣、官瓷、年画制作；民间游艺、杂耍、盘鼓表演；神课算命、彩博、斗鸡等东京开封的京都风情。清明上河园再现了《清明上河图》中展示的宋代商贾云集、行业荟萃的繁华景象。

4. 包公祠

包公祠位于开封城西南的包公湖畔，是为纪念我国北宋时期著名清官包拯而恢复重建的，是国内资料最全、规模和影响最大的包公纪念场馆。自金元以来，开封就建有包公祠。开封包公祠占地1公顷多，是一组典型的仿宋风格的古建筑群，气势宏伟，风格凝重典雅。其中大殿内有高3米多、重达2.5吨的包公铜像，铜像两旁陈列着反映包公真实生平和清廉品德的历史文物与典籍。二殿展有包公的出仕明志诗、开封府题名记碑、包公家训、包公书法手迹、墓志铭等。国家文物保护单位，4A级景区。

（三）洛阳主要景区景点

洛阳市位于豫西山区，因地处古洛水之阳而得名。洛阳东临嵩岳，西依秦岭，南望伏牛，北靠太行，地形、地貌复杂多变。以洛阳为中心的河洛地区是华夏文明的重要发祥地，中国古代伏羲、女娲、黄帝、唐尧、虞舜、夏禹等神话，多传于此。洛阳已有3 000多年的历史，是历史文化名城，是我国"八大古都"之一，是中国建都最早，历时最长，朝代最多的古都。西周时在此营建洛邑，先后有东周、东汉、三国、西晋、北魏、隋、唐、后梁、后唐、后晋等13个王朝在此建都，并曾是西汉、后周、北宋、金8个朝代的陪都和行都。

洛阳旅游资源十分丰富，自然景观雄奇瑰丽，名胜古迹遍布。主要景区景点有：龙门石窟、白马寺、关林等人文古迹；国家森林公园白云山、龙峪湾、花果山，国家级自然保护区伏牛山，4A级景区鸡冠洞、龙峪湾、重渡沟等自然旅游资源；还有举世瞩目的黄河及小浪底水利枢纽工程，270平方公里浩渺水面与崇山峻岭融为一体，构成一幅北方千岛湖的壮观画面。

1. 龙门石窟

龙门石窟位于洛阳市南郊13公里处伊河两岸的悬崖峭壁上，满山翠柏，伊水碧流。龙门石窟是我国四大石窟之一，国家重点文物保护单位，被列入《世界遗产名录》，5A级景区。

龙门石窟始建于北魏，历经西魏、东魏、北齐、隋、唐、五代等八个朝代，连续营建500多年。龙门石窟规模宏大，气势磅礴，南北长达1公里，窟内造像雕刻精湛，内容题材丰富，被誉为世界最伟大的古典艺术宝库之一。石窟遗存大小佛龛2 100多个，佛像10万余尊，佛塔40多座，各种碑刻题记3 600余品。最大的卢舍那大佛高17.14米，最小的仅2厘米。众多的石窟中最具有代表性的有：古阳洞、宾阳洞、莲花洞、潜溪寺、万佛洞、奉先寺、看经寺等。龙门地区的石窟和佛龛展现了中国北魏晚期至唐代（公元493～公元907年）期间，最具规模和最为优秀的造型艺术，这些详实描述佛教题材的艺术作品，代表了中国石刻艺术的最高峰。

2. 白马寺

白马寺位于洛阳城东12公里处，是佛教传入中国后由官方营造的第一座佛教寺院，被称为"中国第一古刹"。它始建于东汉明帝永平十一年（公元68年），距今已有近2 000年的历史。据载，汉明帝派人出使西域，拜求佛法，邀请印度高僧摄摩腾和竺法兰到中国宣讲佛法，并用白马驮载佛经、佛像，跋山涉水来到京城洛阳。汉明帝敕令仿天竺式样修建寺院，为铭记白马驮经之功，遂将寺院取名“白马寺”。从白马寺始，我国僧院便泛称为寺，白马寺也因此被认为是我国佛教的发源地，被佛门子弟尊为“祖庭”和“释源”，享有独特地位，现为国家级文物保护单位。4A级景区。

白马寺建寺以来，其间几度兴废、几度重修。现存白马寺为长方形院落，坐北朝南，寺内主要建筑有天王殿、大佛殿、大雄殿、接引殿、毗卢阁、齐云塔等。白马寺山门内大院东西两侧茂密的柏树丛中，各有一座坟冢，埋葬着印度高僧摄摩腾和竺法兰。

此外，洛阳还有关林、洛阳博物馆、古墓博物馆、民俗博物馆、王城公园、吕祖庵、上清宫、下清宫、文峰塔、陕西会馆、杜甫墓、白居易墓以及五大都城遗址和附近偃师县的唐玄奘故里等旅游景区景点。

（四）其他著名的景区景点

1. 安阳殷墟

安阳殷墟位于市区西北两公里的小屯村，是中国考古学的诞生地，全国重点文物保护单位，4A级景区。商朝盘庚十四年（公元前1387年），商王盘庚正式定都于此，又称殷。经历了273年，直到纣王灭国，后渐荒芜。清光绪年间的1899年在小屯村出土的龟甲兽骨上发现了文字即甲骨文，其后经10余次重复考古，先后出土了10多万片古代甲骨卜辞，以及大量的青铜器和其他生活用具，其中重达875公斤的青铜文物极品司母戊鼎就是1939年在安阳武官村发现的。这是至今世界上发现最大的商代青铜器。

2. 云台山风景区

云台山位于修武县境内，以独具特色的“北方岩溶地貌”被列入首批《世界地质公园名录》，是国家重点风景名胜区、国家5A级景区、国家猕猴自然保护区。景区面积190平方公里，含泉瀑峡、潭瀑峡、红石峡、子房湖、万善寺、青龙峡等十大景点，有落差达314米的云台瀑布，落差为亚洲第一。

云台山满山覆盖的原始森林，深邃幽静的沟谷溪潭，千姿百态的飞瀑流泉，如诗如画的奇峰异石，形成了独特优美的自然景观。汉献帝的避暑台和陵基，魏晋“竹林七贤”的隐居故里，唐代药王孙思邈的采药炼丹遗迹，唐代大诗人王维写出“每逢佳节倍思亲”千古绝唱的茱萸峰，以及众多文人墨客的碑刻、文物，形成了丰富深蕴的文化内涵。

此外，河南还有林州红旗渠、鸡公山风景名胜区、安阳汤阴里城遗址、岳飞庙、王屋山、淮阳太昊伏羲陵、洛阳白云山、青要山风景名胜区、南阳的武侯祠、医圣祠、南阳西峡的恐龙蛋化石群、石人山风景区、濮阳孔悝城等众多的景区景点。

三、旅游节庆活动与地方风味特产

（一）旅游节庆活动

河南最有名的旅游节庆活动是洛阳牡丹花会。主要内容有：民俗文化庙会、海外客属社团中原文化寻根活动、牡丹灯会、中国民俗风情节等。

此外，河南还有三门峡国际黄河旅游节、郑州国际少林武术节、开封菊花花会、新郑炎黄文化艺术节、殷商文化节等旅游节庆活动。

（二）土特名产及风味美食

1. 土特名产

河南的土特产品很多，烟草、芝麻产量居全国之首，是我国四大柞蚕丝产区之一；林特产品以栓皮栎最为出名。著名的土特产品还有信阳的毛尖茶，灵宝的大枣，淮阳的黄花菜，黄河鲤鱼以及豫北的四大中药材：生地、牛膝、菊花、山药。

传统手工艺产品有：禹州的钧瓷，开封的汴绣和草编、柳编，洛阳的唐三彩等。

2. 风味美食

河南名菜有：鲤鱼三吃、熘鱼焙面、扒猴头、番茄煨鱼、郑州鲜味鸡、道口烧鸡、河南烤鸭等。

风味小吃有：羊肉烩面、潢川贡面、武陟油茶、信阳勺子馍、开封灌汤包子等。

第五节
山　东　省

一、概述

山东省位于我国东部沿海，黄河下游，因在太行山以东而得名。春秋时，为齐、鲁国辖地，故简称“鲁”。全省面积 15.78 万平方公里，人口达 9 309 万，省会济南市。

山东省西北部、西部属华北平原的一部分，中南部、胶东低山丘陵广布。山东的水平地形分为半岛和内陆两部分，东部的山东半岛突出于黄海、渤海之间，是渤海与黄海的分界处，扼海峡咽喉，成为拱卫首都北京的重要海防门户。山东的海岸线全长3 000多公里，仅次于广东省，居全国第二位。沿海岸线有天然港湾20余处、近陆岛屿296个，其中庙岛群岛由18个岛屿组成，是山东沿海最大的岛屿群。

山东地处中国大陆东部的南北交通要道，京杭大运河自东南向西北纵贯鲁西平原，黄河在境内自鲁西南向东北斜贯鲁西北平原。山东交通发达，铁路以京沪、胶济线为主体；公路交通居全国首位，高速公路贯穿全省各市，县乡公路实现村村通；拥有沿海港口26个；开通国际国内航线共290多条，济南、青岛、烟台、威海、潍坊、济宁等城市设有机场。

山东的气候属暖温带季风气候类型。降水集中，雨热同季，春秋短暂，冬夏较长。沿海比较温和湿润，西部具有冬冷夏热、春秋短、夏季较长的特点。年平均气温11℃～14℃。每年夏末秋初，林木葱茏，鲜花开放，天气晴朗，为旅游的黄金季节。

山东省历史悠久，是中国古老的龙山文化、齐鲁文化发祥地，文物古迹众多，人文景观独特。山东素称“孔孟之乡，礼仪之邦”，这里曾产生过许多杰出的思想家、科学家、政治家、军事家、文学家和艺术家。例如学术思想方面，有孔子、孟子、颜子、曾子、墨子、荀子、庄子等；政治军事方面，有管仲、孙膑、诸葛亮、戚继光等；历史学方面，有左丘明等；文学方面，有孔融、李清照、辛弃疾、蒲松龄、孔尚任等；艺术方面有王羲之、颜真卿、张择端等；科学技术方面，有鲁班等；医学方面，有扁鹊等。他们的思想、理论、智慧和学术成就，构成了中国传统文化的重要内容，对中华民族文化的发展产生了广泛而深远的影响，同时也形成了众多与历史名人相关的旅游景观。

山东旅游资源丰富，自然风光秀丽，文物古迹众多。全省旅游景点近千处，其中世界级遗产2处，分别是泰山风景名胜区和孔子故里曲阜“三孔”；5A级景点3处，4A级景点38处。山东旅游业发达，已有13个设区市、16个县级市成为“中国优秀旅游城市”。

二、主要旅游区点

（一）济南市主要景区景点

济南位于山东中部，南近泰山、北临黄河，是一座具有2 000余年历史的名城，人文景观十分丰富。济南又有"泉城"的美誉，有泉水百余处，其中名泉七十二处。风光秀丽，古人称"家家泉水，户户垂柳"；又称"四面荷花三面柳，一城山色半城湖"。泉城路一带为济南市最繁华的地区。主要旅游景点有：

1. 趵突泉

济南泉水主要包括趵突泉、黑虎泉、珍珠泉、五龙潭四大泉群。趵突泉居四泉群之首，位于市中心，有"天下第一泉"之称，现已辟为趵突泉公园。趵突泉水从地下石灰岩溶洞中涌出，水清澈见底，水质清醇甘冽，含菌量极低，是理想的天然饮用水。泉水一年四季恒定在18℃左右，严冬，水面上水气袅袅，像一层薄薄的烟雾，一边是泉池幽深，波光粼粼，一边是楼阁彩绘，雕梁画栋，构成了一幅奇妙的人间仙境。泉畔有观澜亭，附近还有金线泉、漱玉泉、马跑泉、柳絮泉等名泉，构成一个独特的名泉风景区。漱玉泉边还有著名的南宋女词人李清照故居。

2. 大明湖

大明湖位于济南旧城北部，与趵突泉、千佛山并称济南三大名胜。大明湖由珍珠泉、芙蓉泉、王府池等众多泉水汇集而成，湖面46.5公顷。湖区景色旖旎，自古遍生荷莲，湖畔垂柳依依，花木扶疏，公园的人文景观十分丰富，沿湖亭台楼阁、木榭长廊参差有致。湖周围有遐园、北极园、南丰祠、小沧浪、辛弃疾纪念祠等胜地。

济南还有千佛山、龙潭、四门塔和千佛崖唐代造像等重要景点。

（二）泰山

泰山位于山东省中部泰安城北，是中国第一批列为国家重点风景名胜区的名山。1987年被联合国科教文组织列为世界自然与文化双重遗产。泰山景区为国家5A级旅游景区。泰山古称"岱山"，又名"岱宗"，"岱"即大山，"宗"为长辈，意思说泰山是中国大山的长辈。因地处东部，故又称"东岳"。泰山景区占地面积426平方公里，主峰玉皇顶海拔1 545米，高度在五岳中排行第三，但因为古人以东方为万物交替、初春发生之地，所以泰山被称为"五岳独尊"、"天下第一山"。

泰山形象雄伟，气势非凡，自然景观以奇、险、秀、幽、奥、旷著称。领略泰山之美，最佳方案是穿过岱庙，北行至岱宗坊，走东路经石峪、中天门、十八盘、南天门、碧霞祠直上玉皇顶。登上玉皇顶可以领略"会当凌绝顶，一览众山小"之意境，云海和日出是泰山两大自然奇观。下山走西路，经由后石坞，到中天门，过长寿桥，走正路南下，经黑龙潭水库，冯玉祥墓至普照寺。秋季是泰山的最佳旅游季节。

泰山历来被人们当作崇高品德、坚强意志、磅礴气概和无畏精神的象征。经过2 000多年的积累与沉淀，泰山已成为中国传统文化的缩影。历代封建帝王把它当成神的化身，历史上曾有72代帝王来泰山封禅；命在朝廷的达官，放浪山水的文人，云游四方的僧道，甚至面朝黄土背朝天的百姓众生，他们的政治思想、道德观念、审美观念等等，都在泰山以不同的形式有所体现。泰山景区内有寺庙58座，古遗址128处，碑碣1 239块，摩崖刻石1 277处，还有大量历代歌颂泰山的诗词文赋，是天然的历史、艺术博物馆。

岱庙位于泰山南麓，旧称"东岳庙"，又叫泰庙，主祀"东岳泰山之神"，也是古代帝王来泰山封禅告祭时居住和举行大典的地方。岱庙是泰山最大、最完整的古建筑群，面积9.6万平方米。岱庙历史悠久，创建于汉代，历代屡有扩建，逐渐形成了规模宏大的建筑群，是全国重点文物保护单位。岱庙建筑风格采用帝王宫城的式样，城堞高筑，庙宇嵯峨，宫阙重叠，周环1 500余米，庙内各类古建筑有150余间。这里古柏参天，碑碣如林，文物荟萃。这里保存了琳琅满目的历代帝王祭祀泰山神的祭器、供品、工艺品，也有闪烁着华夏文明光华的泰山出土文物和革命历史文物，并保存了大量的泰山典籍和道经。更为珍贵的是184块历代碑刻和48块汉画像石，成为我国继西安、曲阜之后的第三座碑林。

（三）曲阜明故城（三孔）旅游区

曲阜北距泰山90公里，是我国古代伟大思想家、教育家孔子的故乡，是中国历史文化名城。名胜古迹众多，其中孔庙、孔府、孔林"三孔"被列为《世界文化和自然遗产名录》。三孔旅游区为国家5A级旅游景区。

1. 孔庙

孔庙又称至圣庙，位于曲阜市中心，是历代祭祀孔子的庙宇，是我国祀孔庙堂中建造年代最早、规模最大的一座。原为孔子故宅，后经历代重修扩建，规模日大。全庙南北长1公里多，占地面积约9.6万平方米，里面古木参天，雕梁画栋，其规模和壮丽仅次于北京故宫。现有院落9处，门坊54座，殿堂466间，建筑面积达1.6万余平方米。整个院落建筑疏密有致，布局严谨，中贯轴线，左右对称。庙内有13座历代帝王所立的"御碑亭"，还存有两汉以来的历代碑碣1 000余块，是历史、文化、书法等研究的珍品。孔庙与北京故宫、河北承德避暑山庄合称中国三大古建筑群，为全国重点文物保护单位。

2. 孔府

孔府位于孔庙东侧，旧称衍圣公（孔子后裔封号）府，为历代衍圣公的官署和私邸。经历代维修扩建而具现有规模，占地240多亩，亭堂楼轩等建筑460多间，院落9处，布局分东、中、西三路。中路为主体部分，前为官衙，后为内宅，最后是孔府花园。东路为家庙，西路为客厅院。府内陈设华丽，并保存有珍贵的传世文物。孔府是我国历史上历时最久、规模最大、最豪华的封建贵族府第，是研究东方儒学及历史文化的最佳场所。

3. 孔林

孔林位于曲阜城北1.5公里处。是孔子及其后代的墓地，也是目前世界上延时最久，面积最大的氏族墓地。自汉代以后，历代统治者对孔林重修、增修过13次，以至形成现在规模，总面积约2平方公里，周围林墙5.6公里，墙高3米多，厚1米。陵园正中偏南是孔子墓。陵园内有古树2万多棵，古墓和碑碣如林。甬道两侧的华表、文豹、角瑞、翁仲等石雕，多为宋代遗存。

（四）青岛市主要景区景点

青岛位于胶东半岛南侧，黄海胶州湾出口处东岸，三面环海，一面临山。青岛有着旖旎壮美的海滨风景线，起伏跌宕的海上仙山——崂山，还有众多具有典型欧陆风格的多国建筑，以及近现代历史文化的名人故居，红瓦绿树、碧海蓝天，中西合璧，山、海、城相融相拥，是中国最优美的海滨风景带和海内外著名的度假、休闲、观光、商务、会展目的地。青岛是中国首批优秀旅游城市，是中国东部沿海地区重要的交通枢纽和海外游客出入中国的主要口岸。著名的旅游景点有：崂山、小青岛、栈桥、八大关、汇泉、海产博物馆、十大山头公园、石老人度假区等。

崂山位于青岛市北崂山县境内。崂山耸立于黄海之滨，主峰海拔1 133米，高大雄伟，山势东峻西缓。崂山东部和南部紧逼大海，形成山海相连的独特景观。蜿蜒曲折的海岸，形成了许多岬角和海湾，大小岛屿星罗棋布。海上看山，群峰攒簇，云雾缭绕；登山观海，烟波浩渺，水天一色。每当风疾波涌之时，惊涛裂岸，浊浪排空，咆哮轰鸣，被称为“山海奇观”。崂山又是我国道教名山，最盛时，有“九宫八观七十二庵”，上千名道士，成为道教全真天下第二丛林。著名的道教人物丘长春、张三丰等都曾在此修道。山中有太清宫、上清宫、龙潭瀑、明霞洞、八仙墩、白云洞、棋盘石等游览处。古人称崂山为“神仙之宅，灵异之府”，蒲松龄《聊斋志异》中的故事很多以此为背景，更增添了崂山神秘色彩。崂山与青岛海滨一并列入国家重点风景名胜区。

（五）烟台市

烟台位于胶东半岛北部沿海，东距蓬莱70公里，西距威海88公里。烟台依山傍海，数公里长的芝罘半岛深入海中。烟台自然环境独特，历史悠久，旅游资源丰富，有多处国家级森林公园及国家级候鸟自然保护区等，有新石器时代的白石村遗址、近代开埠最早的烟台山领事馆基地遗址、人间仙境蓬莱阁、海上仙山长岛、莱州云峰山魏碑刻石等名胜古迹。著名的旅游景点有烟台山、毓璜顶、芝罘岛、牟平县养马岛等。烟台是中国优秀旅游城市，并享有“国际葡萄酒城”之美誉，是全国重要的渔业基地、北方著名的水果产地。

（六）蓬莱

蓬莱古称登州，位于胶东半岛最北端，北濒临渤海、黄海，与长山列岛隔海相望。它依山傍海，气势不凡，烟雨浩渺，素以“山海名邦”、“人间仙境”驰名海内外。神秘莫测的“海市蜃楼”奇观，被认为是传说中的“蓬莱、瀛州、方丈”三座仙山之一，自古便是历代帝王寻仙访药之地，至今还流传着“八仙过海”的美丽传说。

蓬莱阁景区位于胶东半岛最北端，是国家级重点风景名胜区，5A级景区。闻名遐迩的蓬莱阁位于城西北丹崖山巅，殿阁凌空，云烟缭绕，与黄鹤楼、岳阳楼、滕王阁并称“中国四大名楼”。蓬莱阁自古为文人墨客集聚地，今留存观海述景题刻200余石，有相当一部分是描写“海市蜃楼”的。

蓬莱水城位于蓬莱阁东侧，明代戚继光所筑，是我国现存的较完整的古代海军基地。长岛位于蓬莱北15公里的渤海海峡中，从蓬莱北望，隐隐绰绰，若海上仙山，被誉为“海上桃源”。

（七）威海

威海位于胶东半岛北缘威海湾西岸，三面环海，背负青山。威海是一座美丽的海滨城市，这里风景秀丽，气候温和，物产丰富，交通方便，经济发达，是我国对外开放的沿海港口城市之一，也是“国家园林城市”、“国家环保模范城”。威海旅游资源十分丰富，有国家级风景名胜区2处，文物保护单位50多处，游览景区（点）80多处。距市区2.1海里的刘公岛，是国家级风景名胜区，是清代北洋水师的大本营，现存水师提督衙门、丁汝昌官邸、码头旧址等。原北洋水师提督府现已辟为“中日甲午战争博物馆”，成为爱国主义教育基地。

（八）其他重要旅游城市及旅游点

山东其他重要旅游城市还有：“风筝之乡”潍坊，市东郊杨家埠是风筝主要产地，每年的风筝节吸引着大量国内外游人；儒家大师亚圣孟子出生之地邹县，现为我国历史文化名城；盛产牡丹的菏泽；位于梁山县境内的水泊梁山因古典名著《水浒》而名噪海内外，梁山及附近地区遍布着水浒故事遗迹，吸引着众多旅游者。

三、旅游节庆活动与地方风味特产

（一）旅游节庆活动

山东主要的旅游节庆活动有：青岛国际啤酒节、中国曲阜国际孔子文化节、潍坊国际风筝会、菏泽国际牡丹花会、泰山国际登山节等。

（二）土特名产及风味美食

1. 土特名产

山东省的土产品以烟台苹果、莱阳梨、肥城佛桃等温带水果及山东大花生较为著名。山东近海盛产带鱼、小黄鱼、对虾、毛虾、海带、海参、鲍鱼、扇贝等海珍品。名产有：青岛啤酒、金奖白兰地、烟台红葡萄酒、白葡萄酒、味美思酒、高粱饴等。

传统工艺品有：济南的羽毛画，青岛的贝雕画，潍坊的年画风筝，淄博的陶瓷，烟台的木钟、抽纱、绣花、花边等。

2. 风味美食

名菜有：油爆双脆、鸡里爆、蝴蝶海参、糖醋黄河鲤鱼、汤蒲菜、醋椒鱼、扒鱼翅、红袍大虾、火烧海螺、明月海参、扒原壳鲍鱼等。

风味小吃有：清油盘丝饼、油旋、周村烧饼等。

思考与练习

1. 试述中原旅游区的地理环境特征及其对旅游资源形成的影响。
2. 试述本区旅游资源的突出特色。
3. 本区在全国最重要的旅游资源有哪些，它们的分布如何？
4. 本区有哪些主要旅游城市及旅游景点？

第七章

吴越文化江南水乡旅游区

华东吴越文化江南水乡旅游区地处长江下游，包括上海、江苏、浙江、安徽、江西一市四省，面积51.62万平方公里，人口2.4亿多，人口密度约480人/平方公里，是全国人口密度最大的旅游区。本区地理位置优越，气候条件良好，自古经济文化繁荣，水陆交通方便，物产丰富，人口密集。本区名山众多，河湖密布，园林荟萃，旅游业的发展有着坚实的资源基础。

第一节
旅游地理环境特征

一、自然地理环境与自然旅游资源

（一）河流纵横交错，湖泊星罗棋布

长江中下游平原中的长江三角洲河网密布，土地肥沃，经济发达，风景优美。本区河湖密布，主要河流有长江及其支流、淮河、钱塘江、京杭大运河等。河流流经山地的河段风景秀丽：钱塘江及其支流沿岸景色如画；淮河的峡山口、荆山峡、浮山峡，合称淮河小三峡；赣州至吉安间的赣江河段有18滩及唐、宋、明古迹；长江沿岸山崖伸入江中称为“矶”，以采石矶、燕子矶最著名。长江、京杭大运河、富春江—新安江、楠溪江是我国重要的江河旅游线，尤其是京杭大运河，沿线贯穿数座旅游名城。

本区湖泊集中分布在长江两岸，有我国五大淡水湖中的鄱阳湖、太湖、

洪泽湖、巢湖，还有杭州西湖、扬州瘦西湖、嘉兴南湖、宁波东钱湖、淳安千岛湖、绍兴东湖等，它们多与沿岸山景山水相映，湖光山色分外妖娆，都是著名的风景旅游区。

本区还有众多著名的泉水和瀑布，其中著名的有黄山温泉、黄山人字瀑、九龙瀑，庐山三叠瀑、香炉瀑，杭州虎跑泉、龙井泉，苏州虎丘的“天下第三泉”，镇江金山中冷泉，南京汤山温泉，无锡惠山泉和雁荡山大小龙湫等，是名闻天下的旅游资源。

嵊泗列岛、普陀山、朱家尖是本区著名的滨海旅游区。

（二）平原丘陵错落相间，风景名山数量众多

本区地处我国地形三大阶梯的最低一级，呈现出平原和低山丘陵相间分布的地形结构：自北而南依次为：黄淮平原，皖中丘陵，长江中下游平原及长江三角洲，江南丘陵及闽浙丘陵。

黄淮平原的海拔一般在40米以下，平原上散布着低山。大运河以西为湖泊群，如城东、城西、洪泽、高邮等湖。这些湖湖底高出地面，以堤束水，形成“悬湖”。皖中丘陵海拔500米以下。长江中下游平原以南有北东走向的山岭。

本旅游区风景名山数量众多，有许多是国家级重点风景名山，它们不仅自然风光秀丽，而且融入了大量历史文人名士的诗词文赋和山水画卷，景区内常常是文物古迹遍布。例如：庐山、紫金山、钟山、云台山、雁荡山、普陀山、天台山、黄山、九华山、天柱山、井冈山、三清山、龙虎山、琅琊山、莫干山、雪窦山、齐云山、天回山、怀玉山、仙霞山、会稽诸山等。

（三）典型的亚热带湿润季风气候，四季皆宜旅游

本区属典型的亚热带湿润季风气候，具有四季分明、冬温夏热、雨量丰沛的气候特征。每年从3月中旬开始，自南而北逐渐进入春季。5月进入梅雨季节。梅雨以后进入盛夏，河谷平原为高温中心。南昌、九江、南京被称为江南三大“火炉”。8月中下旬为秋雨期，10月秋高气爽。冬季在无寒潮南侵时，比较温暖。每年3～11月均适宜旅游，春秋两季为旅游旺季，秋季是黄金季节，春季虽降水稍多，但正值春暖花开，万物峥嵘，又无北方风沙之患，也是良好的旅游季节。盛夏虽热，但本区的风景名山、湖岸、海滨区是理想的避暑胜地。冬季与北方相比，并无严寒，因此一些风景点仍不乏游人。

二、人文地理环境与人文旅游资源

(一) 历史悠久，旅游城市众多

长江下游地区自然条件优越，开发历史悠久，距今7 000年前，人类就开始在太湖流域劳动生息。1936年在浙江余杭县良诸乡发现的良诸文化，距今大约5 300年，是当时中国最发达的文化之一。大运河的“邗沟”段(扬州—淮安)已有2 400多年的历史。本区有全国重点文物保护单位77处，省级文物保护单位401处。

优越的自然条件，悠久的开发历史使本区很早就出现了具有一定规模的城市，它们既具山水之美，又有园林之胜，还有众多的文物古迹，深厚的文化底蕴，如今已发展成为著名的旅游城市。本区旅游城市数量众多，分布密集，形成了旅游城市群。我国著名“六大古都”中本区有南京和杭州；全国99座历史文化名城中本区有19座；著名旅游城市还有：我国最大的工商业城市上海，水巷小桥的苏州，绿杨城郭的扬州，名人辈出的绍兴，“瓷都”景德镇，“陶都”宜兴，拥有三湖三寺的宁波，英雄城南昌等。

(二) 灵毓秀雅，尚文崇慧的吴越文化

江浙一带自古为繁华之地，唐末五代时，这里建立了吴越国，促进和带动了整个吴越地区经济的繁荣，同时也促进了文化艺术的发展。在漫长的历史进程中，华东地区逐步形成了以灵毓秀雅、尚文崇慧为特色的吴越文化，杭州成为中国东南的政治经济文化中心，成为中国东南人文荟萃之地。

吴越文化表现为三大特点：一是崇尚文化的民风。这里的人们都重文重教，因而人们整体文化素质较高，历史上名人荟萃，人才辈出，是人杰地灵之地。如科学家祖冲之、沈括、徐光启，书画家唐寅、郑板桥，文学巨匠施耐庵、吴承恩，地理学家徐霞客等。我国七大藏书楼中本区有扬州文汇阁、镇江文淙阁、杭州文澜阁。著名的“文房四宝”徽墨、歙砚、宣纸、湖笔都在皖南。二是从建筑到文学等各种艺术都以纤巧、秀雅、婉转、细腻为特色。本区山灵水秀，营造园林的条件优越，因而园林荟萃。园林大多集中于苏州、南京、无锡、扬州、杭州、绍兴、嘉兴等地，特别是苏州，它是我国园林艺术精华荟萃之地。本区著名园林有上海的豫园、古猗园、醉白池；南京的梅园、瞻园；苏州的拙政园、留园、狮子林、沧浪亭；无锡的蠡园、梅园、寄畅园；扬州的个园；绍兴的沈园等。这些园林艺术造诣极高，精巧玲珑，富于江南特色，是中外旅游者游览的重要内容。而吴越诗词戏曲轻柔委

婉、多情细腻，手工艺品精致细巧、玲珑剔透。三是商业发达，游娱之风盛行。本区自古商业兴盛，城镇店铺、酒楼、茶社林立，游娱之风浓厚，踏青是江浙一带人们的传统游娱活动。

（三）经济发达，交通便捷

本旅游区是我国重要的工业基地，机电、纺织、化工的生产占全国首位，轻工业十分发达。太湖流域的丝绸产品享誉国内外，还有杭州的都锦、生织锦、丝绸被面、双绉，上海的真丝印花绸，苏州的塔夫绸、宋锦，南京的云锦等。

本区农业发达，物产非常丰富，长江三角洲平原、鄱阳湖平原是我国重要的商品粮基地，本区粮、棉、麻、蚕丝、茶叶、花生、水产等的生产均在全国占有十分重要的地位，素有"鱼米之乡"的美称。本区的土特产品种类繁多，特色鲜明，尤以茶叶、名酒和丝绸最负盛名。本区丘陵地区盛产名茶，如杭州的龙井、苏州的碧螺春、祁门的红茶等都是驰名中外的名茶。

本区工艺美术品的生产历史悠久，技艺精湛，富于地方风格和民族特色，深受中外游客的喜爱。如景德镇的陶瓷、宜兴的紫砂陶器、无锡惠山的泥人等。

华东旅游区位于长江下游的黄海、东海之滨。长江、淮河横贯东西，京杭大运河纵贯南北。钱塘江从西南向东北流经浙江北部后入杭州湾。本区有以铁路、水运为主，公路和航空为辅的旅游交通网。铁路以京广、京沪、沪杭、浙赣、焦枝、枝柳等线为骨干，联系汉丹、武九、鹰厦、阜淮、淮南等干支线。航空运输以上海为中心，联系区内及国内主要大中城市，还有通往美国、日本等国的国际航线。本区公路密度较大，基本建成了通达各县市的全天候公路网。

总之，发达的经济，便利的交通，为本区旅游业的发展提供了强有力的保障。

第二节
上　海　市

一、概述

上海简称沪，别称申，位于长江入海口，面向辽阔的太平洋，是全国最大的港口和最大的综合性城市，也是全国最大的商业城市和外贸基地，是中国第一大城市，也是世界大都市之一。全市总面积 6 341 平方公里，其中市区 376 平方公里，共辖 12 个区和 9 个县，人口 1 815 万。

上海古时为海边渔村，春秋为吴国地，战国时为楚国春申君封邑，宋设镇，始称上海。由于上海地处长江三角洲，又扼长江出口，所以上海是中国重要的门户。17 世纪，它已成为一个繁盛的港口。在旧中国，特别是 1840 年鸦片战争以后的 100 多年中，上海成为帝国主义对中国进行政治、经济、文化侵略的重要据点，是一个工商业畸形发展的半殖民地半封建性质的城市。

新中国成立以来，上海在发展轻纺工业的同时，迅速发展了重工业、冶金、石油化工、机械、电子、航空、航天、汽车工业等，成为能生产高精尖产品的综合性工业基地。上海具有商业传统，是中国最大的商业、金融中心。服装、毛呢、皮鞋、化妆品、儿童玩具、金银首饰、各种传统工艺品、食品等商品丰富，花色品种齐全，是全国最大的购物中心和对外贸易口岸。

上海是我国最大的海、陆、空交通运输枢纽，既有四通八达、密如蛛网的河渠，畅通的高速公路、铁路，发达的航空运输，又有津沪、沪杭—浙赣铁路联结。上海又是我国最大的海港和长江中下游航运中心。上海港现有万吨级码头泊位 170 多个，是世界最大的货运港之一。

上海也是全国最大的科学、文化、教育中心城市之一，拥有众多的博物馆、展览馆、图书馆、植物园、动物园等科普教育场所，800 多所科研机构，60 多所全日制高等院校。

上海是我国最重要的国内外游客集散地和旅游目的地。上海市以人文旅游资源为主，以繁华的现代化大都市风貌、革命纪念地、古迹为资源特色，市区有许多现代建筑是全国之最，如上海东方明珠广播电视塔、金茂大厦等。上海是一座历史悠久的文化城市，被列入全国重点文物保护单位有 19 处，保留着若干古迹和富有特色的园林。主要名胜有：豫园、东方明珠广播电视塔、人民广场、金茂大厦、上海海洋水族馆、上海新天地、上海科技馆、玉佛寺、龙华寺、动物园、中共“一大”会址、孙中山及鲁迅故居、松江方塔、醉白池、吴淞口炮台等。共有 5 A 级景点 2 家，4 A 级景点 17 家。

2010 年世界博览会在上海市举行，吸引海内外 7 000 万人次游客前来参观，是历史上最大规模的世博会。这次盛会不仅是中国旅游业发展的重要机遇，而且留下了规模庞大的中国国家馆、世博会主题馆、世博中心、演艺中心等壮观的现代化公共建筑群，成为极富吸引力的社会旅游资源。

上海属亚热带湿润季风气候，四季分明。1～2 月最冷，最低气温为

-5℃～-8℃，通常7月最热，最高气温达35℃～38℃。每年6月中旬至7月上旬是梅雨季节。一年四季皆宜旅游。

二、主要旅游区点

（一）豫园

豫园位于南京区豫园路，是“奇秀甲于东南”的江南名园，为全国重点文物保护单位。豫园始建于明代嘉靖三十八年（1559年），原是明朝一座私人花园，占地约5公顷。全园由5条龙墙将30余处景点分割成6个景色迥然不同的风景区。园内假山奇石、亭台楼阁、荷池曲径、小桥流水布置得曲折有致。豫园胜景主要有：鱼乐榭、玉玲珑、万花楼、九曲桥、荷花池、湖心亭等。主要建筑之一的点春堂，为清末小刀会起义军的指挥部，现陈列着有关历史文物。玉华堂前的太湖石“玉玲珑”，相传为北宋“花石纲”遗物，为江南园林三大奇石之一，与苏州的冠云峰和杭州的绉云峰齐名。

（二）外滩

外滩是上海的一张城市名片。外滩位于南京路东头，从外白渡桥延伸至南浦大桥，全长4公里，是一条南北走向的临江大道。外滩东临黄浦江，西侧矗立着各种风格迥异的中西建筑，堪称“万国建筑博览”，许多大楼始建于19世纪末至20世纪初，是近代上海历史的缩影。现有海关大楼、上海市人民政府办公大楼、外贸大楼、上海大厦、银行大楼等，是上海市的政治和经济中心。放眼东望，可以领略到黄浦江的迷人风采，欣赏陆家嘴日新月异的靓丽新姿。入夜，外滩璀璨夺目，分外迷人。

（三）中共一大会址

中共一大会址位于兴业路76～78号，是中国共产党第一次全国代表大会的会址，是中国共产党诞生地，属全国重点文物保护单位。这是两幢具有20世纪20年代上海民居风格的石库门楼房。1921年7月23日，中国共产党第一次全国代表大会在楼下客厅内召开。纪念馆内有出席一大会议代表的蜡像、珍贵文物与文献等数百件展品，介绍了中国共产党诞生的历史过程以及成立后的革命活动。

（四）上海东方明珠广播电视塔

上海东方明珠广播电视塔是上海旅游新地标，位于上海市外滩、南京路口对面的浦东公园内。塔高468米，高度仅次于广州新电视塔、加拿大多伦多电视塔和俄罗斯莫斯科奥斯坦金诺广播电视塔。它由三根直径为9米的钢筋混凝土圆筒擎天立柱构成挺拔俊秀的塔身，塔身上下拱托着两颗晶莹夺目的“明珠”，塔旁地面上有三个直径分别为24米、30米、36米的球形建筑，与塔上的“明珠”互相辉映。几个球体主要是用金属板材和镜面玻璃等现代建筑饰面材料建成。地面三个球体为公共游乐场，塔身上的“低球”在75米高处，直径为50米，“高球”在277.5米处，直径45米。263米高的上体观光层和350米处太空舱是游人360度鸟瞰全市景色的最佳处所。267米处是亚洲最高的旋转餐厅。

东方明珠塔卓然秀立于陆家嘴地区现代化建筑楼群，与隔江的外滩万国建筑博览群，与后方新耸立而起的金茂大厦和环球金融中心交相辉映，展现了国际大都市的壮观景色，为国家5A级景区。

（五）上海新天地

这是一个展现上海历史文化风貌的都市旅游景点。它坐落在市中心，淮海中路南侧、黄陂南路和马当路之间，总面积3万平方米。以上海独特的石库门建筑为基础，将上海传统的石库门里弄与充满现代感的新建筑结合起来，集历史、文化、旅游、餐饮、商业、娱乐、住宅等于一体。它是领略上海历史文化和现代生活形态的最佳场所。

（六）孙中山故居

孙中山故居位于香山路7号，是孙中山先生1920年至1924年在上海的寓所，由当时旅居加拿大的华侨集资购买赠送给孙中山先生，现为全国重点文物保护单位。在这里，孙中山改组了国民党，制定了联俄、联共、扶助农工的“三大”政策，把旧三民主义发展为新三民主义，达成第一次国共合作，完成《孙文学说》等著作。故居内陈列着孙中山先生使用过的指挥刀、军事地图、文房四宝等物品。为第一次国共合作奠定了基础。现在这里陈列着孙中山先生的一些历史文物。

三、旅游节庆活动与地方风味特产

（一）旅游节庆活动

上海市主要旅游节庆活动有：上海旅游节、上海黄浦旅游节、龙华庙会和龙华新年撞钟、上海美食节、国际旅游购物节、上海南汇桃花节、上海国际茶文化节、上海柑桔节、上海桂花节等。

（二）土特名产及风味美食

1. 土特名产

上海是我国工艺美术品的主要生产基地之一，加工水平较高，产品类别繁多，品种丰富且具有鲜明的地方色彩，其中轻纺、手工业工艺品，以选料精、式样新、品种多为特色。服装、毛呢、皮鞋、化妆品、钟表、家具、耐用消费品等许多优质名牌产品蜚声国内外。还有海派戏装、饰品、雕塑、绣品、人造花等工艺美术品也很著名。

著名的土特产品有：松江鲈鱼、泖蟹、龙华水蜜桃、南桥腐乳、淀山湖清水大蟹、三林塘浜瓜等。

2. 风味美食

上海风味以红烧、生煸、滑炒水产蔬菜见长。风味食品有：城隍庙梨膏糖、五香豆、高桥松饼，乔家栅糕点、汤团、生煎馒头、蟹亮黄、小绍兴鸡粥、鸡鸭血汤等。

第三节
江　苏　省

一、概述

江苏省位于我国东南沿海，长江下游，东滨黄海，京杭大运河纵贯全省南北，省会南京市。全省面积10.26万平方公里，人口7 550万左右，是我国人口最密的省区。少数民族人口数量不多，共有26万，但55个少数民族齐全，其中回族人口最多，约占少数民族人口总数的52%。春秋战国时分别属吴、楚等国地，汉时属徐、扬二州，元属河南和江浙行中书省，明直隶南京，清置江苏省。

江苏省地势低平，绝大部分地区在海拔50米以下，河湖众多，水网密布，有85%为平原与水面，15%是丘陵低山。苏北兴化一带地势低洼，有“锅底”之称。苏南太湖、苏北洪泽湖周围水网密布，有“水乡泽国”之称。江苏属典型的亚热带季风气候，四季分明，温和湿润，雨量适中。

江苏开发历史悠久，是我国经济文化最发达的省区之一，工农业总产值居全国首位，人均收入居全国各省区的前列。纺织、丝绸和电子、化工等工业在全国负有盛名。农业开发历史悠久，是著名的“鱼米之乡”，农副土特产品丰富，盛产稻、麦、棉、蚕、鱼等。

江苏省吴文化特色明显，人们自古重视文化教育，人口整体文化素质较高，历史上出了不少状元宰相；建筑、文学和戏曲等各种艺术都以轻灵、婉转、毓秀、细腻为特色；商业发达，游娱之风盛行。

江苏省旅游资源丰富，是中国旅游业比较发达的省区之一。城市历史悠久，建城历史大多已有 2 500 多年，其中南京、镇江、常熟、徐州、淮安、扬州、苏州等已列为国家历史文化名城。名胜古迹遍布全省，旅游资源主要分布于苏南、苏北两大地域。苏南地域主要指江苏南部旅游区，包括南京、镇江、扬州、南通等城市中的旅游景点，以古迹、园林为旅游资源特色，以钟山、雨花台、玄武湖、莫愁湖、栖霞山、金山、焦山、北固山、瘦西湖、蜀岗、个园、何园为代表性景点；苏北地域主要指江苏省北部游览区，包括连云港、徐州等城市中的旅游景点，以云台山、孔望山东汉摩崖画像石刻、宿城、水帘洞、云龙山、云龙湖为代表性景点。

二、主要旅游区点

（一）南京市主要景区景点

南京背倚钟山，怀抱大江，素有“东南门户，南北咽喉”之称。城东钟山龙蟠，城西石城虎踞。秦淮河、金川河蜿蜒城中，玄武湖、莫愁湖静若处子。其间既有高山大河的雄浑大气，又兼江南水乡的烟雨迷蒙。“江南佳丽地，金陵帝王州”。南京是著名的历史文化名城，是中国的四大古都之一。南京汤山猿人头骨化石的出土，表明50 万年前南京就是人类聚居之地。南京有着近 2 500 年的建城史。自公元 3 世纪以来，先后有东吴、东晋和南朝的宋、齐、梁、陈，以及南唐、明、太平天国、中华民国 10 个朝代和政权在此建都立国，南京故有“六朝古都”、“十朝都城”之称，南京的秦淮河是历史上最繁华之地。今天的南京是长江三角洲商业、贸易、金融、旅游物流中心城市之一，也是江苏省服务业最发达的城市。

南京的旅游景区景点主要有：莫愁湖、中山陵风景区、紫金山天文台、总统府、南京夫子庙、明孝陵景区、玄武湖、瞻园、雨花台风景名胜区等。

1. 钟山风景区

钟山又名紫金山，位于市东郊，是我国著名风景名胜区。它以中山陵为中心，包括紫金山、玄武湖两大区域，总面积约 45 平方公里。这里优美的自然风光和丰富的古迹文物，有着“金陵毓秀”的称誉。钟山风景区主要景区有：中山陵景区、明孝陵景区、梅花山、灵谷寺景区、紫金山天文台、中山植物园、北极阁气象台、鸡鸣寺等，还包括玄武湖、环湖的富贵山、九华山、小红山和城墙、城堡，这里集中了28处市以上的文物保护单位。钟山风景名胜区—中山陵园风景区为国家5A级旅游风景区。

中山陵是伟大的革命先行者孙中山的陵墓，坐落在钟山南麓，前临苍茫平川，后踞巍峨碧嶂，气势磅礴，雄伟壮观。陵墓始建于1926年，孙中山先生的灵柩于1929年6月1日奉安于此。中山陵面积共8万余平方米，主要建筑有：牌坊、墓道、陵门、碑亭、祭堂和墓室等。陵墓入口处有高大的花岗石牌坊，从牌坊开始上达祭堂，共有石阶392级，8个平台，台阶用花岗石砌成，上下高差70米。石阶尽处是祭堂，其后是墓室，整个建筑差不多都是用大理石花岗岩砌成，结构庄严肃穆。

2. 夫子庙秦淮河风景区

夫子庙秦淮河风景区地处南京城南，从东水关至西水关的沿河两岸，1800年以来一直是南京最繁华的地方之一。经过修复的秦淮河风光带，以夫子庙为中心，秦淮河为纽带，包括瞻园、夫子庙古建筑群、白鹭洲、中华门城堡，以及从桃叶渡至镇淮桥一带的秦淮水上游船和沿河景观。这是集古迹、园林、画舫、市街、河房厅和民俗民风于一体的旅游线。秦淮风光最著名的是盛行于明代的灯船，夫子庙附近的河房是绮窗丝幛，十里珠帘，灯船之盛，甲于天下。夫子庙地区茶楼饭店鳞次栉比，是独具特色的饮食集中地。

（二）苏州市主要景区景点

苏州是全国重点旅游城市和历史文化名城，有着丰富的人文景观和秀美的湖光山色，名胜古迹遍布全市。全市现有各级各类文物保护单位538处，其中国家级34处，成功加入世界遗产城市联盟。拙政园和留园列入中国四大名园，并同网师园、环秀山庄与沧浪亭、狮子林、艺圃、耦园、退思园等9个古典园林，被联合国列入《世界遗产名录》；苏州古城街道依河而建，水陆并行；建筑临水而造，前巷后河，形成“小桥、流水、人家”的独特风貌。苏州其他名胜还有：虎丘、盘门、玄庙观、寒山寺；烟波飘渺的太湖；江南古镇同里、周庄、角直等。

1. 拙政园

拙政园位于苏州市东北街178号，始建于明正德年间（1506年至1521年），为明代御史王献臣弃官回乡后，在唐代诗人陆龟蒙宅地和元代大弘寺旧址处拓建而成。拙政园是苏州最大、最具代表性的园林，是首批全国重点文物保护单位，全国第一批5A级景区之一，被列入世界文化遗产名录。

拙政园占地面积52 000平方米，水面约占3/5，建筑群多临水。亭、台、楼、榭临池而建，整个园林犹如飘浮在水面之上。全园分东、中、西、住宅四部分，住宅是典型的苏州民居。中园为全园精华，池水面积占1/3，池广树茂，景色自然，临水布置了形式不一、高低错落的建筑，主次分明。以“远香堂”为主体，系明代建筑，是一座“四面厅”，四面嵌以玻璃窗，每窗都构成一幅美景。

2. 寒山寺

寒山寺位于苏州城西5公里处的枫桥镇，旁有古老的江村桥。相传唐代高僧寒山和拾得二人曾居于此，故名寒山寺。后来拾得和尚东渡日本传道，在日本建“拾得寺”，与寒山寺为姊妹寺，同时，把佛家叩钟一百零八下的规矩也传到日本。唐代诗人张继的《枫桥夜泊》一诗更使寒山寺扬名中外。诗中提到的那口钟早已失传，明嘉靖年间所铸的钟已流入日本。清光绪年间寒山寺重修时，仿照旧钟式样新铸一口大铁钟，现存放在八角钟楼上。现在悬挂在大雄宝殿内右侧的那口大钟，为日本友人募铸的青铜钟。

3. 周庄古镇景区

周庄位于昆山市境内西南隅，已有近千年历史，是中国首批“历史文化名镇”。周庄处于澄湖、长白荡、淀山湖、白蚬湖和南湖环抱之中，四面环水，港汊纷歧，湖河联络，咫尺往来，皆须舟揖。周庄环境幽静，建筑古朴，完整地保存着原来的水乡集镇的建筑风貌，全镇60%以上的民居仍为明清建筑，仅有0.47平方公里的古镇有近百座古典宅院如张厅、沈厅、周厅等，还有60多个砖雕门楼。镇内“井”字形河道流贯全镇，形成8条长街，民宅大都临河而居，还保存了14座各具特色的古桥，共同构造了一幅美妙的“小桥、流水、人家”的水乡风景画。为国家5A级景区。

（三）扬州市主要景区景点

扬州具有近2 500年历史，是国家首批历史文化名城，著名的风景旅游城市。扬州旅游资源丰富，拥有众多的名胜古迹和雅致园林。主要旅游景点有：大明寺、个园、瘦西湖、何园、汪氏小苑、瓜洲古渡风景区等。“烟花三月下扬州”，每年4月中下旬至5月中旬，扬州市都举行“烟花三月旅游节”，此时的扬州烟雨蒙蒙，琼花盛开，花香扑鼻，是旅游的黄金季节。

瘦西湖位于扬州市区西北郊，长4.3公里，宽不及100米。现有游览区面积100公顷左右，因其湖面秀丽似杭州西湖，但较之长瘦，故名。瘦西湖在六朝以来，即为风景胜地，它原是自然河道，后经历代人工经营，巧妙地运用我国造园艺术，因地制宜地建造了很多风景建筑，亭台楼阁，小榭回廊，相互衬托，彼此借景，犹如一幅山水画卷，是我国湖上园林的代表。现有：御码头、西园、冶春园、长堤春柳、叶园、二十四桥景区等景点。瘦西湖风景区是国家重点风景名胜区、国家4A级旅游区。

（四）无锡市主要景区景点

无锡具有2 000多年的历史，是吴文化的发祥地之一，素以山水秀美、人文景观众多而著称，被誉为“太湖明珠”，是国家优秀旅游城市。无锡南濒烟波浩渺的太湖，有因范蠡而得名的蠡湖，穿越市区的京杭古运河，称为“江南第一山”的惠山，象征无锡古老历史的锡山。名胜古迹主要有：鼋头渚、蠡园、中央电视台无锡影视基地、梅园、寄畅园、吴文化公园、钱钟书故居等。

隶属于无锡的江阴市有黄山炮台遗址、徐霞客故居、兴国寺塔等名胜。宜兴市的“洞、竹、茶、陶”驰名中外。

1. 鼋头渚风景区

鼋头渚为太湖西北岸无锡境内的一个半岛，因有巨石突入湖中，状如浮鼋翘首而得名，是太湖风景名胜区的主景点之一。太湖面积2 400多平方公里，是我国五大淡水湖之一，为国家重点风景名胜区。太湖风光，融淡雅清秀与雄奇壮阔于一体，碧水辽阔，烟波浩渺，峰峦隐现，气象万千。鼋头渚，独占太湖风景最美一角，有山长水阔、帆影点点的自然山水画卷；有小桥流水、绿树人家的山乡田园风光；有典雅精致、古朴纯净的江南园林景致；加上历代名人雅士游踪、石刻、书画、传说等诸多内涵深厚的文化积淀，构成了此地以天然山水为主、人工点缀为辅的生动隽美、多彩多姿的风景旅游胜地。

2. 中央电视台无锡影视基地

它坐落在美丽的太湖之滨，军嶂山麓，共占地100公顷以上，太湖水域3 000亩。它是中国首创的大规模影视拍摄和旅游基地。始建于1987年，是我国首家以影视文化与旅游相结合的主题园，也是国家首批5A级旅游景区，它以其独特的功能和魅力每年吸引着上百个摄制组在这里拍摄电视剧和电影，是国内公认的最早最成功的影视基地，被誉为“东方好莱坞”。它的主要组成部分为：唐城、三国城、水浒城。基地吸引着众多的旅游者，在这里人们不仅可以欣赏旖旎的太湖风光，还可以观影视拍摄，邀明星合影。

（五）连云港市主要景区景点

连云港市位于江苏省东北部，是中国重要的综合性国际贸易枢纽港，是重点旅游城市之一，风景名胜众多，历史文化浓厚。目前，全市有各类旅游景区 20 个、景点 200 多处，其中有 4 个国家 4A 级旅游区。著名的景区有花果山、孔望山摩崖石刻、将军崖岩画，以及渔湾山水、宿城仙境、东海温泉、石棚山风景区、大伊山风景区、高公岛风景游览区等。

1. 花果山风景区

花果山风景区位于连云港境内云台山中的前云台山，为国家重点风景名胜区，4A 级旅游区。云台山由前云台山、后云台山、东西连岛等组成。景区面积 12.8 平方公里，层峦叠嶂 136 峰，其中花果山玉女峰是江苏省最高峰，海拔 625.3 米。相传明代著名文学家吴承恩的《西游记》对花果山的描写就取材于此。山中终年气候温暖湿润，古树参天，四季花果不绝，名胜古迹众多。主要景点 136 处，奇峰、异洞、怪石遍布，有猴石、八戒石、遗娲石等，其中水帘洞最为有名。此外还有老君堂、三元宫、南天门等景点。

2. 孔望山东汉摩崖画像石刻

孔望山位于市区南 2 公里处，因孔子登山望海而得名，古迹众多，环境自然幽雅，文化底蕴深厚，属国家 4A 级风景旅游区。山的西南部有珍贵的汉代摩崖画像石刻，石刻依山崖的自然形势凿成。画面东西长 15.6 米，高 9.7 米，共有 108 个人像，最大的人物画像 1.54 米，最小的头像仅 10 厘米。经专家鉴定，这些画像石刻比敦煌莫高窟壁画还早 200 多年，是我国迄今发现的最早的石窟寺艺术雕刻，属全国重点文物保护单位。

3. 锦屏山将军崖岩画

锦屏山位于市西南郊，在马耳峰南麓的将军岩崖坡上有一幅高 20 余米，宽 11 米左右的岩画，被誉为“东方天书”，是上古勾芒氏部落的历史遗存，是 7 000 年前东夷先民的朝圣中心、观天测象的原始实录。画面内容为：人像及农作物刻画，鸟、兽、日、月、星、辰、云等图案，造型古朴、形象诡异，充满了神秘色彩。这是迄今为止所发现的唯一反映我国原始农业部落社会生活的石刻岩画，对我国历史学、考古学、民族学、艺术史的研究具有重要价值，是国家级重点文物保护单位。

三、旅游节庆活动与地方风味特产

（一）旅游节庆活动

江苏省旅游节庆活动有 30 多种，主要有南京国际梅花节、无锡太湖旅游节、苏州寒山寺除夕撞钟、周庄国际旅游艺术节、南京风筝艺术节、镇江茅山道教庙会、东吴水乡妇女服装展、苏州国际丝绸旅游节、徐州彭城文化节等。

（二）土特名产及风味美食

1. 土特名产

江苏省名特产品众多。太湖流域乃我国三大桑蚕基地之一。宁镇丘陵山地产茶叶药材等，名茶有碧螺春茶；高邮鸭与鸭蛋、原产如东的狼山鸡等均享有盛名。

江苏省为全国重要淡水湖区，太湖银鱼、长江鲥鱼、刀鱼和阳澄湖大闸蟹均为名产。

著名的传统工艺品有：苏州的刺绣、檀香扇，南京的云锦、雨花石雕，无锡的泥塑、丝绸，连云港的地毯、贝雕，扬州的漆器、玉雕、盆景，宜兴丁蜀镇陶器，常州的梳蓖、灯芯绒等。

2. 风味美食

江苏著名的美食有：南京板鸭、南京盐水鸭、南京全鸭席、如皋火腿、镇江肴肉、扬州蟹黄汤包、苏州松鼠桂鱼、常熟叫花鸡、阳澄湖大闸蟹、淮安汤包、淮安全鳝席、高邮双黄咸鸭蛋、无锡酱排骨等。扬州是由中国烹饪协会正式认定的“淮扬菜之乡”，素有“吃在扬州”的美誉。还有苏州松子糖、淮安馓子、苏州月饼等风味小吃。

漆器、玉器等传统工艺品是扬州旅游资源的重要内容，漆器形神俱臻、古朴典雅；玉器选玉精良、因材设计，度势造型、雕琢精致。扬州刺绣以劈丝精细、针法缜密著称。扬州剪纸以明朗朴实、清新秀丽见长。著名的扬州盆景栽培艺术独特，有“一寸三弯”之说，是我国盆景艺术的五大流派之一。

第四节
安徽省

一、概述

安徽位于长江下游、华东西北部，因境内有皖山（天柱山）、皖水，春秋时有皖国，故简称皖，旧以安庆、徽州两地首字得省名。春秋时属吴、楚等国地，汉属扬、徐、豫三州，唐分属江南、淮南、河南等道，元属河南、江浙行中书省，明直隶南京，清置安徽省。面积13.9万平方公里，人口约6 110万，有汉、回、畲等民族，省会合肥市。

安徽省地跨长江、淮河、新安江三流域，多河流湖泊，境内丘陵、平原皆备，自北而南为平原、丘陵、山地。气候温和湿润，北部为暖温带半湿润季风气候，淮河以南为亚热带湿润气候。

安徽是中国重要的产粮省之一，农作物以水稻、小麦、棉花、花生、茶叶、油菜籽、烤烟、黄红麻为主。农业具有南北过渡特征，淮北以小麦杂粮为主；长江淮河间为鱼米之乡，作物以水稻、油菜为主。安徽种茶历史悠久，茶叶产量居全国第二位。安徽有渔业可利用水面53万公顷，是中国四大淡水水产渔业省之一。

安徽省是矿产资源大省，矿产种类较全，储量丰富，其中煤、铁、铜、硫、明矾石为五大优势矿产。有两淮煤矿、马鞍山钢铁厂和铜陵铜矿等著名企业。

安徽省山川壮丽，名山、秀水、奇洞千姿百态，徽州文化独具特色，有着丰富的旅游资源。安徽省旅游资源主要分布于皖北和皖南两大地域。皖北是省境内长江以北的地区，包括合肥、滁州、潜山、安庆等市县中的旅游景点，以名山、古迹为旅游资源特色，代表性景点有：合肥逍遥津公园、琅琊山、醉翁亭、天柱山、菱湖、铜官山、赭山、荆山寺、采石矶等。皖南主要指长江以南的皖南丘陵地区，以名山为旅游资源特色，代表性景点有：黄山、九华山、天柱山等国家重点风景名胜区，还有中国四大道教名山之一的齐云山。寿县、亳州市、朗县是中国历史文化名城，古村落西递、宏村被列入《世界遗产名录》。徽州文化以历史文化名城歙县最突出，安庆黄梅戏、凤阳花鼓戏和芜湖铁画等文化艺术流传甚广。此外，琅琊山、小孤山、采石矶、巢湖、太平湖等也是名扬天下的旅游资源。

二、主要旅游区点

（一）黄山

黄山位于安徽省南部，在歙县、太平、休宁、黟县之间，景区距市府所在地屯溪64公里。黄山古名黟山，传说古代轩辕黄帝曾在这里修真炼丹，得道升天，于是唐玄宗下诏改名为黄山。黄山是中国十大风景名胜之一，国家5A级旅游景区，入选世界地质公园，被联合国列入《世界自然文化遗产名录》。

黄山巍峨挺拔，雄奇瑰丽，古人称黄山“具有泰岱之雄伟、华山之险峻、衡岳之烟云、匡庐之飞瀑、雁荡之巧石、峨眉之清秀”。明代大旅行家徐霞客曾赞叹“五岳归来不看山，黄山归来不看岳”。黄山是典型的花岗岩峰林景观，山势以三大主峰为中心向四周铺展，或跌落为深壑幽谷，或隆起成峰峦峭壁。景区精华部分为154平方公里，大致可分为温泉、玉屏、北海、松谷、云谷、白云六个景区，其中玉屏和北海景点最集中，最精彩。景区内重峦叠嶂，三十六大峰巍峨峻峭；三十六小峰峥嵘秀丽，其中莲花峰、天都峰、光明顶三大主峰海拔均在1 800米以上，莲花峰最高，海拔1 864米。

奇松、怪石、云海、温泉，被称为黄山“四绝”。黄山松千姿百态，由于环境恶劣，黄山松生长速度异常缓慢，根部一般要比树干长几倍甚至几十倍，一棵不足一丈的黄山松，树龄往往上百年甚至数百年。著名的“迎客松”，树龄就达千年。黄山多石柱、石林及各种巧石。它们“似人，似物，似禽，似兽”，“如笔，如矢，如笋，如林，如刀戟，如船桅”，惟妙惟肖。黄山云海美妙奇幻，时而云絮飘渺，时而波澜壮阔。每年的11月到第二年的5月是观赏黄山云海的最佳季节。黄山温泉有24处，其中朱砂泉堪称奇泉。此泉每隔数年要变赤一次，六七天后返清。相传轩辕皇帝就是在此沐浴七七四十九日得返老还童，羽化飞升的，故此泉又称“灵泉”。黄山有36条大峡谷，形成36源，汇流24溪，山水迸泻，形成飞瀑，悬垂如练，溅珠喷玉。著名的有人字瀑、百丈瀑、九龙瀑。

黄山的历史文化积淀丰厚，李白、徐霞客等历代名人来此游览，留下许多佳话名作。历代遗留的寺庙、亭阁、盘道、古桥和摩崖石刻共200多处，散布在名峰秀水之间。

（二）西递、宏村古村落

西递、宏村古村落是世界文化遗产。

西递村位于黄山南麓，距黟县县城8公里。西递村始建于唐代，素有“桃花源里人家”之称。全村东西长700米，南北宽300米，有保存完好的明清民居近200幢，99条高墙深巷，两条清泉穿村而过。村中各家各户的富丽宅院、精巧的花园、黑色大理石制作的门框、漏窗，石雕的奇花异卉、飞禽走兽，砖雕的楼台亭阁、人物戏文，及精美的木雕，绚丽的彩绘、壁画，都体现了中国古代艺术之精华，堪为徽派古民居建筑艺术之典范。目前已开发的有凌云阁、刺史牌楼、大夫第、履福堂、青云轩等20余处景点。

宏村位于黟县县城西北11公里。宏村始建于北宋，从村外自然环境到村内的水系、街道、建筑，甚至室内布置都完整地保存着古村落的原始状态，鳞次栉比的层楼叠院与旖旎的湖光山色交相辉映，被誉为“中国画里乡村”。宏村现存完好的明清古民居140余幢，其中清代盐商营造的“承志堂”最为杰出，它占地2 000多平方米，气势恢宏，工艺精细，正厅横梁、斗拱、花门、窗棂上的木刻堪称徽派木雕精品。古宏村人独出心裁规划并建造了牛形村落和人工水系，堪称中国古代村落建筑艺术之一绝。

（三）齐云山

齐云山位于黄山市西33公里处的休宁县境内，因其“一石插天，与云并齐”，故名齐云山。齐云山为国家重点风景名胜区，自然景观与人文景观交相辉映。齐云山最高海拔仅585米，以丹霞地貌为特色，山形多为圆锥体，风景区面积为110平方公里，奇峰峥嵘，怪石嶙峋，赤如丹砂，灿若红霞。有奇峰50座，怪崖49处，幽洞16个，飞泉涧溪27条，池潭14方。齐云山与四川青城山、湖北武当山、江西龙虎山并称道教四大名山，是中国四大道教圣地之一，山中道教始于唐，兴盛于明清，鼎盛时期有道观33座，现仅存6处，以玉虚宫、真武殿和玄天素宫、天清殿、洞天福地等最为有名。齐云山还有建筑风格独特的道教墓葬22处和大量的摩崖石刻和碑刻。

（四）九华山

九华山地处皖南青阳县境内，距县城西南20公里，原名九子山，后因大诗人李白吟咏此山的诗句“妙有分二气，灵山开九华”而得名九华山。九华山是国家重点风景名胜区，国家5A级旅游区。

景区规划面积120平方公里，保护面积174平方公里，有99峰，以天台、天柱、五老、罗汉等峰最为奇丽，主峰天台峰，最高峰是十王峰海拔1 342米。九华山山势雄伟，群峰竞秀，怪石峥嵘，植被繁茂，瀑飞泉涌，气候温和湿润。九华山与峨眉、五台、普陀并称为中国四大佛教名山，是佛教中地藏菩萨的道场。现有保存完好的寺庙近百座，散布于悬崖上和山林中，主要为未受破坏的明清建筑。规模大者有化成寺、东岩寺、祇园寺、甘露寺。其中化成寺始建于东晋年间，距今已有1 500多年的历史。寺内保存着一部明朝印刷的全套藏经，共677卷。九华山有佛像万余尊，文物2 000余件，其中有历代皇帝御赐的金印玉玺、明万历皇帝御赐的全套藏经等。九华山从唐代至今自然形成了15尊肉身菩萨，现可供观瞻的有5尊。在气候常年湿润的自然条件下，肉身不腐已成为生命科学之谜，更为九华名山增添了一分庄严神秘的色彩。

（五）天柱山风景名胜区

天柱山位于安庆市西潜山县境内。汉武帝南巡时，登祭天柱山，封号南岳，因其主峰直耸云霄，如“擎天一柱”，故名天柱山。现为国家重点风景名胜区、4A级旅游区。

天柱山最高峰海拔1 485米，群峰兀立，危峰罗列，怪石嵯峨，有42峰，16岸，53峄石，25洞，还有48寨。这里秀竹奇松，流泉飞瀑遍布其间，奇花异草弥漫山谷，雾潮云海苍茫无际，风月烟云瞬息万变，雄、奇、灵、秀兼而有之。天柱山还有炼丹台、佛光寺、山谷寺、觉寂塔等人文景观，唐、宋时期，李白、白居易、苏轼、王安石、黄庭坚等文人墨客都曾登临天柱山，遗留下近400方珍贵的摩崖碑刻。

（六）琅琊山风景名胜区

琅琊山位于滁州市西南部，最高峰317米。这里琳宫梵宇，隐伏山际，茂林修竹，景色清幽，为国家重点名胜区、4A级旅游区。山中有琅琊寺、醉翁亭、丰乐亭等古建筑群，还有酿泉、归云洞等景点。琅琊寺始建于唐，寺外有唐宋元明清各代摩崖碑刻遍布其间。醉翁亭建于北宋，大文豪欧阳修知滁州时常登亭饮酒，自号“醉翁”，并撰写了脍炙人口的《醉翁亭记》，对琅琊山美景有详尽的描述，进而胜名远扬。

（七）寿县古城

寿县位于六安地区西北角，是一座有2 000多年历史的历史文化名城，是我国唯一保存着完整宋代城墙的城市，现存城周长7 000余米，高约10米，有4座城门及瓮城等建筑。城北有闻名遐迩的历史名山八公山，山上有赵国将军廉颇墓、楚公子春申君墓、西汉淮南王刘安墓等。八公山下淝水一带是历史上著名的淝水之战古战场遗址，“草木皆兵”成语即产生于此战役。

（八）屯溪

屯溪位于新安江上游谷地，横江、率水二溪交汇处，为一座美丽古老的山城，秦汉时是少数民族山越人的居住地，明末清初逐渐发展为商业集镇，曾有“小上海”之誉。著名古迹有老街、明代民居“程氏三宅”、明代数学家程大位故居、黎阳古镇等。

著名的屯溪老街是一条具有南宋和明清建筑风格的商业街，全长832米，街宽6~8米，路面为浅赭色麻石铺砌而成，街头两旁店铺林立，多数为二层、三层的砖木结构，是典型的徽派建筑风格。在老街的数百家店铺中，有胡开文墨庄、程德馨酱园、同德仁药店等百年老店。这条街在历史上商业繁荣，数次整修后仍然保持了原貌，店铺夹道错落有致、古色古香。

（九）许国石坊

许国石坊位于歙县城内，俗称八角牌楼，又名“大学士坊”。建于明万历十二年（1584年），是明神宗为表彰明嘉靖、隆庆、万历三朝功臣许国而钦赐宫建石坊。许国石坊巍峨壮观，雕饰颇为华丽，8根石柱旁立有12只石狮使结构稳固，柱子上刻有团花锦纹和云纹鹤纹。坊上正中有“上台元老”和“大学士”等字，皆为大书画家董其昌所书。此坊无论从建筑结构、雕刻，还是书法上看都很出色，是中国建筑史上的杰作，也是全国重点文物。

此外，安徽省有着众多的名胜古迹，如：合肥市的逍遥津；徽州文化最具代表性的古城歙县等。它是“徽商”以及新安画派、新安医学、徽派建筑、竹木砖石“四雕”及徽菜、盆景等富有地方特色的学术流派的发源地。

三、旅游节庆活动与地方风味特产

（一）旅游节庆活动

安徽省的主要旅游节庆有：黄山国际旅游节、九华山庙会、马鞍山国际吟诗节、中国铜陵青铜文化节、中国安庆黄梅戏艺术节、中国鞠湖国际菊花节、中国黄山歙县枇杷节、亳州（四大药都之一）国际医药文化节、中国淮南豆腐文化节等。

（二）土特名产及风味美食

1. 土特名产

安徽是我国重要茶叶产区之一，祁红、屯绿、黄山毛峰、六安瓜片、太平猴魁等均为名茶。砀山酥梨、萧县葡萄、宣城蜜枣、怀远石榴、歙县枇杷等名扬天下。名酒有古井贡酒、口子酒等。

传统工艺品以文房四宝驰名中外——泾县的宣纸、宣笔，歙县（徽州）的徽墨、歙砚等。

2. 风味美食

徽菜是中国八大名菜之一，名菜有：黄山炖鸽、腌鲜鳜鱼、清蒸石鸡、合肥龙眼肉、芜湖菜网油桂鱼、怀胎鱼、安庆素菜素火腿、素烤鸭、符离集烧鸡、无为熏鸭、巢湖银鱼、泾县琴鱼干等。名点有寿县大救驾、安庆墨子酥等等。

第五节
浙　江　省

一、概述

浙江简称浙，地处太湖以南、东海之滨，因钱塘江旧称浙江而得省名。浙江春秋时为越国地，秦时属会稽郡，汉属扬州，三国时属吴，明清时称浙江省。面积10万多平方公里，人口4 980万，有汉、畲、回、满等民族，省会杭州市。

浙江地形以丘陵山地为主，约占总面积的70%，有“七山一水二分田”之说。平原盆地占30%，北部杭嘉湖平原较大，宁绍平原次之。南部为东南丘陵的一部分，大部分海拔在500～1 000米之间，山上岩石多属火成岩，层峦叠嶂，奇峰峭壁，风景奇丽。浙江省海岸曲折绵延，长达2 200多公里，天然港湾、沿海岛屿众多，有2 000多个岛屿，居全国首位，其中有我国最大的群岛——舟山群岛。浙江地处亚热带，气候温和湿润，四季分明，年降水量为1 200～2 000毫米。

浙江自古经济文化发达，素称“鱼米之乡，丝绸之府”。盛产稻米、木竹，茶叶、生丝和丝织品产量居全国首位，丝绸出口量占全国的30%。水产资源丰富，沿海盛产大、小黄鱼、带鱼、乌贼等。工业以轻工业为主，主要有丝绸、棉麻纺织、罐头食品、制茶、造纸等行业，重工业有一定基础。

浙江历史悠久，自古为繁华富饶之地，旅游资源十分丰富，旅游业比较发达。浙江自然风光秀丽，闻名天下的山水风景胜地有：杭州西湖、富春江、新安江、雁荡山、普陀山、天台山、嵊泗列岛、楠溪江、莫干山、天目山等。浙江文物古迹众多，驰誉海内外的寺庙如：杭州灵隐寺，普陀山普济、法雨、意济三寺，宁波的保国、天童、阿育王三寺，以及天台国清寺、新昌大佛寺等。浙江旅游资源主要分布于浙北、浙东和浙西三大区域。浙北主要包括杭州、宁波、绍兴、舟山群岛等地区中的旅游景点，以山水和古迹为特色；浙东主要包括温州、雁荡山、楠溪江等地域中的旅游景点，以自然山水为特色；浙西主要包括富春江、新安江、千岛湖、金华山等地域中的旅游景点，以江河、湖泊和溶洞为特色。

二、主要旅游区点

（一）杭州

杭州有着 2 200 年历史，是我国七大古都之一，也是我国重点风景旅游城市和历史文化名城。杭州素有“鱼米之乡”、“丝绸之府”、“人间天堂”之美誉。杭州因美丽的西湖而闻名于世，人文景观丰富多彩，古代庭、园、楼、阁、塔、寺、泉、壑、石窟、摩崖碑刻遍布。拥有两个国家级风景名胜区——西湖风景名胜区、“两江一湖”（富春江—新安江—千岛湖）风景名胜区；两个国家级自然保护区——天目山、清凉峰自然保护区；五个国家森林公园——千岛湖、大奇山、午潮山、富春江和青山湖森林公园；一个国家级旅游度假区——之江国家旅游度假区；全国首个国家级湿地——西溪国家湿地公园。杭州还有全国重点文物保护单位 14 个、国家级博物馆 5 个。

西湖位于杭州市区之西，杭州西湖是一处以秀丽清雅的湖光山色与璀璨丰蕴的文物古迹和文化艺术交融于一体的国家级风景名胜区，5A 级景区。

西湖旧称钱塘湖、西子湖，三面环山，一面临繁华街区，水面原面积 5.64 平方公里，湖岸周长 15 公里，景区面积 60 平方公里。西湖的春花、秋月、夏荷、冬雪各具美态；晴雨风雪各有情致，晴中见潋滟，雨中显空濛。景区内有 90 多处各具特色的公园、风景点，湖区以苏堤和白堤的风光最为优美，西湖风景可概括为：一湖、二峰、三泉、四寺、五山、六园、七洞、八墓、九溪、十景。西湖四周有重点文物古迹 30 多处，有许多著名的石窟造像、碑刻、古建筑，是我国珍贵的艺术瑰宝。

（二）钱塘潮

钱塘江入海口的地形奇特，江口与杭州湾像一个巨大的喇叭向东海张开大口，在上海南汇县泥城至浙江镇海县中泽之间，宽达 100 公里，往里上溯到浙江澉浦水面收缩至 20 公里，再入内到海宁市盐官镇江面仅 3 公里宽，同时，水深也从外往里由 10 米变浅成 2 米，加上河口有一巨大的栏门沙坎，这样，每当涨潮时，潮水由喇叭口汹涌澎湃地涌向狭窄的江道，形成巨大的浪头。涌潮袭来时，潮头壁立，潮头高度可达 3.5 米，潮差可达 8.9 米，声如雷鸣，形似万马奔腾，被称为“怒潮”。钱塘江潮以农历八月十五～十八日最壮观，有“八月十八日潮，壮观天下无”之说。观赏钱塘秋潮，有三个最佳位置：海宁县盐官镇东南的一段海塘、盐官镇东 8 公里的八堡、盐官镇西 12 公里的老盐仓。

（三）雁荡山

雁荡山坐落于温州乐清县境内，因“山顶有湖，芦苇丛生，秋雁宿之”而得名，史称“东南第一山”，为国家重点风景名胜区，5A级景区。雁荡山是大自然解剖的一座白垩纪破火山立体模型，是流纹质火山岩自然博物馆，被联合国定为世界地质公园。

全山总面积450平方公里，景点550多处，辟有八大景区，其中灵峰、灵岩、大龙湫精华荟萃，被称为“雁荡三绝”。雁荡山素有“天下奇秀”之称。奇是指峰奇、嶂奇、洞奇，秀指水景清秀。雁荡山峰多是拔地而起的岩峰、石柱、石墩，它们高耸入云，气势磅礴，最高峰百冈尖海拔1 150米。有奇峰二百，有的如风展大旗，有的如窈窕美女，有的似猛虎蹲冈，无不形象逼真，令人赞叹造化之神奇。嶂是指连续展开的悬崖峭壁，著名的岩嶂有22列，两嶂拔地而起，相峙而立，形成“门”。“门”中多有溪涧从中穿过。雁荡山多雄伟离奇的洞窟，其中合掌峰内的观音洞，高100余米，洞内建有九叠危楼，为雁荡山第一洞天。雁荡山有许多瀑布，有名称的达18处。最著名的是大龙湫、小龙湫和三折瀑。大龙湫高达190米，终年奔泻不息，景色随季节、风力、晴雨的变化而不同。

历代文人墨客游览雁荡山后赋诗作画，留下大批作品，其中诗词5 000多首，400多处摩崖石刻等历史古迹，是宝贵的历史文化遗产。

（四）普陀山

普陀山雄峙于杭州湾以东烟波浩渺的莲花洋中，是舟山群岛东南端的一个小岛，是首批国家重点风景名胜区，首批国家5A级景区，中国佛教四大名山之一。普陀山形似苍龙卧海，素有“海天佛国”、“南海圣境”之称。

普陀山全岛面积12.5平方公里，四面环海，岛上树木丰茂，鸟语花香，寺塔崖刻，梵音涛声，充满佛国神秘色彩，被誉为“第一人间清净地”。普陀山奇岩怪石很多，著名的有磐陀石、二龟听法石、海天佛国石等20余处。在山海相接之处有许多石洞胜景，最著名的是潮音洞和梵音洞。岛的四周有许多沙滩，最著名的是百步沙和千步沙。

普陀山成为佛教圣地始于五代。据传，五代后梁贞明二年（916年），日本僧人慧萼从五台山奉引观世音像回国，途经普陀山被风浪所阻，于是慧萼便在潮音洞上岸，建“不肯去观音院”，成为普陀佛教开山之起始。宋代普陀山被正式定为观音菩萨道场。后经历代兴革，寺院林立，鼎盛时期，全山共有寺庵200多座，僧尼4 000多人。普陀山的风景名胜、游览景点很多，现存最大的寺庵主要有普济、法雨、慧济三大寺。

（五）楠溪江

楠溪江位于永嘉县境内，为国家级风景名胜区，4A 级旅游区。楠溪江美在原始古朴，野趣天然，以水美、岩奇、瀑多、林秀、村古而闻名遐迩。671 平方公里的景区分为大楠溪、石桅岩、大若岩、太平岩、岩坦溪、四海山、源头八大景区，共有 800 多个景点，自然风光星罗棋布，人文景观俯拾即是。

楠溪江遗存着新石器时期的文化遗址；两岸分布唐宋以来的古塔、桥梁、路亭、牌楼和古战场；有大大小小 200 余座古老村寨，如“金山丽水”岩头村、“七星八斗”芙蓉村、“文房四宝”苍坡村、山地民居林坑村等，被誉为中国乡土文化的史书库。楠溪江还是世界遗产人类口述与非物质遗产中国昆曲的发源地。

楠溪江自古为旅游胜地，有谢灵运、王羲之、孟浩然、苏东坡等历代文人墨客的履迹和诗句，被称为中国山水诗的摇篮。

（六）天台山

天台山位于台州市天台县城北，素以“佛宗道源、山水神秀”享誉海内外，为国家重点风景名胜区，4A 级旅游区。景区面积为 187.1 平方公里，划分为 13 个景区，主要景区有：千年古刹的国清讲寺、天下奇观的石梁飞瀑、避暑胜地的华顶国家森林公园、济公故里的赤城山等。国清讲寺始建于隋朝，至今已有 1 400 余年的历史，是国家重点文物保护单位，佛教天台宗的发祥地，也是韩国、日本佛教天台宗的祖庭。

天台山的奇山异水令无数文人骚客倾倒，唐代大诗人李白曾在天台山结庐居住，吟诵出“龙楼凤阙不肯住，飞腾直欲天台去”的诗句，现留有太白读书堂的旧址；明代大旅行家徐霞客三上天台山，写下两篇游记；还有王羲之、谢灵运、孟浩然、朱熹、陆游等都在天台山留下了深深的足迹。

（七）千岛湖

千岛湖位于淳安县境内，是国家重点风景名胜区、4A 级旅游区。千岛湖是新安江水电站大坝建成后形成的巨大人工湖，原来的低缓丘陵密布湖中，以“千岛、碧水、金腰带”的独特景观闻名于世。千岛湖拥有漫长曲折的湖岸线，湖面面积 573 平方公里，1 078 个翡翠一样的岛屿将湖面分割成千姿百态、极富变化的港湾，湖水能见度达 10 米以上，不经任何处理就可直接饮用。另外，千岛湖还有两座 1 800 多年历史的古城完整地保存在水下，等待世人去揭开它神秘的面纱。

三、旅游节庆活动与地方风味特产

（一）旅游节庆活动

浙江省举办的旅游节庆活动主要有：中国国际钱塘江观潮节、浙江美食节、杭州西湖国际游船节、杭州国际传统文化节、杭州金秋国际旅游节、江南水乡——绍兴古城风情节、杭州金秋吴山庙会、宁波国际服装节、金华兰溪黄大仙故里风情旅游节、普陀山朝山节、椒江国际钓鱼节、新昌庙会、绍兴兰亭国际书法节、普陀山佛教节等。

（二）土特名产及风味美食

1. 土特名产

浙江名特产品众多，桑蚕茧、黄麻产量居全国第一；西湖龙井茶、杭州藕粉、杭菊、白芍、白术等非常出名。沿海盛产大黄鱼、小黄鱼、带鱼、乌贼、鲍鱼、海贝等。

传统工艺品十分丰富，杭州丝绸、杭绣、织锦，湖州双绉、绫绢，东阳、乐清木雕，青田石刻，龙泉青瓷等闻名全国。

2. 风味美食

浙江的风味名菜有：杭州煨鸡、西湖醋鱼、富春江鲥鱼、西湖莼菜、宁波海鲜、金华火腿等。风味小吃有：嘉兴粽子、绍兴香糕、金华酥饼等。

第六节
江　西　省

一、概述

江西省位于长江中下游南岸，南依南岭，北枕长江，因流经境内第一大河是赣江，故简称赣。省会南昌市。春秋战国时主属楚，元置江西行省，清为江西省。全省面积为16.69万平方公里，人口4 339万，有回、畲、壮、满、苗、瑶、蒙古、侗、朝鲜、土家、布依等共38个民族，其中汉族占99%以上，少数民族中人口较多的为回族和畲族。

江西地形以丘陵、山地为主，共占全省面积的64%。东、西、南三面为武夷、罗霄、南岭等群山环绕，中部为红岩丘陵，地势南高北低，北部为鄱阳湖平原。全境有大小河流 2 400 余条，赣江、抚河、信江、修河和饶河为江西五大河流。江西为亚热带湿润季风气候，年平均气温 16℃ ~20℃，年平均降水量为 1 200 ~1 900 毫米。

江西矿产资源丰富，已发现的矿产有 171 种，已探明储量的有 111 种，保有储量居全国首位的有 12 种，盛产钨、铜、稀土、铀、锡等。江西素有“江南鱼米之乡”之称，农业以水稻为主，盛产油料、棉麻、甘蔗、茶、烟、水果等。北部鄱阳湖平原及赣、抚等河谷平原是全国著名的商品粮基地之一。鄱阳湖、赣江等江湖水面盛产鱼类。

江西地灵人杰，名人辈出。东晋诗人陶渊明，北宋文学家欧阳修、曾巩、王安石、黄庭坚；南宋教育家朱熹，民族英雄文天祥，明代戏剧家汤显祖等都出生于江西。

江西省旅游资源丰富，名胜古迹众多。江西生态良好，有 1 处世界文化遗产（庐山）、2 处世界地质公园（庐山、龙虎山），11 个国家级风景名胜区，8 个国家级自然保护区，39 个国家级森林公园。有全国最大的淡水湖鄱阳湖和风景如画的柘林湖、浓淡相宜的仙女湖等。全省森林覆盖率 60.05%，居全国前列。江西具有光荣的革命历史，是中国革命的摇篮，震撼世界的二万五千里长征就是从江西迈出了第一步，有萍乡安源、南昌、井岗山、瑞金等革命纪念地。世界著名的瓷都景德镇，瓷器名扬天下。江西省旅游资源主要分布于赣北和赣南两大地域。赣北主要包括：南昌、九江、景德镇、彭泽县等地的旅游景点，以名山、古迹、溶洞为特色，以庐山、三清山、石钟山、龙宫洞、滕王阁等为代表性旅游景点。赣南主要包括：吉安、赣州、井冈山等地的旅游景点，以名山、革命纪念地为特色，以井冈山、茨坪、瑞金叶坪、赣州通天岩、吉安青原山等为代表性旅游景点。

江西为长江三角洲、珠江三角洲和闽南三角地区的腹地，交通发达，为旅游业的发展提供了有力的保障。境内高速公路达 2 206 公里，出省主要通道全部高速化；京九线、浙赣线纵横贯穿全境；航空和水运便捷。

二、主要旅游区点

（一）南昌

南昌始建于西汉，已有 2 200 多年历史，被唐代大诗人王勃誉为“物华天宝”、“人杰地灵”的历史文化名城；被江泽民同志亲笔题名为“军旗升起的地方”的英雄城。南昌自然风光优美，城外青山积翠，城中湖泊点缀，赣江穿城而过。主要旅游景点有：八一南昌起义纪念馆、滕王阁、八大山人故居（即青云谱道院）、绳金塔、梅岭国家森林公园、西山万寿宫等。

（二）庐山

庐山，又称匡山或匡庐。传说殷周时期有匡氏兄弟七人结庐隐居于此，后成仙而去，其所居之庐幻化为山，故而得名。庐山位于九江市南36公里处，滨临鄱阳湖畔，雄峙长江南岸，大江、大湖、大山浑然一体，雄奇险秀，刚柔并济，形成了世所罕见的壮丽景观。庐山是断块山，周围多断崖、峡谷，山地上部、顶部却多宽谷，起伏不大，形成了“外陡内平”的特殊地形。巍巍庐山，远看有如一山飞峙大江边，近看千峰携手紧相连，横看铁壁钢墙立湖岸，侧看擎天一柱耸云间。

庐山以雄、奇、险、秀闻名于世，青峰秀峦巍峨挺拔，银泉飞瀑喷雪鸣雷，云海奇观瞬息万变，素有“匡庐奇秀甲天下”之美誉。庐山风景名胜区面积302平方公里，南北长约25公里，东西宽约20公里，山峰海拔大多超过1 300米，主峰大汉阳峰海拔1 474米。群峰间散布有许多壑谷、岩洞、瀑布、溪涧，地形地貌复杂多样。庐山夏日清凉，雨水充沛，云雾弥漫，年平均雾日多达191天，年平均相对湿度78%，夏季平均温度16.9℃，极端最高温度32℃，是世界著名的避暑胜地。庐山主要有12个景区、37个景点，主要景点有：美庐别墅、庐山会议会址、花径、锦绣谷、仙人洞、植物园、大口瀑布、三叠泉、五老峰等。

庐山不仅风光秀丽，而且有着无比丰厚的文化内涵，集教育名山、文化名山、宗教名山、政治名山于一身。历代有众多的文人墨客慕名而来，如司马迁、陶渊明、李白、白居易、苏东坡等，都在庐山留下许多名作。南宋朱熹主持的白鹿书院是当时中国重要的学术中心，居中国古代四大书院之首。庐山是佛教胜地，宋代有寺庙多达361座，明清以后，伊斯兰教、基督教、天主教也在庐山建堂传教。近代以来，庐山还是政治风云人物的度假之地，有保存完好的别墅群，园林建筑俊奇巧秀。现有英、美、德、法等18个国家建筑风格的别墅600余栋，其中不少已成为国家文物保护单位。

庐山是国家重点风景区、5A级旅游区、世界地质公园，被联合国列入《世界自然与文化遗产名录》。

（三）井冈山风景名胜区

井冈山地处湘赣边境的罗霄山脉中段，景区面积为261.43平方公里，已先后开发了茨坪、龙潭、主峰、黄洋界、茅坪、龙市等6大景区、30多处景点，是国家级重点风景名胜区，国家5A级景区。

井冈山千峰竞秀，万壑争流，苍茫林海，飞瀑流泉，自然风光美丽迷人。井冈山整个地势中高周低，中部多是巍然挺立、高峰插云的崇山峻岭，海拔多在1 000米到1 500米之间，边缘地带却是冈顶浑园的低山和丘陵，地形复杂多变。如大陇一带，由于流水下切作用迅猛异常，形成许多幽深峡谷、壁立的塊崖、陡峭的山峰和险峻的隘口，著名的井冈山五大哨口（黄洋界、八面山、双马石、朱砂冲、桐木岭）就在这地势转折地带的险山要隘上。井冈山上的河谷中往往成串地分布着连珠状的小盆地，如茨坪、土岭、下庄、拿山等盆地，这些盆地、谷地都是当年工农红军活动的根据地。

（四）鄱阳湖

鄱阳湖古称彭蠡，亦称彭泽，是我国第一大淡水湖，面积近4 000平方公里，烟波浩渺，水产丰富，素称“鱼米之乡”。鞋山（又叫大孤山）是鄱阳湖的重要景点，远远望去如漂浮在水上的一只巨鞋，高出水面约90米，三面崖壁直立，西北面坡度稍缓。山上劲松挺拔，绿树葱郁，登山远眺，匡庐秀色，渔舟白帆，尽收眼底。

鄱阳湖国家级自然保护区位于鄱阳湖西北角，以吴城镇为中心，总面积22 400公顷，是我国最大的候鸟自然保护区，保护濒于灭绝的天鹅和鹤类，是全球主要的白鹤和白鹳越冬地。这里有世界最大的白鹤群，如丹顶鹤、白枕鹤、白头鹤、灰鹤、加拿大鹤等。保护区内山清水秀，景色迷人。赣、修两河汇合后注入鄱阳湖，丰水季节，河湖一体，一望无际；枯水季节，水落滩出，形成广袤的湿地草洲；区内沙山高低起伏，延绵10余里，构成水乡大沙漠的壮观景象。

（五）三清山

三清山位于上饶市东北部的玉山和德兴两县市交界处，为我国道教名山之一，因玉京、玉华、玉虚三峰峻拔，犹如道教所尊崇的玉清、上清、太清三神，并有古建筑三清宫而得名。三清山是世界自然遗产地、国家重点风景名胜区、4A级旅游区。

三清山风景名胜区总面积756.6平方公里，共分三清宫、梯云岭、三洞口、玉灵观、西华台、石鼓岭和玉京峰七个景区。三清山属花岗岩地貌，主峰玉京峰海拔1 819.9米。这里奇峰耸天、幽谷千仞，云雾佛光，苍松古树，峡谷溶洞，溪泉飞瀑，云海变幻无穷，森林覆盖率达86%。三清山人文景观十分丰富，有1 600余年的道教历史，现存较完整的古建筑有三清宫、龙虎殿、九天应元府等50多处；高大的石雕牌坊上刻有众多楹联。宋代名人苏洵、苏轼、王安石、陆游等都曾到过三清山，并留下许多赞美的诗篇和题字。

（六）龙虎山风景名胜区

龙虎山位于鹰潭市西南20公里处，原名云锦山，因有“两峰对峙，状如龙虎”而得名，或曰道教第一代天师张道陵在此炼九天神丹，“丹成龙虎见”，山因此得名。龙虎山风景名胜区总面积200多平方公里，核心景区位于龙虎山镇和上清镇，是国家重点风景名胜区，4A级旅游区，世界地质公园。渊源流长的道教文化，独具特色的碧水丹山和千古未解的崖墓之谜构成了龙虎山的“三绝”。主要人文景点有上清宫、象山书院、春秋战国时期的古越族崖墓群等。

龙虎山是中国道教发祥地，历经1 900多年，备受历代帝王推崇。龙虎山是典型的丹霞地貌，景区丹崖碧水，风光绮丽。仙水岩是主要风景区，这里奇峰叠翠，峡谷幽深。在仙水岩百米绝壁上，有距今2 600多年的春秋战国崖墓群，共计100多座。其年代之久、数量之多、位置之险、造型之奇特举世罕见。崖墓葬（悬棺葬）是将棺椁置于溪流边陡峭的绝壁上的自然岩洞内，崖壁与水面几成垂直的角度。这是古越、僚人特有的一种丧葬形式，至今仍是一个千古未解之谜。

（七）“瓷都”——景德镇

景德镇位于江西省东北部鄱江支流昌江河畔，是我国著名的“瓷都”和历史文化名城，也是我国四大名镇之一。这里的四大传统名瓷：青花瓷、青花玲珑瓷、粉彩瓷、颜色釉瓷，以“白如玉、明如镜、薄如纸、声如磬”蜚声国内外，被誉为“人间瑰宝”。20世纪80年代创建的古窑瓷厂完全按古代方式制造瓷器，这里的作坊、柴窑、窑房、工具等都是有价值的文物，是名副其实的“陶瓷生产博物馆”。

景德镇其他主要参观游览点还有：湖田古瓷窑址、三间庙明朝古衙、白虎湾古瓷窑遗址、高岭山、珠山、红塔等。其中，湖田古瓷窑遗址是最重要的一个，为国家重点文物保护单位。

（八）药都——樟树市

樟树市位于江西省中部，是江西四大名镇之一。樟树药业始于汉晋，成于唐宋，盛于明清，历1 800年不衰，是南方药材集散和炮制中心，享有

“药不到樟树不齐，药不过樟树不灵”之美誉，被称为“药都”。名胜古迹主要有：商代吴遗址、新石器时代遗址和阁皂山。

（九）赣州古城

赣州位于江西南部赣江上游，是一座具有2 000多年历史的美丽古城，山环水绕，红岩遍布。赣州保存着一大批历史古迹，主要有：宋代城墙、八境台、郁孤台、文庙、通天岩等17处全国文物保护单位。城西北的通天岩为圆形突兀丹霞岩丘，其中同心岩的红色峭壁上留存着北宋以来的石刻造像348尊，石龛279座，摩崖石刻97品，题刻128品，是一座石窟艺术宝库。赣州是全国著名的革命老区之一，举世闻名的二万五千里长征，就是从这里开始的，市内保存的革命历史遗迹众多，以当年中央苏维埃政府所在地“红色故都”瑞金为中心，集中了遗址群5处计15个文物单位。

三、旅游节庆活动与地方风味特产

（一）旅游节庆活动

江西省的旅游节庆主要有：中国庐山国际旅游节、中国瓷都景德镇国际陶瓷节、中国庐山杯国际龙舟邀请赛、赣州宋城文化旅游节、梅岭旅游文化节、三百山—东江源之旅、鹰潭道教文化活动周、中国龙虎山民俗旅游节、龙虎山道教文化节、漳州大余梅关古驿道赏梅节、井冈山杜鹃节、中国鄱阳湖珍禽观赏月、井冈山革命摇篮访习节、三清山旅游登高探险月、三百山东江饮水探源月等。

（二）土特名产及风味美食

1. 土特名产

江西省的名特产品以景德镇的瓷器最负盛名，所产青花、粉彩、颜色釉、青花玲珑等四大传统名瓷举世闻名。传统手工艺品有：景德镇瓷雕，南昌瓷板画，铅山竹编工艺品，龙尾石砚，李渡毛笔等。

鄱阳湖特产银鱼、鳜鱼、凤尾鱼，素称“鄱阳三鲜”。樟树的四特酒，被周恩来总理赞誉为“清、香、醇、纯”，四特酒由此而得名。其他特产还有南丰蜜桔、婺源绿茶、樟树中药材、庐山云雾茶、中华猕猴桃、赣南脐橙等。

2. 风味美食

江西风味名菜有：九江浔阳鱼席菜、庐山“三石”（石鸡、石鱼、石耳）、景德镇船板肉、井冈山石耳炖鸡、永新红烧狗肉、广昌乌云追白云等。风味小吃有：九江桂花酥糖、萍乡花果糖等。

思考与练习

1. 本区地理环境特征为旅游业发展提供了哪些条件？

2. 华东吴越文化江南水乡旅游区的旅游资源有何特点？其旅游业发展方向是什么？

3. 华东吴越文化江南水乡旅游区有哪几条重要旅游线？线上各有哪些著名旅游点？

4. 华东吴越文化江南水乡旅游区各省市有哪些重要旅游景区景点？

第八章

巴蜀荆楚山水峡谷旅游区

本区位于我国中部的长江中、上游地区，包括重庆、四川、湖北和湖南一市三省，属我国三大经济地带的中部地带，是全国唯一既不靠海又无国境线的旅游区。本区北部是我国自然地理南北分异的重要分界地域，也是东西之间的过渡地带，地形复杂，气候迥异，河网稠密，湖泊众多。本区壮丽的山川雄姿，雄伟的峡谷风光，原始的自然保护区，引人入胜的三国遗迹，尤其是其中众多的世界遗产项目，对海内外游客有着强烈的吸引力。依托长江黄金水道，本区旅游资源地域关联性强，区域特征突出。

第一节
旅游地理环境特征

一、自然地理环境与自然旅游资源

（一）自然地理环境

1. 位居我国大陆中心区位，旅游腹地广阔

本区东起幕阜——罗霄诸山，西至长江上游的金沙江畔，北至大巴、大别山地，南抵南岭、大娄山。在全国的版图中，本区位居大陆腹地，四周分别与我国青藏、中原、吴越、岭南、西南等旅游区相接，属内陆性旅游区域，无发展边疆旅游之便，却有与相邻旅游区协作发展旅游之机，同时居中的位置使其与全国各地的距离都不是太远，更有利于各地游客到本区域旅

游。

2. 地处我国三大地形阶梯交接地带，地形复杂多样

本区地形大致由川西山地、大巴山地，四川盆地、两湖平原和湘西山地丘陵等地形单元组成。川西山地是青藏高原的一部分，海拔4 500～5 000米，由一系列平行延伸的高山深谷组成，自西向东有伯舒拉岭、怒江、他念他翁山、澜沧江、宁静山、金沙江、沙鲁里山、雅砻江、大雪山、大渡河、邛崃山；大巴山地包括米仓山、大巴山、武当山和荆山，海拔自西向东由2 000米降至1 000米，岩溶地貌发育，风景荟萃，如武当、神农架、巫山、三峡等名山峡谷，以及秦岭、米仓山之间的古栈道；四川盆地大致以广元、雅安、叙永、奉节连线为界，盆地地形分为渝东平行岭谷、川中方山丘陵和川西成都平原，有缙云山、嘉陵江小三峡、都江堰水利工程、峨眉山、兴文石林等著名风景区；两湖平原以长江为界，北为江汉平原，南为洞庭湖平原，是三国名胜集中之地；湘西、湘南丘陵是江南丘陵的一部分，以湘江为轴，洞庭湖为低洼中心，周围排列有北东走向的山岭，南岳衡山、岳麓山、洞庭君山、湘南九嶷山、湘西张家界等都是著名风景名胜区。

3. 亚热带湿润季风气候

本区的主要气候类型为亚热带湿润季风气候，四季分明，夏季炎热而漫长，冬季寒冷而短暂，春秋时间长短相近。受地形影响，本区各地的水热条件地域差异明显。江汉平原、洞庭湖平原1月均温分别为0℃～2℃和2℃～6℃，7月均温皆超过29℃，年降雨量大于1 000毫米，春夏之交多梅雨，秋天则天气晴朗；四川盆地北有山地屏障，冬季较两湖平原温暖湿润，秋季降水仅低于夏季，有“秋雨绵绵”之说；湘西、湘南山地降水多于平原；川西山地为独特的青藏高原气候，垂直变化明显，在偏东、西南位置，季风可溯河谷而上，水热条件较高原其他地区好。

（二）自然旅游资源

1. 生物旅游资源丰富，自然保护区众多

川西北、川北、渝东北及鄂西山地是我国自然地理南北、东西交接地带，动植物资源十分丰富，而且具有南北融汇的过渡性特征。这一带自然景观丰富多彩，原始情趣浓厚，珍稀动植物数量可观。著名的珍稀动物有：大熊猫、金丝猴、梅花鹿、牛羚、黑颈鹤、大鲵、小熊猫、扭角羚等；著名的珍稀植物有：连香树、金线槭、水青树、领青木、水杉、银杉、珙桐、桫椤、红豆杉等。为保护这些珍稀动植物及其纯自然的生态环境，本区陆续建

立了各种自然保护区，主要以九寨沟、卧龙、王朗、神农架、武陵源等为代表，其中卧龙熊猫自然保护区已加入“世界人与生物圈计划”的自然保护区网。

2. 峻岭名山各具风彩，峡谷风光驰名中外

复杂的地貌形态，葱郁的森林植被孕育了本区秀丽多姿的峻岭名山，著名的有峨眉山、青城山、张家界、武当山、衡山、缙云山等。本区峡谷风光旅游资源丰富，在三大阶梯的交接地带和过渡地带，形成了许多两山对峙、壁立千仞、江水中流、谷窄流急的壮观图景，长江三峡是其中典型的代表。其幽深壮丽的峡谷景观，配合众多的名胜古迹和现代雄伟的水利工程——三峡工程和葛洲坝，形成了中外久负盛名的峡谷风光旅游景观带。此外，还有大宁河、神农溪、嘉陵江、乌江、岷江、金沙江、大渡河、雅砻江等河流的峡谷景观，其中大部分为待开发的旅游资源。

3. 河网稠密，湖泊较多，水景资源丰富

本区稠密的河网，众多的湖泊塑造了丰富的水景旅游资源，并孕育了各具特色的人文旅游资源。本区的河流水量大而稳定，汛期长，泥沙少，无冰期，十分有利于开展水上旅游，因此，河湖流经的地区往往都是旅游业发展较好的地区。本区的主要河流是长江及其支流，如嘉陵江、乌江、汉水、湘江等。河流在山地丘陵区形成峡谷风光，在平原地区形成巨川田园风光，在山区地势陡降处形成瀑布景观，在上游某些河段形成漂流河段，如大宁河小山峡漂流、湘西猛峒河漂流、鄂西神农溪漂流等。

本区湖泊主要集中在两湖平原，其中又以“千湖之省”湖北最多。洞庭湖在我国五大淡水湖中位居第二，水面广阔，拥有闻名的岳阳楼、君山风景区和世界级湿地自然保护区。

二、人文地理环境与人文旅游资源

(一) 人文地理环境

1. 农业发达，物产丰富

本区气候条件优越，土地资源丰富，自古就是我国水稻的重要产区。四川盆地享有“天府之国”的美称，湘鄂则有“湖广熟，天下足”的美誉。江汉平原、洞庭湖平原和湘中丘陵是我国重要的商品粮基地。本区优越的自然条件，稠密的人口，悠久的开发历史，孕育了丰富的物产。本区土特名产众多，尤以名酒和丝绸而著名，如四川的五粮液、剑南春、泸州老窖都是全

国名酒。另外，四川的蜀锦和蜀绣以及湖南湘绣等均为丝绸之上品。同时，本区工艺美术品的生产历史悠久，技艺精湛，产品具有浓厚的地方风格和民族特征。著名的工艺美术品有四川的刻花玻璃、竹器、陶器、皮影艺术、树雕；湖南的彩瓷、陶瓷、竹刻；湖北的缘松雕、绢花、剪纸等，所有这些，均为旅游商品的开发提供了条件，从而大大丰富了该区的旅游商品种类，为旅游业的发展奠定了较好的基础。

2. 巴蜀楚文化特色鲜明

巴蜀文化为四川盆地的区域文化，起源于巴文化，是指巴族和巴国在历史的发展中所形成的地域性文化。巴人一直生活在大山大川之间，顽强彪悍，勇猛善战。巴蜀文化特色主要表现在四个方面：一是崇拜白虎，这是古代巴人图腾崇拜与祖先崇拜的延续。二是民间体育泥土气息醇厚。这里的土家人有一种民间体育活动是徒手赤臂有节拍地拍打大腿、手膀背胸等部位，发出有节奏的“啪、啪”声，表现出粗犷淳朴的气息。三是无事不歌舞的巴人遗风。古巴族能歌善舞，巴渝舞是集体舞蹈，刚劲有力，富有气势，经过不断演变，巴渝舞分支为僚人的“羽人舞”、江南的“盾牌舞”、土家族的“摆手舞”，以及川东的“踢踏舞”。土家人不仅节庆要跳摆手舞，耘草时有“薅草锣鼓”，办丧事时也跳“撒尔荷”。春秋战国时代巴族的民歌也相当有名，它不但流行于巴境，而且在楚国也脍炙人口。巴山调亦称竹枝词，经文人创作之后，竹枝词开始成为一种富有民歌味的诗体形式。四是独特的婚俗——哭嫁。

楚文化源自中原，随着祝融部族西迁鄂西北和江汉平原，在不断融合江南众多的部族文化的过程中成长壮大，春秋中后期崛起为统领南方的中国文化分支。楚文化的成就和特色主要表现为以下五方面：一是青铜冶铸工艺。楚人创造了前所未有的失蜡法或漏铝法工艺技术，饰器物有复杂的形状和巧夺天工的附饰。二是丝织与刺绣。楚人织造方法可分绢、绨、纱、罗、绮、锦、绦、织八类，刺绣品都具有花纹大、幅面宽、图案美、织造精、色彩鲜等特点。三是髹漆工艺。考古发现，楚国是先秦各国中出土漆器最多的地方，其类别极繁，应用极广，通常以黑漆为底，以黑红两色搭配最多，兼有其他各色漆描花，色泽耐久，对比鲜明，色调典雅。四是美术和乐舞。楚人喜歌，且喜唱俗曲；楚人舞蹈特点是袖长和体弯，具有很高的艺术性。五是文学创作。楚辞是楚文化卓绝的代表，屈原的《离骚》是中国文学乃至世界文学的经典；诞生于斯的《庄子》是中国古代散文的一朵奇葩。

3. 交通条件日益改善，旅游可进入性大大增强

长江干流横贯本区东西，并有岷江、嘉陵江、乌江、沅江、湘江、汉水和赣江等支流，有武汉、黄石、城陵矶、重庆等重要水运口岸。本区有京九、京广、焦柳、宝成、成昆、成渝、川黔等铁路干线与长江相交，还有湘黔、汉丹、襄渝、石长等东西铁路干线。20 世纪 90 年代以后，本区的交通条件进一步得到改善，可进入性大大增强，促进着旅游业的发展。各主要城市以及一些重要的景区都建起了能起落大型飞机的机场，如武汉、长沙、成都、重庆、宜昌、武陵源等。各主要城市之间建起了高速公路，湖北宜黄高速公路将沿江黄石、鄂州、武汉、荆州、宜昌几大旅游城市连为一体。

（二）人文旅游资源

1. 三国古迹和近现代革命圣地遍布，伟人名人众多

本区是“三国”时代的矛盾斗争中心，留下了许多著名的历史遗迹，如：武侯祠、张飞庙、古隆中、赤壁古战场等。

本区也曾是中国近、现代革命早期活动中心，爆发了湘南起义、平江起义、黄林起义等，留下了大量的革命胜迹，如：武汉中央农民运动讲习所旧址、武昌起义纪念馆、秋收起义爆发地湖南文家市等；在大别山区、洪湖、华莹山等地都有革命根据地存在。同时，从这里走出来的伟人名人的数量在全国首屈一指，如：主要领袖人物毛泽东、刘少奇、邓小平，共和国十大元帅中的八位：朱德、彭德怀、刘伯承、陈毅、贺龙、聂荣臻、罗荣桓、林彪[①]等，他们的出生地、故居等都是吸引游客的旅游资源，这些地方大多已成为爱国主义教育基地和重要旅游目的地。

2. 摩崖石刻艺术辉煌卓绝

四川、重庆境内的摩崖石刻遍布，石刻大佛之多为全国之冠，有“大佛之乡”的称号。乐山大佛是世界上最大的石刻佛像，潼南大佛是我国最大的金饰大佛，马龙山卧佛是我国最大卧佛。大足县宝顶山的石刻在艺术上更是辉煌卓绝。

3. 古今水利工程举世瞩目

建于战国时期的都江堰是我国古代四大水利工程之一，历经 2 000 多年仍在发挥着良好作用，如今这里还是国家级重点风景名胜区。现代伟大的水利工程葛州坝、三峡水利工程、二滩大坝水利工程，它们雄伟的工程建筑，

---

① 1981 年 1 月 25 日，中华人民共和国最高人民法院特别法庭确认林彪为反革命集团案主犯。

壮观的船闸工程深深地吸引着中外游客，是新的旅游热点。

第二节
重 庆 市

一、概述

重庆古为渝州，简称渝，位于四川盆地东部。重庆是我国最大的直辖市，全市面积8.24万平方公里，是京、津、沪三个直辖市总面积的2.4倍，共辖19个区，21个县，其中4个少数民族自治县。全市人口2 808万，以汉族为主，有土家、苗、回等49个少数民族，占全市人口的6.5%，以土家族、苗族人口最多。

重庆市区位于长江与嘉陵江汇合处，三面环江，形如半岛，依山建城，地形以山地、丘陵、河谷平原为主，群山巍峨起伏，江河纵横蜿蜒，素有“山城”之称。重庆气候为亚热带季风气候，温暖湿润，年平均气温18.6℃，降雨量在1 000毫米以上。重庆有“雾都”之称，冬春多浓雾，年平均雾日100～150天；重庆又是中国三大火炉之一，盛夏最高气温可达38℃～39℃。

重庆经济发达，是我国西部地区最大的经济中心和重要的综合性工商业城市之一，以钢铁、煤炭、电力、机械、化学、纺织、食品工业为支柱，轻重工业并举，高科技领先。

重庆市历史发展悠久，巴渝文化积淀深厚，是历史文化名城，旅游资源丰富，种类多样，品位一流，分布相对集中。重庆市旅游资源主要分布为三大区：以市区为中心的都市旅游区、以万州区为中心的长江三峡旅游区、以黔江为中心的乌江画廊——黔江风情旅游区。都市旅游区以山城都市风光、革命纪念地、抗战文化史迹、巴渝历史遗存、园林及自然保护区为特色，以缙云山、北温泉、钓鱼城、大足石刻、四面山、金佛山、鬼城丰都等为代表性景点；长江三峡旅游区以峡谷风光、三国文化古迹为主要特色，以石宝寨、张飞庙、白帝城、瞿塘峡、巫峡、大宁河小三峡为代表性景点；黔江风情旅游区以峡谷风光、民族风情、古镇为主要特色，以黄水国家森林公园、小南海、桃花源、云梯街、龚滩古镇、乌江小三峡为代表性景点。

二、主要旅游区点

（一）山城风光

重庆市区自然景观有南、北温泉和缙云山等，园林风景有枇杷山和鹅岭等公园，革命纪念地有红岩村和红岩革命纪念馆、歌乐山烈士陵园。重庆更以山城夜景和“麻、辣、烫”火锅而著称。随着直辖市的成立，一批批现代建筑拔地而起，颇具大都市的风貌，为山城增色不少。

1. 红岩村与红岩革命纪念馆

红岩村位于重庆西北郊的化龙桥，嘉陵江西岸，为抗日战争时期中共中央在重庆活动的重要纪念地，是国共第二次合作时，中共中央南方局和八路军办事处在重庆的办公地址。周恩来、董必武、叶剑英等中共领导人曾长期在此生活、战斗，为新中国的诞生作出了卓越的贡献。

1958 年，在红岩村建立了红岩革命纪念馆，现为全国爱国主义教育基地和全国重点文物保护单位，4A 级景区。纪念馆包括曾家岩 50 号、桂园和民生 208 号新华日报营业部等旧址。该馆拥有大量中国现代史的文物、图片和资料。曾家岩 50 号是当时中央南方局在市内的主要办公地点；桂园是毛泽东、周恩来与国民党代表谈判和签订《国共双方代表会谈纪要》（即《双十协定》）的地方。

2. 缙云山国家级自然保护区

缙云山峙立于北碚区嘉陵江畔，距市区 60 多公里，景区面积 5 600 万平方米，有森林 1 400 万平方米，为国家级风景名胜区和 4A 级旅游区。缙云山最高海拔 951 米，从北到南有九座山峰，其中以狮子峰最为壮丽。景区内群峰高耸，云雾缭绕，古木参天，翠竹成林，岗光滴翠，环境清幽，景色优美，有“川东小峨眉之称”。缙云山生长着 1 700 多种亚热带植物；竹林茂密，竹子品种多达十几种，有的竹子粗如碗口，高达几十米。缙云山是佛教胜地，原有寺庙 10 多座，现存缙云寺、温泉寺。缙云寺是一座雄伟壮观的深山古寺，始建于南朝，现存庙宇为清康熙年间重修。

3. 歌乐山景区

歌乐山位于沙坪坝区中部，属缙云山的一只余脉，距市中心 16 公里。公园总面积 3 000 亩，主峰海拔 693 米。歌乐山自然风光集山、水、林、泉、洞、云、雾为一体，松柏苍翠、林壑幽美。歌乐山山脚下的烈士陵园景区有中美合作所、白公馆、渣滓洞等历史遗迹，全国爱国主义教育基地、全国重点文物保护单位和国家4A级旅游区。

歌乐山烈士陵园位于歌乐山下，这里原系国民党“军统局”的总部、电台和监狱的所在地，曾在此设立以训练特务为主要目的的“中美特种技术合作所”，抗日战争胜利以后，这里完全成了国民党当局关押、刑讯、残杀革命人士和共产党员的罪恶渊薮。主要参观点包括渣滓洞、梅园、杨家山、白公馆、五灵观、王家院子、熊家院子、小杨公桥、朱公馆、步云桥、岚垭等纵横10多公里的地域，现建有烈士墓、纪念馆和展览馆。

（二）奉节白帝城——瞿塘峡风景名胜区

白帝城距奉节县城8公里，位于长江三峡第一峡瞿塘峡西口。它濒临瞿塘，虎视夔门，孤峰独峙，气象森严，因踞水陆要津，历来为兵家必争之地。唐宋以来，李白、杜甫、白居易、陆游等历代大诗人在此留下大量诗篇，因此，白帝城又享有诗城之誉。白帝庙内的明良殿、武侯祠、观星亭等建筑均为明清所建，古朴典雅，庄严肃穆，还有东西碑林、竹枝园、三峡木石艺术馆、古人悬棺馆等人文景观。

瞿塘峡又叫夔峡，位于白帝城到巫山之间，是长江三峡的起点，全长8公里，是长江三峡中最短、最窄、最雄奇险峻的峡谷。最为壮观的是“夔门”，素有“夔门天下雄”的美名。这里两岸绝壁相峙，如两扇雄伟的巨门，最窄的地方仅有几十米，滔滔江水穿峡而过，形如万马奔腾，声似沉雷滚滚，惊险壮观。乘船过往，仰望天空，有“峰与天关接，舟从地窟行”之感。在瞿塘峡夹岸绝壁上还有号称“天梯”的古栈道遗迹、巨幅书法摩崖石刻、怪石嵯峨的天然石洞、悬空而降的清泉瀑布，以及著名古迹三国刘备托孤的白帝城、风箱峡和古代巴人悬棺等景观。白帝城——瞿塘峡风景名胜区为国家4A级旅游区。

（三）巫峡

巫峡西起巫山县大宁河口，东至湖北巴东县官渡口，跨越渝、鄂两省市，绵延42公里。巫峡以幽深秀丽著称，峡谷两岸群峰如屏，岩壑幽深，峡长谷深，迂回曲折，烟雾苍茫，绚丽壮观，宛如一条迂回曲折的画廊，是三峡中最可观的一段。“云雨巫山十二峰为巫山胜景，主要集中在峡中青石镇一带，南北各六峰，峰峦高出江面2 000米，婀娜多姿，每当白云缭绕山间，彩霞映照着峭立的石壁，更加妩媚动人，恰似亭亭玉立的十二仙女。著名的神女峰屹立于长江北岸，因峰顶立着一块秀丽的巨石恰似传说中的“神女”而得名。这里还有孔明碑、箭穿洞、神女庙等名胜风景。

（四）巫山小三峡—小小三峡风景区

巫山小三峡—小小三峡风景区国家5A级旅游区。巫山小三峡是大宁河下游在巫山县境内的龙门峡、巴雾峡、滴翠峡的总称，全长50公里。峡中有山皆翠，有峰皆奇，有泉皆飞，云雾缭绕，河险滩绝，群鸟翻飞，鸳鸯戏水，猿声阵阵，野趣横生，构成一条美妙动人的自然山水画廊。龙门峡内绝壁对峙，形若一门，素有“不是夔门，胜似夔门”之誉；巴雾峡内山高谷深，云雾迷蒙，怪石嶙峋，峰回路转；滴翠峡是小三峡中最长、最幽深、最秀丽的一个峡谷，峡内无处不苍翠，两岸还时常可以看到猴群攀树纵岩。另外还有秘存千古的巴人悬棺，令人神往的古栈道，古风犹存、精巧质朴的大昌古镇。

小小三峡是小三峡风景区中一朵绚丽的奇葩，由大宁河支流马渡河上的三撑峡、长滩峡和秦王峡组成，全长约20公里。这里奇峰多姿、风光旖旎、水流平缓、清澈见底，两岸悬崖对峙，壁立万仞，河道狭窄，天开一线，像一处玲珑奇巧的峡谷盆景。

（五）大足石刻

大足石刻艺术群位于重庆以西的大足县，距重庆市区87公里，有石刻造像70余处，总计10万尊，其中以宝顶山和北山石刻最为著名，保存最为完好。大足石刻雕凿于唐宋年间，历经1 200多年的历史，内容丰富，以佛教造像为主，儒、道造像并存，艺术造诣极高，是中华文化艺术的宝库。大足石刻现为全国重点文物保护单位，国家5A级旅游景区，被列入《世界文化遗产名录》。

宝顶山摩岩造像以大佛湾为中心，近万尊造像沿400余米U形岩湾连续雕刻，如长卷连环画，气势磅礴，雄伟壮观。其中最为著名的是千手千眼观音像，造像高3米，1 007只手尤如孔雀开屏展现在88平方米的崖壁上，千手千样，无一雷同，手握法器各异，手心各有一只眼睛。千手表示法力无边，千眼表示智慧无穷。

北山石刻始造于晚唐，终成于南宋，近万尊诸佛、菩萨造像以精美典雅著称于世。北山136号转轮经藏窟是北山石刻的代表，也是宋代石刻之精华，此窟构思巧妙，雕刻精细，“神像人化”，神采各异，被誉为“东方美神荟萃图”。其中“数珠手观音”体态匀称苗条，高额细眉，朱唇开启，笑靥妩媚，两臂交叉于腹部，手数佛珠，肘悬衣带，侧身立于莲花之上，是一中国古代美女雕像。“普贤菩萨”造像衣饰华丽，面部圆润丰满，隆鼻，凤眼，凝神沉思，温柔娴静，典雅端庄，被称为“东方美神”。

（六）江津四面山风景名胜区

四面山位于江津市南92公里处，是国家级重点风景名胜区。四面山属云贵高原大娄山北翼余脉，海拔高度为900～1 700米，相对高差1 284米。风景区年平均温度13.7℃，年降雨量1 522.3毫米，冬无严寒，夏无酷暑，森林覆盖率95.41%，有原始森林4万余亩，野生植物1 500多种，国家重点保护珍稀植物有中华双扇蕨、树蕨、银杏、香果树、红豆杉等数十种。野生动物200余种，国家重点保护的珍稀动物有云豹、林麝、毛冠鹿、猕猴、大小灵猫、弹琴蛙、红腹锦鸡等23种。这里地貌奇特，风景秀丽，有7个高山湖泊，有上百挂形态各异的瀑布，被称为“瀑布之乡”，其中望乡台瀑布宽40米，落差152米。

（七）天坑地缝风景名胜区

本区位于奉节县境内，距县城65公里，景区面积约465平方公里，以天坑、地缝等奇异地质景观为主要特色，有四个主要景区，70多个主要景点。有气势恢宏的小寨天坑、狭长幽深的天井峡地缝、雄奇险峻的迷宫河、山清水秀的世界级暗河龙桥河、神奇瑰丽的神仙洞、古木参天瀑高水清的黑湾风光，还有迷宫寨、峭壁悬棺、白莲教义军遇难处和小寨电站凳云梯等丰富多彩的人文景观。小寨天坑在垂直方向上为双层结构，上口直径626米，底部直径522米，最大深度达662米，是世界上形态十分典型、规模体量最大的岩溶漏斗；天井峡地缝是世界上极为罕见的地缝式岩溶峡谷，为复式谷中谷，最大切割深度在600米以上，长37公里。

此外，重庆市还有仙女山国家森林公园、金佛山风景名胜区、忠县石宝寨、云阳张飞庙、奉节白帝城、芙蓉洞、丰都名山景区（鬼城）等旅游景点。

三、旅游节庆活动与地方风味特产

（一）旅游节庆活动

重庆的主要旅游节庆活动有：三峡国际旅游节、山城火锅节、山城服装节、山城美食节、丰都三月三庙会、歌乐山登山节（美食节、赛鸟会）、平顶山风筝节、香炉山橘子采摘节、南山樱花节、仙女山（金佛山）冰雪节、涪陵榨菜节、万盛踩山节、黔江民族节等。

（二）土特名产及风味美食

1. 土特名产

四川省的名特产品在重庆几乎都能买到。名优食品有：合川桃片、涪陵榨菜、重庆沱茶（荣获国际金奖）、长寿薄脆、梁平柚子、万县大红袍等。工艺美术品有：漆器、巴缎、石刻、竹器、金银饰品等。

2. 风味美食

川菜历史悠久，驰名中外。川味以麻辣为主，重庆街头的红油火锅，具有麻、辣、鲜、脆、嫩的特点。主要风味菜肴有：樟茶鸭子、宫保鸡丁、烟熏排骨、口袋豆腐、麻婆豆腐、贵妃鸡、豆瓣鱼等。名小吃有百余种，如：丘二馆炖鱼鸡汁、四象村豆皮、三六九四喜汤圆，以及五大名鸭、渝洲豆腐脑、醪糟汤圆、翡翠抄手、红油水饺、担担面等。

第三节
四　川　省

一、概述

四川省位于我国西南部的长江上游，因四川盆地中有长江四大支流岷江、沱江、嘉陵江和乌江汇入，故名四川，省会成都市。春秋时四川为巴、蜀等国地，所以古称“蜀”或“巴”，现简称“川”。全省面积48万多平方公里，人口8 169万，是一个多民族的大省，有彝、藏、羌、苗、回、蒙古、土家、傈僳等55个少数民族。

四川地貌东西差异大，地形复杂多样，位于我国大陆地势三大阶梯中的第一级青藏高原和第二级长江中下游平原的过渡带，高差悬殊，西高东低的特点特别明显。全省大致可分为四川盆地和川西高原两大部分。四川盆地是我国四大盆地之一，面积16.5万平方公里，盆地四周为邛崃山、岷山、大巴山等山地和贵州山地环绕，重峦叠嶂，底部是海拔为300~700米的平原、丘陵河谷地貌，因多紫色土、红色砂岩、页岩，故称“红色盆地”。盆地属亚热带湿润季风气候，冬暖夏热。川西高原海拔3 000~5 000米，山高谷深，高山峡谷间大江如带。山河呈南北走向，有沙鲁里山、大雪山、峨眉山等和金沙江、雅砻江、大渡河等。高原气候高寒，植物呈垂直分布，以针叶林和草地为主。

四川盆地周围高山连绵，境内山多水急，交通十分困难，古有“蜀道之难，难于上青天”之说。解放后，特别是改革开放后，交通越来越便捷。成都双流国际机场是我国四大空港之一，现有国内国际航线160余条，可直飞新加坡、泰国、中国香港等地，以成都为中心的宝成、成昆、成渝等8条铁路干线横贯东西；公路四通八达；内河航运发达。发达的旅游交通促进了旅游业的蓬勃发展。

四川土地肥沃，物产丰富，尤其是川西平原地区，有都江堰的自流灌溉，自古有“天府之国”的称誉。水稻产量名列全国前茅，油菜籽产量占全国的1/3。四川是中药材之乡，又盛产名酒，传统工艺品丰富而有特色。

四川省已有4 500余年文明史，巴蜀文化积淀深厚，有着大量极具旅游价值的旅游资源，数量和品位均在全国名列前茅，是我国著名的旅游资源大省。四川现有国家历史文化名城7座：成都、自贡、乐山、宜宾、泸州、阆中、都江堰，全国重点文物保护单位62处。从古代水利工程、古镇民居到名人故居，从寺庙道观、石刻壁画到现代艺术博物馆，从史前遗址到现代建设风貌，应有尽有。

四川是我国拥有世界自然文化遗产和国家重点风景名胜区最多的省区，九寨沟、黄龙、峨眉山—乐山和卧龙5处被联合国教科文组织纳入《世界自然文化遗产名录》和“人与生物圈”保护网络，都江堰—青城山、剑门蜀道、贡嘎山、蜀南竹海、四姑娘山、西岭雪山等15处为国家重点风景名胜区；有国家5A级旅游景区（点）3处，国家森林公园28处、国家级自然保护区40处，世界级地质公园1处。尤其是我国三大林区、五大牧场之一的川西横断山区，雪峰卓立，林海苍茫，金沙江、雅砻江、大渡河、岷江汹涌澎湃，奔流其间，形成了许多神秘、险峻的旷世奇观。四川还有众多富有民族特色的传统活动，川菜、川酒更是享誉海内外。

二、主要旅游区点

（一）成都市

成都又称锦城或蓉城，位于成都平原中部。成都是有2 000多年历史的历史文化名城，秦汉以来一直是西南重镇，后作为三国时蜀汉、五代时前蜀和后蜀等割据政权的国都。成都市内与郊区分布着许多名胜古迹，如：都江堰、青城山、武侯祠、杜甫草堂、二王庙、青羊宫、望江楼、文君井、文殊院、宝光寺、永陵、王建墓、金沙遗址、九峰山、石象湖、西岭雪山等，观音寺的壁画、塑像和花置寺的摩岩造像具有很高的艺术观赏价值。还有四海闻名的正宗川菜，百花齐放的成都小吃，更有琳琅满目、丰富多彩、特色鲜明的巴蜀特产。

1. 武侯祠

武侯祠位于市南郊，是纪念三国时蜀汉丞相武乡侯诸葛亮的祠堂，始建于晋末，距今已有1 500多年历史，后毁于战火，现存建筑为清康熙年间所造。武侯祠从外到内有大门、二门、刘备殿、过厅、诸葛亮殿五重殿宇。殿宇富丽庄严，祠内古柏苍郁，环境幽静。祠内有蜀汉名人泥塑像47尊，还有大量碑碣、匾联和鼎、炉、钟、鼓等文物。祠内还有蜀汉昭烈皇帝刘备之墓——惠陵、唐代“三绝”碑与岳飞手书的《出师表》等珍贵文物。成都武侯祠是中国影响最大的三国古迹，为全国重点文物保护单位。

2. 杜甫草堂

杜甫草堂位于市西郊浣花溪畔，是唐代伟大诗人杜甫寓居成都时的故居。杜甫在此居住4年，写下了《茅屋为秋风所破歌》等240多首不朽诗篇。为纪念杜甫，从唐代末年起，历代都有人在草堂旧址处建祠修葺。现在主要建筑有大廨、工部祠、史诗堂、柴门、草堂书屋、少陵草堂碑亭等，还有杜甫塑像和清代《少陵草堂图》石碑等文物。这里溪流环绕，竹木葱茏，小桥流水、翠竹梅林，亭台池阁、典雅清幽。杜甫草堂是现存杜甫行踪遗迹中规模最大、保存最完好、最具特色和知名度的一处，为国家4A级旅游景区。1985年这里成立杜甫草堂博物馆，为全国重点文物保护单位，2008年被评为首批国家一级博物馆。

（二）黄龙寺—九寨沟

黄龙寺—九寨沟为国家重点风景名胜区，5A级旅游景区，被列入《世界自然遗产名录》。

1. 黄龙风景区

黄龙风景区位于阿坝藏族羌族自治州的松潘县城北35公里的黄龙乡，由黄龙景区和牟尼沟景区两部分组成，面积700平方公里，海拔在3 000米以上。黄龙景区以彩池、雪山、峡谷、森林“四绝”著称于世，独特的岩溶景观地表钙华是最大特色。这里高山摩天、峡谷纵横、莽林苍苍、碧水荡荡，其间镶嵌着精巧的池、湖、滩、瀑、泉、洞等各类钙华景观，点缀着神秘的寨、寺、耕、牧、歌、舞等乡土风情。

黄龙景区主要景观集中于长约3.6公里的黄龙沟，沟内遍布碳酸钙华沉积，并呈梯田状排列，仿佛一条金色巨龙，从雪山上飞腾而下。在黄龙沟沟谷顶端的玉翠峰麓，高山雪水和涌出地表的岩溶水交融流淌，水中富含的碳酸钙逐渐凝聚，发育成固体的钙华埂，使流水潴留成层叠相连的大片彩池群，碳酸钙沉积过程中，又与各种有机物、无机物结成不同质的钙华体，在光线的折射下，形成了池水同源而色泽不一的“五彩池”。彩池规模不同，形状各异，五光十色，波光粼粼，晶莹透亮，涉足滩流，恍若进入瑶池仙境。

黄龙风景区是一个景观奇特、资源丰富、生态原始、具有极高科学和美学价值的风景名胜区。

2. 九寨沟景区

九寨沟景区位于阿坝藏族羌族自治州九寨沟县境内，地处岷山山脉南段尕尔纳峰北麓，因境内有9个藏族村寨而得名。九寨沟海拔2 000～3 000米，景区总面积约62平方公里，其中52%为茂密的原始森林。景观分布在成Y型的树正、日则、则查洼3条主沟内，总长50余公里，沟内分布108个湖泊。主要有宝镜岩景区、树正景区、日则沟景区、剑岩景区、长海景区、扎如景区等六大景区。

“黄山归来不看山，九寨归来不看水”。九寨沟的精灵是水，湖、泉、瀑、溪、河、滩，连缀一体，飞动与静谧结合，高低错落的群瀑高唱低吟；大大小小的群海碧蓝澄澈，水中倒映红叶、绿树、雪峰、蓝天，一步一色，变幻无穷；水在树间流，树在水中长，花树开在水中央。远望雪峰林立，高耸云天，终年白雪皑皑，加上藏家木楼、晾架经幡、栈桥、磨房、传统习俗及神话传说构成的人文景观，九寨沟俨然一个“美丽的童话世界”。

九寨沟有森林2万余公顷，主要有红松、云杉、冷杉、赤桦、领春木、连香树等树种，其间栖息着大熊猫、白唇鹿、苏门羚、扭角羚、毛冠鹿、金猫等珍稀动物。

九寨沟以原始的生态环境，一尘不染的清新空气和雪山、森林、湖泊组合成神妙、奇幻、幽美的“人间仙境”。

（三）峨眉山

峨眉山位于四川西南部峨眉山市，距成都市156公里。它以雄秀壮丽的自然风光和充满神秘色彩的佛教、道教文化闻名于世，是国家级风景名胜区、5A级景区，被纳入《世界自然文化遗产名录》。

峨眉山包括大峨、二峨、三峨、四峨四座大山，通常说的峨眉山是指大峨山。峨眉山景区面积154平方公里，最高峰万佛顶海拔3 099米。远望峨眉山，双峰缥缈形如蛾眉，峰峦叠嶂，含烟凝翠，故而得名。从山麓到山顶，沿途古木参天，流泉飞瀑，鸟语花香，随着季节的变化和山势的不同，以及阴、晴、风、雨、云、雾、霜、雪的渲染，景色清幽，自古有“峨眉天下秀”之美誉。日出、云海、圣火和宝光，被称为峨眉金顶的“四大奇观”。

峨眉山云浓雾重，雨量充沛，山麓山顶气温相差约15℃，因而草深林密，动植物种类十分丰富。已知共有3 500多种各类植物，其中107种为峨眉所特有，珙桐、树蕨、冷杉等为世界珍稀树种。2 000余种各类动物出没其间，特别是见人不惊的峨眉灵猴，常常与人同嬉，颇有情趣。

峨眉山是我国四大佛教名山之一，是普贤菩萨的道场。魏晋时佛教传入峨眉山，明清鼎盛时期，全山上下先后有大小寺庙170余座，峰峰有寺、岗岗有庵。现存寺庙26座，共有僧众260人，其中全国重点寺庙的有5座：报国寺、万年寺、华藏寺、洗象池、洪椿坪寺庙。寺庙中的佛教造像造型生动，工艺精湛，如万年寺的铜铸“普贤骑象”是国家一级保护文物。而早在1 000多年前，天真皇人论道峨眉山。这是道教在峨眉山之滥觞。

（四）乐山大佛

乐山大佛位于乐山市城东岷江、青依江、大渡河三江汇流处，是依凌云山栖霞峰临江峭壁凿造的一尊弥勒坐像。景区属峨眉山风景名胜区范围，是国家5A级风景名胜区。大佛开凿于唐代开元元年（公元713年），是海通和尚为减杀水势，普度众生而发起召集人力、物力修凿的，至德宗贞元十九年（803年）完成，历时90载。大佛工程浩大，气魄雄伟，“山是一尊佛，佛是一座山”，是世界上最大的石刻大佛，为全国重点文物保护单位，被列入《世界遗产名录》。

乐山大佛通高71米，头与山齐，脚踏大江边，双手抚膝，比例匀称，体态庄严。大佛头高14.7米、宽10米，头顶上可置圆桌；肩宽28米，可做篮球场；发髻1 021个，远看发髻与头部浑然一体，实则以石块逐个嵌就；耳长7米，耳朵中间可站两条大汉，不是原岩凿就，而是用木柱作结构，再抹以锤灰装饰而成；鼻长5.6米，隆起的鼻梁，也是以木衬之，外饰锤灰而成；眉长5.6米，眼长3.3米，手指长8.3米；脚背宽8.5米，可围坐百人以上。大佛的设计科学而巧妙，在大佛身后构筑了排水系统，使大佛表层不被山间流水冲蚀破坏，体现了我国古代劳动人民的聪明才智。

（五）青城山—都江堰旅游景区

青城山—都江堰旅游景区是国家级重点风景名胜区，5A 级景区。素有“拜水都江堰，问道青城山”之说。青城山—都江堰被列入世界自然文化遗产。

1. 都江堰水利工程

都江堰水利工程位于都江堰市城西的岷江干流上，距成都以西 38 公里。都江堰是我国古代四大水利工程之一，始建于公元前 256 年，为战国秦昭王时蜀郡太守李冰父子主持修建，属全国重点文物保护单位。

都江堰创建时由鱼嘴分水堤、飞沙堰溢洪道、宝瓶口引水口三大主体工程和百丈堤、人字堤等附属工程构成，科学地解决了江水自动分流、自动排沙、控制进水流量等问题，消除了水患，使川西平原成为“水旱从人”的“天府之国”。2 000 多年来，一直发挥着防洪灌溉作用。

都江堰景区由都江堰水利工程、二王庙和离堆公园组成。经历了 2008 年大地震后，都江堰水利工程没有遭到太大的破坏，而伏龙观、二王庙古建筑群损毁较为严重，需要修缮。

2. 青城山

青城山位于都江堰市西南 15 公里，距成都 49 公里。青城山为邛崃山脉的分支，最高海拔 2 434 米，因山形如城而得名。满山古木苍翠欲滴，树木繁茂，四季常青，峰峦、溪谷、宫观皆掩映其中，以幽古闻名，素有“青城天下幽”的美称。

青城山自古就以优美的自然景观和众多的人文景观驰誉中外，有 36 峰，8 大洞，72 小洞，108 景。其间月城碧波、青城飞瀑、天然图画等景观让人浮想联翩，流连忘返；三岛奇峰、笔槽险道等更是奇中有险、令人叹为观止。东汉末，道教创始人张道陵在此设坛布道，从此青城山成为中国道教的发源地，道教宫观逐渐兴起。现存道观 38 处，各种风格造型的亭、桥、廊、坊、阁 40 多座，著名的有建福宫、天师洞、朝阳宫、上洞宫、三岛石等。

（六）贡嘎山海螺沟风景名胜区

贡嘎山，藏语称木雅，意为“圣洁的神山”，位于甘孜州康定、泸定、九龙和石棉四县市交界处。主峰海拔 7 556 米，是横断山系大雪山的最高峰，四川省第一高峰，名列世界第十五高山，号称“蜀山之王”。贡嘎山风景名胜区为国家级风景名胜区，面积1万余平方公里，是我国目前面积最大的景区，包括泸定县海螺沟、燕子沟、磨西沟景区、康定县木格措、塔公、贡嘎西南坡景区和九龙县五须海景区。

景区内山峰多在5 000米以上，海拔6 000米以上的雪山有50余座。终年白雪皑皑，晴天金光闪闪，阴天云海茫茫，姿态神奇莫测。贡嘎山在青藏高原与四川盆地的过渡带上，从东坡大渡河谷地至主峰水平距离29公里，相对高差高达6 500米，形成举世罕见的大峡谷，造就了生物、气候分布的多样性和垂直变化，形成了带谱完整、层次鲜明的生态景观。贡嘎山东坡、西坡、南坡是世界上现代冰川发育最完整的地区，有现代冰川70余处，特大冰川就有5条（海螺沟冰川、燕子沟冰川、磨子沟冰川、贡巴冰川、巴旺冰川），海螺沟冰川是其中最大最壮丽的一条，长达14.7公里，面积16平方公里，海拔仅2 850米，为亚洲东部海拔最低的冰川。

海螺沟冰川森林公园位于泸定县内，为我国第一座国家冰川公园。沟内蕴藏着大面积原始森林，植物种类多达4 800余种，野生动物400多种，其中属于国家级保护的珍稀动物28种；还有多处温泉、热泉和沸泉。海螺沟冰川由高向低分为粒雪盆、大冰瀑布和冰川舌三级阶梯。大冰瀑布是我国最大的冰瀑布，高1 080米，宽0.5米~1 100米，如一幅巨大的“银屏”凌空飞挂，晶莹璀璨，雄伟壮观。冰川舌是冰川的末端，随着冰块向下滑动逐渐消融，登临其上，可观赏到冰洞、冰桥、冰蘑菇、冰面湖等千姿百态的冰上奇观。冰川尾端伸延到原始森林中长达6公里，这种冰川与森林共存的奇异现象，在世界上也是罕见，具有很高的观赏和科学考察价值。

（七）四姑娘山风景名胜区

四姑娘山位于阿坝藏族羌族自治州小金县与汶川县交界处，由横断山脉中四座毗连的山峰组成，据当地藏民的传说，为四个美丽的姑娘所化，因而得名。

四姑娘山风景区为国家级自然保护区、国家地质公园、国家重点风景名胜区、国家“4A”级景区。由四姑娘山、双桥沟、长坪沟、海子沟等景区组成。主峰海拔6 250米，是四川第二高峰，素有“蜀山王后”之称。四姑娘山山势陡峭，气势磅礴，终年积雪，景色壮丽；山麓森林茂密，绿草如茵，溪水清澈，潺潺流淌，被称为“中国的阿尔卑斯”。同时，此地正发育着现代山岳冰川，冰川从山顶一直延伸到海拔4 000米的高山草甸，面积约

40平方公里。每当盛夏，冰川映花丛，银光闪闪，格外壮观。景区内居住着藏、羌、回、汉、彝等民族，以藏族为主，在这里还可以领略到古朴淳厚的少数民情风俗。

四姑娘山动植物资源十分丰富，有4 000余种植物，出产的红杉、红豆杉、连香树是四川特有的珍贵树种，山上盛产天麻、贝母、虫草等名贵药材；60余种兽类和300余种鸟类，包括大熊猫、小熊猫、金丝猴、雪豹、苏门羚、白唇鹿、麝、红腹角雉等珍禽异兽。

被列入《世界自然文化遗产名录》的卧龙大熊猫自然保护区就坐落在四姑娘山东坡，保护区面积20万公顷，是世界上唯一的大熊猫研究中心。

（八）蜀南竹海风景名胜区

蜀南竹海位于宜宾市的长安、江安两县境内，面积约120平方公里，是国家级重点风景名胜区，国家4A级旅游区。蜀南竹海以竹林景观为主要特色，兼有许多文物古迹。景区内峰峦28座，山山皆竹，郁郁葱葱。蜀南竹海以楠竹为主，有人面竹、花竹、算盘竹、绵竹、黄竹、罗汉竹、香妃竹等30余种。在竹海的万顷碧涛中，飞瀑、流泉、湖潭众多，山谷幽静深邃。山岭有洞穴20余处，仙寓洞长500米，天宝洞长1 500米，高20米，为半边山洞，上为形似刀削的红色石壁，下面深谷万丈，春夏红岩绿树，繁花似锦。这里的竹亭、竹寨、竹席、竹酒、竹筒饭、竹笋全席等竹制工艺品琳琅满目。

（九）僰人悬棺

僰人悬棺位于珙县境内，被称为世界之最、巴蜀一绝，为全国重点文物保护单位。悬棺葬是古代少数民族的一种葬制。僰人悬棺是明代以前的古代崖葬墓群，上限未知，以将死者的棺木放置在悬崖绝壁上为特征。主要集中在麻塘坝和苏麻湾两地，共保存有悬棺265具，是目前国内保存数量最多、最集中的地方。置棺高度，一般距离地表10～50米，最高者达100米。置棺方式，一为木桩式，即在峭壁上凿孔2～3个，楔入木桩以支托棺木；二是凿穴式，即在岩壁上凿横穴或竖穴，以盛放棺木；三是利用岩壁间的天然洞穴、裂缝盛放棺木。

（十）剑门关

剑门关位于剑阁县北25公里的大剑山中断处。剑门山山脉东西横亘百余公里，72峰绵延起伏，被古代兵家称为“蜀道之锁钥”、“川北之屏障”。剑门关位于大剑山东北坡，万仞壁立，峰峦倚天似剑，两崖相峙，其状似门，故称“剑门”，有“一夫当关万夫莫敌”之险，享有“剑门天下险”之誉，俗称“天下第一关”。古剑门关，是一座石砌的关楼，修路时拆毁，留有舍身崖、姜维城、姜公祠、姜维墓、金皇洞、仙女桥等景观。现为国家级风景名胜区。

四川还有王朗自然保护区、自贡恐龙博物馆、自贡盐业历史博物馆、历史文化名城阆中、广元千佛岩、皇泽寺、鹤鸣山以及古蜀道上的七盘关、清风、明月两峡、剑阁县觉苑寺、江油县李白故里、平武县报恩寺、梓潼县七曲山大庙、德阳庞统祠墓、二滩大坝水利工程等旅游地。

三、旅游节庆活动与地方风味特产

（一）旅游节庆活动

四川主要旅游节庆活动有：成都国际熊猫节、乐山国际大佛节、烹饪王国游暨成都美食节、成都灯会、成都青羊宫花会、成都龙泉山桃花节、自贡恐龙灯会、都江堰放水节、新津国际龙舟会、凉山彝族火把节、康定跑马山转山会等。

（二）土特名产及风味美食

1. 土特名产

四川素有“天府之国”之美誉，名特产品十分丰富。名酒有：宜宾的五粮液、泸州的老窖特曲、绵竹的剑南春等。名优食品有：天府可乐、天府花生、怪味胡豆、达县灯影牛肉、资中豆瓣酱、通江银耳等。四川是中药材之乡，名贵中药材有：川连、川芎、川贝、当归、天麻、虫草、杜仲、黄连、鹿茸、麝香、五蓓子等。

四川还有许多历史悠久的传统手工艺产品，著名的有：蜀锦、巴缎、蜀绣、石刻、竹器、绢扇、夏布、地毯、竹丝瓷胎、金银饰品、美术漆器、陶器、玉器、微雕等。

2. 风味美食

川菜为我国四大菜系之一，名菜有：红扒熊掌、龙井鲍鱼、烫片鸭子、两吃烤方、怪味鸡、坛子肉、东坡肘、宫保鸡丁、回锅肉、麻婆豆腐、鱼香肉丝等。

四川的风味小吃脍炙人口，最具代表性的有：赖汤圆、龙抄手、夫妻肺片、钟水饺、珍珠圆子、担担面等。

第四节
湖　北　省

一、概述

湖北省地处长江中游，在洞庭湖以北，故名湖北。唐宋时部分地区属鄂州，故简称鄂。春秋战国时为楚国地，汉属荆州，宋为湖北路，元、明属湖广行省，清初置湖北省。全省面积18.75万平方公里，人口5 693万，有汉、土家、回、满、苗、蒙古等民族，省会武汉市。

全省地势西高东低，三面环山，向南敞开，略成一个马蹄形盆地。地貌类型多样，山地、丘陵、岗地和平原兼备。山地约占全省总面积55.5%，丘陵和岗地占24.5%，平原湖区占20%。西、北、东三面被武陵山、巫山、大巴山、武当山、桐柏山、大别山、幕阜山等山地环绕，山前丘陵岗地广布，中南部为江汉平原，与湖南省洞庭湖平原连成一片。大神农架为华中最高峰，海拔3 105米。

省内湖泊众多，素称“千湖之省”，面积百亩以上的湖有800多个，较大的湖泊有洪湖、梁子湖等。湖区是一派水乡泽国，并有长江、汉水等大小河流渠道上千条，是长江中游著名的“鱼米之乡”。湖北省主要属北亚热带季风气候，光照充足，热量丰富，无霜期长，降水丰沛，雨热同季，利于农业生产，是中国重要的粮、棉、油、猪生产基地，主要农产品产量处在全国前列，有“湖广熟，天下足”的民谚。全省年均温15℃～17℃，7月均温为27℃～29℃，江汉平原最高温在40℃以上，有“火炉”之称，为中国最酷热的地区之一。

湖北省是我国腹地水陆交通枢纽，长江、汉江和京广铁路相交于武汉市，京九铁路有一条联络线与武汉相连，使武汉市成为名副其实的“九省通衢”。湖北是中国内河航运最发达的省区之一，全省一半以上县、市处于航运线上。长江横贯境内达1 053公里，上联重庆，下达南京、上海，长江最大的支流汉水，从西北向东南斜贯全省。铁路干线四通八达。京广铁路和焦柳铁路纵穿全境，汉丹、襄渝铁路沟通川汉；公路四通八达；民用航空事业发展迅速，武汉市是中国航空运输中心之一。

湖北省是全国重要工业生产基地之一，已建成以钢铁、机械、电力、纺织、食品为主体、门类齐全的综合性工业生产体系。省内矿产资源蕴藏丰富，建设了武钢、大冶铁矿、荆襄磷矿、应城石膏矿等大型矿山基地。武汉钢铁公司为全国三大钢铁集团之一。目前湖北已形成十堰—襄樊—武汉规模和实力蔚为壮观的汽车工业走廊，汽车产量居全国第一位。全省水力资源丰富，兴建了规模宏伟的葛洲坝水电站和长江三峡水利枢纽工程。

湖北省历史悠久，是中华民族发祥地之一。湖北古为荆楚之地，在春秋战国时期楚国与诸侯国的长期交战中，长江流域的蛮人、淮河流域的夷人以及其他诸侯国人的文化逐渐融合，楚地的巫文化也渗入其中，形成了独具特色的荆楚文化。

湖北省旅游资源以山水风光和三国遗迹取胜。雄伟的长江三峡驰名世界；武当山为道教圣地；神农架自然保护区不仅珍稀动物种多，"野人之迷"更令人关注。湖北文物古迹与革命胜迹遍布全省，著名的古迹有：长阳人遗址、屈家岭文化遗址、随州炎帝庙、楚都遗址"纪南城"、秭归屈原故里、纪南故城、昭君故里、武汉古琴台、黄鹤楼、三国赤壁等。革命纪念地有：武汉起义军政府旧址、京汉铁路工人运动"二七纪念馆"、辛亥革命遗址、起义门、阅马场、中央农民运动讲习所旧址、"八七会议"会址等。江陵、襄樊等是全国历史文化名城。宜昌的三峡大坝观光区和武汉的黄鹤楼是国家5A级景区。

二、主要旅游区点

（一）武汉市

武汉市位于湖北省中部偏东，长江与汉水的交汇处，是湖北省的政治、经济、文化和交通中心。市区由武昌、汉口、汉阳三部分组成。汉阳龟山突起，与武昌蛇山隔江对峙，武汉长江大桥飞架南北后，三镇联成一体。武汉山光水色，气象万千，名胜古迹众多。主要旅游资源包括武汉市的黄鹤楼、东湖、武昌起义军政府旧址等。

1. 黄鹤楼

黄鹤楼原址在武昌蛇山的黄鹤矶上，与岳阳楼，滕王阁并称我国古代江南三大名楼之一。相传始建于三国时期，后屡毁屡修，因唐代诗人崔颢在黄鹤楼题过一首《黄鹤楼》："昔人已乘黄鹤去，此地空余黄鹤楼。黄鹤一去不复返，白云千载空悠悠……"，黄鹤楼声名远扬。黄鹤楼原址被武汉长江大桥的桥头堡占了，现在的黄鹤楼是1981年移迁新建在蛇山之巅的。主楼以清同治楼为蓝本，钢筋混凝土框架仿木结构。飞檐5层，攒尖楼顶，金色琉璃瓦屋面，通高51.4米，底层边宽30米，顶层边宽18米，全楼各层布置有大型壁画、楹联、文物等。楼外铸铜黄鹤造型、胜像宝塔、牌坊、轩廊、亭阁等一批辅助建筑，将主楼烘托得更加壮丽。登楼远眺，不尽长江滚滚来，三镇风光尽收眼底。

2. 东湖

东湖位于武昌东部，总面积82平方公里，其中水域面积33平方公里，是中国最大的城中湖，国家重点风景名胜区，4A级景区。这里有12个大小湖泊，120多个岛渚星罗，112公里湖岸线曲折，环湖34座山峰绵延起伏，10 000余亩山林林木葱郁，湖水镜映，山体如屏，山色如画。目前已对外开放的有听涛、磨山、吹笛、落雁四大景区，景观景点100多处。东湖边有屈原塑像、屈原纪念馆，周边聚集了武汉大学、华中科技大学、中国地质大学等26所高等院校，中科院武汉植物园等56个国家、省、部属科研院所，东湖新技术开发区国家光电子产业基地——中国光谷，九峰城市森林保护区、湖北省博物馆等。

（二）赤壁名胜风景区

湖北有两个赤壁：一是“周郎赤壁”；二是“东坡赤壁”。

“周郎赤壁”是历史上著名的古战场，现已建成赤壁名胜风景区，位于赤壁市西北38公里处，历史上著名的“赤壁之战”就发生在这里。东汉建安十三年（公元208年），曹操领兵南下，孙权、刘备联兵，用火攻大破曹军，这就是著名的赤壁之战，奠定了魏、蜀、吴三国鼎立的局面。是中国历史上以少胜多，以弱胜强的著名战役，赤壁遂由此扬名。这一带古迹颇多，有翼江亭、乌林寨、武侯宫、拜风台等景点。

“东坡赤壁”位于黄州城西，又名文赤壁。出黄州古城汉川门，北面一山陡峭如壁，因山石颜色赤红，故名“赤壁”，也叫赤鼻矶。北宋著名文学家苏东坡被贬黄州期间曾多次往游，写下了《赤壁怀古》、《前赤壁赋》、《后赤壁赋》等千古不朽的诗文，后人因此称之为“东坡赤壁”，也叫“黄州赤壁”。如今这里已成为一个名扬天下的旅游景点，吸引着众多的旅游者前往凭古吊今。有二赋堂、挹爽楼、坡仙亭、放鹤亭、酹江亭、喜雨亭等景点。

（三）武当山

武当山位于十堰市境内，是我国著名的道教圣地之一。武当山景区面积

312平方公里，为国家重点风景名胜区、4A级旅游区。武当山有着中国现存最完整、规模最大、等级最高的道教宫观建筑群，这个古建筑群被列入《世界遗产名录》。

武当山是著名的山岳风景旅游胜地。胜景有箭镞林立的72峰、绝壁深悬的36岩、激湍飞流的24涧、云腾雾蒸的11洞、玄妙奇特的10石9台等。主峰天柱峰海拔1 612米，四周群峰向主峰倾斜，形成“万山来朝”的奇观。

武当山是我国著名的道教圣地，相传道教信奉的“真武大帝”即在此修仙得道飞升，武当意为“非真武不足当之”。武当山早在唐代即兴建祠观宣扬道教，后大部分毁于兵乱，现存的宫观多为明代所建。明成祖朱棣崇奉道教，曾耗时13年大兴土木，建成殿堂庙宇2万多间，绵延70公里，构成庞大的道教建筑群。整个建筑体系借自然风景的雄伟高大或奇峭幽壑，构成仙山琼阁的意境，既体现了皇权的威武庄严，又体现了神权的玄妙神奇。现存较完好的古建筑有129处，庙房1 182间，其中金殿、紫霄宫、“治世玄岳”石牌坊、南岩宫、玉虚宫遗址被列为国家重点文物保护单位。此外，武当山尚存珍贵文物7 400多件，被誉为“道教文物宝库”。天柱峰上的金殿是我国最大的铜铸鎏金大殿，是武当第一名胜。金殿高5.5米，宽5.8米，进深4.2米，仿木构造建筑，重檐叠脊，斗拱翼角，殿基为花岗岩砌石台，庄严凝重。

此外，一代宗师张三丰创立的武当派武术与嵩山少林派齐名。

（四）神农架林区

神农架林区位于湖北省西部，在长江、汉水之间，相传远古时代神农氏（炎帝）曾在此品尝百草、医治百病，由于山峰陡峻，只好搭架上下采药，故名“神农架”。神农架总面积3 253平方公里，辖4镇4乡和1个林业管理局（国家森林公园）、1个国家级自然保护区，总人口8万，是我国唯一以“林区”命名的行政区。

神农架山峰多在海拔1 500米以上，其中海拔2 500米以上的山峰有20多座，海拔超过3 000米的高峰达6座，最高峰神农顶海拔3 105.4米，西南部最低点石柱河海拔398米，二者高差为2 707.4米。“山脚盛夏山顶春，山麓艳秋山顶冰，赤橙黄绿看不够，春夏秋冬最难分”是神农架气候的真实写照。

神农架保持完好的亚热带森林生态系统，是最富特色的垄断性的世界级旅游资源。神农架拥有各类植物3 700多种，其中有珙桐、水杉、鹅掌楸等

40种珍稀品种；有各类动物1 050多种，其中有苏门羚、獐、麝、麂、毛冠鹿等70种珍稀动物。

神农架的主要景点有：风景垭、红坪峡谷、关门河峡谷、夹道河峡谷、野马河峡谷、阴峪河、沿渡河、香溪河、大九湖、燕子洞等。这里还有着优美而古老的传说和古朴而神秘的民风民俗，“野人”之谜、土家婚俗、山乡情韵都令人神往。

（五）历史文化名城襄樊

襄樊市位于湖北省西北部，汉水中游南北两岸，是襄阳和樊城的合称。襄樊位居我国中心地带，自古为交通要塞，有“四省通衢”之称，如今是焦柳、襄渝、汉丹铁路的交汇处。襄樊是历史文化名城，现已查明各时期的文化遗址200多处，是华夏始祖炎帝神农氏的诞生地，有造型奇特的国家重点保护文物多宝佛塔，有号称“华夏第一城池”全国最宽的护城河，还有“三顾茅庐”故事的发生地古隆中等。

1. 襄阳城

襄阳城位于襄樊市区汉水南岸，已有2 800多年的历史，为全国历史文化名城。城池始建于汉，周长7公里，护城河最宽处250米，堪称“华夏第一城池”，自古就有“铁打的襄阳”之说。后城垣大部分被毁，明代于旧址重筑，此后虽屡建屡修，但仍存明初旧制。现存城墙高8.5米，宽5～10米，四面六门，四角皆建子城，各为角楼，现全城轮廓尚存，尤以北城垣最完整，清代重修的小北门城楼仍耸立城头，重檐九脊，状极雄浑，近城街市，古貌犹存。

2. 古隆中

古隆中位于襄阳城西15公里处，现在是一个以诸葛亮故居为主体的风景名胜区，为4A级景区，全国重点文物保护单位。景区总面积209平方公里，包括古隆中、水镜庄、承恩寺、七里山、鹤子川等五大景区。三国著名的政治家、军事家诸葛亮曾隐居于此，“三顾茅芦”的故事就发生在这里。

景区内始建于唐朝贞观年间的广德寺，是中国佛教鼻祖释道安讲经弘法之处，广德寺寺内多宝佛塔是中国大陆唯一一座印藏式多宝佛塔，是全国重点文物保护单位。

（六）葛洲坝水利枢纽工程

葛洲坝水利枢纽工程位于宜昌市西北的南津关，北抵江北镇镜山，南接江南狮子包，雄伟高大，气势非凡。大坝于1970年动工，建成于1988年。

它是长江干流的第一座大型水力发电工程，是我国自行设计、制造、施工、安装的大型水电工程。它主要由拦河坝、发电厂、船闸、冲沙闸、泄水闸等建筑物组成。大坝全长 2 595 米，最大坝高 70 米，宏伟壮观；工程包括三个船闸，其中一号、二号船闸人字门每扇高 34 米、宽 19.7 米、厚 2.7 米，重达 600 吨，它们是目前世界上最大的船闸和闸门之一，闸下瀑布倾泻、碎玉飞雪；船闸上下，船只点点。葛洲坝雄伟的工程建筑，壮观的船闸工程，每年吸引着数以万计的中外游客前来参观。

葛洲坝西北不到 20 公里的西陵山腰，有一天然溶洞三游洞，唐、宋诗人赋诗作词壁刻洞中，加上有自然佳景，游人如织。溯江而上不远就是著名的黄陵庙。

（七）三峡水利工程

三峡工程位于宜昌三斗坪附近的中堡岛上，距下游葛洲坝水利枢纽工程 38 公里。工程包括主体建筑物工程及导流工程两部分，工程施工总工期自 1992 年到 2009 年共 17 年，分 3 期进行，到 2009 年工程全部完工。这是举世瞩目的世界第一大水利工程，大坝为混凝土重力坝，坝顶总长 3 035 米，坝顶高程 185 米，正常蓄水位 175 米，总库容 393 亿立方米，其中防洪库容 221.5 亿立方米，能够抵御百年一遇的特大洪水。配有 26 台发电机的两个电站年均发电量 849 亿千瓦时。长江中上游航运能力将从现有的 1 000 万吨提高到 5 000 万吨，万吨级船队可直达重庆，同时运输成本也将降低 35%。大坝的雄伟英姿，高峡出平湖的壮丽图景将成为新的旅游热点。

（八）荆州市

荆州以境内蜿蜒高耸的荆山而得名，地处湖北省中南部、江汉平原腹地。荆州是我国历史文化名城之一。春秋战国时楚国在此建都 400 多年，楚先民创造了光辉灿烂的楚文化，荆州出土的战国丝绸、越王勾践剑和整套石磬、编钟举世闻名。荆州旅游资源得天独厚，荆州古城闻名遐迩，现存古城城墙为明清重建，保存较好。其中纪南城、关公庙、章华寺、乌林古城场、华容道等人文景观经久不衰；荆州博物馆为国家 4A 级博物馆，馆藏文物达 12 万余件，其中，西汉古尸、越王勾践剑等国家一级文物近 300 件（套）。

荆州境内山青水秀，湖泊纵横，“一曲洪湖水，唱遍天下知”，洪湖的瞿家湾、周老咀等湘鄂革命根据地旧址已被列入国家级爱国主义教育基地。

此外，湖北省还有九宫山风景名胜区、八岭山古墓葬群（著名的越王勾践剑和彩漆木雕座屏均在此出土）、襄阳广德寺、巴东县神农溪漂流等旅游景点。

三、旅游节庆活动与地方风味特产

（一）旅游节庆活动

湖北省的主要旅游节庆有：武汉国际横渡长江节、中国武当国际旅游节、武当武术节、湖北科技节、襄樊三国文化节、黄石国际乒乓球节、鄂州元极康福旅游节、随州神农炎帝节（神农诞生节）、黄鹤楼中秋赏月节、东湖金秋园林艺术节、李时珍中药交易节（李时珍医药节）、宜昌国际三峡艺术节、咸宁桂花节、恩施土家女儿会、三峡龙舟节、武当山庙会、武汉国际杂技节等。

（二）土特名产及风味美食

1. 土特名产

湖北省农、副特产丰富，养殖业发达，盛产鱼、莲、菱、藕、水禽、珍珠等，其中以武昌鱼（梁子湖所产的鳊鱼）、鳜鱼最为出名，生漆、桐油、石膏、银耳、黑木耳、桂花、黄花菜等也很有名。

传统手工业工艺品有：武汉的玉雕、竹器、铜锣；麻城陶瓷、广济竹器、江陵荆缎等。

2. 风味美食

湖北名菜有：海元乡球燕窝、清蒸武昌鱼、掌上明珠、爆雁丝、糖酥麦啄、清蒸斑鸠、五味角儿、红烧野鸭等。美味小吃有：原笼灌汤蒸饺、武汉豆皮、云梦鱼面、鄂城东坡饼、江陵九黄饼、黄石港饼、孝感麻糖等。

第五节
湖　南　省

一、概述

湖南省位于长江中游南岸，在洞庭湖以南，故名湖南。由于省内最大河流湘江贯通全省，故简称“湘”，又因湘江流域的人们爱种芙蓉，故有“芙蓉国”之称。春秋战国时湖南大部属楚国长沙郡，汉属荆州，唐置湖南观察使，清置湖南省。全省面积21万平方公里，人口6 342万，有土家、苗、瑶、侗、回、壮等少数民族，省会长沙市。

湖南省东、南、西三面环山，中北部为洞庭湖平原，形成向东北敞开的马蹄形盆地。盆地内丘陵、山地广布，溪河交错，谷地星罗棋布，境内有“一湖四水”（洞庭湖，湘江、资江、沅江、澧水）。湖南地处亚热带季风湿润气候区，气候温暖湿润，四季分明。1月平均温度最低，极限低温 -8℃；7月温度最高，一般极限温度40℃；降雨在5~7月比较集中，年平均降水量约1 250~1 750毫米。

湖南物产丰富，自古有“湖广熟、天下足”之说。这里盛产稻谷、棉花、油料等，油菜、油茶产量居全国首位，苎麻、茶叶、油桐、柑桔、湘莲、烤烟等产量也居全国前列。洞庭湖区、湘江下游盛产鱼虾、龟鳖和湘莲，素有“鱼米之乡”之称。湖南蕴藏着丰富的矿产资源，是著名的“有色金属之乡”和“非金属矿之乡”。已发现矿产141种（含亚种），探明储量的101种，其中钨、铋、萤石、石墨、海泡石等8种矿产保有储量居全国首位。

湖南交通比较便捷，有京广、焦柳铁路纵贯南北，浙赣、湘黔、湘桂、石长铁路连接东西，还有地方铁路和专用铁路与国家铁路相连接，株洲、怀化都是大型货运编组站；公路有7条国道贯通全省腹地，全省高速公路里程约2 000公里，初步形成了以长沙为中心，以高速公路为主骨架，覆盖全省、辐射全国的公路交通网络；内河航道里程达11 968公里，千吨级以上泊位61个；长沙黄花机场和张家界机场航班可直达韩国和中国香港，常德机场和永州机场已投入使用。

湖南省旅游资源丰富，名人辈出，以革命胜迹众多和自然风光优美为特色。重要的旅游胜地有：毛泽东故居、橘子洲、宁乡、浏阳文家市、汨罗屈子（屈原）祠、莱阳蔡侯（蔡伦）祠、衡阳的石鼓书院、马王堆、岳阳楼等人文胜迹；衡山、岳麓山、洞庭湖、君山、韶山、回雁峰、八大公山、桃花源、猛洞河、崀山、凤凰、紫鹊界梯田—梅山龙宫风景名胜区、德夯风景名胜区、九嶷山风景名胜区、永州浯溪风景区等优美的山水风光以及多姿多彩的民俗风情；更有被列为《世界自然遗产名录》的武陵源风景名胜区。

二、主要旅游区点

（一）长沙市

长沙市位于湘江下游，湘江自南向北穿过市区，东有浏阳河汇入，西有岳麓山屹立，五岭峙其南，洞庭汇于北，京广铁路纵贯其中。长沙具有2 000多年悠久历史，始于秦设长沙郡。长沙山明水秀，名胜古迹众多，主要名胜古迹有：岳麓书院、爱晚亭、橘子洲、韶山、天心阁、白沙古井、开福寺、贾谊故宅、船山学社旧址等。

1. 岳麓山风景名胜区

岳麓山位于市区内湘江西岸，为南岳七十二峰之尾，故名岳麓。岳麓山最高峰海拔仅297米，但碧嶂屏开，树木葱翠，山涧幽深，景色优美，现已辟为公园，游览区面积553.3公顷。有岳麓书院、爱晚亭、麓山寺、北海碑、望江亭、云麓宫等名胜古迹，为国家重点风景名胜区。岳麓山麓有湖南大学、湖南师范大学、中南工业大学等10多所高校，是湖南省最重要的文化教育区。

岳麓书院是湖南大学前身，在岳麓山之麓，创建于北宋，为宋代四大书院之一。南宋理学家朱熹曾在此讲学著书，清光绪年间改为高等学堂，为全国重点文物保护单位。

2. 韶山毛泽东故居

韶山距长沙百余公里，四周峰峦耸峙，是南岳72峰之一。山上松柏葱茏，风景秀丽，因一代伟人毛泽东的故居坐落在韶山冲中而闻名天下。

毛泽东故居名为上屋场，坐落于茂林修竹、青翠欲滴的小山冲中。房屋是一栋坐南朝北，泥砖青瓦，土木结构，南方常见的普通农家住房。毛泽东诞生于此，并在此度过了童年和少年时代。故居已辟为纪念馆，为国家重点文物保护单位，4A级景点。纪念馆内展出毛泽东从事革命活动的文物、照片和资料。景区内还有毛泽东铜像、毛泽东诗词碑林、韶山烈士陵园、毛泽东著作图书馆等。

（二）岳阳楼—洞庭湖风景名胜区

岳阳楼—洞庭湖风景名胜区位于岳阳市，包括岳阳楼古城区、君山、南湖、芭蕉湖、汨罗江、铁山水库、福寿山、黄盖湖等9个景区，总面积1 300多平方公里，为国家重点风景名胜区。

洞庭湖古称云梦泽，面积2 820平方公里，为我国第二大淡水湖。湖区烟波浩渺，港叉纵横，岳峦突兀，湖中有山，湖外有湖，鱼跃水底，鸥鹭翔飞，渔帆点点，芦叶青青，气象万千。洞庭湖是楚文化的摇篮，自古以来以湖光山色引人，历代文人墨客为之倾倒，留下许多著名诗文和名胜古迹。君山为洞庭湖中最大岛屿，地形独特，岛上历有三十六亭、四十八庙，舜帝的“二妃墓”、汉武帝的“射蛟台”等古迹。汨罗江畔有屈子祠、杜甫墓等。此外，附近还有慈氏塔、宋代文庙、鲁肃墓、黄盖湖三国古战场等名胜古迹。

雄踞岳阳市西门城头的岳阳楼，建筑精巧雄伟，为我国江南三大名楼之一，是我国古建筑中的瑰宝，有“洞庭天下水，岳阳天下楼”之誉。岳阳楼始建于唐，历代都有重修。唐以后，李白、杜甫、李商隐等众多文人迁客登楼吟咏，写下了许多的名篇佳句。岳阳楼真正闻名于天下是在北宋滕子京重修、范仲淹作《岳阳楼记》以后。现存岳阳楼为清同治年间重修，三层三檐，纯木结构，飞檐、盔顶、黄琉璃瓦，金碧辉煌，远远而瞭，恰似一只凌空欲飞的鲲鹏，尤显雄伟壮丽。

（三）武陵源风景名胜区

武陵源风景名胜区位于湖南西北部，由张家界市的张家界森林公园、慈利县的索溪峪自然保护区和桑植县的天子山自然保护区组合而成，总面积约 500 平方公里，为国家重点风景名胜区、5A 级景区，被列入《世界自然遗产名录》。现辟有旅游线路 14 条 70 公里，观景点 560 多个。

武陵源属世界上罕见的砂岩风林地貌，有比较原始的生态系统，突兀的岩壁峰石，连绵万顷，层峦叠嶂；秀丽的山溪、奔泻的瀑布、幽深的洞壑、苍茫的原始森林、变幻的云海……汇聚成一个神奇美妙的世界。武陵源集雄、奇、险、秀、幽、野于一身，有“天下奇峰归武陵”的美誉。

武陵源有“三千峰林八百水”，景区内石英砂岩柱峰有 3 103 座，千米以上峰柱 243 座，这些峰林造型独特，风格各异，或险峻高大，或淑秀清丽，令人赏心悦目。以骆驼峰、醉石峰和五指峰最为代表。境内长 2 000 米以上的沟谷 32 条，总长达 84.6 公里，最著名的是金鞭溪、神堂湾、十里画廊等峡谷。在峰林峡谷之间，还有数十处溪泉湖瀑，且久旱不断流，景色宜人，美不胜收。武陵源的水景类型齐全，包括溪、泉、湖、潭、瀑等，异彩纷呈，有“秀水八百”的美称。武陵源森林茂盛，武陵松分布广泛，数量极多，有“十万八千松”之称。其中张家界是中国第一个国家森林公园，森林覆盖率达 88%，有国家一级保护植物 4 种，生长着珙桐、伯乐树、南方红豆杉、白豆杉、篦子三尖杉等第三纪孑遗植物；有国家一级保护动物大鲵（娃娃鱼）、云豹、金钱豹等。武陵源还有丰富的溶洞群，其中最为著名的是索溪峪的黄龙洞深 15 公里，洞分四层，景观奇异，石笋众多，形态万千，令人称绝。

（四）桃花源

东晋大诗人陶渊明在《桃花源记》中曾描绘过一个“芳草鲜美、落英缤纷”，令世人无比向往的桃花源，据考证，它就位于常德市桃源县。桃花源面临沅水，背倚群山，满山苍松翠竹，芳草萋萋，桃林密布，风景绝伦。桃花源始建于晋代，唐宋时发展到鼎盛阶段，元代毁于战乱，明清以后又开始复兴。历代以来，孟浩然、李白、韩愈、苏轼等大文豪都曾到过这里并留下墨宝。现在的桃花源景区内开发了桃仙岭、桃源山、桃花山、秦人村等景点，景区总面积150多平方公里，还有沅江风景线、战国彩菱城遗址、热市温泉等可供游览。

（五）衡山风景名胜区

衡山为我国五岳名山之一，世称南岳，主峰坐落在衡阳市境内。群峰巍耸，层峦迭嶂，气势磅礴，绵延150公里，有著名山峰72座，最高祝融峰海拔1 290米，传说是火神祝融游息之地。衡山风景名胜区为国家重点风景名胜区、5A级旅游区。

衡山由于气候条件较其他四岳好，茂林修竹终年翠绿，奇花异草四时放香，自然景色十分秀丽，因而又有“南岳独秀”的美称。衡山名胜古迹甚多，有南天门、南岳大庙、祝融殿、南台寺、福严寺、藏经殿、方广寺、邺侯书院等。祝融峰之高，藏经殿之秀，方广寺之深，水帘洞之奇，人称南岳“四绝”。

南岳庙是衡山最大的庙宇，为宫殿式建筑，占地9.8万平方米，是帝王祭祀之地，与岱庙、中岳庙并称。大庙四周围以红墙、角楼高耸，溪涧山泉，绕墙流注。东侧有8个道观，西侧有8个佛寺，佛、道教同居一山，共存一庙之特色，为中国名山一绝。庙内碑刻数以百计。大庙始建于唐代，以后历经16次重建扩建，现大殿为清代重建。

衡山寿文化源远流长，汉代《星经》载：南岳衡山对应星度二十八宿的轸星，轸星主管人间苍生之寿命，故自汉代起有南岳又称“寿岳”。《辞源》释“寿岳”即“南岳衡山”。南岳的许多建筑都用“寿”字命名，如万寿宫、寿涧桥、百寿亭、寿佛殿等，形成了南岳独有的“寿”文化。

（六）崀山风景名胜区

崀山风景名胜区位于新宁县境内，总面积108平方公里，属典型的丹霞地貌，为国家地质公园、国家重点风景名胜区。景区包括天一巷、辣椒峰、夫夷江、八角寨、紫霞峒、天生桥六大景区。

崀山属丹霞喀斯特混合地貌，景观构造地貌主要有折皱、断裂和节理发育等多种类型，也有典型的岩溶地貌景观，如溶洞、地下河、石芽、溶峰等。崀山为中国丹霞地貌峰景区中丰度和品位最具代表性和最优美的景区，是一座天然的丹霞地貌博物馆。形神兼备的将军石、惟妙惟肖的骆驼峰、鬼斧神工的“天下第一巷”、地造天设的鲸鱼闹海、气势磅礴的天生桥、高耸入云的辣椒峰，是令人叹为观止的崀山六绝。崀山有着奇特的石景峰景、险峻的岩壁石巷、迷人的江流瀑布、幽深的峡谷深山、神秘的山寨文化、纯朴的民风民俗。这里植被茂盛，森林覆盖率超过70%，生长着许多珍稀名贵物种，气候宜人。

（七）凤凰古城

凤凰古城地处湖南省，距吉首市53公里，有1 000多年历史，是国家历史文化名城，以境内的凤凰山而得名。凤凰以境内的凤凰山而得名，自古以来一直是苗族和土家族的聚居地区。古城四周青山叠翠，江水环绕，保持着明清建筑风貌凤凰。古城景点包括：北门景区、沙湾回龙阁景区、沈从文故居、熊希龄故居、黄永玉故居、沱江泛舟、古城古街、东门古城墙等，城外的包括南长城、奇梁洞、黄丝桥、苗寨乡村等。

三、旅游节庆活动与地方风味特产

（一）旅游节庆活动

湖南省举办的主要旅游节庆有：湖南国际旅游节、湖南汨罗江国际龙舟节（岳阳）、湖南国际烟花节（株洲）、株洲炎帝节、益阳国际竹文化节、张家界国际森林保护节、郴州山水旅游节、中国湖南张家界国际森林节（张家界森林公园）、猛峒河国际河流月（永顺县、8月份）、岳阳龙舟节、旅游购物节等。

（二）土特名产及风味美食

1. 土特名产

湖南农、副、土、特产品较多，著名土特产首推湘茶，名茶品种主要有：君山银针、南岳云雾、古丈毛尖、临湘老青茶等10多种。湘莲、湘桔、茶油、桐油等也很有名。

传统手工艺品著名的有：长沙的湘绣，醴陵的釉下彩瓷器、浏阳的菊花石雕、夏布和花炮，湘西的土家织锦，邵阳和益阳的竹制品等。

2. 风味美食

湖南名菜有：腊味合蒸、东安仔鸡、麻辣仔鸡、香酥鸭子、红烧狗肉、清蒸甲鱼、红煨鱼翅、冰糖湘莲、红烧寒菌等。风味小吃有：油炸臭豆腐、红烧蹄花、八宝果饭、滚酥油饼、常德银片糕等。

思考与练习

1. 巴蜀荆楚山水峡谷旅游区旅游环境和旅游资源有何特点？

2. 巴蜀荆楚山水峡谷旅游区的主要旅游路线有哪几条？旅游线上各有哪些著名的风景名胜区？

3. 分析巴蜀荆楚山水峡谷旅游区旅游业发展重点和方向如何？

4. 巴蜀荆楚山水峡谷旅游区各省市的旅游资源各有何突出特征？

第九章

奇山秀水西南民俗旅游区

本旅游区地处我国西南，包括云南、贵州、广西壮族自治区。本区自然旅游资源独特，民俗风情多姿多彩。区内广泛分布发育良好的岩溶地貌景观，类型齐全，千姿百态，奇花异草、珍禽异兽名目繁多，拥有奇特迷人的原始自然美景。自古以来这里一直是多民族聚居地，是我国少数民族人口最多的地区，少数民族人口数量约占全国少数民族人口总数的一半，各少数民族保持着各自独具特色的民俗风情，对异地异族的旅游者有很大吸引力。

第一节 旅游地理环境特征

一、自然地理环境与自然旅游资源

（一）疆界绵延，得天独厚的边境旅游和跨国旅游条件

本区西南和南部与缅甸、老挝和越南接壤，山水相连，边界线绵延数千公里，怒江、澜沧江和元江等分别与邻国的萨尔温江、湄公河、红河同为一江水；广西南部濒临北部湾，沿海为狭窄平原和丘陵，海岸线长 800 多公里，与越南隔海相望。得天独厚的地理位置为发展跨国旅游和边境旅游提供了便利条件。

（二）地表结构复杂，岩溶地貌奇观荟萃

本区地表由滇西与滇南山地、云贵高原、广西丘陵盆地三大地貌单元构

成，景观奇特多样。

滇西与滇南山地处于青藏高原东侧。滇西山地是横断山脉中南部的高山深谷区，滇南山地是横断山脉南段的“帚状”间山宽谷地区。这里河流众多，水系密集，分割强烈，下切旺盛，纵贯南北的河流之间，是一系列南北平行排列的横断山脉，山岭谷地高差悬殊，谷地海拔2 000～4 000米，两侧山脉海拔多在5 000米以上，云南南部和西南部大部分地区为海拔1 000～1 500米的切割山原、多级山原和宽敞河谷盆地相间的组合。高山深谷形成各种变化显著、差异悬殊的自然景观，蔚为壮观。

云贵高原由云南高原和贵州高原组成。云南高原，地势西北高、东南低，北部、西部切割较强烈，顶部平旷，平均海拔2 000米。云南高原新构造运动活跃，因断裂下陷形成了众多盆地或断裂湖。这一带湖光水色、涌泉遍布，其中抚仙湖最深（1 515米），昆明盆地最大（1 071平方公里）。

云南高原向东过渡到贵州高原，地势向北、东、南倾斜，边缘部分被分割成为低山丘陵，平均海拔下降到1 000米，地形复杂，山岭、丘陵、河谷、平坝交错分布。高原边缘坡度较大，河流至此常形成急流和跌水，我国最大的瀑布——黄果树瀑布就是极为典型的一例。

广西丘陵盆地东北与湖南交界处属南岭山地，大部分是海拔1 000米左右的丘陵，地形破碎，其间分布着许多低矮的山隘；盆地内山岭起伏，主要为弧形山脉，海拔在1 000～2 000米。

本区碳酸盐类岩石分布广泛，云南高原东部和贵州高原均有大面积分布，广西盆地更是我国碳酸盐类岩石分布最广、岩溶地貌发育典型的地区。这里地表和地下的孤峰、石林、峰林、溶洞、岩洞、瀑布等一系列奇特的岩溶地貌景观是宝贵的旅游资源，如云南的路南石林，山水甲天下的桂林、阳朔风光等是举世闻名的岩溶风景游览胜地；桂林七星岩、芦笛岩，贵州织金洞，云南玉溪溶洞等，里面的石钟乳、石笋、石柱等，形态绚丽多彩，有着极高的观赏价值。

（三）气候温暖湿润，四季宜人

本区纬度较低，北回归线横穿本区南部，属于热带—亚热带季风气候区，因此，气候普遍温暖湿润，有利于旅游活动的开展。但由于地形地貌不同，海拔高度以及距海远近不同，区内气候也有明显的差异。

云贵高原温度变化小，干湿季区别十分明显，年平均气温大多超过15℃，1月份平均气温高于5℃，有夏无酷暑、冬无严寒、年温差较小等特点。大部分地区平均年降水量在1 000毫米左右，夏季多雨，冬季少雨。贵州高原由于地形地势影响，天气多变，雨日多，且多小雨和夜雨。云南高原受海拔高度影响，四季如春、冬暖夏凉。滇西气候变化大，海拔1 500米以下的江河谷地四季如春，海拔高的山岳地带则长冬无夏。广西北回归线以北的地区属于亚热带季风气候，一般温暖湿润。广西南部和云南南部是热量和水分最丰富的地区，为湿热的热带气候。

（四）奇花异草遍布，珍禽异兽繁多

本区气候有利于植物生长，地形复杂，局部环境千差万别，为多种动植物的生长提供了适宜的条件，因此动植物资源十分丰富。这里无数奇花异草和众多珍禽异兽，既是宝贵的生物资源，又是极具观赏价值的旅游资源。

云南有高等植物16万多种，可供利用的野生植物达2 100多种，乔木8 000多种，占全国植物种数的一半，居全国第一，有“植物王国”之称。西南部为我国最大的热带植物宝库，南部的西双版纳是我国最大的热带植物基地。广西已查明植物也有8 000种以上，有杜仲、天麻、三七等许多名贵药材，蕉树、铁刀木、檀木等著名经济树种，还有品目繁多的观赏植物。

本区奇花异草遍布。云南有山茶、杜鹃、玉兰、报春四大名花。云南有一种大树杜鹃，是世界上最大、最珍贵的一种，唯我国独有。生长在广西金秀县的金花山茶为稀世珍品。贵州焚净山区生长的珙桐树是一种珍贵、古老的观赏树种，春末夏初开花时，洁白苞片在阳光和微风下似白鸽随风而舞，美丽非凡，被称为“中国的鸽子树”。

繁茂的植物也为各种珍禽异兽的栖息、繁殖提供了良好的环境。这里有大小灵猫、云豹、小熊猫、大鲵、金丝猴、长臂猿、叶猴、熊猴、山狍、印度豹、华南虎；鸟类中有种类繁多的雉类和画眉，鹦鹉、阔嘴鸟、广西班冠犀、原鸡、白鹤等是很珍贵的种类；广西北部湾还有神奇动物“美人鱼”——儒艮；云南西双版纳的珍贵动物有野象、花面狸、水獭、懒猴、白颈长臂猿、绿孔雀、双角犀鸟、巨蟒以及飞蛙等。

二、人文地理环境与人文旅游资源

（一）悠久的历史文化，古朴的民风民俗

本区历史悠久，是我国古人类的发源地之一，距今170万年的云南元谋猿人就在这里生息繁衍。这里自古就是我国与东南亚各国经济文化交往的陆路通道，我国的丝绸和工艺品经过这里运往印度、缅甸等国，被称为“西

南丝路”。

本区是我国少数民族聚居的地区，分布着壮、瑶、苗、傣、白、回、纳西、布依、侗、水、哈尼、彝、仫佬、拉祜、佤、景颇、布朗、傈僳、怒、独龙、藏、阿昌、基诺、普米等近30个少数民族；本区也是我国少数民族人口最多的地区，占全国少数民族总人口的一半。各少数民族有着各自独特的语言、服饰、礼仪、习俗、建筑等，这些民情风俗是极具魅力的旅游资源。

壮族是我国人口最多的少数民族，文化艺术较为丰富，其崖壁画和铜鼓是十分珍贵的文物。崖壁画分布在广西左江两岩峭壁上，已发现100多处。宁明县花山崖壁画规模最大，场面十分壮观。铜鼓是壮族文化的代表，目前在广西已发现500多具。广西博物馆收藏铜鼓320多具，是世界上收藏铜鼓最多的博物馆。壮族歌圩是一种群众文化活动，春节、农历三月三日、中秋节是歌圩的高潮。

彝族的“火把节”已有1 000多年的历史，云南等地将火把节夜晚的舞蹈叫做“跳乐”，又叫“阿西跳月”。路南、圭山地区的彝族自称“撒尼”，流传着著名的叙事长诗《阿诗玛》。

白族是我国历史比较悠久、文化比较发达的民族之一，80%聚居在云南大理地区。白族每年的“绕之灵”是一次大规模的歌舞娱乐活动，成千上万的人排成长蛇阵，且歌且行，沿苍山之麓而进，循洱海之滨而归，历时3天，行程30余里。白族另一个盛大节日是“三月街”，又叫“观音街”，起于唐代，为纪念观音升天的佛教集会，后成为传统的民族贸易集市。

傣族主要分布在云南与缅甸、老挝接界的怒江两岸和澜沧江中下游。傣族人崇拜孔雀，视孔雀为圣鸟，成为爱情的象征。傣族的象脚鼓和孔雀舞很有特色。“泼水节”是傣族一年中最盛大的节日，于清明节后10日左右举行，庆祝活动要进行3～4天，最后一天为傣历元旦。节日期间举行“赛龙舟”、“放高升”等活动。傣族人民还有“赶摆”的风俗。

苗族半数以上居住在贵州省，云南、广西也有分布，苗族芦笙和芦笙舞最有名气。苗族节日有“跳场”、“四月八”、“龙舟节”、“六月六赛马”、“苗族年”、“踩花山”、“姊妹节”等。

其他少数民族也都有各自独特的风俗和节日，如阿昌族的“会街”，傈僳族的“刀杆节”，侗族的“踩歌堂”，水族的“过端”赛马，布依族的“六月六”，仫佬族的“走坡”对歌等。许多民族的手工艺品也很有特色，如织锦、刺绣、蜡染、户撒刀等。

（二）交通迅速发展，边贸日益繁荣

改革开放以来，本区的交通运输建设得到了快速的发展，形成了以铁路运输为主，水运、公路和航空运输为辅的交通运输网络，为旅游业发展提供了重要的条件。铁路交通以柳州、贵阳和昆明为枢纽与区内外多条铁路干线联系，有黔桂、贵昆、南昆铁路干线沟通三省区，有湘桂、枝柳、湖黔、川黔、成昆、黎湛铁路干线与全国其他各区相通。

本区沿边境地区山脉绵延，地势险峻，交通不便，通达性较差，限制了与周边国家的交往程度。但随着云南和广西两省区先后成为对外开放“窗口”，分别有铁路与公路同越南、老挝、缅甸相通，边贸经济日益繁荣。

交通条件的改善，边贸经济的繁荣，使本区的边境旅游、跨国旅游具有很大的开发潜力和广阔的发展前景。

第二节
广西壮族自治区

一、概述

广西壮族自治区简称桂，首府南宁市。广西位于我国南部边疆，南临北部湾，毗邻珠江三角洲和港澳地区；西连大西南，西南与越南接壤，是中国与东盟之间唯一既有陆地接壤又有海上通道的省区，是西南最便捷的出海通道。全区面积为23.67万平方公里，人口4 719万，有壮、汉、瑶、苗、侗、仫佬、毛南、京、仡佬等12个民族，其中壮族约占33%，我国壮族90%以上聚居在本区。

广西历史源远流长，据今1万至5万年前就有白莲洞人等先民生活在这里。秦统一百越后，设了桂林、南海和象郡，故广西简称“桂”。近现代，广西发生了许多震惊世界的历史事件：太平天国农民起义、镇南关大捷、百色起义和龙州起义等。

广西总体是山地丘陵性盆地地貌，山岭连绵，岩溶广布，平原狭小，丘陵错综，海岸曲折，岛屿众多。山地丘陵占全区面积的85%，岩溶地貌占总面积的37.8%。广西气候温暖湿润，年平均气温在16.5℃~23.1℃之间，一年四季适宜旅游。

广西矿产资源在全国占有较重要的地位，居前5位的有47种。广西是我国生物资源最丰富的省区之一，野生植物有8 354种，其中国家一级重点保护植物有37种，如被称为“活化石”的银杉、金花茶等；野生动物有929种，海洋及淡水的鱼类有700多种，属国家一级保护的动物有26种，其中广西特有的有18种，如白头叶猴、儒艮等。

广西交通发展迅速，为旅游业的发展提供了有力的保障。民航拥有桂林、南宁、北海等五个机场，目前有120多条国际国内航线；铁路有5条国家干线；城市之间均有高速公路贯通；水运以内河航运为主，以梧州为总汇，海运以北海为主要港口。

广西旅游资源丰富而独特。岩溶地区峰林平地拔起，造形奇特。形态最典型、风景最秀美的是桂林、阳朔一带的石灰岩峰林，曾被明代旅行家徐霞客誉为“碧莲玉笋世界”。溶洞内石乳、石笋、石幔、石柱、石花、石莲、石林等琳琅满目，美不胜收。河流众多，清澈娟秀，多与奇峰相配，一派山环水绕的秀丽景色。除举世闻名的漓江外，景色优美的还有贝江、资江、下枧河、左江等。此外，还有丰富的湖泊、瀑布、温泉等水景旅游资源。广西文物古迹及革命斗争纪念遗址众多，比较著名的文物古迹有：柳州白莲洞、桂林的甑皮岩等古人类遗址，兴安灵渠等古水利工程，桂林王城、容县真武阁、柳州柳侯祠等古建筑，宁明花山壁画等。著名的近现代革命活动纪念地有：太平天国的发祥地——桂平金田村、百色红七军军部旧址、龙州红八军军部旧址、钦州刘永福故居、抗战时期的八路军驻桂林办事处等。广西各少数民族风情多姿多彩，如壮族的三月三歌节、瑶族的达努节和盘王节、苗族的踩花山、侗族的花炮节等，都是极富魅力的人文旅游资源。

目前，广西共有漓江、桂平西山、宁明花山等3处国家级风景名胜区；有太平天国金田起义旧址、三江程阳风雨桥、宁明花山崖壁画、兴安灵渠等7处国家级历史文物保护单位；有北海银滩1个国家级旅游度假区；还有11个国家级森林公园，其中5A级景区2个，4A级景区46个。

二、主要旅游区点

（一）桂林漓江旅游区

1. 桂林市

桂林市位于广西东北部，自古享有“桂林山水甲天下”的美誉，是国家重点风景游览城市和历史文化名城，是世界旅游组织向全球首推的中国最佳旅游目的地城市。

桂林是典型的岩溶地貌，山青、水秀、洞奇、石美，“千峰环野立，一水抱城流”，桂林山水是中国自然风光的典型代表和经典品牌；桂林的自然旅游资源和人文旅游资源浑然一体，景在城中，城在景中，是桂林独具魅力的城市特色。城内遍植桂花树，每当秋风送爽，全城金桂飘香。主要的旅游景点有：漓江、芦笛岩、象鼻山、伏波山、叠彩山、七星公园、两江四湖、古东瀑布、冠岩景区、明靖江王府第及王陵、灵渠、乐满地度假世界、龙胜龙脊梯田等。

2. 两江四湖景区

两江四湖是指漓江、桃花江、杉湖、榕湖、桂湖、木龙湖，两江四湖景区是市中心的环城水系。这个景区是在宋代环城水系基础上进行了恢复和完善。景区内遍植名树、名花、名草，是一个名花名草博览园；架设桥梁19座，是一个世界名桥博览园；恢复、修建古之名楼、名塔、名亭万余平方米，发掘和修缮了唐代舍利塔、宋城墙、李济深故居等文物古迹50余处。步行或乘船游览，但见飞湍瀑流，奇峰倒影，清波拍岸，芳草缤纷，佳木繁荫；沿湖岸线，斗折蛇行，楼亭台榭，错落有致。同时还可观赏周边的象山、伏波山、叠彩山、宝积山、老人山等10多座传统名山。两江四湖景区把桂林深厚的历史文化、优美的自然山水、良好的生态环境完美和谐的统一在一起，是国家4A级景区。

3. 象山景区

象山景区位于城市中心，是桂林山水的精华，为国家4A级景区。景区包括象鼻山、伏波山、叠彩山，三座山相距不过两三千米，濒临漓江，半枕陆地，半沉江流，山水相依，自古就是游览胜地。景区内摩崖造像、石刻题榜、文物古迹遍布，有着深厚的文化内涵。

象山也称象鼻山，位于桂林城南的漓江西滨，桃花江与漓江的交汇处，是桂林城的象征，桂林的城徽即以象鼻山为标志。象山海拔220米，高出水面55米，由3.6亿年前海底沉积的纯石灰岩组成。山形孤拔陡峭，在象鼻与象腿之间有一水月洞，有如一轮明月静浮水上，形成著名的“象山水月”。此景集清山、秀水、奇洞、美石、倒影于一体，成为历代诗人吟咏不绝的千古题材，是游人至桂的必游之地。

伏波山位于市中心东北部，孤峰突起，半枕陆地，半插漓江，山体高出平地63米，陡然直立，如刀劈斧削一般，尤其是临江一面，给人以壁立千仞之感。漓江流经此地，被山体阻挡，形成巨大的汇流，古人取其制服波涛之意，称其为伏波山。

叠彩山位于市中心偏北部，因岩层呈层层堆叠状，如同堆缎叠锦，因而得名叠彩山。

4. 芦笛岩

芦笛岩位于城西北郊桃花江畔的光明山，传说因为在岩洞周围长有一种可以做芦笛的芦笛草而得名。芦笛岩洞深240米，游程约500余米。芦笛岩被人们誉为“大自然艺术之宫”，洞内钟乳石、石笋、石柱、石幔、石花等玲珑多姿，整个岩洞犹如一座用宝石、珊瑚、翡翠雕砌而成的宏伟、壮丽的地下宫殿。

芦笛岩是国家4A级景区，年接待游客量居世界岩溶景区之首，党和国家众多领导人、外国首脑及政要曾参观此地，因此又被称为“国宾洞”。

5. 漓江风景区

漓江风景区是世界上规模最大、风景最美的岩溶山水游览区，国家级风景名胜区，5A级旅游景区。漓江是世界上风光最秀丽的河流之一，发源于“华南第一峰”桂北越城岭猫儿山，流经兴安灵渠、灵川、桂林、阳朔、平乐至梧州汇入西江，全长437公里。从桂林到阳朔约83公里的水程，称漓江，是典型的岩溶峰林峰丛地貌。唐代大诗人韩愈的诗句“江作青罗带，山如碧玉簪”是漓江最形象生动的描绘。漓江酷似一条青罗带，蜿蜒于万点奇峰之间，沿江风光旖旎，碧水萦回，奇峰倒影、深潭、喷泉、飞瀑参差，江中多洲，岸边多滩，乱石遏流，浪回波伏，茂树环合，翠竹竞秀。每一处景致都是一幅中国水墨画，人称“百里漓江、百里画廊”。沿途佳景尤以草坪、杨堤、兴坪为胜，有九马画山、黄布倒影等美景，新版第五套人民币20元背面的图景就是漓江风光的一景。漓江景观因时、因地（角度）、因气候不同而变化。晴天青峰倒影江面；阴天漫山云雾飘渺；烟雨漓江更像一幅幅诗意浓浓的泼墨山水画，让人心醉神迷；明月之夜，群峰如洗，江波如练，若置身空灵境界，清远无限。

6. 阳朔

阳朔距桂林南面60公里，是一个有2 000多年历史的县城。阳朔县境内山峦叠嶂，石壁嶙峋峭拔，清澈见底的漓江水蜿蜒于丛山之中，江流成峡，山光水色相互辉映，景象万千，明代著名旅游家徐霞客称之为“碧莲玉笋世界”，素有“桂林山水甲天下，阳朔堪称甲桂林”之称，每年都吸引着近千万的中外旅游者前来游览。阳朔著名的景观有碧莲峰、遇龙河、书童山、榕荫古渡、月亮山、西街等。

著名的西街位于县城中心，长 1 180 米，宽仅 8 米，以其独特的风情吸引着国内外无数宾客。西街的酒吧、餐厅、旅店的格局各不相同，充满异域情调。每年有数十万外国友人来来往往，在西街观光、生活、工作、学习，他们常常一住就是十天半月甚至半年，是一条名副其实的“洋人街”。

7. 兴安灵渠

灵渠又名秦凿渠，位于桂林市北 66 公里的兴安县境内，与四川都江堰、陕西郑国渠并称为秦代三大水利工程，也是世界上最古老的运河之一。秦始皇为统一岭南，命史禄于公元前 223 年至公元前 214 年兴修，至今已有 2 200多年的历史，为全国重点文物保护单位。灵渠全长 36. 5 公里，经历代的不断维修和完善，形成由秦堤、南北二渠、铧嘴、大小天平、36 个陡门、泄水天平、回龙堤等部分组成的一个完整的水利系统，至今仍在发挥着巨大的水利作用。渠中可泛舟，两岸桃红柳绿，风景优美，为国家 4A 级景区。

（二）南宁风光旅游区

南宁市位于自治区南部，是全区政治、经济、文化、交通中心。有比较丰富的人文景观和自然景观，如：南湖、人民公园、广西药用植物园，自治区博物馆、青秀山风景区、良凤江国家森林公园、大明山、扬美古镇、伊岭岩、龙虎山自然保护区等。

清秀山又名青山，泰青岭，因林木青翠，山势秀拔而得名。清秀山景区包括凤凰岭等 18 座山峦，占地近 4. 1 平方公里，最高峰凤凰岭海拔 289 米，素以山不高而秀，水不深而清著称。这里峰峦起伏，雄奇秀拔，林木青翠，古榕参天；有岩有洞，岩幽壁峭，有石有泉，出泉甘洌。为 4A 级景区。景区内主要的景点有：龙象塔、天池和瑶池、泰国友谊园等。

（三）柳州风光旅游区

1. 柳州市

柳州位于广西中部，交通便利，商贸繁荣，有“桂中商埠”的美称，又是广西工业中心。柳州已有 2 100 多年的历史，是国家历史文化名城，唐代大文豪柳宗元曾任柳州刺史。柳州风光旖旎，盛产奇石、有“柳州奇石甲天下”的美誉。这里居住着 40 多个少数民族，民族风情独具神韵。主要名胜古迹有柳侯祠、马鞍山、鱼峰山、大龙潭景区、三江马胖鼓楼、程阳风雨桥等。

2. 鱼峰山

鱼峰山位于市区的鱼峰路，因柳宗元的《柳州山水近治可游者记》中称“山小而高，其形如立鱼”故名立鱼峰或石鱼山，是国家4A级旅游景区。鱼峰山平地崛起，山高88米，山上亭台楼阁，掩映在四季常青的古树绿荫之间。山中有清凉国、玉洞、盘古洞等7个岩洞，彼此相连贯通，山脚有个小龙潭，潭水随柳江河水涨落。相传，鱼峰山是壮族歌仙刘三姐生活劳动和传歌升仙的地方，至今山上尚存“三姐岩”、“对歌坪”等遗址。

3. 三江程阳风雨桥

三江程阳风雨桥又叫永济桥、盘龙桥，位于三江林溪乡程阳马安寨旁。程阳桥始建于1912年，历时12年，于1924年建成。桥长77.76米，宽3.75米，高11.5米，为石墩木结构楼阁式建筑。两台三墩四孔，楼台上建有五座塔式桥亭和19间桥廊，瓦瓴五重、亭廊相连、浑然一体，建筑艺术可谓精巧绝伦，宛如江上一座长廊式的高层楼阁，雄伟壮观、风姿俊秀。它的建筑艺术高超之处在于整座桥梁不用一钉一铆，大小条木，以榫衔接。全部结构，斜穿直套，纵横交错，丝丝入扣。程阳桥是目前保存最好、规模最大的风雨桥，是中国木建筑中的艺术珍品，为国家重点文物保护单位。

（四）桂东风光旅游区

1. 桂平西山风景名胜区

桂平西山是我国著名的七大西山之一，因在桂平市城西1公里而得名。以西山为中心，周围35公里内有全国重点文物保护单位金田起义遗址、龙潭国家森林公园和由大藤峡、白石洞天、罗丛福地、紫荆瑶山、浔州古城秀京、北回归线标志塔、东塔等组成的风景名胜群。

桂平西山古称思陵山（或思灵山），海拔678米，以“石奇、林秀、泉甘、茶香”著称。山上怪石嶙峋，古树参天，清泉甘例，西山茶闻名遐迩。西山人文历史悠久，从南朝起渐成游览胜地。有李公祠、洗石庵、龙华寺、乳泉亭、飞阁等古建筑，还有历代文人墨客赞赏西山诗词对联4 000余首。1954年西山水库建成后取名灵湖，水色山光，交相辉映，使西山倍加秀丽。为全国重点风景名胜区、4A级景区。

2. 容县真武阁

真武阁位于容县城东绣江北岸一座石台上，建于明万历元年（1573年）为全国重点文物单位。真武阁为三层亭阁式建筑，木质结构，高13.2米，底宽13.8米，进深11.2米，周围无墙，四面来风，楼底和庭院相连。全阁靠8根巨柱支撑，由近3 000条大大小小的铁木构件构成。皆凿榫相吻，不用一铁一钉，以杠杆结构原理，相互制约，组成一个优美稳固的统一体。第二层楼上4根内柱，柱脚悬空，离二楼板面2～3厘米，神奇地承受着它上面第三层楼板、梁架和屋瓦的巨大重量。这是全阁中最奇特、最精巧的部分，它依靠杠杆原理，像天秤一样维持整座建筑的平衡。真武阁历经400多年风雨，甚至经受过5次大地震和2次雷击的考验，依然安然无恙，成为中国乃至世界建筑史上的一大奇观，因此，被称为“天南杰构”。

（五）北海风光旅游区

1. 北海市

北海市位于广西南端、北部湾东北岸。北海风光旖旎，气候宜人，空气清新，四季花繁叶绿、瓜果飘香。这里的海域基本上没有受到污染，沙滩比较洁净，海水温净碧透，浪软如毯，水质为国家一级标准，是理想的海滨度假胜地。北海盛产珍珠，出产的“廉珠”是珍珠中的佼佼者；海参、沙虫、文蛤、鱼翅等驰名中外。主要旅游景点有：银滩、水族馆、涠洲岛等。

2. 北海银滩

银滩原名白虎头海滩，位于北海市南约9公里处，以“滩长平、沙细白、水温净、浪柔软、无鲨鱼”的特点，被誉为“中国第一滩”。银滩东西绵延约24公里，海滩宽度在30～3 000米之间，总面积约38平方公里，超过大连、烟台、青岛、厦门和北戴河海滨浴场沙滩的总和，而平均坡度仅为0.05；这里沙质洁白柔细，沙滩由高品位的石英砂堆积而成，二氧化硅（石英）的含量高达98%以上，在阳光的照射下泛出银光，故称银滩；海水水质为国家一级标准，年平均水温23.7℃。

北海银滩度假区是国家4A级景点，国家级旅游度假区，由银滩公园、海滩公园和陆岸住宅别墅、酒店群组成。海水浴、水上摩托、沙滩卡丁车、大型音乐喷泉观赏是主要内容。

（六）桂西风光旅游区

1. 宁明花山崖壁画

宁明花山崖壁画位于凭祥市东的宁明县耀达乡明江西岸的峭壁上，是战国至东汉时期岭南左江流域壮族先民骆越人巫术活动遗留下来的遗迹，至今已有1 800～2 500年的历史，以规模宏大，场面壮观，图像众多，成为广西左江流域岩画的典型代表而闻名于世，为全国重点文物保护单位、重点风景名胜区。

花山，壮语称为岜莱，即画得花花绿绿的山，是一座峰峦起伏的断岩山，高270米，南北长350余米，临江西壁陡峭，向江边倾斜。岩画以赤铁矿和动物胶、血混合调制的颜料绘制，呈红色。画面宽170余米，高40余米，面积约8 000多平方米，可数的图像有1 900余个。岩画以人像构成主体，辅以马、狗、铜鼓、刀、剑、钟、船、道路、太阳等图像。这些岩画构图与人物造型真实地反映了远古骆越社会活动情景。

2. 大石围天坑群

大石围天坑群位于百色乐业县同乐镇刷把村百岩脚屯。大石围天坑形成于大约6 500万年以前，垂直深度约为613米，东西长为600米，南北宽为420米，容积约0.8亿立方米，垂直高度和容积仅次于小寨天坑，居世界第二位。坑底原始森林的面积约9.6万平方米，是世界上最大的地下原始森林。地下原始森林树木粗壮、高耸；天坑底部青苔遍布，灌木从生，还发现盲鱼、白色毛头鹰、透明虾、中华溪蟹、幽灵蜘蛛等许多稀有动物，其中中华溪蟹、幽灵蜘蛛被确认为新物种。大石围有一地下溶洞，洞口宽约20米，高约40米，洞中巨大的石钟乳千姿百态、晶莹剔透；洞内有两条水流湍急的地下河，最神奇的是河水一热一冷。

在大石围周边村屯还有独特奇绝的白洞、神木、苏家坑等几十个天坑，形成了世界上独一无二的“天坑群”。

三、旅游节庆活动与地方风味特产

（一）旅游节庆活动

1. 桂林山水旅游节

该节庆期间举行展示桂林风采的文艺晚会；开展山水风光、民俗风情、历史文化等各种旅游新线路的推介和考察以及各种文化、艺术、娱乐等活动；举办各类展销会、博览会、洽谈会和交易会。

2. 阳朔漓江渔火节

每年金秋时节举行，为期3天，以漓江“渔火”、“烟火”、“篝火”三把火为主线，与碧莲峰脚下河面的“四龙出水”、“千盏莲灯”连成一片，构成一幅“一江灯火满江红”的绝妙佳景。

3. 南宁国际民歌艺术节

这是一年一度的世界民歌盛会，每年金秋，五洲四海的宾朋好友乘着歌声的翅膀而来，与美丽的绿城南宁相约同台献技、倾心交流，民族的、现代的、世界的文化之流在这里汇聚、交融。

另外，广西还有三月三武鸣壮乡歌圩、梧州龙母文化旅游节、北海国际珍珠节、凭祥边关旅游节等。

（二）土特名产及风味美食

1. 土特名产

广西是著名的水果产区，不仅果类繁多，且产量丰富，四季供应不断，盛产沙田柚、柑桔、菠萝、香蕉、荔枝、芒果、龙眼、橙子、木瓜等热带和亚热带水果。此外，还有马蹄、荔浦芋、八角、桂皮、蛤蚧、田七等。三花酒、辣椒酱、豆腐乳、南糖等是土特产。

北部湾及其沿岸为渔业基地，盛产石斑鱼、红鱼、大虾、鲸鱼、墨鱼、鳍肚、鱼翅、珍珠等；北海、合浦的“南珠”可与欧洲的“西珠”、日本的“东珠”相媲美。

传统工艺品有：阳朔画扇、桂林山水国画、美术陶瓷、玉石雕刻、珠宝首饰，还有壮族地区的壮锦、北海的贝雕等。

2. 风味美食

名菜有：荔浦芋扣肉、梧州纸包鸡、清蒸漓江鱼、椒盐鹧鸪、红烧狗肉、红扣果狸、红扣山瑞、蛤蚧大补汤、田七炖鸡、清蒸石斑鱼、炒鱿鱼卷、发菜肉丸等。

著名的风味小吃有：桂林马肉米粉、南宁老友面、柳州螺丝粉、水糍粑等。

广西少数民族的食品也是丰富多彩、各具特色的，如：壮、瑶、侗、仫佬、毛南等民族有五色糯米饭和糯米糍粑，侗、苗、仫佬、毛南、水等民族有酸菜、酸肉、酸鱼等，毛南族有豆腐圆，侗、瑶、苗等民族有“打油茶”等。

第三节
贵　州　省

一、概述

贵州省位于云贵高原的东北部，简称黔，省会贵阳市。全省面积 17.4 万多平方公里，人口 3 757 万，有汉、苗、布依、侗、彝、水、回、仫佬、壮、瑶等 18 个世居民族，少数民族人口占总人口的 38.98%。

贵州历史悠久，是古人类的发源地之一，在五六十万年前就有人类在此栖息繁衍。春秋时期为夜郎国。今天，贵州有夜郎文化的遗踪。发生在贵州的“遵义会议”和“四渡赤水”，是中国现代史和军事史上最具浓重色彩的一笔，是“长征文化”的经典。

全省一般海拔1 000米以上，通称贵州高原，北、东、南三面坡度下降陡峭，构成我国地势第二级阶梯东部边缘的一部分，境内多山，重峦叠嶂，河谷纵横，70%的地区为石灰岩地带，是著名的“溶洞之乡”。中部有小型的盆地和河谷，称为“坝子”。贵州属亚热带湿润季风气候区，受大气环流及地形等影响，气候呈多样性，“一山分四季，十里不同天”。全省大部分地区年平均气温为15℃左右，冬无严寒，夏无酷暑，四季不甚分明，降水较多，雨季明显，阴天多，日照少，各地阴天日数一般超过150天，是我国阴天最多的省份。因此，贵州有“天无三日晴”，“地无三里平”之说。

贵州省资源丰富，煤、磷、汞、铝、锰、锑、锌藏量较大，汞矿居全国第一位，水银和朱砂产量占全国70%以上。桐油、茶叶、生漆、杜仲、天麻、五倍子、栎皮等特产全国有名。

贵州因地处西南高原，历史上交通不便，近年来旅游交通得到了快速发展。铁路以贵阳为中心，沪昆线、内六线连接东西，渝黔线、黔桂线贯通南北，并有开阳、水大、湖林三条支线，形成了较为完善的铁路网络。公路网以贵阳为中心，有川黔、滇黔、湖黔、黔桂等主要干线，其中高速公路924公里。民用航空已开通贵阳至北京、广州、上海、成都、桂林、西安、香港等40多个城市的航线。

贵州是一个旅游资源高富集省份，资源分布广、类型多、品位高、保护好。贵州是世界上喀斯特地貌发育最典型的地区之一，发育于地表的石芽、漏斗落水洞、竖井、洼地、峰林、峰丛、天生桥、岩溶湖、瀑布、跌水，与发育于地下的溶洞、暗河、暗湖、伏流等纵横迭置，形成了千姿百态的奇山秀水、飞瀑异洞，无数地上地下贯通，动态静态结合的自然奇观。著名的喀斯特景观有：黄果树大瀑布、安顺龙宫、织金洞、马岭河、小七孔等，其中，荔波被列为世界自然遗产。贵州省苗、侗、布依、彝、水、瑶等少数民族民俗风情神秘古朴，各民族的建筑、服饰、饮食、婚俗、祭祀、节庆、艺术等保持完好，可谓“三里不同风、十里不同俗”，“大节三六九、小节天天有”。走进民族村寨，汉晋遗风、唐代发型、宋代服饰、明清建筑等古老的文化模式，对旅游者充满着吸引力。贵州以茅台酒为代表的酒文化对贵州旅游的影响尤为深刻，各少数民族村寨酒文化更是别有一番情致。贵州现有世界自然遗产1个，国家5A级旅游区2个，4A级旅游区3个，国家级风景名胜区13个，国家级自然保护区8个，还有21个国家森林公园，6个国家地质公园，39个全国重点文物保护单位。

二、主要旅游区点

（一）贵阳市

贵阳市是贵州省的政治、经济、文化、交通中心。贵阳的旅游资源非常丰富，既有以山、水、林、洞为特色的高原自然风光，又有文化内涵极为丰富的人文景观，还有古朴浓郁、多姿多彩的少数民族风情，以及夏无酷暑、冬无严寒的宜人气候。主要名胜古迹有：甲秀楼、红枫湖、开阳峡谷生态公园、黔灵山、花溪公园、阳明洞、青岩古镇和息烽集中营旧址等。

1. 甲秀楼

甲秀楼矗立在贵阳南明河中的万鳌矶石上，有浮玉桥和两岸连接。甲秀楼始建于明万历年间，现存为康熙年间重建，为全国重点文物保护单位。甲秀楼三重檐四角攒尖顶，楼高约20米，飞甍翘角，12根石柱托檐，护以白色雕塑花石栏杆，翘然挺立，烟窗水屿，如在画中。楼中历代骚人墨客对甲秀楼题咏甚多，尤以清人刘玉山所撰206字长联最为著称。全联概括了山城贵阳的地理形势及历史变迁，叙事生动，堪与昆明大观楼长联媲美。

2. 红枫湖

红枫湖位于距贵阳33公里清镇、平坝县境内。红枫湖是因修水库而形成的人工湖，湖中有岛屿100多个，是国家级风景名胜区。湖边有座红枫岭，岭上及湖周多枫香树，深秋时节，枫叶红似火，红叶碧波，故名“红枫湖”。红枫湖由北湖、南湖、中湖、后湖四部分组成。北湖以岛闻名，沿岸有西汉的古墓群、明代的“苗王营垒”；南湖以洞著称，洞中有千姿百态的钟乳石；中湖两岸峭壁森严，山势险峻；后湖湾汊众多，纵横交错。景区内建有苗寨、侗寨、布依寨，苗家的吊脚楼、侗家的鼓楼及风雨桥、布依族的石板房错落有致，别具特色。

（二）安顺市

安顺市位于贵州省中部，布依、苗、回、仡佬等少数民族占全市人口的38.43%。安顺旅游资源极其丰富，是世界上喀斯特地貌最集中的地区之一，著名的景区有：黄果树、龙宫国家级风景名胜区，关岭古生物化石群国家地质公园、九龙山国家森林公园，国家重点文物保护单位安顺府文庙、云山屯古建筑群、普定穿洞古人类文化遗址等。还有闻名遐迩的安顺蜡染以及布依、苗等少数民族风情。

1. 黄果树瀑布风景名胜区

黄果树风景名胜区以黄果树大瀑布景区为中心，分布有石头寨景区、天星桥景区、滴水滩瀑布景区、霸陵河峡谷三国古驿道景区、陡坡塘景区、郎宫景区等几大独立景区。是国家重点风景名胜区、5A级旅游区。

黄果树瀑布群位于镇宁布依族苗族自治县和关岭两县接壤处的白水河上，距贵阳市128公里，距安顺市区45公里。它由18个风韵各异的大小瀑布组成，其中以黄果树大瀑布最为优美壮观，故统称为黄果树瀑布群，是世界上最大的瀑布群，列入世界吉尼斯记录。这一带周围岩溶广布，河宽水急，山峦叠嶂，气势雄伟。

黄果树大瀑布是我国最大的瀑布，也是世界著名大瀑布之一。水势汹涌的白水河流经黄果树地段时，因河床断落，形成九级瀑布，其中最大的一级，高77.8米、宽101.0米，奔腾的河水自70多米高的悬崖绝壁上飞流直泻犀牛潭，发出震天巨响，如万马奔腾，惊心动魄。瀑布跌落，浪花四溅，水珠轻扬，如遇太阳照射，便化作长虹一道，五彩缤纷。黄果树瀑布另一神奇之处在于瀑布后面40多米的绝壁上有个水帘洞，洞全长134米，有6个洞窗、5个洞厅、3股洞泉和6个通道，游人可从侧面穿越水帘洞，从各个洞窗中观赏到犀牛潭上的彩虹。

2. 龙宫景区

龙宫位于安顺市南郊的龙潭布依寨附近，与黄果树风景区毗邻，是国家重点风景名胜区、5A级旅游区。龙宫景区以溶洞、洞穴、瀑布为主体，总面积60平方公里，分为中心、漩塘、油菜湖、仙人箐等四大景区。龙宫中心景区方圆10平方公里的范围内，星罗棋布着大大小小的水、旱溶洞90余个，是全世界水旱溶洞最多、最集中的地方，获吉尼斯世界纪录。龙宫水溶洞长达15公里，是全国最长的水溶洞，洞内钟乳千姿百态，洞厅构造宛如神话中的龙王宫殿。洞中的龙门飞瀑高50余米，宽26米，流水喷珠泻玉，钻山劈石，气势磅礴，十分壮丽。

漩塘在龙宫的上游，塘面呈圆形，通漩河的水流到这里便沉入地下，变为地下暗河。塘水挟带水上绿色浮萍，以顺时针方向不停地漩转，终年不息。

3. 织金洞

织金洞位于织金县城东23公里的官寨乡，原名“打鸡洞”，为国家级风景名胜区、国家地质公园、4A级景区。

织金洞是著名的喀斯特风景名胜区，洞体四层构造，已勘察长12.1公里，洞腔最宽跨度175米，相对高差150米，一般高宽在60至100米之间，总面积70余万平方米，划分为11个大厅47个小厅堂，是一座规模宏伟的大型溶洞。织金洞囊括了当今世界溶洞中的各种沉积形态，有石笋、石柱、石鼓、石盾、石花、梅花田、边石坝等40多种堆积物，有“岩溶博物馆”之称。壮丽的石笋、石塔蔚然成林；间歇水塘与地下湖泊碧波粼粼；高大的石幔、石帷如从天上垂下，颜色各异；还有国内外专家视为“自然界一大奥秘”的数万颗晶莹透明的卷曲石，织金洞被国内外地质专家称为“世界岩溶奇观”。

织金洞地表周围分布有典型的罗圈盆、天生桥、天窗谷、伏流及峡谷等喀斯特地貌景观，具有较高的观赏价值和科研价值，还有布依、苗、彝族村寨民俗风情。

（三）荔波喀斯特风光

荔波县地处黔南边陲，因典型的锥状喀斯特地貌及生物多样性等原因成为“中国南方喀斯特”的杰出代表，2007年荔波与云南石林、重庆武隆一起，被列为“捆绑”申报的世界自然遗产。荔波遗产地包括茂兰国家级自然保护区和樟江国家级风景名胜区中的大、小七孔景区。

1. 樟江风景名胜区

樟江风景名胜区总面积273.1平方公里，以喀斯特地貌上樟江水系的水景和浩瀚苍茫的森林为主体，由小七孔鸳鸯湖景区、大七孔地峨宫景区、水春河峡谷景区及樟江沿江风光带等构成，为国家级风景名胜区、4A级景区。景区内喀斯特地貌十分发育，形态多种多样，锥峰尖削而密集，洼地深邃而陡峭，锥峰洼地层层叠叠，呈现出峰峦叠嶂的喀斯特峰丛奇特景观。樟江沿河风光带，水清如玉，两岸青山绿树，一派美丽的田园风光。小七孔景区秀丽奇艳，有“超级盆景”之美誉。响水河68级叠水瀑布群像一条飘动的银链；拉雅瀑布飘洒着清凉的珍珠雨，沁人心脾；鸳鸯湖碧水湛蓝，静谧美丽；卧龙潭潭水幽深；天钟洞深邃莫测，洞景俨如梦幻仙境……这里既有奇、幽、俊、秀、古、野、险、雄的自然美，又有浓郁的布依、水、瑶、苗等少数民族风情。

2. 茂兰喀斯特森林自然保护区

本保护区位于县东南面，为国家级森林自然保护区，总面积130多平方公里，森林覆盖率达91.59%。这里生长乔木树种达500多种，有被称为活化石的银杏、鹅掌楸等多种珍稀树种，有脊椎动物300多种，其中包括林麝、猕猴、香獐、华南虎、野牛、熊、豹、白猴等珍贵的野生动物。这些珍稀动植物，具有很高的研究价值。茂兰喀斯特森林是目前我国乃至地球上同纬度地区罕见的中亚热带喀斯特森林残存。

（四）梵净山自然保护区

梵净山是武陵山脉的主峰，位于贵州省东北部印江、江口、松桃三县交界处。梵净山最高峰凤凰顶海拔2 572米，山势雄伟，层峦叠嶂；坡陡谷深，群峰高耸；溪流纵横，飞瀑悬泻；山谷幽深寂静，原始森林苍翠欲滴，自然景观十分优美。梵净山最奇特的风光在山的顶部，主要景点有万卷书、蘑菇石、金顶金刀峡、剪刀峡等。大金顶上有数十吨重的方形巨石，人称“万卷书崖”，欲坠不坠，惊心动魄。

梵净山已建立国家级自然保护区，保护区总面积567平方公里，为联合国“人与生物圈保护区网”成员，主要保护对象为亚热带森林生态系统及黔金丝猴、珙桐等珍稀动植物。梵净山莽莽的原始森林被认定为世界上同纬度保护最完好的原始森林，繁衍生息着2 600多种生物，其中有珙桐（中国鸽子树）、钟萼木、铁杉、鹅掌楸等10多种国家重点保护植物，还有黔金丝猴、苏门羚、红腹角雉等国家重点保护动物。在梵净山西麓生长着一棵世界最高大的古代孑遗树种“贵州紫薇”，这种树只开花，不结籽，不繁衍，十分珍贵，被科学界誉为植物王国里的“活化石”。这棵树高30余米，树干胸径2.8米，树冠荫蔽一亩多。

梵净山明代以后称“梵净山”。“梵净”乃“佛教净界”，是我国佛教名山之一，为佛教中弥勒菩萨道场，山上建有释迦殿、弥勒殿、承恩寺等庙宇，还有金顶摩崖石刻等古迹。

（五）赤水风景名胜区

赤水地处遵义西北部的赤水河中下游，这里地貌奇特，山峰挺秀，森林葱郁，沟壑纵横，百川竞流，物种繁多，是全国唯一以行政区命名的国家级重点风景名胜区。景观以瀑布、竹海、桫椤、丹霞地貌、原始森林为主要特色，兼有红军长征历史文化、文物古迹。境内有数以千计的大小瀑布，40多万亩原始森林，30多条溪流，27万亩楠竹林，其中宽度在3米以上的瀑布就有4 000多条，有“千瀑之市”，“竹子之乡”，“桫椤王国”，“丹霞之冠”的美誉。分为十丈洞、四洞沟、五柱峰、杨家岩、丙安古镇、赤水桫椤国家级自然保护区、竹海国家森林公园、燕子岩国家森林公园等风景区，以及复兴场、大洞场、丙安场等人文景区。其中，十丈洞风景区和燕子岩国家森林公园为4A级景区。

十丈洞距赤水城区39公里，面积30平方公里。以十丈洞大瀑布、中洞瀑布为特色景观，拥有十丈洞大瀑布、中洞瀑布、奇兵古道、转石奇观、香溪湖、百亩茶花、石笋峰、亿年灵芝、会水寺摩岩造像、红军标语等自然人文景观。十丈洞大瀑布堪与黄果树大瀑布媲美，瀑布高76米，宽80米，比黄果树瀑布高8米，是我国最佳瀑布奇观之一。

（六）马岭河风景名胜区

马岭河景区位于兴义县，地处滇、黔、桂三省区结合部，为国家重点风景名胜区。景区总面积450平方公里，由马岭河峡谷、万峰林、万峰湖三个部分组成，以万峰、千岛、百瀑、奇谷、彩画为特色。

马岭河峡谷以地缝嶂谷、群瀑横飞、碳酸钙壁挂形成景观特色。峡谷长74.8公里，宽50～150米，深120～280米，谷底低于地面200米。峡谷两壁有规模宏大、错落有致的钙化岩，构成了特有的岩石瀑布；峡谷两侧灰色的石崖中分布着一道道桔红、灰白、绛紫、果绿各种色彩或粗或细或长或短的线条，形成“彩崖峡”，好似巨大的彩色画屏，彩崖倒映水中，美不胜收；峡谷中有大小瀑布百余条，飞珠溅玉。景区内人文景观丰富多姿，有距今2.4亿年的“贵州龙”化石群；有“猫猫洞”、“张口洞”古人类活动遗址；有汉墓群、刘氏庄园、何应钦故居等人文景观；还有中国工农红军长征时留下的毛泽东、周恩来指挥战斗的足迹，以及布依寨、那叠红苗山寨的民族风情。

（七）遵义市

遵义为全国文化名城，文物古迹众多，既有举世闻名的遵义会议会址，又有300多年前播州土司杨民的各类城堡古建筑。主要景点有：乌江渡、播雅天池、红花岗区、凤凰山、海龙囤、娄山关、天门洞、夜郎镇等。

三、旅游节庆活动与地方风味特产

（一）旅游节庆活动

1. 民族风情艺术节

各民族演员演出民族民间特技、硬气功、东方斗牛、民间歌舞、民族服饰展等。

2. 彝族火把节

节日期间，来自各地的彝族同胞相聚一处，演出充满了民族特色和地方特色的民族民间歌舞节目，如铃铛舞、乌蒙欢歌、草海琴声等。

3. 贵阳花溪灯会

灯会期间，展出各种类型的灯饰，并有众多的文体经贸活动。另有贵阳阿粟杨梅节、遵义金秋菊展、贵州苗族姊妹节、贵州杜鹃花节等较为出名。

此外，还有中国贵阳避暑季、中国（遵义）国际名酒节、黔东南原生态文化节等。

（二）土特名产及风味美食

1. 土特名产

贵州名特产品首推“国酒”茅台酒，因产于仁怀县茅台镇而得名，还有董酒、杜仲酒、天麻酒等也均享有盛名。林产及药材如：生漆、桐油、乌桕、栓皮、天麻、杜仲、五桔子、银耳等，产量均居全国前列。还有威宁火腿、安顺黄花菜、香菇等，都是受省内外欢迎的名特产品。

传统手工业品有：蜡染、扎染、刺乡、桃花等，图案生动，色彩绚丽，具有浓郁的民间艺术风格。此外，大方漆器、平舟陶器，玉屏县所产玉箫、玉笛等中外闻名。

2. 风味美食

贵州菜历史悠久，口味以香辣为主。名菜有：花江狗肉、天麻汗鸡席、宫保鸡、套全鸭、糟辣脆皮鱼、宫保鳝鱼、独山盐酸鳝片、八宝汽锅脚鱼、天麻鸳鸯鸽等。

风味小吃有：贵阳肠旺面、贵阳恋爱豆腐果、贵阳“丝娃娃”、遵义豆花面、遵义羊肉粉、肠旺面、玫瑰肉糕、洗沙枣泥卷、太师细面以及毕节汤圆，威宁乔酥、太师饼等。

第四节
云　南　省

一、概述

云南省位于我国西南边陲，因在云岭以南而得名，古为滇国，简称

“滇”，是重要的边疆省份，与缅甸、老挝、越南三国相邻，省会为昆明市。全省面积39.4万平方公里，人口约4 483万，有汉、彝、白、哈尼、壮、傣、苗、傈僳、布依、拉祜、纳西、景颇、瑶、藏、布朗、阿昌、怒、普米、德昂、独龙、蒙古、基诺等52个民族，是中国少数民族最多的省份，少数民族占全省人口的40%左右。

云南地形极为复杂，大体上西北部是高山深谷的横断山区，东部和南部是云贵高原。地势北高南低，海拔相差大，最高峰是西北部的梅里雪山主峰卡瓦格博峰海拔6 740米，最低点是河口县的元江河谷，海拔仅有76.4米。整个云南有94%多的面积是山地，仅有不到6%是坝子（山间盆地）、湖泊之类，个别县市的山地比重超过了98%。云南气候大致与地形相对应，西北部的高山深谷区为山地立体气候区；北回归线以南的西双版纳、普洱南部等地则属于热带季雨林气候；其他大部分地域属低纬高原气候，“四季如春”是这里的真实写照。

云南自然资源丰富，号称“有色金属王国”、“动物王国”、“植物王国”和“药材之乡”。云南目前已发现可用矿产150余种，其中储量居全国第一的有锌、铅、锡、镉、铟、铊、蓝石棉等。云南是全国植物种类最多的省份，有1.8万种高等植物，主要特色物种有：滇金丝猴、绿孔雀、浣熊(小熊猫)、蟒、亚洲象、抗浪鱼、望天树、跳舞草、丽江云杉、巴西橡胶树、油棕、三七等。云南省雨量充沛，河流湖泊众多，河流落差都很大，蕴藏有巨大的水能资源，水能资源居全国之冠。

云南的旅游交通条件良好，公路已基本形成以昆明市为中心，辐射全省，边接四川、贵州、广西、西藏和周边国家缅甸、老挝、越南和泰国公路的交通网；有成昆、贵昆、南昆等主要铁路干线；昆明国际航空港拥有国际航线6条，国内航线37条，还有西双版纳、丽江、大理等10个二级机场。

云南特殊的地理气候环境，众多的民族，悠久的历史以及灿烂的文化，造就了得天独厚的旅游资源。境内有虎跳峡、哈巴雪山、梅里雪山等雄伟壮丽的山川地貌，有令人叹为观止的世界自然遗产路南石林和三江并流（金沙江、澜沧江和怒江），还有蔚为奇观的山林、峰、洞、江河、湖、瀑；有古老的人类遗址、恐龙化石、众多的近代历史纪念物，以及50多个少数民族绚丽多彩的民俗风情。有昆明、大理、丽江、建水、巍山等5座国家级历史文化名城；石林、大理、西双版纳、三江并流、昆明滇池、丽江玉龙雪山、腾冲火山和温泉、瑞丽江—大盈江等是国家重点风景名胜区，还有省级风景名胜区47处；建立了国家级、省级森林公园22个。此外，云南与越南、老挝、缅甸有着4 000多公里的陆地边境线，可以大力发展边境游、出境游。

二、主要旅游区点

（一）昆明旅游区

昆明位于云贵高原中部，海拔1 895米，地处低纬度高原，树木常青，繁花似锦，人称“春城”，是云南省政治、经济、文化、交通中心。昆明三面环山，南临滇池，风光秀丽，名胜古迹众多，是国家历史文化名城、旅游热点城市。主要景点有：滇池、大观楼、世界园艺博览会、路南石林、九乡风景名胜区、陆军讲武堂旧址、西山、圆通山、金殿等。

1. 滇池

滇池位于昆明市的西南，又称昆明湖，因周围曾居住着“滇”部落或有水似倒流，故名“滇池”。滇池为地震断层陷落型的湖泊，外形似一弯新月。湖面的海拔高度为1 886米，面积约为306平方公里。湖东有金马山，湖西是碧鸡山，北有蛇山，南有鹤山。湖畔平畴绿野，盛产稻米、小麦、玉米、油料等，是云南著名的“鱼米之乡”。滇池碧波万顷，山水相映景色秀丽。

大观楼座落在滇池之滨，始建于清代。高三层，红墙绿瓦，斗拱飞檐。大观楼正门两旁挂着一幅180字长联，是清乾隆年间寒士孙髯翁所题，气势宏大，意境深远，被称为“古今第一长联”。现以大观楼为中心建成大观公园，为4A级景区。

2. 世界园艺博览会

世界园艺博览园是1999年昆明世界园艺博览会会址，设在市东北郊的金殿风景名胜区，距市区约4公里。博览园占地面积约218公顷，植被覆盖率达76.7%，水面占10%~15%。博览园主要有5个展馆、6个专题展园、34个国内展园和33个国际展园组成，共有9个国家和国际组织分别在这里建起了自己的专题展示园（台），国内许多省市区也都建有能集中反映本地区园林艺术的展示场所。园区整体规划依山就势、错落有致，气势恢宏。现为国家4A级景区。

3. 石林风景区

位于石林彝族自治县境内，距昆明市70余公里，是国家重点风景名胜区、国家5A级景区、世界地质公园，被列入世界自然遗产。

石林具有世界上最奇特的喀斯特地貌景观，涵盖了地球上众多的喀斯特地貌类型：石牙、峰丛、溶丘、溶洞、溶蚀湖、瀑布、地下河等，被誉为“造型地貌天然博物馆”。石林范围广袤，气势大度恢弘，面积达1 100平方公里，保护区为350平方公里，山光水色应有尽有。已开发为游览区的有：石林风景区、黑松岩风景区、飞龙瀑风景区、长湖风景区。以石林景区为核心区，这里怪石林立，突兀峥嵘，奇峰危石，千姿百态，一支支巨大的青灰色石峰、石柱拔地而起，直刺青天，远望犹如一片莽莽森林，故称为石林。这些石峰、石柱的相对高度从十几米到三四十米，石峰之间深狭的沟谷如蜿蜒的回廊，有晶莹的湖池和迷宫般的地下溶洞。著名的景观有：“阿诗玛”及其伙伴、犀牛望月、象踞石台、灵芝石等。

世代生活在石林的撒尼人是彝族的一个支系，创造出以“阿诗玛”为代表的彝族文化，影响深远。

（二）大理旅游区

1. 大理

位于云南省中部偏西，是一座具有2 000多年历史的高原古城，盛产色彩斑斓，花纹美丽的大理石。大理冬无严寒，夏无酷暑，景色秀丽，苍山如屏，洱海如镜，蝴蝶泉深幽，兼有“风、花、雪、月”四大奇景（下关风、上关花、苍山雪、洱海月）。著名的旅游景点有：大理古城、南诏太和城遗址、大理三塔、南诏德化碑、苍山、洱海、蝴蝶泉、鸡足山等。大理是白族的主要聚居地，保存着古朴浓郁的白族风情。

大理古城东临洱海，西枕苍山，始建于明洪武十五年（1382年），是国家历史文化名城。大理古城方圆12里，原城墙高7.5米，厚6米，东西南北原有四座城门，上有雄伟的城楼。城中有一贯穿南北的大街，城内流淌着清澈的溪水，到处可见古朴雅致的白族传统民居。

2. 苍山

又名点苍山，东临洱海，是云岭山脉南端的主峰，著名的大理石产地。苍山共有雄峙嵯峨的19座山峰，海拔一般都在3 500米以上，最高的马龙峰为海拔4 122米，山顶上终年积雪，每两座山峰之间都有一条溪水，顺东流淌注入洱海。这19座峰18条溪构成了苍山独特而多姿的景观。山中林木葱葱，繁花似锦。苍山之麓有许多充满白族文化特色的景观：崇圣寺三塔、佛图塔、九龙女池、感通寺等。

3. 洱海

为高山淡水湖，海拔1 972米，北起洱源县江尾乡，南止于大理市下关。从空中往下看，因形似人耳，风大浪汹犹如海洋而得名。湖水面积约269平方公里，水深15米左右。湖面开阔，湖水清澈，山水相映，明媚秀丽。金梭岛上有南诏国王避暑宫遗址。

（三）丽江玉龙雪山风景名胜区

位于滇西北的丽江、宁蒗县境内，距昆明590多公里。景区以玉龙雪山为中心，包括玉龙雪山、丽江古城、虎跳峡、宁蒗泸沽湖四个片区，总面积777.6平方公里。为国家重点风景名胜区，5A级景区。

1. 玉龙雪山

位于丽江县城以北15公里处，有终年积雪的山峰13座，南北长约35公里，东西宽约25公里，面积960平方公里，在碧蓝天幕的映衬下，像一条银色的玉龙在飞舞，故名玉龙山；又因玉龙雪山主要为石灰岩与玄武岩，黑白分明，故又称为“黑白雪山”。主峰扇子陡海拔5 596米，是北半球纬度最低、海拔最高的山峰。随着时令和阴晴的变化，玉龙雪山有时云蒸霞蔚，时隐时现；有时碧空如水，群峰晶莹耀眼；有时云带束腰，云中雪峰皎洁，云下岗峦碧翠；有时霞光辉映，雪峰如披红纱，娇艳无比。从峰顶到山脚河谷，景观大致可分为雪域—冰川景观、高山草甸景观、原始森林景观、雪山水景等。玉龙雪山森林茂密，泉潭众多，是动植物的宝库。主要景点有：玉柱擎天、玉湖倒影、冰塔林、云杉坪、干河坝、牦牛坪、卧鹿坪、蚂蟥坝、古冰川槽遗迹、绿雪坪等。

玉龙雪山是纳西族人民心目中的神圣之山，纳西族的保护神“三朵”就是玉龙雪山的化身。

2. 丽江古城

丽江古城面积约3.8平方公里，始建于南宋末年，有800多年历史，是我国保存最完整、最具民族风格的古代城镇，为中国历史文化名城，被列入《世界遗产名录》。

丽江古城选址独特，布局上充分利用山川地形及周围自然环境，北依象山、金虹山，西枕猴子山，东面和南面与开阔坪坝自然相连，既避开了西北寒风，又朝向东南光源；发源于城北象山脚下的玉泉河水分三股入城后，又分成无数支流，穿街绕巷，流布全城，形成了“家家门前绕水流，户户屋后垂杨柳”的诗画图。街道不拘于工整而自由分布，主街傍水，小巷临渠，

300多座古石桥与河水、绿树、古巷、古屋相依相映。古城中心四方街以彩石铺地，清水洗街，日中为市，薄暮涤场的独特街景而闻名遐迩。古城民居大多保持明清建筑特色，"三坊一照壁，四合五天井，走马转角楼"式的瓦屋楼房鳞次栉比，雕绘装饰，玲珑奇巧，被中外建筑专家誉为"民居博物馆"。

拥有千年历史的纳西族东巴文、纳西古乐、白砂壁画等有较高历史文化价值。

3. 虎跳峡

位于丽江石鼓东北，在玉龙雪山与哈巴雪山之间，分上虎跳、中虎跳、下虎跳三段，峡谷迂回约20公里，江面最窄处仅30米，江滩至两岸峰顶高差约3 900米，为世界上最深的大峡谷之一。江流在峡内连续下跌7个陡坎，落差170米，水势汹涌，声闻数里，峡内礁石林立，有险滩21处，瀑布10条。上虎跳是峡谷中最窄的一段，一块巨石横卧中流，把激流一分为二，惊涛震天，传说一猛虎借这块巨石从玉龙雪山一侧，一跃而跳到哈巴雪山，故取名虎跳石。

4. 泸沽湖景区

泸沽湖位于宁蒗县和四川盐源县之间，距丽江大研镇约300公里。湖面总面积51.8平方公里，其中1/3属云南。水面海拔2 680米，平均湖深40.3米，湖水清澈，水质略甜，四周森林茂密，空气清新，风景如诗如画。湖内有鲤鱼、细鳞鱼、泸沽裂腹鱼等。

泸沽湖畔生活着摩梭人，至今仍延续着母系氏族特点，被称为神奇的东方女儿国。摩梭人盛行男不娶、女不嫁的阿夏婚，男女双方各居母家，男子暮来晨往，所生子女一律由女方抚养，男子与女方在生产、生活、财产上没有必然联系。

（四）三江并流

位于滇西北青藏高原南延的横断山脉纵谷地区，由怒江、澜沧江、金沙江及其流域内的山脉组成，包括怒江州、迪庆州、丽江地区、大理州的部分地区。三条发源于青藏高原的大江在云南省境内自北向南并行奔流170多公里，穿越崇山峻岭之间，三江相间最近处直线距离66.3公里，其中怒江、澜沧江最近处只有18.6公里，形成世界上罕见的"江水并流而不交汇"的奇特自然地理景观，为国家重点风景名胜区，被列入《世界自然遗产名录》。

三江并流整个区域达4.1万平方公里。景区有118座海拔5 000米以上、造型迥异的雪山。海拔6 740米的梅里雪山主峰卡瓦格博峰上覆盖着万年冰川，晶莹剔透的冰川从峰顶一直延伸至海拔2 700米的明永村森林地带，这是世界上最为壮观的低纬度低海拔季风海洋性现代冰川。从海拔760米怒江河谷到6 740米的卡瓦格博峰，这里汇集了高山峡谷、雪峰冰川、高原湿地、森林草甸、淡水湖泊、稀有动物、珍贵植物等奇观异景。这里是世界上生物物种最丰富的地区之一，栖息着珍稀濒危动物滇金丝猴、羚羊、雪豹、孟加拉虎、黑颈鹤等77种国家级保护动物和秃杉、桫椤、红豆杉等34种国家级保护植物。

三江并流地区是16个民族的聚居地，是世界上罕见的多民族、多语言、多种宗教信仰和风俗习惯并存的地区。

（五）香格里拉

香格里拉藏语意为“心中的明月”，指一种理想的生活的地方。作为英语的外来词，最先出现于1933年出版的美国作家詹姆斯·希尔顿的长篇小说《失去地平线》之中。人们现在所称的香格里拉实质上就是指云南的迪庆藏族自治州，位于“三江并流”的腹地。

香格里拉是一片完美保留自然生态和民族传统文化的净土。在这片雪域高原之中，有举世闻名的梅里雪山、一望无际的高原草甸、众多独特的民族民俗、神秘的多宗教文化等等。这里生活着藏、傈僳、汉、纳西、彝、白、回等13个民族，他们在生活方式、服饰、民居建筑以及婚俗礼仪等传统习俗中，都保持了本民族的特点，有着喇嘛教、基督教、天主教、原始宗教和谐共存的奇特景象。香格里拉主要景区（点）有：梅里雪山、碧塔海、松赞林寺、白水台、纳帕海、依拉草原、小中甸花海、香格里拉大峡谷等。

（六）西双版纳风景名胜区

西双傣语意为十二，西双版纳即十二个版纳。西双版纳自治州在云南省最南部，横断山脉的南端。景区包括景洪市风景片区、勐海县风景片区、勐腊县风景片区三大块，共有19个风景区，800多个景点，总面积1 202平方公里。这里居住着傣族、哈尼族、布朗族、基诺族、拉祜族、佤族、瑶族等十几个民族，其中傣族50多万。与老挝、缅甸、越南接壤，国境线长1 069公里。西双版纳景观以热带、亚热带雨林、季雨林、沟谷雨林风光，珍稀动物和绚丽多彩的民族风情为主，为国家重点风景名胜区。

西双版纳气候炎热多雨，年平均温度20℃以上，年降水量在1 600～

2 000毫米之间，热带原始森林茂密，古木参天，遮天蔽日，林间灌木杂草丛生，藤萝缠绕，树木种类多，植物品种达5 000多种，被称为“热带植物王国”，盛产香蕉、菠萝、椰子、油棕、橡胶等，是我国第二大橡胶生产基地。著名景点和节庆活动有：景洪、曼飞龙佛塔、澜沧江畔、野象谷、傣族园、景洪原始森林公园、热带雨林、傣族泼水节等。

三、旅游节庆活动与地方风味特产

（一）旅游节庆活动

1. 昆明国际文化旅游节

昆明国际文化旅游节突出云南各州市丰富多彩的民族民间传统文化，充分体现国际性、民族性、观赏性，注重与世界文化有机融合。主会场设在昆明，各州市设立分会场，并依托自身优势推出具有地方特色的节庆和文化旅游活动。

2. 西双版纳泼水节

西双版纳泼水节是云南省重要的节庆活动，一般在每年4月中旬举行，主要活动有澜沧江龙舟竞赛、全城泼水狂欢等。

3. 大理三月街民族节

大理地区白族传统节日。节庆期间举行赛马、赛龙舟、田径等民族体育表演、竞赛；唱大本曲、大霸王鞭等各民族民间艺术活动。此外还有药材、牲畜、民族工艺品、百货等贸易活动。

云南省旅游节庆活动还有：石林国际火把节、香格里拉文化旅游节、东巴文化旅游节、楚雄州火把节、怒江民族风情旅游节等。

（二）土特名产及风味美食

1. 土特名产

云南省名特产品较多，大理石、云烟、普洱茶、云南白药、三七是闻名中外的土特产品。名茶还有滇红、滇绿等。珍贵中药材还有天麻、虫草、麝香、鹿茸等。

传统手工艺品有：民族乐器、傣锦、版纳地毯、斑铜工艺品、大理石制品、翡翠制品、银器、蝴蝶蝶翅画、民族服饰、个旧锡器、大理草帽、下关羽毛画等。

2. 风味美食

著名佳肴有：昆明汽锅鸡、大理砂锅鱼、宣威火腿等。

风味小吃有：过桥米线、通海豆末糖、邓川乳扇、酸角、酸角糕、甜角、傣味火烧干巴、“云南十八怪”小点心、袋装干野生食用菌等。

思考与练习

1. 本区地理环境特征为该区旅游业发展提供了哪些背景条件？
2. 本区突出的旅游资源有哪些？它们在本区的分布情况如何？
3. 本区具有民族特色的旅游资源有哪些？

第十章

世界屋脊神秘高原旅游区

本区包括青海省和西藏自治区，位于我国西南部的青藏高原之上，西部和南部分别与印度、尼泊尔、不丹、缅甸等国家接壤。本区地势高峻，有“世界屋脊”之称。

本区地广人稀，总面积192万平方公里，占全国的20%，人口830多万，只占全国总人口0.6%左右，其中绝大部分为藏族。高原地区空气稀薄，气候恶劣，交通闭塞，自然和人文环境极少受到污染和外界文化干扰。原始的自然风光，丰富多彩的民族风情，古老的宗教文化，给旅游者一种神秘、纯朴的奇特美感，是开展高原冰雪观光、登山探险、科学考察的理想之地，故本区称为“世界屋脊神秘高原旅游区”。

第一节

旅游地理环境特征

一、自然地理环境与自然旅游资源

（一）“世界屋脊”，雄奇壮丽的高原景观

青藏高原总面积约250万平方公里，平均海拔在4 000米左右，是我国面积最大、世界上海拔最高的高原。宽广无垠的高原上，绵延耸立着数条巨大山系，并有无数海拔逾7 000米的高峰。高原、盆地、谷地等众多地貌形态交错分布在山脉之间。许多山峰终年积雪，冰川冻土广泛发育，冰川规模

大、数量多，全境冰川面积逾3.4万平方公里，约占我国冰川总面积的80%。雪山冰川在阳光下银光四射，景色蔚为壮观。

青藏高原上的山脉有东西向和南北向两组，构成高原地貌的骨架。东西走向的山脉主要有5条，自北向南依次为阿尔金山和祁连山、昆仑山、喀喇昆仑山和唐古拉山、冈底斯山和念青唐古拉山以及喜马拉雅山脉；南北走向的山脉主要分布在青藏高原东南部，由一系列平行延伸的高山和深谷组成。

昆仑山长2 500公里，平均海拔5 500~6 000米，为亚洲最长的山脉之一。喀喇昆仑山和唐古拉山是世界第二高山脉，有4座8 000米以上的高峰，乔戈里峰海拔8 611米，为世界第二高峰。喜马拉雅山横亘于高原南侧，是由多条平行山脉组成的弧形山脉，长2 400公里，宽200~300公里，山势挺拔险峻，高峰林立，超过7 000米的高峰40余座，8 000米以上的高峰11座，被称为“世界第三极”的珠穆朗玛峰海拔8 844.43米。喜马拉雅山北坡以缓坡与藏南谷地相接，形成许多低山丘陵和盆地；南坡陡峻，以6 000~7 000米的高差与恒河、印度河平原相接。在冰川作用下，山峰周围现代冰川、冰斗、角峰、刃脊密布。山峰呈金字塔状，顶上有旗云飘动，谓之“珠峰旗云”。高原冰塔林广泛分布，还有冰洞、冰面溪流等奇特景色。珠穆朗玛峰是所有登山家、探险家以及考古学家所梦想征服的高峰。目前开辟的攀山路线有两条，中国一侧的北坡较尼泊尔一侧的南坡自然条件更为复杂，气候更为恶劣，地形更为险峻。中国登山队曾于1960年5月25日首次从北坡征服顶峰。

昆仑山和冈底斯山之间的藏北高原形态完整，地面坦荡，湖泊星罗棋布。藏北高原东西长约2 000多公里，南北宽约700公里，海拔4 500米左右，是青藏高原上地势最高、面积最大的高原，被称作“高原上的高原”、“世界屋脊上的屋脊”。藏北高原条件恶劣，人烟稀少，长期以来被称为“无人区”。随着国家建设资金投入的不断增加与支边援藏队伍的不断扩大，如今已有公路从这里穿过，并新建了许多居民点。这里的矿藏和野生动物资源也已被深度开发和利用，毋庸置疑，这里将成为具有超强吸引力的旅游区，为勇敢的旅游者所向往。

柴达木盆地位于阿尔金山、祁连山与昆仑山之间，面积22万平方公里，海拔2 600~3 000米，是典型的高原盆地。“柴达木”蒙语意为“盐泽”，盆地原为一个大湖泊，湖水经过长期蒸发浓缩，沉积了大量食盐和钾盐。长期的风力侵蚀造就了柴达木盆地独特的雅丹地貌，盆地及周围山地金属和非金属矿藏蕴藏丰富，因此被美誉为“高原上的聚宝盆”。

南部冈底斯山和念青唐古拉山以南、喜马拉雅山以北是藏南谷地，雅鲁藏布江在这里滚滚而流，西藏自治区首府拉萨市位于雅鲁藏布江支流拉萨河的中游，第二大城市日喀则位于年楚河汇入雅鲁藏布江的河口处。藏南谷地处于印度板块与亚欧板块相互碰撞的缝合线位置，地热资源十分丰富，以羊八井地热田最负盛名，有高温的沸泉、热泉、温泉、热水湖、热水沼泽、水热爆炸穴、喷气孔热水上冲的间歇喷气井等，湖面水温40℃以上，最高沸泉水温达92℃。目前，高原上的地热资源多被开发为医疗事业所用，许多温泉开辟了浴池和畜浴池，还有些地方利用天然热水作为采暖热源。

著名的雅鲁藏布江大拐弯因此江向东至西藏突然掉头折向西南而得名，大拐弯山高谷深，水流湍急，中间是海拔7 782米的南迦巴瓦峰，地势奇险，为众多高峰中最难征服者。

（二）高原湖泊星罗棋布，鸟类栖息的乐园

青藏高原上湖泊星罗棋布，数以千计，以咸水湖为主，总面积3万多平方公里，约占全国湖泊面积的1/3。仅西藏就有大小湖泊1 500多个，面积超过100平方公里的有35个，是我国河流、湖泊最多的省区之一。高原湖泊大多属于构造类型，湖体一般较大；还有冰川湖和堰塞湖，面积相对较小。高原湖泊景色十分秀美，林海环绕，雪山映照，湖滨地形坦荡，水草丰美，是优良的牧场，同时也是野生飞禽走兽栖息的场所，特别是湖中鸟岛上成千上万的飞鸟群聚，更是高原一大奇观。鸟岛上鸟巢鳞次栉比，五颜六色的鸟蛋遍地皆是，空中群鸟飞翔雀跃，鸟鸣鼎沸，生机盎然。其中最著名的是青海湖鸟岛。

纳木错海拔4 718米，是我国第二大咸水湖和世界上湖面海拔最高的大湖。班公错、克鲁克湖、托亲湖以及黄河源头的北陵湖、鄂陵湖、星宿湖等都是鸟类的乐园。众多鸟类当中，黑颈鹤与丹顶鹤是鹤类中最为名贵的品种。黑颈鹤仅在青藏高原幸存，在世界其他地方都已绝迹。

（三）高原气候变幻莫测，热带风光相映成趣

青藏高原因海拔高而形成独特的“高原气候”。高原腹地年均气温大都低于6℃，藏北高原和高山的上部年均气温在0℃以下，比同纬度平原地区低16℃～18℃，为世界上中纬度寒冷中心。高原全年没有真正的夏季，年温差不明显，但日温差较大，一般在14℃～15℃。高原地处内陆，地势高峻，气候比较恶劣，最冷月有时可达零下40℃以下。天气多变，有“一年无四季，一日见四季”之说，一天之内，暴雨、飞雪、狂风、冰雹、烈日、浓云变幻莫测。尽管气候恶劣，却也有许多珍稀野生动物生存其间，野牦牛、野驴、藏羚羊、雪豹、棕熊、野鸭、棕头鸥、斑头雁等均以此为乐园。

由于海拔高，空气稀薄洁净，少尘埃和水气，大气透明度高，青藏高原是全国太阳辐射能量最多的地区，全年日照2 200～3 600小时，拉萨市全年日照总时数为3 005小时，被誉为“日光城”。高原降水量集中在4月至9月，有明显的雨季和旱季，降水地区分布差异很大，一般由东南向西北逐渐减少。高原上风季持续时间长，大风多，最大风速高达每秒40米以上，尤其集中在夏季，是我国大风最多的地区之一。高原气压低，仅为海平面气压的一半，空气稀薄，含氧量低，故初次来此的旅游者大都不适应恶劣的高原气候，有高山反应症。

与“高原气候”相映成趣的是喜马拉雅山东段南坡、雅鲁藏布江大拐弯附近以下的河谷地带，以及喜马拉雅山南麓我国境内海拔较低的地方所形成的热带雨林气候。这些地方纬度低、海拔低，北面有高大山体屏障，又有西南季风迎面而来，因此气候温暖湿润、降水丰富，动植物资源异常丰富。同时，这些地方落差大，从下至上可以观赏到从热带到极地的各个自然带的景象。下察隅、墨脱、波密岗乡、古隆江村、林芝巴结和樟木口岸6个自然保护区，总面积达10万多亩，其中长叶松、长叶云杉、喜马拉雅山红豆杉、高原豆杉、延龄草等稀有植物，白唇鹿、长尾叶猴、小熊猫、藏马鸡、羚羊等珍禽异兽被列为国家级重点保护对象。这些独特的自然环境不仅是天然的旅游胜地，也是地理学、生物学研究的天然实验室。

二、人文地理环境与人文旅游资源

本区聚居着藏、汉、回、土、蒙古、满、哈萨克、门巴、珞巴、纳西等民族，其中藏族占多数。不同的生活方式与民族性格交汇出游牧地区绚丽多姿的民族风情。

（一）古老的宗教文化与壮观的宗教建筑

青藏地区的文化属草原游牧文化，并且宗教渊源极深厚。宗教对这里社会生活的方方面面产生着深远的影响，西藏各地的许多习俗和民族节日都与宗教有关。在藏区，佛教圣地、圣迹比比皆是，寺院庙堂数以千计，经文贝叶随处可见，前来朝觐拜佛的国内外香客络绎不绝。

藏族信奉的佛教具有强烈的地方色彩，有一系列派生教派。其中喇嘛教曾有两度兴旺时期，留下大量独具特色的壮观的宫殿寺庙建筑和珍贵的宗教艺术品。拉萨三寺（布达拉宫、大昭寺、小昭寺）和日喀则的扎什伦布寺是其中最著名的。

在西藏佛教历史中，因佛教文化交流的需要，不断有建筑家、艺术家和工匠经印度、尼泊尔以及中原地区来到西藏，为西藏佛教建筑、雕塑和绘画艺术贡献他们精湛的技艺。如宋、元时期，受印度巴拉王朝的影响，密宗雕塑风行西藏；1260 年尼泊尔雕塑家阿尼哥来西藏，把曼陀罗艺术风格带到这块土地。外来艺术的影响同本民族艺术的交融，产生了独具特色的西藏佛教艺术。

与古老宗教文化有着密切联系的是古文化遗址的发现。乐都境内的柳湾古墓、柴达木盆地的诺木洪文化遗址及香加岩画，充分证实了早在四五千年前，中华民族的先民就曾在这里繁衍生息。

（二）奇特多姿的藏族风情

藏族人普遍信仰喇嘛教，故人名多为二字或四字，有名无姓，有的人则在名字前加上出生地或职业，便于区别，均源于佛教经典。藏胞男女都蓄辫，喜戴首饰；上身穿长袖短衫，外着宽肥长袍，右襟系带，常常袒露右肩；男子穿裤，女子穿裙，男女均穿氆氇长靴或牛皮长靴。藏族农区喜食酥油糌粑、青稞酒和奶油茶。古老的藏民建筑为石砌碉房、窗户样式与寺庙基本相同，平顶、外观形似现代建筑；牧民则用牦牛毛织成黑色帐篷，冬暖夏凉，迁移方便。陆上运输以牦牛和驴为主，水上交通工具有牛皮筏和空心独木舟。天葬是藏族最流行的丧葬方式，另有塔葬、火葬、水葬、土葬。

藏族的节庆佳日较多。藏历元旦是一年中最重要的节日，青年男女盛装互相拜年，并到寺院朝拜。正月十五日酥油灯节，各大寺院举行法会，入夜则千家万户点燃酥油灯，拉萨八角街的花灯会最为热闹，各色灯盏五彩缤纷，宛若群星闪烁。藏历四月十五日是藏族的佛诞日，纪念佛祖诞辰和唐朝文成公主入藏，要举行盛大的庆祝活动。每年藏历五月初，拉萨树茂草盛，人们合家而出郊游野餐，进行文艺活动和“跳神”等宗教活动。藏历七、八月的“望果节”，农民背着经卷和唐唣等法器，巡游田间，尽情歌舞，庆祝丰收。一年一度的赛马会和赶集会，是草原上庆祝牧业丰收的盛会，远近牧民都会赶来参加。场面盛大，会场周围几公里之内布满白色帐篷，各种各样的藏式服装、金银首饰、日用商品琳琅满目；农贸市场上酥油、牛羊肉、宗教朝觐用品等应有尽有。此外，还有传大召、萨噶达瓦节、燃灯节、雪顿节等宗教节日。

（三）内涵深蕴的藏乡文化艺术

藏乡文化艺术人文意境深远，独具特色。藏文是7世纪初创立的一种拼音文字，沿用至今。浩瀚的藏文文献中，保存了大量有关历史、地理、天文、哲学、医学的著作以及大批文艺作品。藏族文学生动活泼，民间故事充满奇情异彩。藏族民间英雄史诗《格萨尔王传》是世界上最长的史诗，它以宏伟的结构、奇特的情节、优美的语言、说唱的形式，塑造了正义、勇敢、力量和理想的化身——以格萨尔王为首的英雄群豪，艺术地再现了古代社会生活的真实画面。

藏族男女老少均能歌善舞，藏族民歌激越嘹亮，旋律抑扬顿挫，婉转悠扬；藏族舞蹈舞姿优美，舞步刚劲豪放。藏戏是一种独立的、适应高原环境的游牧文化戏剧，具有独特形式和鲜明民族个性，由古代跳神舞演变发展而来。藏戏多取材于带有宗教色彩的民间故事，一般在院落、广场和树林中支起帐篷，无幕无台，与观众在一起即席演出，在乐队伴奏下边唱边舞。演员或唱或白、曲调高昂激越、伴奏者有时也齐鸣帮腔，气氛十分热烈。藏族的壁画、雕塑、藏医、藏药以及天文历算、建筑艺术等，都构成了藏乡丰富多彩的民族文化艺术。

第二节
青　海　省

一、概述

青海省位于青藏高原东北部，因境内有全国最大的内陆咸水湖——青海湖而得名，省会西宁市。青海地广人稀，全省面积72万平方公里，仅次于新疆、西藏、内蒙古，居全国第四位，人口548万，一大半的工业产值和人口居住在首府西宁。少数民族约占总人口的46%，世居的少数民族主要有藏族、回族、土族、撒拉族和蒙古族，其中土族和撒拉族为青海所独有。

青海4/5以上的地区为高原，平均海拔3 000米以上，其中54%以上的地区海拔在4 000米以上，很多终年积雪的山峰。地形分为祁连山地、柴达木盆地、青南高原和东部黄土高原。巍巍昆仑山横贯中部，绵延东西2 500

公里；唐古拉山、巴颜喀拉山和祁连山脉横贯昆仑南北；茫茫草原起伏绵延；柴达木盆地浩瀚无垠。黄河、长江、澜沧江分别发源于巴颜喀拉山北、南麓，故称之为“江河之源”。以日月山为天然分界，东部湟水流域是主要农业区，西部和南部主要是牧业区。

青海气候属典型的高原大陆性气候，冬寒夏凉，年平均气温 -5.8—8.6℃，太阳辐射强，光照时间长，降雨少，年温差、日温差都大，垂直变化明显。每年 4~8 月是旅游的黄金季节。

青海资源丰富，共发现各种矿产 125 种，其中 54 种储量居全国前 10 位，9 种居全国首位。有石油、天然气、钾盐、食盐、铅锌矿等多种有色金属。特别是黄河上游的水电资源、柴达木盆地的盐湖资源、石油天然气资源，以及分布在全省各地的有色金属资源、非金属矿产资源极为丰富，开发前景广阔。珍贵的野生动物资源也很丰富，主要有白唇鹿、野骆驼、野牦牛等属青海高原特有的珍稀动物。

青海大部分土地都是戈壁和雪山，不适宜人居住。但是青海的人文资源和地理资源都十分的丰富。这里自然风光雄奇壮美，阿尼玛卿山、昆仑山、新青峰是对外开放的三座山峰，平均海拔 5 000 米以上，冰峰峻峭，气势不凡，吸引着众多登山爱好者。青海的景区主要有：青海湖、孟达林区、塔尔寺、三江源、“万丈盐桥”、都兰县境内的巴隆国际狩猎场等。此外，乐都境内的霍昙寺、互助县的佑宁寺、五峰寺、平安县的峡峻寺、乌兰县的都兰寺、惶源县的东科寺、扎藏寺，西宁的北神寺、南排寺等，都是青藏地区的著名大寺，各具特色。青海境内还有更多的具有高原特色的旅游资源尚待进一步开发利用。

青海有着悠久的历史和丰富多彩的民族风情，是极富魅力的人文旅游资源。六七千年前古代先民就繁衍生息在这片土地上，以古墓群，古寺庙，古岩画，古城堡为特征的名胜古迹众多；藏、汉、回、蒙古、土、撒拉等民族都有着悠久的历史和优秀的文化传统，保持着独特的民情风俗。

二、主要旅游区点

(一) 西宁旅游区

1. 西宁市

西宁是青海省政治、经济、文化、交通中心。位于青藏高原东北部湟水谷地，四面群山环抱，湟水河由西向东穿城而过，夏季凉爽宜人，是风光美丽的避暑胜地。西宁是典型的移民城市，多民族聚集、多宗教并存。西宁又是一座历史悠久的古城，唐蕃古道上的重镇，名胜古迹众多，距著名的青海湖仅百余里。主要游览点有：塔尔寺、霍昙寺、五屯寺、北山寺、东关清真大寺、原子城、日月山等。

2. 塔尔寺

塔尔寺位于西宁市西南25公里的湟中县鲁沙尔镇，是黄教创始人宗喀巴的诞生地，是藏、蒙、土等族喇嘛教徒朝觐的圣地，是藏传佛教格鲁派六大寺院之一，在我国和东南亚一带享有盛名。塔尔寺始建于明嘉靖三十九年(1560年)，经多次扩建重整，占地600亩，是一处具有藏汉艺术风格相结合的大型古建筑群，拥有众多殿宇、经堂、佛堂、僧塔、僧社，规模宏大，气势雄伟。酥油花、壁画和堆绣是寺庙三绝。为全国重点文物保护单位。

（二）青海湖风景名胜区

1. 青海湖

青海湖位于青海省东北部，平均水深20米，湖面面积4 456平方公里，最深处32.8米，湖面海拔为3 260米，是我国最大的咸水湖，为国家4A级旅游景区。青海湖四周被四座海拔在3 600米至5 000米之间巍巍高山所环抱，犹如四幅高高的天然屏障，将青海湖紧紧环抱其中。湖中有海心山、海西山、三块石、沙岛和鸟岛等，盛产肥嫩味美的无鳞湟鱼。从山下到湖畔，是广袤平坦、苍茫无际的千里草原，而烟波浩渺、碧波连天的青海湖，就像一盏巨大的翡翠玉盘平嵌在高山、草原之间，景色绮丽壮美。夏秋季节，青海湖畔辽阔起伏的千里草原彷佛铺上了一层厚厚的绿色的绒毯，五彩缤纷的野花，把绿色的绒毯点缀的如锦似缎，数不尽的牛羊骢马犹如五彩斑驳的珍珠洒满草原；大片整齐如画的农田麦浪翻滚，菜花泛金，芳香四溢；青海湖碧波万顷，水天一色。冬季，四周群山和草原变得一片枯黄，有时还要披上厚厚的银装。每年11月份，青海湖便开始结冰，浩瀚碧澄的湖面，冰封玉砌，就像一面巨大的宝镜，在阳光下熠熠闪亮。

2. 鸟岛

鸟岛是青海湖最迷人的岛屿，面积仅有0.11平方公里。这里气候凉爽，四面环水，隔开了狐、鼬鼠、爬虫等鸟类的天敌；水面辽阔，水中鱼群云集，为鸟类丰富的食料；湖水有丰富的有机物质，水草丰美，为鸟类提供了繁殖、育雏的理想条件。每年春末夏初，斑头雁、鱼鸥、棕头鸥、鸬鹚、赤麻鸭以及天鹅、黑颈鹤等20多种候鸟便从印度洋和遥远的南方云集鸟岛，繁衍后代。鸟最多时达10万只以上。放眼四望，天上、地下、山崖、水面到处是铺天盖地、白花花、黑压压的鸟群；密密麻麻的鸟巢一个挨着一个；玉白色的、青绿色的、棕色斑点的大大小小的鸟蛋使鸟岛又成了名副其实的“蛋岛”。秋末，候鸟暂时离开鸟岛，飞向温暖的南方。鸟岛已被列为自然保护区，是鸟类学研究基地。

（三）三江源自然保护区

保护区覆盖玉树、果洛全境和海南、黄南、海西的部分地区，总面积36.6万平方公里，核心区面积达15.3万平方公里，为国家级自然保护区。

昆仑山及其支脉可可西里山、巴颜喀拉山、阿尼玛卿山、唐古拉山等众多雪山的冰雪融化后，汇流成哺育中华民族的长江、黄河和澜沧江等大江大河，是我国最重要的水源地，这里被称为“中华水塔”。举世瞩目的三江源自然保护区纪念碑屹立在通往玉树州府所在地结古镇的通天河大桥旁，纪念碑由花岗岩雕成，碑体高6.621米，象征长江发源地格拉丹冬雪峰6 621米的高度；基座面积363平方米，象征三江源保护区36.3万平方公里的面积；基座高4.2米，象征三江源4 200米的平均海拔；碑体由56块花岗岩堆砌而成，象征中国56个民族；碑体上方两只巨形手，象征人类保护“三江源”。整个纪念碑造型美观，寓意深远，气势宏伟。

黄河发源于巴颜喀拉山脉的海拔5 202米的雅拉达泽山，上源为约古宗列渠，这里湖泊、小溪星罗棋布，水流清澈，水草丰美，牛羊成群，一派草原风光。

长江源头沱沱河发源于唐古拉山脉主峰各拉丹东雪山海拔6 621米的冰川丛中。源头一片奇丽的冰塔林，几十米高的冰塔林耸入晴空，绵亘数十里，宛如座座水晶峰峦，千姿百态。

此外，格尔木至敦煌的一段从达布逊湖上穿过的公路，由15～18米的盐盖构成天然的“盐桥”，长2公里，被称为“万丈盐桥”。还有循化撒拉族自治县境内的孟达林区，为国家级自然保护区。林区内古木参天，芳草没膝，山花烂漫，溪水潺潺。

三、旅游节庆活动与地方风味特产

（一）旅游节庆活动

青海省旅游节庆活动主要有：塔尔寺四大法会，六月六花儿会，黄南州

“六月转山会”，中国土族旅游文化节，大通县朝山会以及互助县民间传统节日系列活动等。还有每年7月至8月的环青海湖国际公路自行车赛等。

（二）土特名产及风味美食

1. 土特名产

青海的土特名产以冬虫夏草、旱獭皮、黑紫羔皮，麝香、鹿茸、枸杞、大黄、发菜和地毯等最有名。青海湖产的无鳞湟鱼，是我国五大名鱼之一。

著名的手工艺品有：绒毛画、仿塔尔寺金钟瓷缸、彩色笔筒等。

2. 风味美食

名菜肴有：虫草罐罐鸡、油炸青海湟鱼、蜂尔里脊、芙蓉羊筋、金色烤全猪、冰粉人参果、雪花猴头、红扒牛筋、芙蓉虫草鸡、银扦羊肉串、手抓羊肉、涮羊肉、发菜鸡卷等。

风味小吃有：尕面片、鸡丝拉面、馓子等。当地藏族主食酥油、糌粑、酸奶子、青稞炒面饶有风味。

第三节
西藏自治区

一、概述

西藏自治区位于青藏高原西南部，与印度、尼泊尔、不丹、缅甸等国家接壤，古为羌、戎地，唐宋为吐蕃地，1965年成立西藏自治区，首府拉萨市。全区面积120.23万平方公里，人口281万，藏族人口占90%以上，另外还有汉、门巴、纳西、回、怒、独龙等族人。

西藏平均海拔在4 000米以上，素有“世界屋脊”之称。境内海拔在7 000米以上的高峰有50多座，其中8 000米以上的有11座，珠穆朗玛峰海拔8 844.43米，是世界最高峰。因此，西藏被称为，“地球第三极”、“地球之巅”。许多世界著名的高山在这里不过是相对高度300～500米的丘陵模样。全区为喜马拉雅山脉、昆仑山脉和唐古拉山脉所环抱，地形地貌复杂多样，可分为四个地带：一是藏北高原，为一系列浑圆而平缓的山丘，其间夹着许多盆地，低处长年积水成湖，是西藏主要的牧业区；二是藏南谷地，海拔平均在 3 500 米左右，在雅鲁藏布江及其支流流经的地方，有许多宽窄不一的河谷平地，地形平坦，土质肥沃，是西藏主要的农业区；三是藏东高山峡谷，即藏东南横断山脉、三江流域地区，为一系列高山深谷，山顶终年积雪，山腰森林茂密，山麓有四季常青的田园；四是喜马拉雅山地，分布在与印度、尼泊尔、不丹等国接壤的地区，由几条大致东西走向的山脉构成，平均海拔 6 000 米左右，西部海拔较高，气候干燥寒冷，东部气候温和，雨量充沛，森林茂密。

西藏的气候独特而复杂多样，总体上具有西北严寒、东南温暖湿润的特点。由于地形复杂，还有多种多样的区域气候及明显的垂直气候带。西藏气候总的特点是：日照时间长，辐射强烈；气温较低、温差大，年平均气温 3℃ ~12℃；干湿分明，年降水量在 75 至 901 毫米之间；多大风；气压低，氧气含量少。

西藏资源丰富，目前已发现 101 种矿产资源，储量居全国前 5 位的有铬、工艺水晶、刚玉、高岭土等 12 种。石油资源也有很好的找矿远景。动植物资源十分珍贵而丰富：大中型野生动物数量居全国第一位，特别是藏羚羊数量占世界上整个种群数量的 70% 以上；黑颈鹤越冬数量占世界上整个种群数量的 80% 左右；野牦牛数量占世界上整个种群数量的近 80%。被列为国家一级重点保护野生动物有滇金丝猴、虎、野牦牛、藏羚羊、黑颈鹤等 41 种。全区森林覆盖率为 11.31%，活立木总蓄积量名列我国第一。比较著名的植物性藏药材有：冬虫夏草、藏红花、贝母、檀香、雪莲花、天麻、灵芝、三七、大黄、党参等。

西藏独特的地理环境，藏族人民灿烂的历史文化和浓郁的民族风情，在世界旅游者的心中充满了神秘的魅力。西藏现有珠峰、藏北羌塘、藏东南雅鲁藏布大峡谷 3 处世界级国家自然保护区；雅砻国家级风景名胜区 1 处。自然风光主要有：以喜马拉雅山脉为主的雪山风光区域、藏北羌塘草原为主的草原风光区域、藏东南森林峡谷为主的自然生态风光区域、阿里神山圣湖为主的高原湖光山色风光区域；还有纳木错、巴松错等高原湖泊风光。西藏人文旅游资源独特而丰富，现有 1 700 多座保护完好、管理有序的寺庙。人文景观主要有：拉萨布达拉宫、大昭寺；山南雍布拉康、桑耶寺、昌珠寺、藏王墓群；日喀则扎什伦布寺、萨迦寺；藏北古格王朝古都遗址；还有昌都康区文化为代表的“茶马古道”历史文化人文景观区等。全区现有国家优秀旅游城市 1 座：拉萨市；世界文化遗产 1 处：布达拉宫及其扩展项目大昭寺、罗布林卡；国家级历史文化名城3座：拉萨、日喀则、江孜。有国家级重点文物保护单位27处。

二、主要旅游区点

（一）拉萨旅游区

拉萨市位于雅鲁藏布江支流拉萨河北岸，海拔3 658米，是世界上海拔最高的城市。这里一年中以晴天为主，全年日照总时数达3 005小时，被称为"日光城"。拉萨的水质和大气非常干净，是中国污染最少、环境最好的城市。拉萨是有1 300多年历史的国家级历史文化名城。"拉萨"在藏文中为"圣地"或"佛地"之意，自公元7世纪初松赞干布称王定都以来，一直是西藏的政治、经济、文化、宗教中心。主要名胜古迹有：布达拉宫、大昭寺、小昭寺、罗布林卡、哲蚌寺、色拉寺、噶丹寺、西藏博物馆、八角街、龙王潭、西藏革命展览馆等。另外拉萨北面的羊八井、纳木错，南面的羊卓雍错也是重要的旅游地。

1. 布达拉宫

布达拉宫位于拉萨市西北约2公里的红山上，布达拉梵语意为"佛教圣地"。金碧辉煌、雄伟壮丽的布达拉宫，是西藏历代达赖喇嘛进行政治、宗教活动和居住的场所，是至高无上政教合一的象征。现为国家4A级景区、全国重点文物保护单位，被列入《世界文化遗产名录》。

布达拉宫始建于公元7世纪初，现存的是清代建筑，是17世纪五世达赖喇嘛阿旺洛桑嘉措重建以来，历代达赖不断扩建的结果。整个建筑依山修建，规模宏大，巍峨壮观，被誉为世界屋脊的明珠，建筑风格体现了汉藏文化的融合，是藏族建筑艺术的杰出代表，也是中国最著名的古代建筑之一。

布达拉宫占地面积36万多平方米，主体建筑13层，高117.19米，东西长400余米。由红宫、白宫两大部分组成，红宫居中，白宫横贯两翼，红白相间，群楼重叠，是集宫殿、城堡、陵塔和寺院于一体的宏伟建筑。红宫有灵塔8座，裹金镶玉，塔内安放着前世达赖的遗体。最高大华贵的是五世达赖的灵塔，高15.25米，用青铜铸成，上下全部用黄金包镶，外镶无数宝石，耗黄金12万两，珠宝4 000多颗。白宫有寝室、经堂和客厅，是历代达赖起居生活、主持政教事务之所。宫内保存着艺术价值极高的壁画，大量珍贵的历史文物，其中包括明清两代皇帝封赐西藏官员的封诰、印鉴、金册、玉册以及工艺品、经文、医学、历史、文学书籍，以及各类佛像、唐卡、法器等大量珍贵文物。

2. 大昭寺

大昭寺位于拉萨市中心的八角街，是公元7世纪中期藏王松赞干布为纪念文成公主入藏而建，是西藏最早的木结构建筑。为国家4A级景区、国家重点文物保护单位、世界文化遗产。大昭寺藏名“祖拉康”，意为“大寺庙的集会厅”，过去每年正月在此举行盛大的传诏大会，故得名；历代达赖或班禅的受戒仪式也在这里举行。大昭寺现存金殿5座，主殿4层，上覆金顶，殿宇雄伟、辉煌壮观。大殿正中供奉着文成公主自长安带来的释迦牟尼12岁时的等身镀金佛像，两侧配殿供有松赞干布与文成公主的塑像，寺内还有300多尊铜像和精美壁画。寺前有唐蕃会盟碑，是千余年来藏汉人民团结友好的象征。

3. 罗布林卡

罗布林卡藏语意为宝贝园林，位于布达拉宫西南1公里处，为历代达赖避暑行宫。始建于1755年（乾隆二十年），如今的规模为几经扩建而成，每年藏历四至九月，达赖在这里处理政事，举行庆典。全园占地36万平方米，分为三部分，东区是罗布林卡，西区称金色林卡，中区为宫殿群，是西藏人造园林中规模最大、风景最佳、古迹最多的园林。解放前，罗布林卡只是达赖和少数达官贵人游乐休息的“夏宫”，现为人民公园，国家4A级旅游景区。

（二）日喀则旅游区

日喀则位于雅鲁藏布江和年楚河汇合处，是西藏第二大城市，拥有500多年历史，是班禅的驻歇地。日喀则市周围土地肥沃，农牧业发达，历来为西藏的粮仓和农牧产品的集散地。日喀则游览区有著名古建筑12处，国家重点保护的名胜古迹6处。著名古迹和旅游点有：扎什伦布寺、江孜宗山、萨迦寺、夏鲁寺、白居寺、宗山抗英遗址等。

1. 扎什伦布寺

扎什伦布寺位于日喀则市尼色日山下。扎什伦布寺始建于明正统十二年（1447年），是藏传佛教格鲁派在西藏的四大寺院之一，自班禅四世后为宗教和政治活动中心，为全国重点文物保护单位，国家4A级景区。该寺依山傍水，规模宏大，楼层高耸，金顶碧瓦，巍峨庄严。全寺建筑面积30万平方米，有殿堂数十座，以大强巴殿最为雄伟，殿高7层、30米，殿内供俸的强巴大佛，高26.4米，用黄铜115吨，黄金6 700两，号称“天下第一大铜佛”。寺内有历代班禅灵塔，均包裹银皮，镶嵌宝石，辉煌灿烂。寺内还收藏有极其丰富的佛像、唐卡（卷轴佛画）、刺绣、珍玩、供器以及明、清皇帝颁发的金玉印章和敕诰书等文物，是研究西藏古代文化和藏汉关系史的重要资料。

2. 萨迦寺

萨迦寺位于日喀则以西149公里的萨迦县，是藏传佛教萨迦派的主寺，是13世纪中叶萨迦王朝的首府，现为全国重点文物保护单位。萨迦寺是一座规模宏伟的寺院建筑群，总面积1.5万平方米。大经堂总面积5 775平方米，可同时容纳7 000人诵经。萨迦寺现存各类文物近10万件，包括大量珍贵宋元瓷器、鸵鸟蛋化石等珍品，以及数量浩繁的喇嘛教经典和历史、天文、历法、医学等方面的书籍。其中由印度传入的、历经1 500多年的3 000多页的“贝叶经”为稀世珍宝。萨迦寺还以珍贵的壁画而享有我国“第二敦煌”的美誉。壁画内容多反映萨迦教派的生活和思想，不仅艺术价值很高，而且还是研究西藏历史、宗教的宝贵资料。

（三）珠穆朗玛峰

珠穆朗玛峰位于中尼边界东段，北坡在日喀则地区定日县境内，南坡在尼泊尔王国境内，距定日县城110公里。珠穆朗玛峰是喜马拉雅山主峰，海拔8 844.43米，是世界第一高峰。现为国家4A级景区、国家级自然保护区。珠峰山体呈巨型金字塔状，终年冰雪覆盖，地形陡峭险峻，峰顶气候恶劣，风力极大，一年中只有5月和9～10月风速较小，是攀登珠峰的佳季。珠峰周围20公里范围内，群峰林立，山峦叠嶂。仅海拔7 000米以上的就有40多座，这些山峰的山脊和峭壁中，分布着许多规模巨大千姿百态的冰塔林、冰斗、角峰等奇异的天然冰川，还有冰桌、冰桥、冰柱、冰洞等。珠峰上空经常出现独特的景观“珠峰旗云”，绚丽多彩、变幻莫测的云形，仿佛飘扬在峰顶上的一面旗帜。

中外许多登山队训练营地设在珠峰北麓的定日县。定日县位于朋曲河南岸的一个盆地里，南望珠峰壮丽无比。凌晨，大地仍处于一片黑暗之中，遥远地平线上的太阳已把珠峰照得五光十色，灿烂辉煌；傍晚，夜幕降临大地，千里高原一片灰暗，落日的余晖依然撒满珠峰，金光闪烁，绚丽无比。

（四）雅砻国家重点风景名胜区

本景区占地面积920平方公里，分布在山南地区浪卡子、贡嘎、扎朗、乃东、桑日、曲松、琼结等7县。共分为七大景区，58个景点。雅砻河流域风景优美，名胜古迹众多，是西藏古代文明的摇篮和藏民族的发源地，从西藏第一代赞普到西藏佛教后弘期的建筑至今依然保存完整。有西藏第一座寺院、第一座宫殿、第一座佛殿及吐蕃时期历代藏王的陵墓。景区内野生动物繁多，民俗风情浓郁，民风淳朴。主要景观有：雅鲁藏布江、桑耶寺、雅砻河谷，还有温泉瀑布、石塔石雕、雪山冰川、沟谷溶洞、田园风光等。

（五）阿里旅游区

阿里地区位于西藏西部，羌塘高原核心地带，西与印控克什米尔地区和印度接壤，南与尼泊尔王国毗邻。平均海拔4 500米以上，堪称“西藏高原之巅”、“世界屋脊的屋脊”。阿里地区的自然旅游资源主要以冰峰雪岭、湖泊河流、地质形迹、地热活动以及野生动物组成，分布相对集中。包括冈仁波齐峰、玛旁雍措、班公湖、札达土林等。人文旅游资源主要有古人类活动遗址、王宫遗址、岩画壁画宗教场所以及民族风情等，包括古格王国遗址、托林寺、皮央东嘎、科加寺、日土人类文化遗址等。

1. “神山”冈仁波奇峰

冈仁波奇峰是冈底斯山脉的主峰，海拔6 656米。“冈仁波奇”藏语“雪山之宝”之意，在梵文中意为“湿婆的天堂”，传说印度神湿婆就住在山中，位于普兰县境内。山峰形似金字塔，四壁非常对称，四方有马泉河、狮泉河、象泉河、孔雀河流下，当地人认为这四种动物皆属天上神灵，于是此山便成了“神山”。冈仁波奇峰被佛教、印度教、耆那教、苯教等多种教派共同奉为世界的中心，每年都有大批信徒从尼泊尔、印度、东南亚和日本等地前来朝拜。神山神秘之处在于，山的向阳面终年白雪皑皑，而背面长年没雪，即使被白雪覆盖，太阳一出随即融化，与大自然常规刚好相反。

2. “圣湖”玛旁雍措

玛旁雍措在冈仁波奇峰南麓，传说是神话中“西天王母”居住的瑶池，是著名的佛教圣地，被称为“圣湖”。湖面海拔4 588米，面积412平方公里，最大深度81.8米，是世界上海拔最高的淡水湖。湖区生活着珍禽黑颈鹤和众多候鸟，风景秀美。暖季时，玛旁雍措的风光最好，风和日丽时，湖面平滑如镜，雪峰倒映，蓝天碧水，宛若仙境。

三、旅游节庆活动与地方风味特产

（一）旅游节庆活动

西藏各地的民族节庆非常多，随着旅游业的发展，不少节庆也成为旅游者体验当地民情风俗的活动。西藏的主要节庆活动有：藏历新年、望果节、酥油花灯会、燃灯节、赛马节、传大召、萨噶达瓦节、雪顿节、沐浴节等。

1. 酥油花灯会

每年藏历正月十五日为酥油花灯会。各寺庙的喇嘛及民间艺人，用五彩酥油捏塑成各式各样的酥油花，挂在大昭寺两边事先搭好的花架上，夜幕降临，酥油灯点燃之后，如群星璀璨。

2. 雪顿节

在藏语中，“雪”是“酸奶”的意思，“顿”是“宴”、“吃”的意思，雪顿节即为吃酸奶的节日。最早是一种纯宗教节日活动，后来逐渐演变成以藏戏汇演和展佛为主、文娱与宗教相结合的重要节日，所以又被称为“藏戏节”、“展佛节”。如今，雪顿节演变成集文艺汇演、体育竞技、旅游休闲、商贸洽谈为一体的，传统与现代相结合的国内外知名的盛会。

3. 那曲羌塘赛马节

每年8月10日，是藏北高原最隆重的民间节日，正值草原的黄金时节，数以万计的牧民骑着骏马，带着各种特产，从方圆几百里的地方汇集那曲。除节庆期间赛马、射箭和马术表演等传统项目外，还有藏式举重、拔河、说唱格萨尔等活动，同时还举办大型物交会。

（二）土特名产及风味美食

1. 土特名产

首推名贵中药材，有麝香、熊胆、当归、鹿茸、天麻、冬虫夏草、贝母、蛤蚧、全蝎、硼砂、藏红花、胡黄连、党参等。还有林芝冬桃，个大色美，称果中绝品，十分名贵。

传统手工艺品有：地毯、卡垫、氆氇、围裙、藏靴、藏装、陶器和山南木碗等。

2. 风味美食

西藏具有民族特色的食品有：糌粑、酥油、酥油茶、甜油茶、甜茶、牛肉、奶渣、青稞酒等，还有传统节日食品“卡色”，藏民著名小吃烧肝等。

思考与练习

1.. 试述青藏高原的自然环境特征及其形成的旅游资源特点。

2. 概要介绍青海省主要旅游景区景点。

3. 概要介绍西藏自治区主要旅游景区景点。

4. 结合第二、第三节内容谈谈青藏高原有哪些土特名产和风味美食。

第十一章

岭南文化山海风光旅游区

本区位于我国东南部，包括福建、广东和海南三省，面积共34万平方公里。本区东濒太平洋，南临南海，海域辽阔，有众多优良港湾；邻近港、澳、台，是我国华侨最多的地区，也是我国对外开放的先行地区，经济发达，有显著的岭南外来文化特色。本区高温多雨，四季常绿，名山温泉众多，旅游资源丰富，旅游业发展迅速，是我国旅游热点地区。

第一节
旅游地理环境特征

一、自然地理环境与自然旅游资源

（一）紧邻港、澳、台，地理位置得天独厚

本区三省邻近港、澳、台。福建省东隔台湾海峡，与台湾省相望，两岸相距宽约150公里，最狭处为135公里；广东省珠江三角洲东西两侧分别与香港、澳门特别行政区接壤；海南省东濒南海与台湾省相望。一方联系内陆广大地区，另一方联系港、澳、台地区，是我国的南大门。得天独厚的地理位置，为本区旅游业发展提供了极其有利的条件，不仅吸引了国内大量游客，而且方便以港、澳、台同胞和东南亚华侨为主的海外游客。2008年12月15日，隔绝近60年后，两岸“大三通”（通邮、通商、通航）全面启动，两岸海空直航的通航使本区的地理位置优势更加突出。

（二）海岸线曲折漫长，海滨旅游资源极其丰富

本区处于我国东南沿海，濒临东海、南海，海岸线曲折而漫长，有着丰富的海滨旅游资源。本区海岸多为岩岸，有的海岸海蚀地貌发育形成海蚀崖、海蚀柱、海蚀洞、海蚀台地等；珊瑚礁海岸则集中在海南。在河流出口处的海岸地带发育成不同规模的河口三角洲，比较著名的有珠江三角洲和韩江三角洲。河口淤泥质海滩上，常有大面积的红树林，例如，福建的福鼎和海南省，拥有分布着大片红树林的海岸，成为我国南方海岸上的一大景观。

本区海域辽阔，岛屿众多，类型齐全。有大陆岛，如海南岛，还有主要分布在南海的海洋岛和珊瑚岛。这些岛屿也是本区旅游业发展的有利条件。

（三）地貌类型多样，奇山秀水遍布

本区地表起伏不平，地貌类型多样，山地丘陵占总面积的3/4以上。东部地区，花岗岩广泛出露，加上高温多雨的气候影响，形成不少著名的山水风景，如罗浮山、清源山、太姥山等。闽东沿海和闽南地区有很多千姿百态的奇石形成的著名风景点，如厦门的万石岩、鼓浪屿的日光岩，还有许多地方的“风动石”。西部南岭和武夷山一带，多红色砂砾岩分布，往往危岩高耸，碧水环绕，景色绮丽，以仁化县的丹霞山最为典型，故称为丹霞地貌。武夷山、金鸡岭、冠豸山都是碧水丹霞景色。

本区位于环太平洋火山地震带沿线，地热资源丰富。广东省境内温泉出露200多处，几乎县县有温泉，福建省有近200处，海南省也有100多处。其中广东从化、福建福州温泉最著名。

（四）高温多雨的季风气候，热带亚热带风光迷人

受临海地理位置和地形特征影响，本区属高温多雨、长夏无冬的热带、亚热带季风气候。大部分地区年均气温高于20℃，长夏无冬，春秋相连，季节更替不明显，一年四季皆适于旅游，冬季更是我国避寒、冬泳的好地方。本区年降水1 400～2 000毫米，集中在5～10月，是我国雨量最丰沛的旅游区。

长年湿热的气候条件下，本区植被为终年常绿的热带雨林、季雨林和亚热带常绿阔叶林。植物种类丰富多样，林木茎生、附生等现象普遍，有大批古老种属，如苏铁、银杏、紫杉、罗汉松、木兰等。热带经济作物以橡胶、咖啡为主；果品种类有荔枝、香蕉、龙眼、柑桔等；名茶、名花数不胜数，其中，乌龙茶更是盛名远播。还有许多珍贵的野生动物，如角怪（两栖动物）、坡鹿、海南猕猴等。本区建有一系列自然保护区，如武夷山、鼎湖山、五指山、尖峰岭等。

二、人文地理环境与人文旅游资源

（一）别具风情的岭南文化

本区岭南文化别具风情，表现出显著的地域特点。岭南文化包括三个部分：一是固有的本土文化。珠江流域地处亚热带的五岭之南，依山傍海，河汉纵横，这里的人民，从早期的百越渔猎文明、稻作文明到后来的商贸文明，都离不开江海水运，喜流动，不保守，是区别于内陆文明或河谷文明的岭南文化本色。福建的妈祖文化、海南的黎族风情、客家围屋等民俗风情，闽北话、闽南话、客家话和广州话等方言，福建梨园戏、广东粤剧、广东音乐等艺术形式，还有地方特色浓郁的粤菜、闽菜等等，都是岭南本土文化特色的具体表现。二是南迁的中原文化。本区开发较晚，明清以前，经济文化比中原地区落后很多。秦汉以后，历代屯军贬官以及战乱移民，使强势而先进的中原华夏文明与本地文化相融合，促进了岭南文化的形成和发展。历代贬臣如韩愈、苏轼等对当地文化艺术发展有重要影响。三是舶来的域外文化。秦汉以后，岭南作为海上丝绸之路的始发地一直是中外文化交流的平台；明清之后，特别是近代中国被迫打开国门之后，外国资本主义由此侵入，岭南人得风气之先，竞相向西方学习现代科学与民主思想，本区文化带有外来文化的痕迹。例如，本区的园林艺术表现出吸收江南园林艺术特点，又借助西方园林构园手法，形成独特的岭南风格；本区的民居、公共设施、宗教建筑、雕像、纪念性建筑等，也表现出我国民族形式与西方风格兼容并蓄的特点。这些富于岭南文化特色的旅游资源有着独特的魅力。

（二）发展迅猛的社会经济

20世纪80年代以来，本区社会经济发展迅猛，商贸业十分繁荣。农业方面，大部分地区农作物可以一年两熟或三熟，是我国水稻、甘蔗、热带水果的主要产区，橡胶、椰子、油棕、胡椒为本区特产。淡水养殖产量仅次于长江中下游地区，海洋养殖和捕捞占有重要地位。工业以轻加工工业为主，广东是以食品、纺织、化工、机械为骨干的工业中心；福建也以食品、纺织工业著称；海南以食品工业为主。食品和纺织工业为旅游活动中的食、购物要素提供了良好的物质基础。

本区是我国最繁荣的商贸地区，对外贸易十分发达。每年春秋两季的广交会是我国盛大的外贸洽谈会，吸引国内外商人前往洽谈。商贸繁荣有力地促进了商务旅游和购物旅游的发展。

此外，本区是我国华侨密集的地区，旅居世界各地的福建籍、广东籍、海南籍华人华侨和港、澳、台同胞超过4 500万人。海外华人华侨的分布以东南亚最多，其次为美国等地。每年有大批华人华侨、港、澳、台同胞或回国观光、寻根祭祖、探亲访友，或进行商务旅游、宗教朝圣等，为本区经济发展作出了巨大贡献。

（三）便捷发达的交通运输

本区航空、铁路、公路、海运和内河交通运输都很发达。航空以广州、深圳、福州、厦门、海口为中心，可直达全国大中城市和世界城市；铁路以京广、鹰厦线为骨干；公路四通八达，形成网络；天然良港众多，海上运输发达，有广州、湛江、汕头、泉州、厦门、福州、海口等主要海港，除开辟了通向国内各港口的航线外，还开辟了到东亚、东南亚、南亚、非洲、欧洲、美洲各港口的国际航线；广东和福建两省的内河运输也占有比较重要的地位。

第二节 福 建 省

一、概述

福建省简称“闽”，地处祖国东南部、东海之滨，东隔台湾海峡与台湾省相望，省会福州市，人口3 558万。全省陆地面积12.14万平方公里，海域面积13.63万平方公里，大小岛屿1 546个，海岸线总长6 128公里，其中大陆海岸线3 324公里，居全国第二位，拥有厦门湾、福州湾、湄州湾等众多天然良港。

福建境内峰岭耸峙，丘陵连绵，河谷、盆地穿插其间，山地、丘陵占全省总面积的80%以上。闽西大山带和闽中大山带斜贯全省，东部沿海为丘陵、台地和滨海平原。闽西大山带以武夷山脉为主体，长约530公里，山间盆地和河谷盆地中有红色砂岩和石灰岩分布，构成瑰丽的丹霞地貌和独特的喀斯特地貌景观；闽中大山带由鹫峰山、戴云山、博平岭等山脉构成，长约550公里，以中低山为主。东部沿海海拔一般在500米以下。福建属亚热带湿润季风气候，温暖润湿。农产品主要有水稻、小麦、红薯、花生；盛产龙眼、荔枝、香蕉等热带、亚热带水果。

福建旅游资源丰富而独特。自然景观类型多样，有花岗岩型，如鼓山、清源山等；岩溶型，如玉华洞、明溪玉虚洞等；丹霞型，如武夷山、金湖、桃源洞、冠豸山等；火山岩型，如平和灵通岩、宁德支提山等；海岸岛屿型，如鼓浪屿、湄州岛等。此外，还有众多的清溪、飞瀑、温泉和丰富的森林旅游资源。名胜古迹遍布，泉州、福州、漳州、长汀为国家历史文化名城；宗教建筑遗存众多，如福州涌泉寺、莆田广化寺、泉州开元寺、漳州南山寺、厦门南普陀寺等都是蜚声海内外的古刹名寺。福建又是著名的老区、苏区，有上杭古田会议会址等革命遗址。福建民间戏曲种类繁多，主要有南音、梨园戏、莆仙戏、木偶戏、高甲戏、闽剧等，是颇具地方特色的人文旅游资源。目前，全省拥有1处世界文化与自然遗产（武夷山）、1个世界地质公园（泰宁）、9个国家地质公园、13个国家级风景名胜区、10个国家级自然保护区、85个全国重点文物保护单位、2个国家旅游度假区、2个5A级旅游区。

福建与台湾省距离近，关系密切，80%的台湾同胞祖籍福建。福建是著名的侨乡，旅居世界各地的闽籍华人华侨1 088万人。福建旅游以华侨、港、澳、台同胞寻根祭祖旅游、宗教旅游、观光旅游为重点。

二、主要旅游区点

（一）福州游览区

1. 福州市

福州位于闽江下游，是一座有2 000多年历史的古城，城中多榕树，多温泉，有“榕城”、“温泉城”之称。福州山清水秀、风光绮丽，名山、名寺、名园、名居繁多，名山有鼓山、旗山、青云山等；有西湖公园、金牛山公园、闽江公园等33座公园；有林则徐墓、马尾船政遗址等国家重点文物保护单位；还有涌泉寺、西禅寺等著名的佛教寺院。

2. 鼓山

福州第一胜景鼓山位于市东郊的闽江北岸，主峰海拔969米，为福州最高峰，面积1 890公顷，为国家级风景名胜区。因顶峰有一巨石如鼓，每当风雨交加，便有隆隆之声，故名鼓山。鼓山古迹胜景160多处，有18洞，一洞一景；有由花岗岩经长期剥蚀、风化、崩塌、堆积而成的千姿百态的自然景观；植物种类繁多，有古树名木 1 600 多株，其中包括刺桫罗、香杜鹃、冬风兰等稀有珍贵植物；山腰的涌泉寺是我国古代“十大古刹”之一，寺前有两尊高达 7 米的千佛陶塔，寺内藏经近 3 万册，有珍贵的“血经”。此外，鼓山还有历代摩崖石刻 300 多处，其中宋代的题刻就达 109 处。

（二）莆田湄州岛国家旅游度假区

湄州岛位于台湾海峡西岸中部，距莆田市中心东南 42 公里，距大陆仅 1.8 海里，东距台湾台中港 72 海里，自古就是闽台交往的海上重要通道。全岛陆域面积 14.35 平方公里，人口 3.8 万，为国家旅游度假区 4A 级旅游区。湄州岛是妈祖文化的发祥地，妈祖原名林默，宋代湄州岛人，因生前出海救助过不少渔民和商船，死后被尊为海神。这里的妈祖庙始建于宋代，是世界上第一座妈祖庙，被尊为妈祖祖庙，后经历代扩建，日臻雄伟。妈祖拥有信众 2 亿多人，一年四季，前来祖庙进香朝觐的国内外香客达百万人次，其中台胞 10 万多人次，每年农历三月二十三妈祖诞辰日和九月初九妈祖升天日期间，朝圣盛况空前，被誉为“东方麦加”。湄州岛素有“南国蓬莱”之称，有大小沙滩 13 处，有“湄屿潮音”、黄金沙滩、“小石林”鹅尾怪石等景点 30 多处。

（三）武夷山风景名胜区

武夷山位于闽赣边界，全长 500 多公里，平均海拔 1 000 米以上，最高峰黄岗山海拔 2 158 米。武夷山风景名胜区在武夷山市区以南约 15 公里，处在武夷山脉北段的东南麓，主要景区方圆 70 平方公里，平均海拔 350 米，属典型的丹霞地貌，素有“碧水丹山”、“奇秀甲东南”之美誉，被列入《世界自然与文化遗产名录》，是国家重点风景名胜区、5A 级景区。这里奇峰峭拔、秀水潆洄、碧水丹峰，风光绝胜，兼有黄山之奇、桂林之秀、泰岱之雄、华岳之险、西湖之美。景区分为武夷宫、九曲溪、桃源洞、云窝天游、一线天——虎啸岩、天心岩、水帘洞七大景区，有 36 峰、72 洞、99 岩及 108 景。主要景点集中于闽江支流的崇阳溪和九曲溪一带。九曲溪因九曲十八弯而得名，全长 60 公里，流经景区 9.5 公里，水量充沛，水质清澈。夹岸 36 峰，峰峰形态迥异，有的直插云霄，有的横亘数里，有的如屏垂挂，有的傲立雄踞，有的亭亭玉立。碧绿弯曲的溪流，萦绕于秀丽挺拔的红色峰峦岩壑之间，构成一幅幅奇幻百出的“碧水丹山”景色。

武夷山西部分布着世界同纬度带现存最完整、最典型、面积最大的中亚热带原生性森林生态系统，拥有 2 527 种植物物种，近 5 000 种野生动物，建立了总面积567平方公里的国家级自然保护区。

武夷山有着丰富的历史文化遗存，有高悬崖壁数千年不朽的架壑船棺18处（是目前国内外发现年代最久远的悬棺）、朱熹等鸿儒大雅的书院遗址35处、历代摩崖石刻450多方、宫观寺庙及遗址60余处，还有上梅、坑口等一大批革命历史遗址。

（四）泉州游览区

1. 泉州市

泉州位于福建省东南沿海，是中国历史文化名城，是中国古代海上丝绸之路的起点，宋元时被称为“东方第一大港”。全市拥有许多古代对外交通史迹和文物，被联合国定为“世界多元文化展示中心”，其中国家级重点文物保护单位20处。最负盛名的有：中国现存最早的伊斯兰教清净寺、世界仅存的摩尼教佛像石刻、中国最大的道教石雕老君岩、千年古刹开元寺和东西塔、“天下无桥长此桥”的安平桥等。泉州拥有佛教、道教、摩尼教、伊斯兰教、基督教、天主教、印度教等丰富的遗迹和石刻，有“世界宗教博物馆”之称。

泉州其他著名的旅游景点还有清源山、灵山、洛阳桥等。

2. 清源山

清源山又名北山、泉山、齐云山，位于泉州城北郊3公里处，最高峰海拔490米，为国家级重点风景名胜区。山上林翠泉清，径曲谷幽，奇石罗列，有“闽南蓬莱第一山”之誉，为道教名山，其中老君岩、瑞像岩、弥陀岩为清源山风景最佳处。这些岩洞，或妙景天成，或人工雕造，各臻其美。老君岩位于左峰罗山、武山下，宋代天然岩石雕成的老君坐像，高5.1米，是我国现存最大的道教石雕像，造型生动、刻工精巧，堪称宋代石雕艺术瑰宝，国家级重点文物保护单位。

（五）厦门游览区

1. 厦门市

厦门市位于九龙江口的厦门湾内，背倚大陆，南临东海与台湾相望。这里冬无严寒，夏无酷暑，阳光和煦，空气清新，气候宜人，海水环绕、沙滩广阔，栖息着成千上万的白鹭，岛、礁、岩、寺、花、木相互映衬，风景秀丽，环境整洁，有“海上花园”之称，是中国最适宜居住的城市之一。主要旅游景点有：鼓浪屿、集美学村、万石植物园、南普陀、万石岩、黄厝、同安和海沧等。

2. 鼓浪屿

鼓浪屿位于厦门岛西南隅，面积1.78平方公里，与厦门市隔海相望，为国家级风景名胜区、5A级旅游区。岛上怪石嵯峨，叠成洞壑，因西南有海蚀洞受浪潮冲击，声如擂鼓，故名鼓浪屿。

由于历史原因，鼓浪屿曾沦为公共租界，英、美、法、德、日等13个国家先后在岛上设立领事馆，所以这里还完好地汇集、保留着中外风格各异的建筑物，有罗马式的圆柱，哥特式的尖顶，伊斯兰圆顶，巴洛克式的浮雕，门楼壁炉、阳台、钩栏、突拱窗等，被称为“万国建筑博览”。小岛又有“钢琴之岛”、“音乐之岛”的美誉，钢琴拥有密度居全国之冠，岛上有100多个音乐世家。岛上气候宜人，无车马喧嚣，有鸟语花香，素有“海上花园”之誉。主要观光景点有日光岩、菽庄花园、皓月园、毓园、环岛路、鼓浪石、博物馆、郑成功纪念馆、海底世界和天然海滨浴场等。

（六）客家土楼

客家土楼又称福建土楼，是客家人世代相袭、繁衍生息的住宅，主要分布在闽西南的龙岩市永定县、漳州市的南靖县和华安县等地。客家土楼以悠久的历史、奇特的风格、巧妙的构筑、恢宏的规模，被誉为世界民居建筑的奇葩，被列入《世界遗产名录》。1900多年前，中原一带历经变乱的客家人举族南迁来到闽西南一带的山区，为避免外来冲击，他们聚族而居，用生土、砂石、木片建成厚重封闭的土楼，楼内凿有水井，备有粮仓，冬暖夏凉、抗震防风。土楼有圆形、半圆形、方形、四角形、五角形、交椅形、畚箕形等，其中以圆形的最引人注目，称为圆楼或圆寨。圆楼一层层向外展开，最中心一般为家族祠院，向外为祖堂、围廊，外环住人。福建现存各式土楼有30多种23 000多座。其中永定县高北村的承启楼被誉为“土楼之王”，它始建于明代，规模巨大，造型奇特，直径73米，走廊周长229.34米，“高四层，楼四圈，上上下下四百间；圆中圆，圈套圈，历经沧桑三百年”，全楼住着60余户，400余人。

三、旅游节庆活动与地方风味特产

（一）旅游节庆活动

1. 厦门国际旅游节

厦门国际旅游节期间全面展示厦门和福建八闽大地秀丽多彩的旅游风光和风土人情。

2. 武夷山旅游节

武夷山旅游节期间通常有福建省旅游招商项目推介会、旅游商品展示、旅行社对接洽谈会等活动。

3. 客家文化旅游节

客家文化旅游节内容包括世界客属石壁祖地、客家母亲河公祭大会、客家文化学术研讨会、客家名胜古迹观光旅游、名优特产展销等。

4. 湄洲妈祖文化旅游节

湄洲妈祖文化旅游节以“同谒妈祖、共享平安”为主题，节期有拜妈祖、妈祖文化研讨、工艺品展销活动；可观赏富有特色的民间歌舞，品尝闽菜。

（二）土特名产及风味美食

1. 土特名产

福建盛产茶叶，名茶有崇安的武夷岩茶、安溪的铁观音、福州和闽侯的茉莉花茶、福安的红茶等；福建特产还有桂圆、柑桔、荔枝、橄榄、菠萝、柚子等热带、亚热带水果，建阳和建宁的莲子，以及笋干、香菇、银耳、松香、药材等。海产有文昌鱼、对虾、紫菜等。漳州水仙花有“凌波仙子”之誉。

福建的工艺品享有很高声誉，福州脱胎漆器与北京景泰蓝、江西景德镇瓷器并列中国传统工艺品三宝，寿山石雕晶莹璀璨，德化瓷器洁白细润，软木画和棉花画玲珑典雅，泉州木偶形象逼真。其他著名的传统手工艺品还有福州雨伞、南安木雕、角梳以及南平、古田等地的竹器、竹编等。

2. 风味美食

闽菜为我国八大菜系之一，花色品种有200多种，代表名菜有“佛跳墙”、“鸡汤氽海蚌”、脆皮糯米鸡、八宝芙蓉蟹、白汁鱼唇、通心河鳗、原汁鲸鱼等。风味小吃有炒面线、五香韭菜盒、薄饼、土笋冻、蛏子煎、满煎糕、花生汤等。

第三节
广　东　省

一、概述

广东省简称粤，省会广州市，位于我国大陆最南端，北据雄峻的南岭山脉，南临浩瀚无际的南海，珠江三角洲东西两侧分别与香港、澳门特别行政区接壤，是我国对外开放的南大门。全省陆地面积约18万平方公里，包括大陆部分和759个岛屿；海域总面积41.9万平方公里，海岸线总长3 368公里，居全国各省份第一位。港湾众多，其中黄埔港和湛江港是我国主要的远洋运输港口。人口9 304万，有汉、黎、瑶、壮、苗、回、满、畲等民族。广东是著名的侨乡，生活在世界各地的广东籍华人华侨乡有2 000多万人，遍及世界100多个国家和地区。

广东地势北高南低，地貌类型复杂多样，有山地、丘陵、台地和平原。北部多为山地和高丘陵，南部为平原和台地。境内河流多众多，水力资源丰富，主要有珠江、韩江、鉴江等。珠江长2 122公里，是中国第三大河流。南海沿岸的珠江三角洲、韩江三角洲土地肥沃，是著名的鱼米之乡。全省地处低纬度，北回归线横贯陆地中部，属于东亚季风区，从北向南分别为中亚热带、南亚热带和热带气候，是全国光、热和水资源最丰富的地区之一。绝大部分地区终年不见霜雪，年平均气温19℃～26℃，年平均降水量1 300～2 500毫米，夏长冬暖，全年草木葱绿，生机盎然，四季均宜旅游。动植物种类繁多，属于国家一级保护植物的有桫椤和银杉2种；被列入国家一级保护的有华南虎、云豹、熊猴和中华白海豚等22种。

广东商贸繁荣，为我国经济最发达的省份之一，以加工制造业和第三产业为主，轻纺、机械、制糖、罐头食品、造纸、化工等工业比较发达，近年家用电器、日用机械工业发展迅速，产量位居全国第一、第二位；海洋渔业发达，淡水养鱼的总产量列全国前茅。水陆交通便利，海运发达，有黄埔、广州、湛江、汕头等海港，远洋航线通往五大洲。

广东的旅游资源比较丰富，仁化县的丹霞山、南海县的西樵山、博罗县的罗浮山、肇庆市的鼎湖山为广东四大名山；肇庆附近西江上的羚羊峡、清远县北江上的飞来峡、肇庆七星岩为著名风景区；连绵数千公里的海岸线，不乏出色的海滨浴场。广东在近、现代史上曾经风云际会，英雄辈出。鸦片战争、太平天国运动、戊戌维新、辛亥革命、北伐战争、省港大罢工、广州起义等许多重大历史事件都在这里发生，留下许多珍贵的遗迹。此外，近年来，广州、深圳等地还兴建了不少主题公园，如深圳的锦绣中华、中国民俗文化村、世界之窗、欢乐谷等。

广东风土民情独特，语言、生活习俗、民间艺术、宗教信仰等具有鲜明的地域特征。广州是岭南文化的摇篮，岭南画派、岭南建筑、岭南园林、岭南盆景都蕴藏着深厚的文化内涵；音乐曲艺、杂技艺术、粤剧、粤菜、粤语，地方韵味浓郁。潮汕地区独特的潮州话、精致细腻的潮剧、潮州音乐、潮州工夫茶、潮州菜、民间工艺（木雕、抽纱、剪纸、嵌瓷）；粗犷豪放的潮州大锣鼓、英歌舞、布马舞等等，无不具有鲜明的地方色彩，蕴涵浓郁的中古遗风。其中英歌舞、笛套音乐和剪纸被列为国家非物质文化遗产。

二、主要旅游区点

（一）珠江三角洲旅游区及沿海旅游点

本区包括广州、深圳、珠海及其周围的市县，如肇庆、清远、从化等，旅游资源较丰富。

1. 广州市

广州位于珠江三角洲北部，是华南最大的城市，广东省的政治、经济、文化、交通中心，是一个现代化、国际化的大都市。相传3 000年前有五位仙人骑羊至此，赠“六穗谷”于当地人民，故广州又称“五羊城”或简称“穗”，又因广州四季花开而被誉为“花城”。市区主要景点有陈家祠、六榕寺、广州市长隆旅游度假区、白云山风景名胜区、越秀公园、中山纪念堂、黄花岗公园、广州农民运动讲习所旧址、莲花山旅游区等。

2. 中山纪念堂

广州中山纪念堂是全球最大的孙中山纪念堂，位于越秀山南麓、孙中山总统府旧址上，1922年孙中山在此就任临时大总统，是广州传统城市中轴线上的重要节点、广州的标志性建筑。中山纪念堂建成于1931年，总占地6.24公顷，建筑面积3 700多平方米，高49米，是钢架和钢筋混凝土结构的宫殿式建筑，金碧辉煌，是建筑艺术的杰作。为全国重点文物保护单位、国家4A级旅游景点。园内景观以纪念堂主体建筑、孙中山铜像和南门楼为中轴线，呈对称分布，种植着木棉王、白兰、大叶榕、桂花、九里香等古树名木，营造了一个自然和谐、清香宜人的园林生态环境。

3. 长隆旅游度假区

长隆旅游度假区位于番禺区大石迎宾路，包括长隆欢乐世界、长隆国际大马戏、长隆水上乐园、香江野生动物世界、长隆酒店等，是5A景区。

长隆欢乐世界拥有国际顶尖游乐设备70余项，包括世界最大的大摆锤、世界规模最大的水上特技表演惊爆危机岛等大型项目。长隆水上乐园是具国际标准的水上乐园。香江野生动物世界是全国首家，亚洲最大的野生动物主题公园，以大规模野生动物种群放养和自驾车观赏为特色，共有珍稀动物460余种，共20 000多只。

4. 肇庆市

肇庆古称端州，以产“端砚”著称，是国家历史文化名城、著名的风景旅游城市。肇庆风光秀丽，主要景观有星湖、鼎湖山、羚羊峡等。

星湖紧靠市区，为国家级重点风景名胜区，湖面积约6平方公里，环湖一周10余公里。湖畔有7座山岩状如北斗星，故称七星岩，7座山岩将湖分成6个湖区，湖中修有20余公里的长堤，各湖之间有堤桥相连。山岩属岩溶地貌，多洞穴，兼有暗河。这里银湖黛峰，林荫覆道，碧水波光，亭台楼阁，有“桂林之山，杭州之水”的美誉。

鼎湖山位于肇庆东北19公里处，包括鼎湖、三宝、凤来等10多座山峰，最高峰鸡笼山顶海拔约1 000米，山顶有湖，四时不竭，故名顶湖山，传说黄帝曾铸鼎于此，故名鼎湖山，为国家级重点风景名胜区。鼎湖山保存着较完好的南亚热带原始森林，为国家级自然保护区，并加入联合国自然保护区网。这里林壑幽深，泉溪淙淙，飞瀑直泻，自然风光十分迷人，有庆云寺、白云寺、飞水潭瀑布、老龙潭等景点。

5. 深圳市

深圳东临大亚湾，西连珠江口，南连香港，依山傍水，风光旖旎，四季草木葱茏，气候宜人。既有海滩平阔、沙细松软的海滨，又有湖峰相映的自然景色，还有锦绣中华、中国民俗文化村、世界之窗、欢乐谷、明思克航母世界、海洋世界等众多主题公园。

深圳华侨城旅游度假区坐落在风光旖旎的深圳湾畔，面积4.8平方公里，为国家5A级景区。锦绣中华、中国民俗文化村、世界之窗、欢乐谷等四个大型文化主题公园是旅游区的核心。景区还包括何香凝美术馆、华夏艺术中心、生态广场、深圳湾大酒店等一批旅游文化项目设施，是一个集旅游、文化、购物、娱乐、体育、休闲于一体的文化旅游度假区。

世界之窗荟萃了世界著名的历史遗迹、自然风光、世界奇观、民居、雕塑等130多个景点，其中包括园林艺术、民俗风情、民间歌舞、大型演出以及高科技参与性娱乐项目等。

锦绣中华微缩景区汇集了中国5 000年历史文化和风景名胜，景区的80多个景点按中国版图位置分布，集中反映了中国多民族风格迥异的建筑、生活习俗和风土人情。

中国民俗文化村由24个各具特色的山寨、庭院和街市按原貌原比例建成，从不同角度多侧面地反映了中国丰富多彩的民俗文化。

欢乐谷是将文化景观和器械游乐融于一体的高科技现代主题乐园。

6. 珠海市

珠海市位于珠江出海口的两岸，陆连澳门，水通香港，由112个岛屿组成，有百岛之市的美称。珠海有得天独厚的自然环境，从唐家湾至西银坑一带，海岸绵延，沙滩平阔，海湾秀丽，景色宜人，是一个现代化的、全新的花园城市。主要景点有石景山旅游中心、白藤湖旅游区、珠海特区度假村、国际高尔夫球场、长江乐园、圆明新园等。

（二）江门开平自力村碉楼群

开平市内有许多建于20世纪二三十年代的碉楼，当时开平土匪猖獗、洪涝频繁，当地侨胞为保护家乡亲人的生命财产安全兴建了碉楼。这些碉楼均为铁门、铁窗，遍布枪眼，配备枪械、铜锣、探照灯，可储存大量粮食，能居能守。

塘口镇自力村的15座风格各异、造型精美的碉楼是开平碉楼的杰出代表，为全国重点文物保护单位，被列入《世界遗产名录》。自力村碉楼墙体的结构有钢筋混凝土的，也有混凝土包青砖的；建筑材料除青砖是本地出产外，铁枝、铁板、水泥等均是从外国进口的；建筑风格方面，很多带有外国（特别是欧洲大陆）建筑特色，有柱廊式、平台式、城堡式的，也有混合式的。楼内保存着完整的家具、生活设施、生产用具和日常生活用品，是当时华侨文化与生活的见证。自力村碉楼将中国传统乡村建筑文化与西方建筑文化巧妙地融合在一起，是中国华侨文化的纪念丰碑和独特的世界建筑艺术景观。

（三）粤北旅游区

粤北山区是我国丹霞地貌发育的地区之一，以乐昌县金鸡岭、仁化县丹霞山、韶关市韶石山为代表，另还有南华寺、马坝人遗址等古迹。

1. 韶关市

韶关市位于广东省北部，是一座历史名城，是历史上岭南有名的重镇。早在10万年前，人类祖先就在这一带繁衍生息，举世闻名的“马坝人”头骨化石就是在韶关马坝发现的。

韶关地处山区，是一个多民族聚居的地区，自然风光秀美，人文景观多姿多彩，是粤北的旅游中心。主要旅游景点有：丹霞山、南华寺、“马坝人”遗址、“石峡文化”遗址狮子岩、古佛岩、梅岭古道、乳源大峡谷等。

2. 丹霞山

丹霞山位于仁化县城南约9公里处，距韶关市区56公里，由红色砂砾岩构成，以赤壁丹崖为特色，看上去似赤城层层，云霞片片，古人取“色如渥丹，灿若明霞”之意，称之为丹霞山。丹霞山整体为红层峰林式结构，有大小石峰、石堡、石墙、石柱380多座，主峰海拔618米，大多山峰在300~400米之间，高低参差、错落有致、形态各异、气象万千。山下有清初建成别传寺、墓塔等古迹。整个山区保存着较好的亚热带常绿林，四季郁郁葱葱，苍翠欲滴。丹霞山为国家级风景名胜区、世界地质公园。

（四）粤东旅游区

1. 潮州市

潮州市位于广东省最东部，是国家历史文化名城，是“潮文化”的发祥地，是著名的侨乡。潮州旅游资源十分丰富，拥有古城墙、古寺庙、古府第、古民居、古牌坊等文物古迹景点728处，其中国家重点文物保护单位8处；自然风光绮丽，城、山、江、海、湖各具特色。著名的景点有开元寺、广济桥、韩文公祠、滨江长廊、人民广场等。

广济桥（俗称湘子桥），位于潮州古城东门外，横跨韩江东西两岸，为古代闽粤交通要津，被著名桥梁专家茅以升称为世界上最早的启闭式桥梁，为全国重点文物保护单位。广济桥集梁桥、浮桥、拱桥于一体，与赵州桥、洛阳桥、卢沟桥并称中国著名古桥。古人有“到潮不到桥，枉向潮州走一遭”之说。广济桥始建于南宋（1171年），至明代形成“十八梭船廿四洲”的格局，后多次修建。近年，广济桥又进行了全面维修，修复后的广济桥，梁舟结合，联阁重瓴，桥上形式各异的亭台楼阁又兼作经商店铺，故有“一里长桥一里市”之美称。这是一座美轮美奂、活色生香的文化古桥。

2. 汕头市

汕头市地处韩江、榕江、练江出海口，是著名的侨乡。旅游景观以海湾、海滩和岩洞为主。现已开发景区（点）40多处，其中国家4A级景区3处，国家森林公园1处。一岛一山四湾三海滩是汕头最具代表性的景观。一岛是南澳岛；一山是岩石山；四湾三海滩是指青澳湾及海滩、北山湾及海滩、海门湾、龙虎湾及海滩。

3. 惠州市

惠州市位于珠江三角洲东北端，南临南海大亚湾，与深圳、香港毗邻。

惠州旅游资源非常丰富，集山、江、湖、海、泉、瀑、林、洞、岛为一体，融自然景观与人文景观于一身，主要景点有：罗浮山、南昆山、巽寮湾、惠州西湖，还有全国唯一的海龟自然保护区等。

三、旅游节庆活动与地方风味特产

（一）旅游节庆活动

广东省主要旅游节庆有：

1. 中国旅游艺术节暨广东欢乐节

每年10月份在广州举行，是一个以广场艺术为主，着重体现游客的参与气氛，邀请海内外和各民间民族艺术团体到此表演民族民间歌舞的大型娱乐活动。

2. 广州花市

每年农历十二月二十八日开始，历时3天3夜，除夕夜是高潮。春节前夕，广州市郊和附近地区的农民将精心栽培的各种鲜花、盆景、桃枝运到市内，集中到滨江路、东川路、北京路等路段展销，形成美丽的花街花市。

3. 广州国际美食节

每年秋季举行。期间有数百家酒店、饮食店、小吃店、大排档参加，展出上千万个著名菜式和点心。美食节的重头戏是业内举行烹饪技术竞赛，评比菜式美点。

此外，广东还有广东龙舟节、荔枝节、梅州山歌节、阳江风筝节等旅游节庆活动。

（二）土特名产及风味美食

1. 土特名产

广东是著名的热带、亚热带水果之乡，有荔枝、香蕉、菠萝、柑橙、龙眼、杨桃、椰子、甘蔗、芒果等。英德红茶、潮州凤凰水仙茶也是著名特产。

著名的传统手工艺品有：广州的粤绣、牙雕、玉雕、潮汕抽纱、佛山石湾美术陶瓷、潮汕陶瓷、肇庆端砚、东莞烟花等。

2. 风味美食

广东地方风味菜即粤菜，是我国著名四大菜系之一，以鲜、嫩、爽、滑，浓淡相宜，烹制精巧在国内外享有盛誉。粤菜由广州菜、潮州菜、东江菜组成。广州名菜有：白切鸡、白灼海虾、明炉乳猪、挂炉烧鸭、蛇羹、油泡虾仁、红烧大裙翅、清蒸海鲜、虾籽扒婆参等。潮汕风味名菜有：烧雁鹅、护国菜、清汤蟹丸、油泡螺球、绉纱甜肉、太极芋泥等。东江菜又称客家菜，代表菜有：盐焗鸡、黄道鸭、梅菜扣肉、牛肉丸、海参酥丸等。

广东的小吃、点心也制作精巧，如云吞、肠粉、沙河粉、及第粥、艇仔粥、酥皮莲蓉包、蜂巢芋角、薄皮鲜虾饺、干蒸烧卖、佛山盲公饼、桃酥、莲蓉月饼等。广东人普遍喜欢喝乌龙茶，其中以潮州功夫茶最为有名。

第四节
海　南　省

一、概述

海南省简称琼，位于我国最南端，北以琼州海峡与广东划界，西临北部湾与越南相对，东濒南海与台湾省相望，东南和南面与菲律宾、文莱和马来西亚隔海相望。海南省行政区域包括海南岛、西沙群岛、中沙群岛、南沙群岛的岛礁及其海域，全省陆地总面积 3.54 万平方公里（海南岛陆地面积 3.39 万平方公里，为我国第二大岛），海域面积约 200 万平方公里。海南省人口 836 万，汉、黎、苗、回是世居民族。省会海口市。

海南岛中部为山体，向外依次为丘陵、平原，全省最高峰——五指山主峰海拔 1 867 米；有南渡江、昌化江、万泉河三大河流。这里地处热带，长夏无冬，年平均气温 22℃ ~26℃，雨量充沛，年平均降雨量为 1 639 毫米，全年皆宜旅游。

海南建省办经济特区 20 多年来，经济社会发展取得显著成就。但由于发展起步晚、基础差，目前海南经济社会发展整体水平仍然较低。2010 年 1 月 4 日，国务院发布《国务院关于推进海南国际旅游岛建设发展的若干意见》，海南国际旅游岛建设正式步入正轨。海南将建成世界一流的海岛休闲度假旅游胜地。

海南省资源丰富，有铁、锰、钨、石油、天然气等 50 多种地下资源。海南素有“绿色宝库”之称，已发现的植物有 4 200 种，占全国植物种类的 15%，近 600 种为海南特有；被列入国家一级保护的动物 14 种。海南是我国热带作物生产基地，水稻一年三熟，盛产橡胶、咖啡、可可、椰子、香蕉、荔枝、龙眼、菠萝等。海洋水产有300多种。

海南旅游资源十分丰富。海南岛海岸线长达1 500多公里，沙岸约占50%～60%，沙滩宽数百米至1 000多米不等，向海面坡度一般为5°，缓缓延伸；多数地方风平浪静，海水清澈，沙白如絮，海水温度一般为18℃～30℃；海岸边绿树成荫，空气清新，阳光明媚，有许多理想的海滨度假胜地，如三亚市的鹿回头、亚龙湾、大东海、天涯海角，海口市的秀英海，文昌县的清澜湾，琼海市长坡，铜鼓岭南北海岸，陵水县猴岛，东方县鱼鳞洲等。此外，环岛沿海还有红树林、珊瑚礁等滨海景观。琼山市东寨港和文昌市清澜港等地已建立了4个红树林保护区。海南岛有海拔1 000米以上的山峰81座，绵延起伏，气势雄伟，热带原始森林密布，颇负盛名的有五指山、鹦哥岭、东山岭、太平山、七仙岭、尖峰岭、吊罗山、霸王岭等。海南岛还有许多死火山口、喀斯特溶洞、温泉等景观。

海南岛的人文旅游资源主要有：五公祠、东坡书院、苏公祠、琼台书院、海瑞墓等。革命纪念地有琼崖纵队司令部旧址等。海南岛是我国唯一的黎族聚居区，黎族质朴敦厚的民情风俗是独特的旅游资源。

二、主要旅游区点

（一）海口市

海口市位于海南岛北部的南渡江口，风光秀丽，主要游览胜迹有：五公祠、海瑞墓、秀英炮台、人民公园、万绿园、假日海滩、热带海洋世界、金牛岭烈士陵园、滨海公园、火山口公园等。

1. 五公祠

五公祠距市中心约5公里，是为纪念唐、宋朝时期贬谪到海南的五位著名历史人物：唐朝名相李德裕、宋朝名相李纲、李光、赵鼎、名臣胡诠而建。五公祠为一组古建筑群的统称，包含五公祠、苏公祠、观稼堂、学圃堂、五公精舍和琼园等。这片古建筑群始建于明代万历年间，后多次修缮，以五公祠为主体建筑，两层木结构，楼高9米，为海南最早的楼房，故称“海南第一楼”。

五公祠东侧是苏公祠，为纪念北宋大文学家苏轼而修建，是一座园林式庭院。

2. 火山口公园

火山口公园位于琼山区石山镇，为4A级景区，距市区约20公里。园内及附近有距今2.7万年至100万年间火山爆发所形成的死火山口群，其中最大者海拔222.2米，深90米，是世界上最完整的死火山口之一，因形似马鞍，又名马鞍岭。周围还有几十个小的死火山口，地下有火山岩洞群，其中仙人、卧龙二洞最为壮观。

（二）文昌市

文昌市位于海南省东北部，东、南、北三面临海，沿海有天然港湾36个、珊瑚礁6 000公顷；是著名的文化之乡、华侨之乡、椰子之乡、排球之乡、将军之乡、国母之乡。主要旅游景点有：铜鼓岭旅游区、云龙湾海底自然公园（珊瑚礁）、石头公园、七洲列岛、椰林湾、高隆湾、官新温泉、八门湾红树林、宋氏祖居、木兰灯塔、孔庙等。

东郊椰林风景名胜区位于文昌市东郊清澜港东岸。这里有百万株椰树，有红椰、青椰、良种矮椰、高椰、水椰等品种，绿叶婆娑，婀娜多姿，美不胜收。尤其“椰子王”树，长出三枝杈，枝粗叶茂，椰果累累，令人叹为观止。这里环境优美，海水清澈，有色彩斑斓、幽邃迷人的珊瑚礁，千姿百态的红树林，琳琅满目的椰子系列工艺品和珍奇海鲜。

（三）儋州市

儋州市位于海南岛的西北部，濒临北部湾。儋州山清水秀，历史悠久，有丰富的旅游资源，著名的景点有：东坡书院、热带植物园、蓝洋温泉、光村银滩等。儋州民风淳厚粗犷，古风犹存。北宋大文学家苏东坡谪居儋州3年间，讲学明道，使儋州此时成为全岛文化的中心。这里的人民爱好吟诗作对，素有“诗乡歌海”之称，有许多民间诗社。

东坡书院位于中和镇，为纪念北宋大文豪、谪臣苏东坡而建。始建于1098年，后经重修，明代更为现名。东坡书院为历代儋州最高学府，是海南重要的人文胜迹之一。书院大门轩昂宏阔，院里古林幽茂，载酒亭、载酒堂、奥堂龛等建筑古色古香。其中载酒堂为苏东坡被贬昌化军（现儋州市）时居住、讲学的场所。

（四）琼海市

琼海市地处海南岛东部，港湾良好，风光旖旎，集山、泉、河、海、椰林、沙滩于一体。主要旅游资源有：万泉河、白石岭、官塘温泉、沙洲岛、万泉河出海口、博鳌海滨玉带滩与“博鳌亚洲论坛”国际会展中心等。

1. 万泉河游览区

万泉河是中国热带自然生态保存最完美的一条河流，被称为中国的

“亚马孙”河。万泉河全长163公里，发源于五指山，上游群山起伏、乔木参天、林水相迭、景色迷人，下游河面开阔，水流缓舒、椰姿帆影、槟榔飘香，迷人热带画卷令人流连忘返。万泉河游览区以自然河流景观为主体，由休闲码头、巨石、椰树一条街、购物街、红色娘子军塑像、沙洲岛、万泉河大坝组成。

2. 博鳌亚洲论坛永久会址景区

博鳌景区坐落在美丽的东屿岛上，这里拥有世界上保护最完好的河流入海口——万泉河入海口，是博鳌亚洲论坛年会的永久性会址。景区里有宏伟气派的现代建筑、智能化的会议设施、动静相宜的高尔夫球场、河海交融的旖旎风光，还有古老动人的美丽传说。

（五）万宁市

万宁市位于海南岛东南部沿海，这里山青水秀，景色宜人，既有奇山、异洞、怪石、海滩、岛屿、温泉、热带珍稀动植物、滨海风光等自然景观，又有文物古迹、革命遗址等人文景观。有以“海南第一山”之美称的东山岭，有“热带花果园”之美誉的兴隆温泉旅游区，有“南海明珠”之称的大洲岛，有水清浪静、滩洁沙软的石梅湾、南燕湾、日月湾、春园湾等。

（六）三亚市

三亚位于海南岛最南端，三面环山，一面临南海，海上回望，山岭绵延起伏、层次分明，群山如绿色屏障；山脉的延伸将市区分成若干各具特色的景观空间。东、西两条河穿过市区，河岸线曲折多变，两岸红树林绿影婆娑，景致优美。三亚旅游资源得天独厚，是海南省风景名胜最多而又最密集的地方，在约200公里的海岸线上，密布着亚龙湾、大东海、鹿回头公园、天涯海角、海山奇观、南山文化旅游区等闻名中外的旅游景点。这里碧海蓝天、椰风醉人、植被常绿、空气洁净、四季温暖，是一个向世界出口阳光与空气的地方，还拥有温泉、岩洞、田园、热带动植物、民族风情等各具特色的旅游资源。

1. 亚龙湾国家度假旅游区

亚龙湾国家度假旅游区位于三亚市区以东30公里的亚龙湾，总面积18.6平方公里，为4A级旅游区。亚龙湾三面青山相拥，一面呈月牙型向大海敞开，海湾近10公里长，浅海区宽达50~60米，沙滩缓宽阔，绵延7公里多，好似一条环绕海湾的白色玉带，沙粒洁白细软，海水湛蓝清澈，能见度达20米以上，年平均水温在25℃以上，常年可以进行海水浴、日光浴、潜水和多种水上运动。锦母角、亚龙角水深流急，激浪拍崖，怪石嶙峋，是进行攀崖活动的好场所；海面上星罗棋布的岛、礁是海上运动爱好者的天堂；海底的珊瑚礁、热带鱼、野生动植物构成的极富梦幻色彩的海底世界，是最佳的潜水胜地；还有珍稀树种“红树林”、“龙血树”和发育良好的热带自然植物。

2. 南山文化旅游区

南山文化旅游区位于三亚市西南40公里处，规划面积50平方公里，其中海域面积10平方公里，为国家重点风景名胜区、5A级旅游区。已建成的核心景区由“三园一寺一谷一湾”组成，即观音文化苑、慈航普渡园、吉祥如意园、南山寺、长寿谷、南山湾。景区内有名列世界吉尼斯大全的国宝“金玉观世音”、“天下第一龙砚”；高达108米的“南山海上观音”像巍然屹立于南海。

南山面朝南海，是中国最南端的山，历来被称为吉祥福泽之地。中国传扬千古的名句“福如东海，寿比南山”，更道出了南山与福寿文化的悠久渊源。在这里，人们既能领略热带滨海阳光、碧海、沙滩、鲜花、绿树的美景，更能获得佛教文化带来的心灵慰籍，体味回归自然、天人合一的乐趣。

3. 南山大小洞天旅游区

大小洞天旅游区位于南山西南隅，总面积22.5平方公里，因奇特秀丽的海景、山景、石景和洞景，享有“海山奇观”的美名，为国家5A级旅游区。早在南宋时代这里即被开辟为旅游景点，至今已有800多年的历史，被誉为“琼崖八百年第一山水名胜”。山上植被茂盛，近3万株龙血树（南山不老松）郁郁葱葱，山中有清澈泉水和各种野生动物，山下7公里海岸线蜿蜒曲折，遍布神工鬼斧、肖形状物的石景。这里的青山碧海、摩崖石壁、神宫洞府、奇岩巧石，构成了一幅山水合璧、天地共美的绚丽画卷。旅游区内有南海龙王、小洞天、千年不老松、南海神鳌等景观。

4. 天涯海角

天涯海角位于三亚市西南23公里处的海滨，是国家重点风景名胜区、国家4A级景区。

景区依山傍海，椰林摇曳，怪石嶙峋，风景如画。南面是茫茫大海，水天一色，渔舟帆影，一系列经过海蚀、风化形态各异的花岗岩巨石，耸立于海水中或沙滩上，其中有3块特别引人注目，分别刻有“天涯”、“海角”、“南天一柱”，“天涯海角”由此得名。景区还包括黎族风情园、历史名人雕塑园、笆篱凝霞景区、海天自然景区和“天涯路”等几大区域。

（七）五指山

五指山市位于海南岛中南部腹地，周围群山环抱，山青水秀，四季如春，有“翡翠山城”之称。

五指山为海南第一高山，是海南岛的象征，最高峰海拔1 867米。五指山因长期受侵蚀切割，山峰成锯齿状，故名“五指山”。五指中二指海拔最高，屹立如柱，一指与二指之间，有深谷相隔，遥相对峙，山势非常险要；三指、四指、五指逶迤相连又各自独立，蔚为壮观。山中晨凉午热，夕暖夜寒，有一日四季之说。山区遍布热带原始森林，层层叠叠，逶迤不尽，是珍禽异兽的王国。五指山是海南岛主要江河的发源地，水色山光交相辉映，风光奇特瑰丽。五指山四周自古是黎族聚居区。

三、旅游节庆活动与地方风味特产

（一）旅游节庆活动

海南省的旅游节庆活动主要有：

1. 中国海南岛欢乐节

由海南省政府和国家旅游局主办，每年11月举行，时间长达两至三个星期，在各市县举办各种旅游和娱乐活动，为国内外游客提供宽松欢快的旅游度假环境，塑造海南“欢乐海岛、度假天堂”的旅游形象。

2. 三亚天涯海角国际婚庆节

主要为来自各地的新婚佳偶、金婚伴侣在天涯海角风景区举行庆典仪式，为情侣们安排丰富多彩的婚庆和旅游观光活动。

3. 换花节

每逢农历正月十五的元宵夜，在海口市的府城一带举行风情独具的换花节。换花节原是琼山特有民间节日，历史悠久，据说源自唐代。但是，从前换的是香而不是花，意在香火不绝。海南建省后，传统的换香变成了新潮的换花，演变成凝聚友谊、美好、幸福、欢快为一体的新的娱乐形式。

（二）土特名产及风味美食

1. 土特名产

海南省名特产品极为丰富，珍贵药材有沉香、砂仁、青天葵、益智等；珍贵水产有鲍鱼、马鲑、鲤鱼、海参、海马、珍珠等；热带水果有菠萝、芒果、椰子、槟榔、腰果、荔枝等；还有热带作物胡椒、咖啡、万宁大洲岛燕窝、西沙大海龟等；大东海的南珠、屯昌的水晶世界闻名。

传统手工艺品有：椰雕、贝雕、木雕、根雕、牛角雕、蝴蝶画、艺术陶瓷、工艺藤品、黎锦苗绣等，还有海螺、海贝等海产工艺品。

2. 风味美食

海南名菜有：文昌鸡、东山羊、和乐蟹、加积鸭、海口椰子盅、琼山曲口血鳝等。风味小吃有：煎堆、椰丝长粑、椰子船等。

思考与练习

1. 本旅游区地理环境特征为旅游业发展提供了哪些有利条件？
2. 本旅游区有哪些著名旅游胜地？其主要特点是什么？
3. 本旅游区有哪些节庆活动？其主要特色是什么？

第十二章

港澳台旅游区

本区包括香港特别行政区、澳门特别行政区和台湾省，位处我国南部亚热带、热带地区，面对广阔海洋，背靠祖国大陆，是我国面向世界、沟通海外的重要窗口，但在行政管理体制上均具有一定的特殊性。香港和澳门分别于1997年、1999年回归祖国，实现了“一个国家，两种制度”的构想。台湾岛是我国第一大岛屿，由于历史和政治的原因，到1987年年底台湾当局才允许台湾居民到祖国大陆探亲，直到2008年12月15日，两岸实现了“三通”。三个地区中，台湾面积最大，旅游资源比较丰富，香港和澳门这两个特别行政区均地域狭小，但具有优越的地理位置、便利的交通、自由港的地位以及活跃的进出口贸易等方面优势，旅游业独具特色，发展迅速。

第一节

旅游地理环境特征

一、自然地理环境与自然旅游资源

（一）背靠大陆，面临太平洋，优越的地理位置

本区背靠祖国大陆，面临浩瀚的太平洋，正处于东亚、东南亚和大陆的中心位置，在远东若干国际航线之上，北有日本、朝鲜，西有祖国大陆，南有菲律宾、印度尼西亚，西南有马来西亚、泰国、新加坡。各国作环球旅行的游客，前往上述国家和地区时，均可在港澳台作停留观光，这为本区拥有

众多的旅游客源创造了良好条件。

临海的地理位置还为本区提供了许多优良海港和丰富的海滨旅游资源。例如，香港的维多利亚海港、澳门的内外港口、台湾的高雄港、基隆港等。台湾海岸线总长 1 600 多公里，北部和南部的海岸地形有各种形态的奇岩和海蚀洞穴；西部海岸沙滩绵长，有许多理想的海滨浴场；东部海岸断层发育，断崖峭壁插天，俯临大洋。台湾位于亚欧板块和太平洋板块的接触带，为环太平洋火山地震带的一部分，近代火山地貌景观典型，地热资源丰富，是我国温泉密度最高的省份。

香港岛的南部海滩则是香港著名的风景区和海滨浴场。

（二）亚热带——热带海洋性过渡季风气候

台湾岛南北狭长，北回归线横穿岛的中部偏南地区，北部地区属亚热带气候，南部地区属热带气候。同时，台湾在气候上受海洋和大陆两方面的影响均较强烈，但海洋性气候明显，整体上呈现高温、多雨、多风的气候特点。台湾的平原地区长夏无冬，气候湿润，全年平均气温为摄氏 23.6℃，年平均降水量多在 2 000 毫米以上，是世界平均降水量的 3 倍。山地气温的垂直变化大，从山麓的热带依次过渡为亚热带、温带直到山顶的寒带气候。平地高温和充足的日照以及山地垂直变化的气候，使得台湾动植物种类繁多，台湾是亚洲有名的天然植物园，并且有“水果王国”的美称。

港澳地区属亚热带海洋性季风气候，夏季炎热潮湿。冬季微冷干燥，春秋两季不明显。全年平均气温 22℃左右。港、澳、台夏季都有台风经过。

二、人文地理环境与人文旅游资源

（一）与祖国大陆不同的社会、经济制度

由于政治、历史等方面的原因，港、澳、台地区现行的社会、经济制度及生活方式与祖国大陆不同。香港清代属广东省新安县（今深圳市），鸦片战争后，英国从 1842 年起先后通过三个不平等条约占去了包括香港岛、九龙、新界三部分的今香港地区，租期为 99 年。1997 年中国政府正式收回香港，并设特别行政区，由特区政府进行管辖，实现了港人治港。澳门旧属广东香山县（今珠海市），16 世纪被葡萄牙以曝晒水浸货物为借口而占领。1999 年 12 月 20 日中国政府正式收回澳门，并设特别行政区。特别行政区的政府和立法机关由当地人组成，除了由中央人民政府负责外交和国防事务外，特别行政区享有高度的自治权。根据“一国两制”方针，港澳地区现行的社会、经济制度及生活方式将维持50年不变，社会主义制度和社会主义政策都不在区内实行。港澳地区是中国与西方国家交往的重要桥梁，这也大大促进了当地旅游业的发展。

台湾自古为我国领土的一部分，早在1 700多年前的三国时代，中国大陆军民就东渡台湾，垦拓、经营台湾岛；元代中央政府正式在台湾设立专门政权机构；17世纪台湾一度沦为荷兰的殖民地，1662年郑成功收复台湾；清初设置台湾府，属福建省；1889年被日本侵占，1945年抗日战争胜利后归还中国；1949年10月1日，新中国宣告诞生，国民党部分军政人员在台湾维持偏安局面；到2008年12月15日，两岸实现了“三通”（空运、海运直航和直接通邮）。

（二）自由港及活跃的进出口贸易

狭小的地域、优越的地理位置和众多的良港，决定了本区经济以对外贸易为本。香港是自由贸易港，除少数商品如烟草、烈酒和动力用的燃油（汽油、柴油等）之外，一般消费品均可免税进口。因此，市场上各国产品云集，价格较低，被称为“世界商品橱窗”和“购物天堂”。游客到香港最喜欢购买的商品以衣物居多，其次为钻石、珠宝首饰、摄影器材、皮革制品、钟表、电子产品及配件、洋酒、食品、化妆品等。澳门也是自由港，烟酒税较低，洋酒、洋烟等比香港还便宜，高档商品则稍逊于香港。

香港和台湾对外贸易发达，与100多个国家和地区都有贸易往来。澳门无深水港，对外贸易依赖香港，但贸易量也非常大。活跃的贸易往来，同时也刺激了旅游业的发展。香港荟萃中西饮食文化，被称为“美食之都”，饮食文化的繁荣又成为香港吸引世界各地游客的一大因素。人们在这里不仅可以品尝到中国传统名菜和风味小吃，还可享受欧美风味的西餐，日本、韩国以及东南亚各国的美味佳肴。市场上有来自世界各地的水陆奇珍出售，时鲜果品也丰富多彩，琳琅满目。

（三）发达的国际金融业

香港是一个国际金融中心，银行业十分发达，截至2008年年底，香港有143间持牌银行、27间有限制牌照银行；有88间外资银行在香港设有代表办事处，其中71间是属于全球最大的100间银行。香港是世界上金融机构密度最大的地区之一，又是世界四大金市之一和重要的外汇市场。发达的金融业对香港经济的发展有巨大的促进作用，也间接影响了香港旅游业的发展。

（四）便利的交通

除澳门交通需依赖香港转运外，香港和台湾的海陆空交通都非常发达，众多的国际航空和航海线路在此交会，使本区成为远东贸易航空航线的枢纽。

香港维多利亚港是世界上最繁忙、最高效的海港之一，与世界100多个国家和地区的460个港口有航运往来，形成了以香港为枢纽，航线通达五大洲、三大洋的完善的海上运输网络。香港国际机场是全球第五繁忙的客运国际机场，是来往欧美以及亚洲及大洋洲航班的转机点。香港拥有高度发达及成熟的交通网路，铁路、地铁、公路、天桥、海底隧道、地下隧道、缆车、轮渡等交通设施共同形成了完整的公共交通网络。

台湾铁路已形成环岛铁路网，可以分成东、西两线。东线主要有台东线和新修筑的北回铁路；西线包括纵贯基隆至高雄的铁路及支线，纵贯铁路已实现了电气化。台湾的公路十分发达，线路相当稠密，高速公路、环岛公路、横贯公路、纵贯公路、滨海公路等，纵横交织，四通八达，极大地方便游客进出各旅游景点。台湾有桃园和高雄两个国际机场，有飞至日本、美国等地的国际航线90多条；还有台北、花莲等若干个大、中、小型民航机场。台湾主要港口有高雄、基隆、花莲、台中和澎湖的马公港等。

第二节
香港特别行政区

一、概述

香港的全称是中华人民共和国香港特别行政区，位于珠江口东侧，南临南海，东濒大鹏湾，西为珠江口，北面毗连深圳，离广州130公里。香港全区总面积1 104 平方公里，由香港岛、大屿山、九龙半岛以及新界（包括262个离岛）组成。位于香港岛和九龙半岛之间的维多利亚港，是举世闻名的深水海港。香港山地多，平地少，许多街道是填海造地建成的。

100 多年前，香港还是个人烟稀少的渔村，如今，香港成为了一个人口约700 万的国际大都会。第二次世界大战后，香港经济和社会迅速发展，成为全球最富裕、经济最发达和生活水准最高的地区之一。香港是亚洲重要的金融、服务和航运中心，以廉洁的政府、良好的治安、自由的经济体系以及完善的法治闻名于世，有着“东方之珠”的美誉。

香港旅游业起步较早，发展迅速，旅游资源比较丰富而具有特色。香港现代气息浓郁，自然环境优美，精致小巧，富饶神秘。尽管市区人口稠密，但香港仍有七成以上的面积属于郊区，已发展土地少于25%，郊野公园及自然保护区占40%以上，就香港的面积和人口密度而言，整个城市绿意盎然，洋溢着自然野趣，其中包括崇山茂林和大大小小的离岸岛屿。香港还有着独特的文化和古迹，香港经过英国150年殖民统治，居民以华人占大多数，东方传统与西方文化共冶一炉，新旧事物相互交融，缔造出香港独特的生活文化。香火鼎盛的庙宇、殖民色彩浓厚的建筑、宏伟的玻璃帷幕大楼，还有源远流长的传统风俗和气氛热烈的节庆活动，使香港成为一个包罗万象、活力澎湃的大都会。香港大大小小的中式庙宇共超过600间，其中包括佛寺、道观及供奉其他神明的庙宇。香港主要的旅游景点有：维多利亚港、太平山山顶公园、海洋公园、集古村、黄大仙祠、港岛南部的浅水湾和九龙的清水湾，以及市区内的公园、艺术中心、博物馆和非居住区的郊野公园等。

二、主要旅游区点

（一）维多利亚港

维多利亚港是位于香港岛和九龙半岛之间的港口和海域，是世界第三大海港。维多利亚港水面宽阔，景色迷人，海港的西北部有世界最大的集装箱运输中心之一的“葵涌货柜码头”。

沿尖沙咀海滨花园上的“星光大道”或湾仔金紫荆广场海滨长廊漫步，或搭乘渡轮夜游港湾可饱览海港的壮丽风光。每当夜幕降临，两岸超过40幢建筑物亮起璀璨夺目的灯光，景致更是格外迷人。

（二）香港本岛

香港本岛位于香港的南部，是香港三块地方中唯一离开大陆的岛，面积约78.40平方公里，是香港第二大岛屿。港岛上有很多小山，高度都在300~400米，最高峰是太平山，海拔554米。港岛的北部是维多利亚港，还有好几条繁华大街，如皇后大道、德辅道等。由于土地少，又多山丘，所以这些街道都是经过劈山和填海建成的。南部有著名的深水湾、浅水湾，是香港的主要旅游区和高级住宅区；中部是香港最繁华的地方，也是香港政府机关所在地，到处都是豪华商业大厦和购物中心。

港岛主要景点有：太平山顶、香港杜莎夫人蜡像馆、荷李活道、兰桂坊及SoHo荷南美食区、金紫荆广场、海洋公园、浅水湾、赤柱市集及美利楼、香港仔避风塘等。

1. 太平山山顶公园

太平山又称为扯旗山、维多利亚山。这里空气清新，风景如画，鸟瞰港岛全景和九龙半岛的最佳观景点，也是香港最受欢迎的景点之一。于山顶漫步，可见层层叠叠的摩天高楼、享誉全球的维多利亚海港，以及清新宜人的翠绿山峦；从卢吉道观景点放眼远望，维多利亚港风光更是一览无遗。每当夜幕降临之际，站在太平山上放眼四望，港岛和九龙宛如镶嵌在维多利亚港湾的两颗明珠，交相辉映；中环地区，更是高楼林立，壮观无比。山顶新建的凌霄阁外观呈碗形，造型独特，是一幢兼具观光、娱乐、购物的复合式大楼，是香港最瞩目的标志性建筑之一。

2. 海洋公园

海洋公园位于港岛南区深水湾与黄竹坑之间的南朗山上，凭山临海，旖旎多姿。占地超过87万平方米，是世界上最大的海洋公园之一，现有三个景点区——山上、山下及大树湾，分别由架空缆车及全港第二长的登山电梯连接。山上以海洋馆、海洋剧场、海涛馆、机动游戏为主；山下则有水上乐园、花园剧场、金鱼馆及仿照历代文物所建的集古村，仿中国宫廷建筑，村内有亭台楼阁、庙宇街景，反映中国历史风貌，使中国古代街景重现，并有民间艺术表演。在这里不仅可以看到趣味十足的露天游乐场、海豚表演，还有千奇百怪的海洋性鱼类、高耸入云的海洋摩天塔，更有惊险刺激的越矿飞车、极速之旅等游乐设施。

（三）九龙半岛

九龙半岛又称大鹏山，位于珠江口东侧，隔海同香港岛对峙，面积7.7平方公里。半岛东、南、西三面被维多利亚港环抱，半岛上多丘陵，以大雾山为最高，有铁路经深圳通广州，又有京九铁路通北京。南九龙是著名的商业区，尖沙咀最繁华，是游客聚集的购物天堂。九龙的主要景点有：长沙湾道时装街及鸭寮街跳蚤市场、“女人街”、庙街夜市、星光大道、“幻彩咏香江”、前九广铁路钟楼、九龙寨城公园、啬色园黄大仙祠、鲤鱼门海鲜美食村等。

1. 啬色园黄大仙祠

黄大仙祠又名啬色园，位于九龙启德机场以北的竹园村。啬色园黄大仙祠是香港著名的庙宇，祠内供奉着的黄大仙相传“有求必应”。祠庙建筑庄严雄伟，金碧辉煌，极具中国古典庙宇特色。庙宇占地18 000多平方米，除主殿大雄宝殿外，还有三圣堂、从心苑等，其中以牌坊建筑最具特色，充分体现了中国传统文化的内涵。祠内还珍藏着不少道教、佛教和儒家典籍，兼容儒、释、道三教。

2. 星光大道

“星光大道”位于尖沙咀海滨花园。漫步于“星光大道”，沿途可参观杰出电影业人士的手印和牌匾、电影发展里程碑、香港电影金像奖雕塑和国际功夫巨星李小龙的两米高铜像，欣赏维多利亚港和香港岛沿岸的优美风光，观赏每晚举行的多媒体灯光音乐汇演“幻彩咏香江”，还可在电影纪念品店选购心仪的商品。

（四）新界

新界是香港地区面积最大的部分，连同附近的235个小岛屿，面积975.1平方千米，约占香港面积的92%。新界丘陵起伏，山岭连绵，海拔957米的大雾山为最高峰。以填海造地建设起来的观塘和荃湾，是香港两个较大的工业卫星镇。新界有不少香港古老的村落、庙宇、文物径以及其他旅游资源，其中最热门的景点包括：沙田马场、青松观、屏山文物径、吉庆围、米埔湿地、大夫第、青马大桥、蓬瀛仙馆、龙跃头文物径、林村许愿树及天后庙、西贡墟、香港湿地公园等。

1. 屏山文物径

屏山文物径位于新界元朗，蜿蜒千米，途经坑头村、坑尾村和上璋围三条村落，一些极具历史意义的古建筑串连成一条独具特色的文化廊道，勾勒出香港百年前农家小户辛勤耕种的生活图景。沿途独特古迹包括全港最大的祠堂邓氏宗祠、上璋围、觐廷书室、洪圣宫、杨侯古庙及其他多座传统建筑，其中聚星楼更是香港硕果仅存的古代楼塔。

2. 青马大桥

青马大桥是大屿山香港国际机场与市区的主要连接干线，桥身长2.2公里，离海面高62米，混凝土桥塔高206米，是全球最长的行车铁路双用吊桥，与巴拿马运河、英法海峡隧道、旧金山金门大桥等其他9项工程同享“20世纪十大建筑成就奖”殊荣。大桥的日间景观壮丽宏伟，夜间桥上的灯光交相辉映，绚丽夺目，已成为香港的标志性建筑之一。

（五）离岛

香港有263个岛，离岛区包括香港南面及西南面的20多个岛屿，其中以大屿山的面积最大。离岛区的主要旅游景点有：大澳渔村、宝莲禅寺及天坛大佛、长洲、南丫岛、亚洲国际博览馆、梅窝、航天城、昂坪360、香港迪斯尼乐园等。

1. 大屿山

大屿山位于香港西南面，是香港最大的岛屿，面积146.75平方公里，相当于两个香港岛，最高峰凤凰山海拔934米。岛上遍布草地及灌木丛，沿海岸有小块可耕地，自然风景极为优美。整个大屿山有超过一半的地方划为郊野公园，分为南大屿和北大屿两部份，南大屿郊野公园为全香港最大的郊野公园。大屿山海岸线漫长曲折，向南的海岸拥有许多岬角和海湾，这里海水澄澈清透，沙粒雪白细小，港湾与沙滩、高山与流水、自然景观和历史古迹交相辉映。主要景点有：梅窝、东涌、昂坪360、宝莲禅寺、天坛大佛、竹园精舍、大澳渔村、迪斯尼乐园、凤凰山、东涌炮台等旅游景点。

2. 宝莲禅寺及天坛大佛

宝莲禅寺是香港的佛教圣地，坐落于海拔520米的昂坪平原上，四周风光如画。此寺藏经丰富，供奉得道高僧圆寂后化成的舍利子，亦设有大型斋堂。

天坛大佛坐落于宝莲禅寺旁，是全球最高的户外青铜坐佛，端坐在三层祭坛上，高34米，重250吨，佛祖的面庞由原块青铜铸造，面积达30平方米，宏伟肃穆。

三、土特名产与风味美食

（一）土特名产

香港是个国际化商业城市，又是著名的自由港，一般消费品都免关税，世界各地商品纷纷涌来竞争市场，如电子产品、家用电器、水果、时装和日用品等，有些比原产地还便宜，所以香港有“购物天堂”之美誉。20世纪50年代以后，香港成为了亚洲时装、手表装配中心，有“世界最大玩具工厂”之称。

（二）风味美食

香港是个中西饮食文化荟萃之地，有“美食之都”的美誉。香港会聚了世界各地的美食，全岛有1.1万多家餐馆，除了一流的广东菜和大江南北的湖南菜、四川菜、北京菜、上海菜等，还有辛辣的泰国汤、香浓的印度咖喱、丰腴的韩国烧烤、清新的越南沙律卷、鲜美的日本寿司等亚洲佳肴以及丰富多彩的西方美食。生猛海鲜更是香港美食的一大特色。

香港还是一个小吃的天堂，最常见的街头小吃有：鱼蛋、牛杂、叮叮糖、糖葱薄饼、炒栗子、龙须糖、各式鲜榨果汁、餐茶、凉茶、粥、粉面类、碗仔翅、鱼蛋粉、煎酿三宝、炸大肠、油炸鬼、臭豆腐等。

第三节
澳门特别行政区

一、概述

澳门的全称是中华人民共和国澳门特别行政区，位于珠江口西侧，东隔伶仃洋与香港相望，相距约60公里，北面与珠海市毗连。澳门特别行政区由澳门半岛、氹仔和路环两个离岛组成。总面积共29.2平方公里，人口约55万。

澳门地域狭小，但环境优雅，景致别具特色，素有“海上花园”之称，楼房不高，却多姿多彩，掩映在绿树红花之中，是座安静、秀丽、纤巧的旅游城市。中西文化交融的城市面貌、不同风俗包容共存的人文环境、以及独有的博彩娱乐是澳门重要的旅游资源。澳门旅游业中以博彩业最发达，是世界三大赌城之一，被称为“东方蒙特卡罗”，博彩业收入占旅游业总收入的80%以上。

独特的历史渊源在澳门留下了深刻而广泛的影响，形成别具一格的文化面貌，充分展现在建筑、宗教、饮食、以至居民的日常生活等不同的层面上。澳门著名的历史城区，包括被视为澳门地标的大三巴牌坊、大炮台和妈阁庙，郑家和卢家大屋、分布市内各区的教堂、庙宇和广场，被列入《世界文化遗产名录》。此外，澳门市内别具特色的旅游景点还有：位于炮台山上的澳门博物馆、大赛车博物馆、葡萄酒博物馆、海事博物馆、澳门艺术博物馆、新口岸海旁区的观音像、路环的汉白玉妈祖像、南湾湖的音乐喷泉等。

二、主要旅游景点

1. 澳门历史城区

澳门历史城区是一片以旧城区为核心的街区，以相邻的广场和街道连接而成，包括妈阁庙前地、亚婆井前地、岗顶前地、议事亭前地、大堂前地、板樟堂前地、耶稣会纪念广场、白鸽巢前地等多个广场空间，以及妈阁庙、港务局大楼、郑家大屋、圣老楞佐教堂、圣若瑟修院及圣堂、岗顶剧院、何东图书馆、圣奥斯定教堂、民政总署大楼、三街会馆（关帝庙）、仁慈堂大楼、大堂（主教座堂）、卢家大屋、玫瑰堂、大三巴牌坊、哪吒庙、旧城墙遗址、大炮台、圣安多尼教堂、东方基金会会址、基督教坟场、东望洋炮台（含东望洋灯塔及圣母雪地殿圣堂）等 20 多处历史建筑。

澳门历史城区保存了澳门400 多年中西文化交流的历史精髓，是中国境内现存年代最远、规模最大、保存最完整和最集中，以西式建筑为主、中西式建筑互相辉映的历史城区；是西方宗教文化在中国和远东地区传播历史重要的见证，更是 400 多年来中西文化交流互补、多元共存的结晶。澳门历史城区被列入《世界文化遗产名录》。

2. 大三巴牌坊

大三巴牌坊又称为大三巴，为澳门的标志性建筑物。大三巴牌坊是天主之母教堂（即圣保禄教堂）正面前壁的遗址，因形似中国牌坊得名。圣保禄教堂竣工 1640 年，1835 年毁于一场大火，仅剩教堂的正面前壁、大部分地基以及教堂前的石阶。教堂前壁用麻石砌成，为文艺复兴时期意大利风格的建筑物。高约 27 米，宽 23.5 米，上下 5 层，左右共自第 3 层起可分 9 格，下有 68 层阶梯。大三巴上各种雕像栩栩如生，诉说着有关天主教在亚洲传教的故事，体现着中西文化结合的特色。

3. 妈阁庙

妈阁庙原称妈祖阁，俗称天后庙，位于澳门半岛东南方，建于 1488 年，是澳门最古老的庙宇，也是澳门最著名的古迹之一。妈阁庙背山面海，沿崖建筑，古木参天，风光优美。整座庙宇包括大殿、弘仁殿、观音阁等四座主要建筑，石狮镇门、飞檐凌空，是一座富有中国文化特色的古建筑。妈阁庙为祭祀天后而建造，历来香火鼎盛。相传天后乃福建莆田人，又名娘妈，能预言吉凶，死后常显灵海上，帮助商人及渔民消灾解难，化险为夷，福建人与当地居民商议在现址立庙奉祀。400 多年前，葡萄牙人抵达澳门，于庙前对面之海岬登岸，询问居民当地名称，居民误指庙宇，答称“妈阁”，“MACAU”因此成为澳门葡文名称。

4. 观音堂

观音堂又称普济禅院，是澳门规模宏大、历史悠久、占地广阔、建筑雄伟的最大的佛教寺院，也是清末《中美望厦条约》签约处。观音堂建于明朝末年，距今约有400年历史。建筑气势雄伟巍峨，深入三进，横连几座，景物清幽，院内有亭台楼阁、回栏曲折、古树婆娑。禅院内珍藏有米芾、董其昌、刘墉等历代名人字画，还有佛像、经卷等有价值的历史文物。

5. 澳门旅游塔

澳门旅游塔又称观光塔，于2001年12月19日澳门回归两周年日正式开幕。塔高338米，是全球独立式观光塔第十高，比奥克兰 Sky Tower、巴黎艾菲尔铁塔及悉尼 AMP Tower 还要高。旅游塔坐落于南湾新填海区观光塔前地，面对着珠江口，连同其户外广场，成为一个集大型会议、旅游及娱乐设施的建筑。

三、美食及文化和体育盛事

在澳门可以品尝各种中西美食；澳门土生菜式经过几百年的演变，汇聚葡萄牙、非洲、东南亚和中国烹调特色于一身，是独一无二的澳门美食。

澳门当局每年都会举办多项文化和体育盛事，提高澳门的国际知名度，同时使澳门旅游业更具吸引力。

第四节
台　湾　省

一、概述

台湾位于祖国东南沿海的大陆架上，东临太平洋，东北邻琉球群岛，相隔约600公里；南界巴士海峡，与菲律宾相隔约300公里；西隔台湾海峡与福建相望，最窄处为130公里。台湾地区包括台湾岛、兰屿、绿岛、钓鱼岛、金门、马祖以及澎湖列岛等，总面积为3.6万平方公里。目前，台湾地区人口约为2 290万，主要有汉、蒙古、回、苗、高山等民族，汉族占97%

以上，高山族是台湾的主要少数民族。

台湾扼西太平洋航道的中心，是中国与太平洋地区各国海上联系的重要交通枢纽。台湾海峡呈东北向西南走向，北通东海，南接南海，长约200海里，宽约70至221海里，是中国海上交通要道，也是国际海上交通要道。台湾岛是我国第一大岛屿，面积为3.5万平方公里，形状如一纺锤，丘陵和山地占全岛面积的2/3，有五大山脉、四大平原、三大盆地，分别是中央山脉、雪山山脉、玉山山脉、阿里山山脉和台东山脉，宜兰平原、嘉南平原、屏东平原和台东纵谷平原，台北盆地、台中盆地和埔里盆地。

台湾是一个美丽、富饶的宝岛。气候温和宜人，年平均气温为22℃，年降水量多在2 000毫米以上。台湾盛产稻米、蔗糖和茶，水果种类繁多，素有“水果王国”美称。台湾海岸线总长达1 600公里，地处寒暖流交界，渔业资源丰富。此外，台湾还有“兰花王国”、“蝴蝶王国”、“珊瑚王国”、“东南盐库”、“鱼仓”等美誉。

台湾旅游资源十分丰富。台湾岛的自然风光可概括为“山高、林密、瀑多、岸奇”等几个特征。台湾地形地貌复杂多变，同时北回归线横贯本岛，高山、丘陵、平原、盆地、岛屿、纵谷与海岸等景观丰富，并拥有热带、亚热带、温带等各种自然生态。台湾森林面积约占全境面积的52%，原始森林中的千岁神木比比皆是，树木种类近4 000种，台湾杉、红桧、樟、楠等名贵木材举世闻名，樟脑和樟油产量约占世界总量的70%；还有樱花钩吻鲑、台湾猕猴、台湾黑熊、蓝腹鹇等原生特有物种。台湾设置了6个国家公园和11个国家风景区，集合了全台最精华的自然美景。例如：气势磅礴的太鲁阁高山峡谷、秀丽俊美的阿里山、湖山共融的日月潭、雄伟险峻的玉山、“亚洲夏威夷”垦丁、纯净自然的花东海岸和纵谷，还有独具特色的离岛金门与澎湖。台湾山峻崖直，河短水丰，瀑布众多，著名的有乌来瀑布、木瓜大瀑布、蛟龙瀑布、蓬莱瀑布等；温泉密布，如“水火同源”的关仔岭温泉、宜兰苏澳冷泉等。人文风貌方面，台湾名胜古迹近千处，大小庙宇7 500余座，“妈祖庙”分布十分普遍，还有独特的少数民族风情。高山族是台湾主要的少数民族，也是台湾最早的居民，他们性情豪放，能歌善舞，他们的“杵歌”、雕刻、绘画、编织、服饰独具特色。

台湾交通十分发达，北起基隆，南至高雄有电气化铁路和高速公路。铁路可以分成东、西两线，公路网遍及全省，线路相当稠密，它们纵横交织、四通八达，为游人提供了极大的方便。台湾的海上和空中航线可达世界五大洲，是非常便利的旅游地。

二、主要旅游区点

（一）北部游览区

以台北市为中心，包括台北四周的基隆市、桃园县、新竹市、新竹县、宜兰县、苗栗县、台北县等广大区域。主要景点有：101大楼、阳明山公园、北投风景区、台北故宫博物院、台北城门、龙山寺、保安宫、孔庙、指南宫、圆山文化遗址、大屯火山群、福隆海滨浴场等。

1. 台北市

台北市位于台北盆地中央，是台湾第一大城市，西门町、东区、天母、士林等商圈林立，充满大都会风情；台北自然风景十分优美，淡水河、基隆河迤逦蜿蜒，名胜古迹颇多。台北主要景点有：101大楼、阳明山公园、北投风景区、台北公园、中山公园、木栅山区；还有台北故宫博物院、顺益台湾原住民博物馆、台北孔庙等为数可观的博物馆、美术馆、纪念馆、庙宇、古迹等。

2. 台北故宫博物院

台北故宫博物院位于士林区外双溪，1965年兴建完成，外观仿北京故宫博物院，采用中国宫庭式设计，气势宏伟，美轮美奂。院内典藏了历代文物艺术精粹近70万件，收藏品的年代几乎涵盖了5 000年的中国历史。其中以陶瓷、书画、青铜器、玉器、漆器、雕刻、织绣、满蒙档案文献最为丰富，有许多中华艺术的无价之宝。

3. 101大楼

101大楼是位于信义区的信义商圈的一栋摩天大楼，原名台北国际金融中心，而后转变成综合性的商业建筑。楼高508米，地上101层，地下5层，2003年开始启用。101大楼曾为世界第一高楼（2008年被阿联酋512米的迪拜塔超过）。大楼底部有五层为购物商场；86至88楼为观景餐厅，89楼为室内观景层，91楼有面积约761平方米的室外观景台。

（二）中部游览区

本区以台中为中心，从低海拔的海岸线起，到海拔3 900米的高山止，由平原走向丘陵及山地，以东西横贯公路为主轴，连接有山岳、山谷、断崖、湖泊、平原，是台湾地形变化最典型的地区，为台湾主要的山岳风景区。包括台中市、台中县、南投县、云林县、彰化县等地区。主要游览景点有：南投县的日月潭风景区、玉山公园，台中市的宝觉寺、城隍庙、乐天宫，云林的妈祖庙、朝天宫，彰化的南瑶宫等，还有八卦山的宝塔和巨佛，雾社的樱花，埔里的蝴蝶等。

1. 日月潭风景区

日月潭风景区位于南投县。日月潭是全台最大的淡水湖泊，因潭景雾薄如沙，水波涟涟而得名为“水沙连”，后因湖中拉鲁岛（光华岛）将湖一隔为二，南面形如月弧，北面形如日轮，乃改名日月潭。湖面积116平方公里，四周群峦迭翠，湖水晶莹，四时景色各异。日月潭畔还有许多亭台楼阁，有玄光寺、慈恩塔、文武庙、孔雀园等名胜古迹。

2. 玉山公园

玉山公园为全台面积最大的公园，位于台湾的中央地带，横跨南投、嘉义、花莲及高雄四县，总面积约105 490公顷，以高山及河谷为主，群峰并峙，高山多达30余座。玉山主峰海拔3 997米，为台湾最高峰。玉山虽处热带和亚热带，但常年积雪如玉，以“奇峰、云瀑、林涛、积雪”四景闻名。在高山峻谷中除了蕴涵丰富的地理景观外，同时拥有珍贵的资源宝藏和生态环境，野生动物多，有亚洲黑熊、台湾猕猴、穿山甲等珍贵动物。

（三）南部游览区

本区以台南、高雄两市为中心，包括台南、高雄、屏东、嘉义以及澎湖5县广大地区。主要风景区有：阿里山风景区、以台南市为中心的历史古迹区、以高雄为中心的风景游乐区，以热带景观和独特的海滨风光为特色的恒春半岛，还有：

1. 阿里山风景区

阿里山位于嘉义县东北，属于玉山山脉的支脉，地跨南投、嘉义二县，是大武恋山、尖山、祝山、塔山等18座山的总称，主峰塔山海拔2 600多米，东面靠近台湾最高峰玉山。阿里山风景区面积约41 520公顷，范围涵盖了阿里山森林游乐区，瑞里、丰山、太和等汉人村落，以及邹族的达邦、山美、茶山等部落。

阿里山地区气候凉爽，早晚温差大。景区拥有非常丰富的动植物，大致可分为热带、暖带、温带与寒带等，代表树木是相思树、樟、楠、阿里山五木铁杉、台湾冷杉、红桧等。此外，还有一种稀有的植物“台湾一叶兰”。阿里山也是最佳的赏萤地点，可以欣赏到万只萤火虫聚集的景象。山上还有慈云寺、高山植物园、高山博物馆、姐妹潭等旅游点。

阿里山乡原住民邹族生性乐观、知足而单纯，以狩猎为主，具有独特的民族风情。

2. 台南市

台南市位于台湾西南海岸，是台湾最古老的城市，明清时为台湾首府，至今仍保留着众多的文物古迹，有“五步一神”、“三步一庙”之说。主要景点有：鹿耳门天后宫、安平古堡、台南孔庙、祀典武庙、延平郡王祠、开元寺、鹿耳门、关仔岭温泉等。

安平古堡是台湾最早的一座城池，始建于明末，为荷兰人在1624年所建，当时称红毛城，郑成功收复台湾后，改名为安平镇。古堡内现存古老的街市房舍、古灯塔、古寺庙和亿载金城等古迹。

3. 高雄市

高雄市位于台湾南部，西、南面濒临台湾海峡，是台湾第二大城市，也是台湾最大的国际港口，是世界十大港口之一。高雄全年长夏无冬，一派热带海港风光，拥有现代化大都市风貌。主要旅游景点有：爱河、寿山风景区、莲池潭风景区、西子湾风景区、澄清湖、高雄都会公园、高雄孔庙、不老温泉、旗津半岛等。

爱河源于高雄县仁武乡，主流全长约12公里，流经高雄市区约10.5公里。爱河沿岸有驳船码头、绿篱植栽、艺术照明设施、自行车道、桥梁美化等，还规划了河川亲水空间。入夜后的河岸街灯，雅致迷人。

西子湾位于高雄西侧，北靠万寿山，南临旗津半岛，原是一处以海水浴场及天然珊瑚礁闻名的湾澳，后开发成一个完善的风景区，包括中山大学、西子湾海水浴场、海滨公园、史迹文物陈列馆和蒋介石纪念馆。这里有着高耸苍翠的椰树和洁白的沙滩，每当日落西沉，晚霞照耀，渔火闪烁，海天一色。

4. 垦丁公园

垦丁公园位于屏东县恒春半岛南侧，三面环海，东邻太平洋、西邻台湾海峡、南濒巴士海峡，是台湾本岛唯一热带区域的公园。公园总面积为32 631公顷，包括陆地和海域两部分。公园的景观有：天然沿海珊瑚礁、热带雨林、龙銮潭冬候鸟栖息地、孤立山峰、贝壳砂海岸、裙状珊瑚礁、海蚀平台等，还有垦丁、鹅銮鼻、龙坑等60多处史前遗迹和史后的许多文化遗地及古迹。垦丁公园的动植物资源十分丰富，有热带季风原始林及原始海岸林，共有植物2 200多种，还有台湾猴、黄鹿台湾亚种等珍贵的野生动物。

垦丁的野生蝴蝶的种类多达162种，其中很多是世界稀有品种。

5. 澎湖佳境

澎湖县位于台湾海峡中流，西距厦门75海里，东距台湾岛24海里。全县由澎湖本岛及周围64个岛屿组成，统称澎湖列岛。澎湖列岛是台湾海峡两岸海上交通的咽喉，自古为军事要冲，是台湾开发最早的地区。境内名胜古迹较多，天后宫是台湾最古老的妈祖庙，还有文石书院、观音亭、七美人冢、西台古堡、澎湖跨海大桥、桶盘屿等景观。

（四）东部游览区

本区包括台东和花莲两县，自然风光旅游资源十分丰富，有惊险壮丽的断崖幽谷，还有花莲的阿美文化村和兰屿等地的多姿多彩高山族风情。

1. 太鲁阁公园

太鲁阁位于花莲县北立雾溪谷内，是一座气势磅礴的峡谷公园，景观主要分布在中横公路东段沿线。太鲁阁峡谷地形以立雾溪最具代表性，又称“鲁阁幽峡”，全长20公里，两岸是高达千米的悬崖峭壁，皆由大理石岩层构成，雄伟险峻。

公园内著名高山多达27座，从海拔最低的清水海滨到最高的南湖大山，落差达3 742米。原始森林覆盖面积广大，植被从亚热带到高山草原、寒原，呈现垂直分布，植物种类达1 100种以上，有云杉林、台湾芦竹、冷杉林、箭竹草原、玉山圆柏及铁杉林等多种珍奇植物。同时还有山椒鱼、莫氏树蛙、台湾黑熊、台湾猕猴等数百种动物。

公园境内的原住民为泰雅族（太鲁阁族），他们以焚山开垦、狩猎、捕鱼及采集为生，纺织技术也相当发达。公园里有泰雅族人民俗风情展示。

2. 清水断崖

清水断崖位于花莲—苏澳公路中段，主要是指花莲县东北和平至清水之间长达22.7公里的路段。这里是太平洋西岸著名的大海崖区，由中央山脉东侧的大断层所造成，险峻雄伟，以清水山东南大断崖尤为险峻，故名“清水断崖”。此段公路沿途蜿蜒曲折，一边是高达数百米的悬崖峭壁，一边是惊涛骇浪的太平洋。凭崖远眺，碧波起伏，浩淼无际；俯视崖底，惊涛骇浪，夺人心魄。

3. 兰屿

兰屿属台东县，面积46平方公里，是台湾省的第二大岛，因岛上盛产兰花而得名，并因出产名贵兰花蝴蝶兰和珍稀的蝴蝶金凤蝶而名扬天下。兰屿由海底火山喷发隆起形成，最高点芳兰峰海拔548米。沿岸多珊瑚礁，高温潮湿，林木茂盛；附近海域海底地形变化多，聚集大量螺贝鱼类，是理想的垂钓和潜水活动场所。

4. 绿岛

绿岛位于台东县东方18海浬的海面上，面积15平方公里。绿岛主要景点包括：南寮湾、绿岛灯塔、绿岛公园、将军岩、绿岛温泉、龙虾洞、乌鬼洞等。绿岛是观光渡假旅游胜地，浮潜和搭乘潜水艇、玻璃底游艇是绿岛旅游的新兴水上活动。

三、土特名产与风味美食

（一）土特名产

台湾盛产水果，著名品种有新竹柑桔、屏东菠萝、玉井红芒果、苗栗大湖草莓、旗山香蕉等。土特产还有台东香茅油、花莲鹤冈红茶、南投冻顶乌龙茶和阿里山的神木、兰花等。

手工艺品有：台北士林名刀、玻璃器皿、北投艺术陶器、澎湖桃色珊瑚、文石、台中竹艺品和大甲草编等。

（二）风味美食

台湾著名的风味菜肴有：盐酥海虾、火把鱼翅、当归鸭、烧酒鸡、糯米八宝鸭等。风味小吃有：嘉义新港饴馅、台中凤梨酥和太阳饼、宜兰金枣糕、新竹米粉、大肠包小肠、可丽饼等。

思考与练习

1. 本区的主要旅游景点有哪些？其有何特色？

2. 本区的地理位置对发展旅游有哪些优势？

3. 试分析香港成为世界著名旅游地的综合原因。

4. 试联系前一章内容，运用所学知识，说明如何实现海南旅游与香港旅游的互动发展。

5. 简要介绍台湾旅游资源的情况。

附录

附录一：中国列入联合国《世界遗产名录》的项目（38项）（1987年~2009年）

地域名称	批准时间	遗产种类
长城	1987	文化遗产（附1）
北京故宫、沈阳故宫	1987	文化遗产（附7）
陕西秦始皇陵及兵马俑	1987	文化遗产
甘肃敦煌莫高窟	1987	文化遗产
北京周口店北京猿人遗址	1987	文化遗产
山东泰山	1987	文化与自然双重遗产
安徽黄山	1990	文化与自然双重遗产
湖南武陵源国家级名胜区	1992	自然遗产
四川九寨沟国家级名胜区	1992	自然遗产
四川黄龙国家级名胜区	1992	自然遗产
西藏布达拉宫	1994	文化遗产（附2、附3）
河北承德避暑山庄及周围寺庙	1994	文化遗产
山东曲阜的孔庙、孔府及孔林	1994	文化遗产
湖北武当山古建筑群	1994	文化遗产
江西庐山风景名胜区	1996	文化景观遗产
四川峨眉山—乐山风景名胜区	1996	文化与自然双重遗产
云南丽江古城	1997	文化遗产
山西平遥古城	1997	文化遗产

江苏苏州古典园林	1997	文化遗产（附4）
北京颐和园	1998	文化遗产
北京天坛	1998	文化遗产
重庆大足石刻	1999	文化遗产
福建武夷山	1999	文化与自然双重遗产
四川青城山和都江堰	2000	文化遗产
河南洛阳龙门石窟	2000	文化遗产
明清皇家陵寝：明显陵（湖北钟祥市）、清东陵（河北遵化市）、清西陵（河北易县）、盛京三陵	2000	文化遗产（附5、附6）（附8）
安徽古村落：西递、宏村	2000	文化遗产
山西大同云冈石窟	2001	文化遗产
云南三江并流	2003	自然遗产
高句丽王城、王陵及贵族墓葬	2004	文化遗产
澳门历史城区	2005	文化遗产
四川大熊猫栖息地	2006	自然遗产
中国安阳殷墟	2006	文化遗产
中国南方喀斯特	2007	自然遗产
开平碉楼与古村落	2007	文化遗产
福建土楼	2008	文化遗产
江西三清山	2008	自然遗产
山西五台山	2009	文化景观遗产

附1：2002年11月中国唯一的水上长城辽宁九门口长城通过联合国教科文组织的验收，作为长城的一部分正式挂牌成为世界文化遗产；

附2：2000年11月拉萨大昭寺作为布达拉宫世界遗产的扩展项目被批准列入《世界遗产名录》；

附3：2001年12月西藏拉萨罗布林卡作为布达拉宫历史建筑群的扩展项目被批准列入《世界遗产名录》；

附4：2000年11月苏州艺圃、藕园、沧浪亭、狮子林和退思园5座园林作为苏州古典园林的扩展项目被批准列入《世界遗产名录》。

附5、附6：2003年7月北京市的十三陵和江苏省南京市的明孝陵作为明清皇家陵寝的一部分收入《世界遗产名录》。

附 7：2004 年 7 月，沈阳故宫作为明清皇宫文化遗产扩展项目列入《世界遗产名录》。

附 8：2004 年 7 月，盛京三陵作为明清皇家陵寝扩展项目列入《世界遗产名录》。

附录二：国家重点风景名胜区（187个）

第一批（国务院1982年11月8日批准）

1. 八达岭—十三陵风景名胜区
2. 承德避暑山庄外八庙风景名胜区
3. 秦皇岛北戴河风景名胜区
4. 五台山风景名胜区
5. 恒山风景名胜区
6. 鞍山千山风景名胜区
7. 镜泊湖风景名胜区
8. 五大连池风景名胜区
9. 太湖风景名胜区
10. 南京钟山风景名胜区
11. 杭州西湖风景名胜区
12. 富春江—新安江风景名胜区
13. 雁荡山风景名胜区
14. 普陀山风景名胜区
15. 黄山风景名胜区
16. 九华山风景名胜区
17. 天柱山风景名胜区
18. 武夷山风景名胜区
19. 庐山风景名胜区
20. 井冈山风景名胜区
21. 泰山风景名胜区
22. 青岛崂山风景名胜区
23. 鸡公山风景名胜区
24. 洛阳龙门风景名胜区
25. 嵩山风景名胜区
26. 武汉东湖风景名胜区
27. 武当山风景名胜区
28. 衡山风景名胜区
29. 肇庆星湖风景名胜区
30. 桂林漓江风景名胜区
31. 峨眉山风景名胜区
32. 长江三峡风景名胜区
33. 黄龙寺—九寨沟风景名胜区
34. 重庆缙云山风景名胜区
35. 青城山—都江堰风景名胜区
36. 剑门蜀道风景名胜区
37. 黄果树风景名胜区
38. 路南石林风景名胜区
39. 大理风景名胜区
40. 西双版纳风景名胜区
41. 华山风景名胜区
42. 临潼骊山风景名胜区
43. 麦积山风景名胜区
44. 天山天池风景名胜区

第二批（国务院 1988 年 8 月 1 日批准）

1. 野三坡风景名胜区
2. 苍岩山风景名胜区
3. 黄河壶口瀑布风景名胜区
4. 鸭绿江风景名胜区
5. 金石滩风景名胜区
6. 兴城海滨风景名胜区
7. 大连海滨—旅顺口风景名胜区
8. 松花湖风景名胜区
9. “八大部”—净月潭风景名胜区
10. 云台山风景名胜区
11. 蜀岗瘦西湖风景名胜区
12. 天台山风景名胜区
13. 嵊泗列岛风景名胜区
14. 楠溪江风景名胜区
15. 琅琊山风景名胜区
16. 清源山风景名胜区
17. 鼓浪屿—万石山风景名胜区
18. 太姥山风景名胜区
19. 三清山风景名胜区
20. 龙虎山风景名胜区
21. 胶东半岛海滨风景名胜区
22. 大洪山风景名胜区
23. 武陵源风景名胜区
24. 岳阳楼洞庭湖风景名胜区
25. 西樵山风景名胜区
26. 丹霞山风景名胜区
27. 桂平西山风景名胜区
28. 花山风景名胜区
29. 贡嘎山风景名胜区
30. 金佛山风景名胜区
31. 蜀南竹海风景名胜区
32. 织金洞风景名胜区
33. 沅阳河风景名胜区
34. 红枫湖风景名胜区
35. 龙宫风景名胜区
36. 三江并流风景名胜区
37. 昆明滇池风景名胜区
38. 丽江玉龙雪山风景名胜区
39. 雅砻河风景名胜区
40. 西夏王陵风景名胜区

第三批（国务院 1994 年 1 月 10 日批准）

1. 盘山风景名胜区
2. 嶂石岩风景名胜区
3. 北武当山风景名胜区
4. 五老峰风景名胜区
5. 凤凰山风景名胜区
6. 本溪水洞风景名胜区
7. 莫干山风景名胜区
8. 雪窦山风景名胜区

9. 双龙风景名胜区
10. 仙都风景名胜区
11. 齐云山风景名胜区
12. 桃源洞—鳞隐石林风景名胜区
13. 金湖风景名胜区
14. 鸳鸯溪风景名胜区
15. 海坛风景名胜区
16. 冠豸山风景名胜区
17. 王屋山—云台山风景名胜区
18. 隆中风景名胜区
19. 九宫山风景名胜区
20. 韶山风景名胜区
21. 三亚热带海滨风景名胜区
22. 西岭雪山风景名胜区
23. 西岭雪山风景名胜区
24. 四姑娘山风景名胜区
25. 荔波樟江风景名胜区
26. 赤水风景名胜区
27. 马岭河峡谷风景名胜区
28. 腾冲地热火山风景名胜区
29. 瑞丽江—大盈江风景名胜区
30. 九乡风景名胜区
31. 建水风景名胜区
32. 宝鸡天台山风景名胜区
33. 崆峒山风景名胜区
34. 鸣沙山—月牙泉风景名胜区
35. 青海湖风景名胜区

第四批（国务院2002年5月17日批准）

1. 北京市石花洞风景名胜区
2. 河北省西柏坡—天桂山风景名胜区
3. 河北省崆山白云洞风景名胜区
4. 内蒙古自治区扎兰屯风景名胜区
5. 辽宁省青山沟风景名胜区
6. 辽宁省医巫闾山风景名胜区
7. 吉林省仙景台风景名胜区
8. 吉林省防川风景名胜区
9. 浙江省江郎山风景名胜区
10. 浙江省仙居风景名胜区
11. 浙江省浣江—五泄风景名胜区
12. 安徽省采石风景名胜区
13. 安徽省巢湖风景名胜区
14. 安徽省花山谜窟—渐江风景名胜区
15. 福建省鼓山风景名胜区
16. 福建省玉华洞风景名胜区
17. 江西省仙女湖风景名胜区
18. 江西省三百山风景名胜区
19. 山东省博山风景名胜区
20. 山东省青州风景名胜区
21. 河南省石人山风景名胜区
22. 湖北省陆水风景名胜区
23. 湖南省岳麓山风景名胜区
24. 湖南省良山风景名胜区
25. 广东省白云山风景名胜区
26. 广东省惠州西湖风景名胜区
27. 重庆市芙蓉江风景名胜区
28. 四川省石海洞乡风景名胜区
29. 四川省邛海—螺髻山风景名胜区
30. 陕西省黄帝陵风景名胜区
31. 新疆库木塔格沙漠风景名胜区
32. 新疆博斯腾湖风景名胜区

第五批（国务院2004年1月13日批准）

1. 江苏省三山风景名胜区
2. 浙江省方岩风景名胜区
3. 浙江省百丈漈—飞云湖风景名胜区
4. 安徽省太极洞风景名胜区
5. 福建省十八重溪风景名胜区
6. 福建省青云山风景名胜区
7. 江西省梅岭—滕王阁风景名胜区
8. 江西省龟峰风景名胜区
9. 河南省林虑山风景名胜区
10. 湖南省猛洞河风景名胜区
11. 湖南省桃花源风景名胜区
12. 广东省罗浮山风景名胜区
13. 广东省湖光岩风景名胜区
14. 重庆市天坑地缝风景名胜区
15. 四川省白龙湖风景名胜区
16. 四川省光雾山—诺水河风景名胜区
17. 四川省天台山风景名胜区
18. 四川省龙门山风景名胜区
19. 贵州省都匀斗篷山—剑江风景名胜区
20. 贵州省九洞天风景名胜区
21. 贵州省九龙洞风景名胜区
22. 贵州省黎平侗乡风景名胜区
23. 云南省普者黑风景名胜区
24. 云南省阿庐风景名胜区
25. 陕西省合阳洽川风景名胜区
26. 新疆赛里木湖风景名胜区

第六批（国务院2005年12月31日批准）

1. 浙江省方山—长屿硐天风景名胜区
2. 安徽省花亭湖风景名胜区
3. 江西省高岭—瑶里风景名胜区
4. 江西省武功山风景名胜区
5. 江西省云居山—柘林湖风景名胜区
6. 河南省青天河风景名胜区
7. 河南省神农山风景名胜区
8. 湖南省紫鹊界梯田—梅山龙宫风景名胜区
9. 湖南省德夯风景名胜区
10. 贵州省紫云格凸河穿洞风景名胜区

附录三：国务院批准公布的三批国家历史文化名城（109 座）

一、1982 年 2 月 8 日公布的第一批名单（24 个）

北京　承德　大同　南京　泉州　景德镇　曲阜　洛阳　开封

苏州　扬州　杭州　绍兴　江陵[①]　长沙　广州　桂林　成都

遵义　昆明　大理　拉萨　西安　延安

二、1986 年 12 月 8 日公布的第二批名单（38 个）

天津　保定　平遥　呼和浩特　沈阳　上海　镇江　常熟　徐州

淮安　宁波　歙县　寿县　亳州　福州　漳州　南昌　济南　安阳

南阳　商丘（县）　武汉　襄樊　潮州　重庆　阆中　宜宾　自贡

镇远　丽江　日喀则　韩城　榆林　武威　张掖　敦煌　银川　喀什

三、1994 年 1 月 4 日公布的第三批名单（37 个）

正定　邯郸　新绛　代县　祁县　哈尔滨　吉林　集安　衢州

临海　长汀　赣州　青岛　聊城　邹城　临淄[②]　郑州　浚县

随州　钟祥　岳阳　肇庆　佛山　梅州　海康[③]　柳州　琼山

乐山　都江堰　泸州　建水　巍山　江孜　咸阳　汉中　天水

同仁

四、国家最新批准历史文化名城名单（11 座）

（国务院 1994 年 1 月至今）

凤凰　山海关　濮阳　安庆　泰安　吐鲁番　特克斯　绩溪　金华　海口[④]　无锡

注：①江陵现为湖北省荆州市的一个区。

②临淄现为山东省淄博市的一个区。

③海康于 1994 年 4 月改为雷州市。

④海南省的“琼山”及“海口”后因合并“琼山”将不再出现在历史文化名城名单中。

主要参考文献

[1] 保继刚．旅游地理学．北京：高等教育出版社，1993.

[2] 罗兹柏，张述林．中国旅游地理．天津：南开大学出版社，2000.

[3] 李娟文，游长江．中国旅游地理．大连：东北财经大学出版社，1999.

[4] 刘振礼，王兵．新编中国旅游地理．天津：南开大学出版社，1996.

[5] 周进步．现代中国旅游地理学．青岛：青岛出版社，1998.

[6] 何光．新世纪、新产业、新增长．北京：中国旅游出版社，1999.

[7] 中国文物学会．中国著名风景名胜旅游大全．北京：中国地图出版社，1999.

[8] 邵骥顺．中国旅游历史文化概论．上海：上海三联书店，1998.

[9] 杨载田．中国旅游地理．北京：科学出版社，1999.

[10] 杨颖．中国旅游经济地理．广州：华南理工大学出版社，1999.

[11] 管立刚，范秋梅．中国旅游地理．大连：辽宁师范大学出版社，1997.

[12] 王钟印．中国旅游地理概念．北京：中国旅游出版社，1994.

[13] 傅文伟．旅游资源评估与开发．杭州：杭州大学出版社，1994.

[14] 柴本源．旅游地理学．上海：上海人民出版社，1997.

[15] 郭跃，张述林．旅游资源概论．重庆：重庆大学出版社，1998.

[16] 邹海晶．旅游地理．北京：高等教育出版社，1996.

[17] 王清廉．中国旅游地理．北京：警官教育出版社，1997.

[18] 班武奇，韩景辉．中国旅游资源．北京：首都师范大学出版社，1994.

[19] 鲁宏屹．中国旅游地理．北京：中国经济出版社，1997.

［20］杨桂华．旅游资源学．昆明：云南大学出版社，1994.
［21］雍万里．中国自然地理．上海：上海教育出版社，1985.
［22］苏文才，孙文昌．旅游资源学．北京：高等教育出版社，1998.
［23］邓永进．民俗风情旅游．昆明：云南大学出版社，1997.
［24］中国大百科全书总编辑委员会《地理学》编辑委员会．中国大百科全书（地理学）．北京：中国大百科全书出版社，1990.
［25］杜飞豹．中国旅游指南．北京：中国旅游出版社，1996.
［26］赵西林．中国交通旅游图册．北京：中国地图出版社，1999.
［27］周瑞祥，张桂兰．中国分省旅游交通图册．北京：中国地图出版社，1998.
［28］张宝军，吴建民．中国旅行图册．北京：中国地图出版社，1999.
［29］林婉如．中国旅游地理．东北财经大学出版社，1997.
［30］宋德明．中国旅游资源地理．西安：陕西人民出版社，1994.
［31］文润，尚清芳．中国旅游精华．北京：中国地图出版社，2003.